民法典合同编
通则司法解释

关联法规、核心问题、参考案例

魏俊超　陈星星◎主编

中国民主法制出版社

图书在版编目（CIP）数据

民法典合同编通则司法解释：关联法规、核心问题、参考案例/魏俊超，陈星星编著 . —北京：中国民主法制出版社，2023.7

ISBN 978-7-5162-3291-0

Ⅰ. ①民…　Ⅱ. ①魏…　②陈…　Ⅲ. ①合同法—法律解释—中国　Ⅳ. ①D923.65

中国国家版本馆 CIP 数据核字（2023）第 116849 号

图书出品人：刘海涛
责 任 编 辑：许泽荣

书名/民法典合同编通则司法解释：关联法规、核心问题、参考案例
作者/魏俊超　陈星星　主编

出版·发行/中国民主法制出版社
地址/北京市丰台区右安门外玉林里 7 号（100069）
电话/（010）63055259（总编室）　　63058068　63057714（营销中心）
传真/（010）63055259
http：// www.npcpub.com
E-mail：mzfz@ npcpub.com
经销/新华书店
开本/16 开　710 毫米×1000 毫米
印张/23.5　**字数/**387 千字
版本/2024 年 1 月第 1 版　2024 年 1 月第 1 次印刷
印刷/北京新华印刷有限公司

书号/ISBN 978-7-5162-3291-0
定价/68.00 元
出版声明/版权所有，侵权必究。

作者简介

魏俊超律师，硕士研究生毕业于郑州大学法学院，北京德恒（郑州）律师事务所主任。

陈星星律师，硕士研究生毕业于暨南大学法学院，北京德恒（郑州）律师事务所民商事诉讼研究中心主任。

唐慧勇律师，毕业于西南政法大学，北京德恒（郑州）律师事务所党总支组织委员。

王少帝律师，硕士研究生毕业于西北大学法学院，北京德恒（郑州）律师事务所民商事诉讼研究中心委员。

田芳芳律师，硕士研究生毕业于宁波大学法学院，北京德恒（郑州）律师事务所民商事诉讼研究中心秘书长。

王成龙律师，硕士研究生毕业于郑州大学法学院，北京德恒（郑州）律师事务所金融与保险专业委员会主任。

李卓阳律师，毕业于南宁师范大学法学院，北京德恒（郑州）律师事务所民商事诉讼研究中心委员。

申桐律师，硕士研究生毕业于对外经济贸易大学法学院，北京德恒（郑州）律师事务所民商事诉讼研究中心委员。

王云飞律师，硕士研究生毕业于北京理工大学，北京德恒（郑州）律师事务所民商事诉讼研究中心委员。

王宇航律师，硕士研究生毕业于郑州大学法学院，北京德恒（郑州）律师事务所民商事诉讼研究中心委员。

侯东青律师，硕士研究生毕业于西南政法大学法学院，北京德恒（郑州）律师事务所民商事诉讼研究中心委员。

王雨寒，硕士研究生毕业于陕西师范大学国家安全学院，目前就职于中国东方资产管理股份有限公司福建省分公司。

孙恒宇律师，毕业于河南财经政法大学，北京德恒（郑州）律师事务所民商事诉讼研究中心委员。

李琳，郑州大学法律硕士研究生，拟就职于安永华明会计师事务所（特殊普通合伙）郑州分所。

序　言

　　为贯彻落实党的二十大精神、习近平法治思想和习近平总书记关于实施好民法典的重要讲话精神，确保各级人民法院统一正确实施民法典，最高人民法院在清理相关司法解释的基础上，结合审判实践，制定了《最高人民法院关于适用〈中华人民共和国民法典〉合同编通则若干问题的解释》（以下简称《合同编通则司法解释》）。《合同编通则司法解释》总共涉及八个章节，与《中华人民共和国民法典》（以下简称《民法典》）合同编第一分编通则的八个章节一一对应，主要涉及一般规定、合同的订立、合同的效力、合同的履行、合同的保全、合同的变更和转让、合同的权利义务终止、违约责任，该解释体例与具体内容充分体现了司法解释对《民法典》合同编第一分编通则部分的细化以及补充功能。

　　《民法典》的颁布使得整个民商事法律形成一个有机的制度体系，有利于建构我国的私法秩序，促进社会和经济的发展。法强则国强，法弱则国弱，法之强弱在于立法的完善，更在于法院的裁判能否依法实践正义，保障人民权益。《合同编通则司法解释》在《民法典》合同编第一分编通则部分的基础上更加细化，有助于指导各级人民法院依法依规裁判。作为法律人，有必要借此机会对《民法典》占据近三分之一篇幅的合同编予以体系研读，更有必要对其中所涉及的各项制度的关联法规、核心问题、参考案例进行系统梳理。为此：

　　本书希望通过寻找《合同编通则司法解释》的关联法规，并对关联法规进行对比分析，探寻相关规范的变迁历程，理解《合同编通则司法解释》相关规定的起草背景与规范目的。

　　本书希望通过研读《合同编通则司法解释》的核心问题并进行体系化研读阐述，从合同解释规则到交易习惯认定，从第三人的缔约过失责任到格式条款的认定，从合同成立的条件、合同效力的认定到合同无效后果承担，从履行抗辩权到情势变更，从债权人代位权、撤销权到债权转让制度，从合同解除权、司法解除权到抵销制度，从违约责任的构成要件到可得利益赔偿、违约金以及定金规则，深入浅出地充分理解法条背后的基础法理和适用规则。

本书希望通过梳理《合同编通则司法解释》相关规则所涉及的指导案例、公报案例以及最高人民法院公布的典型案例，针对参考案例的核心裁判主旨，观察人民法院适用相关规则的裁判思路，以揭示《合同编通则司法解释》下相关规则的实践适用过程。

《民法典合同编通则司法解释：关联法规、核心问题、参考案例》是一本综合、立体的应用性书籍，以努力实现"法规—问题—案例"的三位一体为目标，以力争打通法学理论与法律实务的任督二脉为宗旨，期望每位读者能够通过本书"知其然、知其所以然、知其所以必然"，既能够成为法律人的工具书，又能够成为法律人的体系书。

当然，以上只是本书编委会的初心和目标，如有谬误和不当之处，还要请各位读者批评指正。最后，希望法律实务人士能多多研究法学理论知识，希望法学理论人士也能多多关注法律实务问题，真正实现"目光能够在事实和规范之间来回穿梭"以及"适用一个法条，就是在适用整个民法典"。

本书编委会

2023 年 12 月 5 日

推荐语

　　《合同编通则司法解释》对《民法典》合同领域中的许多疑难问题予以明晰，尤其是对司法实践中长期存在争议的问题作出了回应，提出了评判标准，作为律师有必要进行深入学习。

　　《民法典合同编通则司法解释：关联法规、核心问题、参考案例》一书对本次具有重大变化、将对合同领域的法律实务产生重大影响的合同解释、代理、债务抵销、违约赔偿等问题进行全面而透彻的分析，并辅之关联法规、参考案例以加深对核心问题的理解，对广大律师和法律人士快速学习、掌握《合同编通则司法解释》大有裨益。

　　　　　　　　——王丽，德恒律师事务所主任、首席全球合伙人

　　该书结合法学理论、搭配实务案例对《合同编通则司法解释》的条文进行逐一讲解，不仅注重对法律条文的梳理分析和法律制度的原理阐释，而且着重于《合同编通则司法解释》的新规定、新适用，内容精练、用语规范、分析透彻。

　　该书从关联法规、核心问题、参考案例等三个维度，对《合同编通则司法解释》涉及的热点理论、实务问题进行了系统、详细的分析与阐述，对实务工作具有较强的指导和借鉴价值，是一本兼顾理论与实务的优秀书籍。

　　　　　　　　——王毓莹，中国政法大学教授，最高人民法院原二级高级法官、最高人民检察院第六检察厅原副厅长（挂职）

　　《民法典合同编通则司法解释：关联法规、核心问题、参考案例》一书从司法解释条文及其关联法规出发，着眼热点难题，融会法理、判例作出分析、阐述及回应，相关思路及材料梳理均颇有新意，不仅适合实务法律人在工作中阅读参考，也将为理论界带来助益。

　　本书是以魏俊超、陈星星为主编的实务法律人团队自觉追踪司法解释重要动向的有益尝试，展现了深厚的理论素养和扎根一线的实践智慧，甚值推荐！期待未来有更多实务界同人能从日常繁重工作中略略脱身，从实

践角度关注和研究法学理论问题，并直击焦点、贡献创见。

——汤文平，暨南大学法学院教授、博士生导师、校学术委员会委员、院学术委员会主任委员，中国法学会民法典分编（物权）草案建议稿起草小组成员

以《民法典》合同编新出台司法解释为切入点，以重点条款为主线，链接民法典和其他关联法规，系统性阐述《合同编通则司法解释》体现的核心问题和重点条款，以及在司法实务中的具体应用规则。

本书既是对律师实务经验的总结和提炼，也是对法学理论的归纳和深入研究，是一本集学术理论与实务经验于一体的书籍。

——刘桂明，《法治时代》编委会执行主任、法宣在线总编辑、桂客学院院长

《民法典》被称为"社会生活的百科全书"，而合同是进行市场交易的主要形式，合同编在《民法典》中具有十分重要的地位，其对各行各业包括金融业的影响是巨大而广泛的。

《民法典合同编通则司法解释：关联法规、核心问题、参考案例》一书包含合同订立、合同效力、合同履行和合同权利义务终止、违约责任等多方面内容。本书将复杂的合同理论以逻辑分明的方式进行梳理，同时结合通俗易懂的裁判案例的运用，如同交了一位深藏不露的益友。该书是一本适合法律实务人士和企业管理人员阅读的工具书。

——常金光，"法天使—中国合同库"创始人，《合同起草审查指南》系列书籍作者

目 录

概述

《合同编通则司法解释》的核心规则通览 | 魏俊超

我国《民法典》编纂体例被认为是潘德克顿法典的形式之一,尽管在形式上并未设置独立的债权编,但《民法典》第四百六十八条规定:"非因合同产生的债权债务关系,适用有关该债权债务关系的法律规定;没有规定的,适用本编通则的有关规定,但是根据其性质不能适用的除外。"在内容上巧妙地协调了债法规范间的冲突,更重要的是在实质上赋予了合同编通则以"债法总则"的地位,因此合同编通则在整个合同编中具有提纲挈领的重要意义。

自 2020 年《民法典》出台之后,为了更好地实施《民法典》,最高人民法院对司法解释进行全面清理,废止《最高人民法院关于适用〈中华人民共和国合同法〉若干问题的解释(一)》(以下简称《合同法司法解释(一)》)、《最高人民法院关于适用〈中华人民共和国合同法〉若干问题的解释(二)》(以下简称《合同法司法解释(二)》)等相关司法解释。但在实施当年限于条件不够成熟,合同编司法解释并没有及时颁布。经过近两年对《民法典》实施情况的全面研究分析,以及对合同审判实践的总结,在当前理论和实务界已经取得许多共识,在废止的《合同法司法解释(一)》《合同法司法解释(二)》等相关司法解释基础上,最高人民法院在地方各级人民法院进行广泛讨论、深入论证,并与理论界和有关部分进行数十次理论研究,又利用将近一年的时间广泛地收集社会意见,颁布《民法典》合同编通则司法解释的基础条件已经成熟。2023 年 12 月 5 日,最高人民法院正式颁布施行《最高人民法院关于适用〈中华人民共和国民法典〉合同编通则若干问题的解释》(法释〔2023〕13 号)。

《合同编通则司法解释》按照一般规定、合同的订立、合同的效力、合同的履行、合同的保全、合同的变更和转让、合同的权利义务终止、违约责任以及附则的顺序分为九章,共计六十九条。《合同编通则司法解释》吸收、整合了《合同法司法解释(一)》《合同法司法解释(二)》《最高人民法院关于审理买卖合同纠纷案件适用法中问题的解释》《最高人民法院关于适用〈中华人民共和国担保法〉若干问题的解释》等已废止司法解释,以及《全国法院民商事审判工作会议纪要》(以下简称《九民纪要》)、《最高人民法院关于当前形势下审理民商事合同纠纷案件若干问题的指导意见》、《最高人民法院关于适用〈中华人民共和国民法典〉总则编若干问题的解释》(以下简称《总则编司法解释》)、《最高人民法院关于适用〈中华人民共和国民法典〉有关担保制度的解释》(以下简称《担保制度司法解释》)等规范性文件的既有规定,并在此基础上进行了大幅细化、增补乃至调整。对合同解释、合同订立、合同效力、合同履行、合同保全、合同的变更和转让、合同的权利义务终止及违约责任等内容都作出了规定。此次司法解释的制定既是全面清理原合同法相关解释,也是解决原合同法及其司法解释实施以来诸多疑难问题的需要,并对《民法典》确立的新规则、新制度予以必要的回应,将对最高人民法院指导各级人民法院正确审理相关案件、统一裁判标准、确保《民法典》统一正确实施,约束法官的自由裁量权,提高司法公信力具有重要的意义。

第一章一般规定,重点对合同解释规则进行细化、完善,继承交易习惯的认定规则并明确证明责任。在合同解释规则问题上,在继承《民法典》一百四十二条:"有相对人的意思表示的解释,应当按照所使用的词句,结合相关条款、行为的性质和目的、习惯以及诚信原则,确定意思表示的含义。无相对人的意思表示的解释,不能完全拘泥于所使用的词句,而应当结合相关条款、行为的性质和目的、习惯以及诚信原则,确定行为人的真实意思。"的基础上对合同解释的规则进行进一步的细化,对意思表示的探究新增"参考缔约背景、磋商过程、履行行为等因素确定争议条款的含义",并且对文义解释的效力进行修正,规定例外的排除情形,"有证据证明当事人之间对合同条款有不同于词句的通常含义的其他共同理解"。在合同存在不同解释时,以鼓励交易为原则,明确人民法院应当选择有利于该条款有效的解释;在无偿的合同中,以公平交易为原则,选择对债务人负担较轻的解释。

在交易习惯的认定上,基本承继《民法典》及相关司法解释的规定,对《民法典》的重大创新进行回应。将"习惯"作为法律渊源是《民法典》的重大创新,《总则编司法解释》第二条进一步对"习惯"作出解释。《合同编通则司法解释》实际上是对《合同法司法解释(二)》第七条"交易习惯"的继承,在结合《总则编司法解释》对"习惯"解释的基础上进一步对"交易习惯"作出规定。

第二章合同的订立,重点对合同的成立、第三人的缔约过失、预约合同进行解释和完善。

在合同的成立上,《合同编通则司法解释》承继《合同法司法解释(二)》的规定,明确人民法院能够确认当事人姓名或者名称、标的和数量的,除法律另有规定或当事人另有约定的外,一般应当认定合同成立。合同认定成立的,合同欠缺内容的确定与《民法典》第五百一十条、第五百一十一条等法律规定相衔接。若当事人主张无效或请求撤销、解除合同等,人民法院认为合同不成立的,则应当将合同是否成立作为焦点问题进行审理,且可以视案件情况重新指定举证期限。

明确第三人的缔约过失责任是此次司法解释的规则亮点。缔约过失责任具有相对性,往往是在意图订立合同的双方当事人之间产生。本次新增在例外情形下,第三人实施欺诈、胁迫行为,使当事人在违背真实意思的情况下订立合同,突破相对性,第三人的赔偿责任范围参照合同当事人的缔约过失责任。若当事人也有违背诚信原则行为的,除法律、司法解释对当事人与第三人的民事责任另有规定外,根据各自的过错程度确定相应的责任。

同时,司法解释对实践中存在争议的预约合同的司法实践经验进行总结。明确区分"本约"与"预约"采用实质标准,探究双方当事人的合意,即便是形式上约定为"预约合同"但在内容上满足合同成立条件,也可以从"预约合同"转化为"本约合同"。同时,进一步细化预约合同的违约责任承担,原则上在拒绝订立"本约"或者在磋商订立本约合同时违背诚信原则都要承担预约合同的违约责任,对是否违背诚信原则明确具体考虑因素,即"在磋商订立本约合同时提出的条件是否严重背离预约合同约定的内容"以及"是否已尽合理努力进行协商"。对预约合同违约责任的承担范围进行限定,有约定的从约定,没有约定的将预约合同的违约责任限定在本约缔约过失责任与本约违约责任范围内进行酌定,并且明确双方签订预约合同在满足本约合同的成立要件时可以适用本约合同的违约责任赔偿范围。

第三章合同的效力,重点对批准生效的合同、阴阳合同、名实不符的合同以及违反强制性规定、违反公序良俗的合同效力进行解释和细化。

针对批准生效的合同,整合《合同法司法解释(二)》第八条、《九民纪要》第三十七条至第四十条、《建设工程司法解释(一)》第三条等相关规定,系统性明确批准生效合同的法律适用规则。明确报批义务条款的独立性,对方可以请求继续履行报批义务,也可以请求解除合同承担违约责任,但是不得请求对方履行主合同义务。对于人民法院判决履行报批义务后,其拒绝履行,经强制执行仍未履行,对方可以请求解除合同并请求其参照违反合同的违约责任承担赔偿责任的,并不构成重复起诉,系因为存在"其拒绝履行,经强制执行仍未履行"的新事实。同时,司法解释明确司法审理合同的效力与行政机关批准生效的规则两者独立,因行政机关未批准原因导致合同不发生效力,报批义务人不承担赔偿责任,但是如因迟延报批导致未批准则需要承担赔偿责任;合同的效力不受行政机关备案、批准和变更登记的影响。

对于"阴阳合同"和"名实不符合同",以《民法典》第一百四十六条规定为依据,"虚假意思表示无效","以虚假的意思表示隐藏的民事法律行为的效力,依照有关法律规定处理";对于"阴阳合同",要寻找被隐藏的合同,并按照是否属于规避法律、行政法规等强制性规定以及是否需要办理批准生效等手续对被隐藏的合同效力进行审查判断,同时区分多份合同的成立先后顺序、实际履行情况并认定合同内容是否发生变更;对于名实不符的合同,坚持"穿透原则",追求探究真意,承继《九民纪要》第一百零四条关于"票据清单交易、封包交易"规则以及融资性贸易审判经验,并将其上升至司法解释规定以适用于所有类型合同。

对违反强制性规定的合同效力进一步细化,从《民法通则》第五十八条第五项"违反法律或者社会公共利益的"民事行为无效,到《合同法》第五十二条第五项"违反法律、行政法规的强制性规定"行为无效,再到《合同法司法解释(一)》第四条限定为"法律、行政法规"和《合同法司法解释(二)》限定为"效力性强制性规定"。之后,《民法典》吸收《合同法司法解释(一)》《合同法司法解释(二)》的规定,形成第一百五十三条,但并未明确"该强制性规定不导致该民事法律行为无效的除外"的具体情形和判断标准。本次《合同编通则司法解释》则在《民法典》第一百五十三条的基础上对例外情形进一步细化并明确列举具体情形:

(1)跳脱出对"法律、行政法规的强制性规定"进行"效力性强制规定"和"管理性强制规定"的分类限缩适用标准,转向对"该强制性规定不导致该民事法律行为无效的除外"的具体情形进行列举;

(2)对违反公序良俗导致合同无效的情形进行列举,并明确对合同是否违反公序良俗进行判断时,以社会主义核心价值观为导向,综合考虑当事人主观动机和交易目的、政府部门的监管强度等因素,并在裁判文书中充分说理。

以上两项规则,即"违法不一定合同无效"以及"不违法不一定合同有效",不仅细化合同无效的判断层次,区分了民、刑、行的责任,而且有利于鼓励交易。

第四章合同的履行,重点在对实践中"以物抵债协议"的司法经验进行总结。

对以物抵债协议进一步明确细化,分为在债务履行期届满后达成以物抵债协议(清偿型以物抵债协议)和在债务履行期届满前达成以物抵债协议

（担保型以物抵债协议）。明确在债务履行期届满后达成以物抵债协议（清偿型以物抵债协议）性质为诺成性合同，自当事人意思表示一致时生效。并且，债权人享有选择权：债权人既可以选择请求债务人履行原债务也可以选择以物抵债协议。同时，人民法院可以根据当事人达成的以物抵债协议制作成调解书。对于在债务履行期届满前达成以物抵债协议（担保型以物抵债协议），因债务未届清偿期，发生争议时仍应按照原债权债务关系处理，但符合担保的，可以参照适用让与担保制度规则。

对于合同履行中的第三人，明确了第三人的履行请求权，但是否认了第三人对合同的解除权和撤销权；明确了第三人代为履行中"第三人"的界定范围，并对第三人代为履行后的追偿权进行了细化规定，明确不得损害债权人的利益，对于担保人的追偿则适用担保制度司法解释的具体规则处理。

对于履行抗辩权，明确了同时履行判决的适用规则并且明确了先履行抗辩权既可以以抗辩方式提出也可以以反诉方式提出。

对于情势变更，明确了"当事人在订立合同时无法预见的、不属于商业风险的涨跌，继续履行合同对于当事人一方明显不公平的"的"重大变化"判断标准，但将"合同涉及市场属性活跃、长期以来价格波动较大的大宗商品以及股票、期货等风险投资型金融产品"作为除外情形予以规定，明确了情势变更的法律后果应当尊重当事人的意思自治，能变更的不解除，有冲突的按照公平原则判决。

第五章合同的保全，是此次司法解释的亮点，全面细化了债权人代位权、撤销权的管辖规则、审理程序以及执行问题。

代位权继承《合同法司法解释（一）》《合同法司法解释（二）》中相关的规定，明确代位权诉讼的管辖规则。债权人代位权诉讼不受债务人与相对人约定的仲裁协议或管辖协议约束，但债务人或者相对人在首次开庭前就债务人与相对人之间的债权债务关系申请仲裁的，法院可中止代位权诉讼审理。债权人以次债务人为被告向人民法院提起代位权诉讼，人民法院应当追加债务人为第三人。同时，明确多个代位权诉讼可以合并审理，并依法按照债权比例进行代位受偿。

撤销权行使规则的细化，重点在对《民法典》第五百四十二条"自始无效"以及"入库规则"的修正：（1）新增审查"不合理对价"时要考虑到亲属关系、关联关系；（2）细化明确撤销权诉讼的审理程序，规定：撤销权诉讼的管辖法院为债务人或者相对人住所地法院，且应当以债务人和债务人的相对人为共同被告。同时为解决司法实践中"自始无效""入库规则"效果带来的忽视债务人的意思自治以及诉讼的复杂化的问题：允许撤销权诉讼与债权清收诉讼进行合并审理。债权人可以在提起撤销权诉讼的同时,同时请求债务人向自己清偿已到期债务。并且债权人直接申请强制执行债务人的相对人,有利于减少诉累、保障债权实现。

第六章合同的变更和转让,重点在对债权转让规则中的诉讼第三人、债权多重让与中"通知规则"的细化以及债务加入后的追偿权规则。

对于债权转让,主要细化如下三个问题:

(1)债权转让后,债务人向受让人主张其对让与人的抗辩的,人民法院可以追加让与人为第三人;债务转移后,新债务人主张原债务人对债权人的抗辩的,人民法院可以追加原债务人为第三人;当事人一方将合同权利义务一并转让后,对方就合同权利义务向受让人主张抗辩或者受让人就合同权利义务向对方主张抗辩的,人民法院可以追加让与人为第三人。

(2)以"通知先后"作为债权多重转让的判断标准时,参照"保理合同"的规则,最先到达债务人的转让通知中载明的受让人有权要求债务人履行,其他受让人只能向转让人主张违约责任。

(3)明确规定债务加入人的追偿权。在债务加入人与原债务人承担连带债务的基础上,进一步明确,债务加入人可依照约定向债务人追偿,没有约定的则有权按照不当得利要求债务人全额返还所获利益,即推定债务加入人与原债务人之间的关系是"不真正连带责任",债务加入人并非终局责任人。但是,第三人知道或者应当知道加入债务会损害债务人利益的除外。

第七章合同权利义务终止,重点在于对《民法典》第五百八十条合同僵局下,合同终止请求权的行使规则细化以及抵销权的行使和诉讼时效等问题的关联。

《民法典》第五百八十条规定,在合同僵局情形下,违约方可以起诉要求终止合同,但该终止合同请求权的行使必须经过人民法院或者仲裁机构确认(区别合同解除权的行使),法院作出的判决书为形成判决(解除权中法院作出的判决为确认判决)。同时,《合同编通则司法解释》第五十九条明确了当事人一方依据《民法典》第五百八十条第二款的规定请求终止合同权利义务关系的,人民法院一般应当以起诉状副本送达对方的时间作为合同权利义务关系终止的时间。以其他时间作为合同权利义务关系终止的时间,应当更加符合公平原则和诚信原则。

关于债务抵销的问题。《合同编通则司法解释》第五十五条规定,抵销应在抵销通知到达时生效,第五十八条探讨了已过诉讼时效的债权能否作为主动债务抵销,明确当事人互负债务,一方以其诉讼时效期间已经届满的债权通知对方主张抵销,对方提出诉讼时效抗辩的,人民法院对该抗辩应予支持;但是,已过时效债权可以作为被动债务进行抵销,因对方已放弃时效利益,一般不存争议。

第八章违约责任,进一步明确和细化了可得利益损失的计算规则、违约金调整的规则以及定金罚则的适用。

对于可得利益损失的计算规则,《合同编通则司法解释》在《民法典》第五百八十四条的基础上,明确规定可得利益的计算应当扣除相关非违约方为订立、履行合同支出的费用等合理成本;同时规定非金钱债务的可得利益损失通过"替代交易"计算,如果非违约方实施替代交易,原则上以替代交易价格与合同约定价格的差额确定可得的利益;若非违约方存在非善意情形(替代交易价格明显偏离替代交易发生时当地的市场价格),以市场价格与合同约定价格的差额确定可得的利益。若非违约方未实施替代交易,则以违约行为发生后合理期间内合同履行地的市场价格与合同约定价格的差额确定合同履行后可得的利益。明确继续性合同中替代交易的合理期限判断标准:仅限定在合理期限而非合同解除后的剩余履行期限。同时,细化可预见性规则的适用,明确应当根据:(1)当事人订立合同的目的;(2)综合考虑合同主体、合同内容、交易类型、交易习惯、磋商过程等因素;(3)按照与违约方处于相同情况的民事主体在订立合同时预见到或者应当预见到的损失予以确定。

对于违约金的调整问题,一是明确了当事人一方可以通过反诉或者抗辩的方式提出;二是人民法院应当以《民法典》第五百八十四条规定的损失为基础,兼顾合同主体、交易类型、合同的履行情况、当事人的过错程度、履约背景等因素,遵循公平原则和诚信原则进行衡量,约定的违约金超过造成损失的百分之三十的,人民法院一般可以认定为过分高于造成的损失;三是恶意违约的当事人一方请求减少违约金的,人民法院一般不予支持;四是第一审人民法院认为合同不成立、无效、被撤销、确定不发生效力、不构成违约或者非违约方不存在损失且未对违约金调整问题进行释明,第二审人民法院认为应当判决支付违约金的,可以直接释明,并根据当事人的请求,在当事人就是否应当调整违约金充分举证、质证、辩论后,依法判决适当减少违约金。

对于定金罚则的适用问题,一是双方当事人均具有致使不能实现合同目的的违约行为,其中一方请求适用定金罚则的,人民法院不予支持。二是当事人一方仅有轻微违约,对方具有致使不能实现合同目的的违约行为,轻微违约方主张适用定金罚则,对方以轻微违约方也构成违约为由抗辩的,人民法院对该抗辩不予支持。三是当事人一方已经部分履行合同,对方接受并主张按照未履行部分所占比例适用定金罚则的，人民法院应予支持。对方主张按照合同整体适用定金罚则的，人民法院不予支持，但是部分未履行致使不能实现合同目的的除外。四是因不可抗力致使合同不能履行，非违约方主张适用定金罚则的，人民法院不予支持。

以上是对《合同编通则司法解释》的核心法律规则梳理，以便于读者们能够通览《合同编通则司法解释》的重点内容，具体内容还请大家阅览每个章节具体的解读，并建议配套本书编委会梳理的附表关联法规、域外法规以及参考案例等进行研读使用。

《民法典》合同编是民事主体实现意思自治的重要工具，是优化营商环境的重要依据，是促进社会主义市场经济健康有序发展的重要保障，更是推进国家治理体系和治理能力现代化的重要手段。

《合同编通则司法解释》的制定与出台不仅推动《民法典》合同编的实施，还是新时代促进市场经济，营造更好营商环境的基础工程，更是在法治进程中科学立法、民主立法、依法立法的重要里程碑，是坚持在法治的轨道上推进国家治理体系和治理能力的现代化，是坚持以人民为中心的发展思想、依法维护人民权益、推动我国人权事业发展，更是实现建设法治国家、法治政府、法治社会一体化建设的必然要求。

第一章　一般规定

【合同解释规则与交易习惯认定】

陈星星

　　《合同编通则司法解释》总共涉及八大内容板块,与《民法典》合同编通则的八个章节一一对应,主要涉及一般规定、合同的订立、合同的效力、合同的履行、合同的保全、合同的变更和转让、合同的权利义务终止、违约责任,该解释体例与具体内容充分体现了司法解释对《民法典》合同编通则部分的细化以及补充功能。

　　《民法典》合同编关于一般规定章节总共有 6 条,该章的核心内容是合同编的调整范围、合同的定义和身份协议的法律适用、合同相对性原则、合同解释规则、非典型合同及特定涉外合同及非合同之债的法律适用规则等。而《合同编通则司法解释》关于一般规定章节仅有 2 条,该章节仅就合同解释规则和交易习惯认定两个重点问题予以了详细阐述。

一、关联法规

　　《合同编通则司法解释》关于一般规定章节总共有 2 条,该章的核心内容是合同解释的细化规则与交易习惯的认定。

　　《合同编通则司法解释》关于一般规定章节的关联法规主要涉及《民法典》《总则编司法解释》等。具体见表 1 - 1。

表 1 - 1　一般规定章节关联法规

第一章　一般规定	
《合同编通则司法解释》	《民法典》及关联法规
第一条　人民法院依据民法典第一百四十二条第一款、第四百六十六条第一款的规定解释合同条款时,应当以词句的通常含义为基础,结合相关条款、合同的性质和目的、习惯以及诚信原则,参考缔约背景、磋商过程、履行行为等因素确定争议条款的含义。 　　有证据证明当事人之间对合同条款有不同于词句的通常含义的其他共同理解,一方主张按照词句的通常含义理解合同条款的,人民法院不予支持。	《民法典》 　　第一百四十二条　有相对人的意思表示的解释,应当按照所使用的词句,结合相关条款、行为的性质和目的、习惯以及诚信原则,确定意思表示的含义。无相对人的意思表示的解释,不能完全拘泥于所使用的词句,而应当结合相关条款、行为的性质和目的、习惯以及诚信原则,确定行为人的真实意思。 　　第四百六十六条　当事人对合同条款的理解有争议的,应当依据本法第一百四十二条第一款的规定,确定争议条款的含义。合同文本

续表

第一章 一般规定	
《合同编通则司法解释》	《民法典》及关联法规
对合同条款有两种以上解释,可能影响该条款效力的,人民法院应当选择有利于该条款有效的解释;属于无偿合同的,应当选择对债务人负担较轻的解释。	采用两种以上文字订立并约定具有同等效力的,对各文本使用的词句推定具有相同含义。各文本使用的词句不一致的,应当根据合同的相关条款、性质、目的以及诚信原则等予以解释。
第二条 下列情形,不违反法律、行政法规的强制性规定且不违背公序良俗的,人民法院可以认定为民法典所称的"交易习惯": (一)当事人之间在交易活动中的惯常做法; (二)在交易行为当地或者某一领域、某一行业通常采用并为交易对方订立合同时所知道或者应当知道的做法。 对于交易习惯,由提出主张的当事人一方承担举证责任。	**《民法典》** **第十条** 处理民事纠纷,应当依照法律;法律没有规定的,可以适用习惯,但是不得违背公序良俗。 **第一百四十条** 行为人可以明示或者默示作出意思表示。 沉默只有在有法律规定、当事人约定或者符合当事人之间的交易习惯时,才可以视为意思表示。 **《总则编司法解释》** **第二条** 在一定地域、行业范围内长期为一般人从事民事活动时普遍遵守的民间习俗、惯常做法等,可以认定为民法典第十条规定的习惯。 当事人主张适用习惯的,应当就习惯及其具体内容提供相应证据;必要时,人民法院可以依职权查明。 适用习惯,不得违背社会主义核心价值观,不得违背公序良俗。

二、核心问题

围绕合同解释规则与交易习惯认定,本章节主要讨论如下两个方面法律问题:

(一)合同解释规则

德国法学家萨维尼曾说过:"解释法律系法律学之开端,并为其基础,系一项科学性工作,但又为一种艺术。"[①]而合同就是当事人之间的"法律",因此,合同解释,就是当事人之间"法律"的具体解释和适用的方法。

1. 法律解释与合同解释

诚如德国法学教授弗卢梅和丹茨所言:"合同当事人通过对合同实施所

---

① 王泽鉴:《民法思维》,北京大学出版社 2009 年版,第 166—167 页。

进行的真实解释类似于立法者对法律所进行的真实解释。"①因此,理解法律解释与合同解释,要从二者的相同之处与不同之处出发。

（1）法律解释与合同解释的相同之处

一是解释的原则基本相同,合同解释与法律解释都奉行文义解释、体系解释、目的解释、历史解释等原则,都有填补漏洞的现象,解释时都遵循诚实信用原则,践行公平正义等。②

二是解释方法基本相同,合同解释与法律解释都主张从文义本身出发,综合运用体系解释、目的解释、历史解释等方法。

（2）法律解释与合同解释的不同之处

一是目的不同。法律解释的目的在于探究法律条文的客观意旨（客观说）,不在于探究立法者的意思（主观说）;③合同解释的目的则在于探究当事人的真实意思,结合目前司法领域的穿透式审判思维,更倾向于根据当事人的主观意思确定真实的权利义务内容。法律解释与合同解释的目的不同的根本原因在于,法律解释需要面向不特定人,合同解释仅拘束双方当事人,二者信赖利益所保护的对象和范围不同。

二是性质不同。法律解释均是涉及法律问题的解释,如关于"习惯"的认定、效力和适用;而合同解释,既有关于事实问题（如合同约定的质量标准、计价单位）,也有关于法律问题（如合同订立的形式、盖章行为的效力）。

三是对象不同。法律解释主要是针对法律条文的解释,而合同解释则主要针对合同条款以及与合同相关问题的解释。

四是主体不同。法律解释的主体多是立法机关、司法机关以及法官,但是合同解释的主体则为当事人、司法机关以及法官,并不包括立法机关。

2. 合同解释的具体规则

第一,要从文义出发,即首先要根据合同所使用的文本和语句进行解释,学理上称之为"文义解释"。因为当事人内心的意思往往是通过文字语音的形式表示于外,这些意思表示的载体是探究当事人意思表示内容的重要依据,自然应当优先从该文义本身出发,但文义解释的标准应当是按照词句的通常含义去理解和认知。但是,合同解释也不能过于拘泥于文义,尤其是在有相反证据证明合同文本并非当事人真意的情况下,例如在通谋虚伪、避法行为的情形下,尤其不能局限于合同文本和语句。

---

① 维尔纳·弗卢梅:《法律行为论》,迟颖译,法律出版社 2013 年版,第 346 页、第 351 页。

② 崔建远:《合同解释论:规范、学说与案例的交互思考》,中国人民大学出版社 2020 年版,第 50 页。

③ 王泽鉴:《民法概要》（第二版）,北京大学出版社 2011 年版,第 16 页。

第二,不能孤立地解释,要从合同整个背景以及合同的各个条款之间的相互关联角度进行整体解释,学理上称之为"体系解释"。一方面,合同订立有其背景,双方当事人达成的具体约定内容往往与该背景息息相关,只有站在合同背景之下才能准确探究到当事人的真意;另一方面,合同是由各个具体的条款相互联系所构成的,因此在进行合同解释时,不能孤立地理解个别条款。应当将其置于合同整体框架之内,并结合上下文,理解其所欲表达之意。

第三,当合同解释出现分歧或者可能出现不同解释时,应当从最符合合同目的的角度确定合同当事人的意思,学理上称之为"目的解释"。合同,本就是为了当事人特定目的实现而存在的,合同目的是理解合同条款真意的重要指南。因此,在对合同具体条款进行解释时,如果出现了两种或两种以上的解释,则应在探明当事人所欲实现的合同目的基础上,选择最有利于当事人目的实现的解释来对合同的具体条款进行理解。

第四,当合同解释出现分歧或者可能出现不同解释时,尤其是在出现双方当事人约定不明或者存在合同漏洞时,应当根据当事人所熟悉的生活和交易习惯对意思表示或者合同条款进行解释,学理上称之为"交易习惯解释"。关于交易习惯的认定,《总则编司法解释》以及《合同编通则司法解释》均有明确规定,此处不再赘言。

第五,在其他解释方法难以探明当事人真意之时,有权解释主体可以依据诚信原则,从平衡当事人利益的角度出发,依据交易活动所需遵循的诚信标准,来对合同的内容予以解释,学理上称之为"诚实信用解释"。诚信原则在民法上有"帝王条款"之称,主要是基于其能够弥补具体规范的漏洞,从价值判断和利益平衡的角度,保证合同的解释结论的正当性和合理性。

需要特别说明的是,本次《合同编通则司法解释》除重申前述解释方法以外,还明确了两个具体规则:一是要以常人的理解为标准适用文义解释规则;二是文义解释有例外,即有证据证明当事人对词句的通常含义有其他理解的;三是增加了要参考缔约背景、磋商过程、履行行为等因素确定当事人的真实意思表示,尤其是在可能存在名实不符或者通谋虚伪、避法行为等情形的情况下。

3. 合同解释的适用场景

合同解释除了在合同条款有争议的情况下,还多适用于合同主体、合同性质以及合同效力存在争议的情况下。

对于合同解释在合同主体认定问题中的适用而言,主要是在涉及委托关系或者代理的情况下,往往会因为合同主体产生争议。

举例而言,在最高人民法院(2015)民申字第 956 号买卖合同纠纷案件中①,闽路润公司基于兴盟公司的委托以自己名义向钢翼公司采购钢材并订立《购销合同》,但钢翼公司并未按照约定交付货物,闽路润公司即以自己的名义提起诉讼并要求解除合同、返还货款,而钢翼公司认为合同主体为兴盟公司,闽路润公司无权提起诉讼。因此,双方就《购销合同》的主体究竟是兴盟公司还是闽路润公司产生争议。

最高人民法院经过再审审查后认为,在闽路润公司向钢翼公司主张权利之前,兴盟公司并未向钢翼公司主张权利,故不能认为兴盟公司已经行使介入权。既然兴盟公司没有行使介入权,则不是《购销合同》的主体,不享有《购销合同》项下的权利,无权将基于《购销合同》产生的债权进行转让,故兴盟公司与闽路润公司之间所谓的债权转让无法实际发生。兴盟公司发给闽路润公司关于转让债权并由闽路润公司向钢翼公司主张违约责任的《函》,从合同解释角度可认定为,兴盟公司承诺放弃介入权,由闽路润公司行使《购销合同》项下的权利,该函件并不影响闽路润公司作为《购销合同》的主体地位。

对于合同解释在合同性质认定问题中的适用而言,主要是在涉及当事人意思表示不清、相关联的法律关系之间存在通谋虚伪或者避法行为等情况下,往往会因为法律关系性质产生争议。举例而言:

(1)在(2020)最高法民终 10 号金融借款合同纠纷案件中,黑林铺信用社向绿都公司发放贷款本金 4500 万元,庄金霖、詹敏等人与黑林铺信用社签订《保证合同》,承诺对上述借款提供连带责任保证。同时,庄金霖、詹敏等人向黑林铺信用社出具《共同还款承诺书》,承诺作为绿都公司贷款产生的所有债务的共同还款人,与其共同归还所欠贷款本息及一切相关费用,直至贷款本息结清。贷款到期后,绿都公司未能还款,黑林铺信用社向法院提起诉讼并要求承担《共同还款承诺书》的还款责任,而庄金霖、詹敏等人认为,

---

① 详见《最高人民法院公报》(2016 年第 1 期):上海闽路润贸易有限公司与上海钢翼贸易有限公司买卖合同纠纷案裁判摘要:

1. 受托人以自己的名义与第三人订立合同时,第三人不知道受托人与委托人之间的代理关系的,合同约束受托人与第三人。受托人因第三人的原因对委托人不履行义务,受托人向委托人披露第三人后,委托人可以选择是否行使介入权:委托人行使介入权的,则合同直接约束委托人与第三人,委托人可以要求第三人向其承担违约责任;委托人不行使介入权的,根据合同的相对性原则,合同仍约束受托人与第三人,受托人可以向第三人主张违约责任,受托人与委托人之间的纠纷根据委托合同的约定另行解决。

2. 在判定合同的效力时,不能仅因合同当事人一方实施了涉嫌犯罪的行为,而当然认定合同无效。此时,仍应根据合同法等法律、行政法规的规定对合同的效力进行审查判断,以保护合同中无过错一方当事人的合法权益,维护交易安全和交易秩序。在合同约定本身不属于无效事由的情况下,合同中一方当事人实施的涉嫌犯罪的行为并不影响合同的有效性。

《共同还款承诺书》的真实意思表示是承担保证责任,而非债的加入,保证期限已过,其不应当再承担责任。

最高人民法院二审审理后认为,探寻诉争当事人签订案涉《共同还款承诺书》的真实意思表示,应当适用《中华人民共和国合同法》第一百二十五条第一款①规定确定该条款真实意思,即首先从案涉《共同还款承诺书》载明的"共同还款人"等文义来看,不能解读出是"保证"的意思;其次,从《共同还款承诺书》与《保证合同》为同一天出具的时间和内容上看,两份文件相互独立,应当认定为具有不同的法律效果;再次,庄金霖、詹敏签署《共同还款承诺书》的目的是保障案涉借款出借人实现债权,帮助债务人顺利取得案涉贷款,债务加入的认定并不以直接获取贷款的利益关系为前提;复次,"共同还款"在当事人之间的文件中并未被稳定、连贯地用来指代"连带保证",未在当事人之间形成交易习惯;最后,《共同还款承诺书》不违反法律、行政法规强制性规定,意思表示合法有效,对承诺人具有法律约束力。

由此可见,当合同性质产生争议时,应当利用合同解释规则中的文义解释、体系解释、目的解释、习惯解释等予以综合判断。具体到债务加入和保证的两个相近法律关系判断的问题上,前述案例的裁判观点,已经成为《担保制度司法解释》第三十六条②所明确规定的内容。

(2)在(2020)最高法民终 26 号、(2021)最高法民申 7956 号案中,轧一钢铁公司因资金困难,经票据中介人员介绍,决定签发无真实贸易背景的商业承兑汇票给其关联企业,以支付巨额好处费为条件,由中介人员联系各银行贴现汇票,获取贴现款。案涉票据交易中,先由票据中介蔡某联系了民生银行宁波分行的陈某,陈某再分别联系宁波银行杭州分行和阿拉善农商行,在案涉资金流转账户出现问题时,亦由陈某负责联系使用了漠河农信社的银行账户走账。案涉票据不能兑付以后,民生银行基于与宁波银行签订的《商业承兑汇票转贴现合同》,要求宁波银行承担先行支付票据款项的责任。但是,宁波银行主张双方法律关系的性质系"名为票据转贴现实为资金通道合同",即《商业承兑汇票转贴现合同》是双方的虚伪意思,隐藏的真实意思是资金通道。争议焦点:双方当事人之间基于《商业承兑汇票转贴现合同》

---

① 《中华人民共和国合同法》第一百二十五条第一款:当事人对合同条款的理解有争议的,应当按照合同所使用的词句、合同的有关条款、合同的目的、交易习惯以及诚实信用原则,确定该条款的真实意思。

② 《担保制度司法解释》第三十六条第一款、第二款:第三人向债权人提供差额补足、流动性支持等类似承诺文件作为增信措施,具有提供担保的意思表示,债权人请求第三人承担保证责任的,人民法院应当依照保证的有关规定处理。第三人向债权人提供的承诺文件,具有加入债务或者与债务人共同承担债务等意思表示的,人民法院应当认定为民法典第五百五十二条规定的债务加入。

法律关系的定性和效力?

最高人民法院认为:基于本案票据形成背景及交易过程事实,民生银行与宁波银行在本案中成立资金通道合同关系。首先,从本案商业承兑汇票的背景看,案涉商业承兑汇票系轧一钢铁出于向金融机构融出资金需求,在票据中介介绍和联系各银行后,签发的无真实贸易基础的票据;其次,从案涉票据的交易过程看,案涉票据系在轧一钢铁财务人员填写票据内容并加盖背书章后当场交给民生银行持有,阿拉善农商行和宁波银行从未实际持有该票据,案涉资金流向顺序为倒打款,不符合正常票据转贴现资金流向顺序。综上,综合案涉票据形成的背景、票据交易各参与主体的身份、交易模式以及各方收费情况等情形,案涉《商业承兑汇票转贴现合同》是双方虚假合意,双方基于该合同形成的真实法律关系为资金通道合同法律关系。但是,双方明知案涉票据并非真实的票据转贴现,仍然签订《商业承兑汇票转贴现合同》并积极参与不符合法律规定的票据交易,不仅严重违反了金融机构审慎经营规则,而且扰乱了票据市场秩序、引发金融风险。因此,双方基于真实意思表示形成的资金通道合同属于违背公序良俗、损害社会公共利益的无效合同。

由此可见,在当事人通过虚伪意思隐藏真实意思的情况下,当事人的权利义务内容就不能仅仅拘泥于表面合同文本的约定,而应当结合合同解释的具体规则对当事人的真实意思表示以及法律关系性质以及不同法律关系的效力进行综合判断。这一点,也与当前民商事审判中所明确倡导的"穿透视审判思维"[①]相一致。

对于合同解释在合同效力判断问题中的适用而言,有两个方面需要注意:

一方面,是合同解释在合同效力判断问题上的直接适用情形,如在当事人意思表示的真伪判断上,当经过适用合同解释规则后认定当事人的意思表示属于虚假意思时,根据《民法典》第一百四十三条[②]和第一百四十六条[③]的规定,基于虚假意思表示达成的合同效力即为无效。这一点,如前述

---

① 《最高人民法院关于印发〈全国法院民商事审判工作会议纪要〉的通知》(法〔2019〕254号):注意处理好民商事审判与行政监管的关系,通过穿透式审判思维,查明当事人的真实意思,探求真实法律关系。

② 《中华人民共和国民法典》第一百四十三条:具备下列条件的民事法律行为有效:(一)行为人具有相应的民事行为能力;(二)意思表示真实;(三)不违反法律、行政法规的强制性规定,不违背公序良俗。

③ 《中华人民共和国民法典》第一百四十六条第一款:行为人与相对人以虚假的意思表示实施的民事法律行为无效。

（2020）最高法民终 26 号、（2021）最高法民申 7956 号案件合同纠纷案件中的裁判规则。

另一方面，是合同解释在合同效力判断问题上的间接适用情形，尤其是在涉及合同性质与效力以及合同约定的解除条件判断上，一般需要先经过适用合同解释规则就合同性质以及合同约定的解除条件的内容予以解释判断后，再适用法律效力判断规则。举例而言：

（1）在（2020）最高法民终 368 号合同纠纷案件中，中金公司与东方学院签订《产权转让合同》及《补充协议》，约定东方学院老校区全部建筑物收益权归中金公司所有；土储中心与东方学院签订《国有土地收购合同》，收储东方学院老校区土地及地上建筑物，消灭该土地地籍。中金公司认为，《国有土地收购合同》无效，土储中心应恢复案涉土地的地籍，遂向法院提起诉讼。

最高人民法院二审认为，关于《产权转让合同》及《补充协议》的效力，涉及两个层次的问题，第一个层次的问题是《产权转让合同》及《补充协议》的真实意思系转让全部建筑物拆迁收益权还是划拨土地使用权转让；第二个层次的问题是《产权转让合同》及《补充协议》的效力。根据《中华人民共和国民法总则》第一百四十二条①的规定，就案涉《产权转让合同》及《补充协议》涉及的当事人真实意思表示而言，应通过上述合同解释方法，探究当事人的真实意思表示。对此，无论自文义解释、目的解释、体系解释、诚信解释等解释方法来看，还是以当事人实际履行合同的过程以及我国房地产开发的实践及惯例来看，均不能得出当事人的缔约意思为转让全部建筑物拆迁补偿收益权，而只能得出其真实意思系转让案涉国有划拨土地使用权，即合同文义以及合同目的均指向东方学院老校区的土地使用权、各方当事人签订的系列合同均是针对东方学院老校区的土地使用权收储以及溢价归属问题、合同履行过程中签订的《资金共管协议》也印证了中金公司欲取得该国有划拨土地使用权挂牌后所溢价的土地使用权出让金、老旧厂区改造项目的合作交易实践及习惯以及维护国家房地产招拍挂市场秩序的诚实信用原则。进而，在认定东方学院与中金公司所签订案涉合同性质为转让划拨土地使用权的情况下，再以合同违反《中华人民共和国物权法》第一百三十七条（已被《民法典》第三百四十七条进行文字调整后承继）②、《中华人民共和

---

① 《中华人民共和国民法总则》第一百四十二条第一款：有相对人的意思表示的解释，应当按照所使用的词句，结合相关条款、行为的性质和目的、习惯以及诚信原则，确定意思表示的含义。

② 《中华人民共和国物权法》第一百三十七条第三款：严格限制以划拨方式设立建设用地使用权。采取划拨方式的，应当遵守法律、行政法规关于土地用途的规定。

国城市房地产管理法》第四十条①的规定,认定合同无效。

(2)在最高人民法院(2004)民一终字第46号土地使用权转让合同纠纷案件②中,全威公司、超凡公司与桂馨源公司签订《土地开发合同》,约定全威公司、超凡公司将柳石路153号土地转让给桂馨源公司。桂馨源公司在支付200万元定金后要求全威公司办理土地过户,但是全威公司则以桂馨源公司未按照合同约定办理抵押担保手续为由要求解除《土地开发合同》,于是双方就合同效力问题产生争议。

最高人民法院二审审理后认为,当事人各方在有效合同的履行过程中对合同条款的约定内容发生歧义,应依合同法规定的合同解释方法确定发生争议条款的真实意思表示。一审判决根据合同目的、合同条款之间的关系,确认《土地开发合同》第七条约定的应由桂馨源公司提供抵押担保的"未付款项"是指桂馨源公司依合同第三条约定的义务内容代全威公司支付2300万元款项以外的余款2200万元,而桂馨源公司先行就全部转让款项提供抵押担保作为其履行合同义务的前置条件。因此,全威公司无权终止《土地开发合同》。

(二)交易习惯认定

合同法在第二十二条、第二十六条、第六十条、第六十一条、第九十二条、第一百二十五条、第一百三十六条、第二百九十三条和第三百六十八条中曾涉及"交易习惯"这一概念,但是合同法并没有对"交易习惯"的构成要件和认定标准予以规定,导致司法实践中对于该问题存在诸多争议。此后,《合同法司法解释(二)》第七条对"交易习惯"的构成要件以及举证责任作了明确的规定,即:"下列情形,不违反法律、行政法规强制性规定的,人民法院可以认定为合同法所称'交易习惯':(一)在交易行为当地或者某一领域、某一行业通常采用并为交易对方订立合同时所知道或者应当知道的做法;(二)当事人双方经常使用的习惯做法。对于交易习惯,由提出主张的一方当事人承担举证责任。"

---

① 《中华人民共和国城市房地产管理法》第四十条:以划拨方式取得土地使用权的,转让房地产时,应当按照国务院规定,报有批准权的人民政府审批。有批准权的人民政府准予转让的,应当由受让方办理土地使用权出让手续,并按照国家有关规定缴纳土地使用权出让金。以划拨方式取得土地使用权的,转让房地产报批时,有批准权的人民政府按照国务院规定决定可以不办理土地使用权出让手续的,转让方应当按照国务院规定将转让房地产所获收益中的土地收益上缴国家或者作其他处理。

② 《最高人民法院公报》(2005年第7期):桂馨源公司诉全威公司等土地使用权转让合同纠纷案。

在《民法典》的立法过程中,《民法典》第十条①明确了习惯作为法源的法律地位和适用。《总则编司法解释》对习惯的类型、举证责任以及适用规则予以了明确,即第二条所规定的"在一定地域、行业范围内长期为一般人从事民事活动时普遍遵守的民间习俗、惯常做法等,可以认定为民法典第十条规定的习惯。当事人主张适用习惯的,应当就习惯及其具体内容提供相应证据;必要时,人民法院可以依职权查明。适用习惯,不得违背社会主义核心价值观,不得违背公序良俗"。本次《合同编通则司法解释》关于交易习惯的规定内容主要是明确交易习惯的构成要件,是在《合同法司法解释(二)》第七条的基础上进行文字性修订后的承继,仅在构成要件中增加了"不违背公序良俗"的内容。

1. 交易习惯的认定规则

关于习惯的认定,是人民法院适用习惯时首要明确的标准问题。对此,《总则编司法解释》第二条第一款规定作为法源意义上的习惯,通常表现为民间习俗、惯常做法等,其核心要义在于能够在一定范围内为特定群体长期确信并自觉遵守。这就意味着,判断是否构成民法法源的习俗或者做法是否具备三方面的条件:一是是否具有长期性、恒定性、内心确信性;二是是否具有具体行为规则属性,即并非宽泛的道德评价标准,能够具体引导人们的行为;三是不得违背社会主义核心价值观,不得违背公序良俗。

而《合同编通则司法解释》第二条则首先明确的是认定构成交易习惯有两个前提条件:

一是不违反法律、行政法规的强制性规定,即交易习惯"必须适法",必须具有合法性;

二是不违背公序良俗的,即交易习惯"不得悖俗"。

同时,《合同编通则司法解释》第二条还明确了认定构成交易习惯的两个具体规则:

一是当事人之间在交易活动中经常使用的惯常做法。对此,需要注意两点:第一,主体范围为当事人之间;第二,经常使用的惯常做法,如果仅在当事人先前交易中出现过一次,一般不宜认定为交易习惯。如此规定的意义在于,当事人之间的实际行为直接表明了他们对合同含义的真实理解,所以如果当事人双方经常使用某种习惯做法,就可以公平地认为该种习惯做法构成了理解和解释当事人双方表达及行为的共同基础,应当认定为交易

---

① 《中华人民共和国民法典》第十条:处理民事纠纷,应当依照法律;法律没有规定的,可以适用习惯,但是不得违背公序良俗。

习惯。①

二是在交易行为当地或者某一领域、某一行业通常采用并为交易对方订立合同时所知道或者应当知道的做法。该规则要求同时具备两个构成要件：第一，在交易行为当地或者某一领域、某一行业通常采用的做法，即"客观要件"，体现了交易习惯的地域性和行业性的特点；第二，交易对方订立合同时所知道或者应当知道的做法，即"主观要件"，体现了对当事人意思的尊重和认可，但是并不要求"同意"或者"认可"。

相较而言，规则二比规则一的适用范围更广，因为规则二除了可以适用于多次反复交易，还可以适用于当事人双方的第一次交易。此外，规则二和规则一也不是彼此孤立的。在可能的情况下，法院对于交易习惯的认定应当综合考虑规则二和规则一，认定的交易习惯应尽量和规则二及规则一都能协调一致。如果确实不可能满足上述要求，则应认为规则二优先于规则一，即认为当事人以意思表示排除了惯常做法的约束力。需要注意的是，这里规则二优先于规则一的理由在于规则二中的"知道或者应当知道"直接体现了当事人的意思，因而最接近当事人的真实意思。如果是普通的地区习惯或者行业习惯，即仅仅满足了规则二中客观要件的习惯做法，则应当认为规则一中的习惯做法优先于一般的地区习惯或者行业习惯，这也是因为当事人在系列交易过程中形成的习惯做法更能体现当事人的真实意思。②

关于习惯的证明，主要涉及举证责任的分配问题。对于习惯是否存在、何为习惯的具体内容，这首先是一项事实问题。因此，当事人主张适用习惯的，应当根据民事诉讼法第六十七条③第一款的规定提供证据，必要时，人民法院可以依职权查明。正如王泽鉴先生所言，主张习惯法者，对于习惯法的存在，"固应负举证责任，唯法律亦应依职权调查之"。④

2. 交易习惯的法律效力

首先，根据《民法典》第十条⑤的规定，处理民事纠纷可以适用习惯，明确了习惯可以作为法源予以适用。

---

① 《最高人民法院关于适用〈中华人民共和国合同法〉若干问题的解释（二）》第七条释义，参见《最高人民法院关于合同法司法解释（二）理解与适用》一书。

② 《最高人民法院关于适用〈中华人民共和国合同法〉若干问题的解释（二）》第七条释义，参见《最高人民法院关于合同法司法解释（二）理解与适用》一书。

③ 《中华人民共和国民事诉讼法》第六十七条：当事人对自己提出的主张，有责任提供证据。当事人及其诉讼代理人因客观原因不能自行收集的证据，或者人民法院认为审理案件需要的证据，人民法院应当调查收集。人民法院应当按照法定程序，全面地、客观地审查核实证据。

④ 王泽鉴：《民法总则》，北京大学出版社 2009 年版，第 63 页。

⑤ 《中华人民共和国民法典》第十条：处理民事纠纷，应当依照法律；法律没有规定的，可以适用习惯，但是不得违背公序良俗。

其次,根据《民法典》第一百四十条①的规定,交易习惯可以作为当事人意思表示的方式的判断标准。即只有在当事人之间存在以沉默方式作出意思表示的习惯时,沉默行为才可以视为当事人之间的意思表示。

再次,根据《民法典》第一百四十二条②的规定,习惯是合同解释的具体方法以及解释素材之一,即在意思表示的内容存在争议时,对于有相对人的意思表示的解释,应当按照所使用的词句,结合相关条款、行为的性质和目的、习惯以及诚信原则,确定意思表示的含义。当然,在意思表示内容不明或者存在漏洞的情况下,也可以用交易习惯的内容补充意思表示的内容。

最后,在我国审判的司法实践中,习惯作为法源多见于与丧葬事宜相关的案件,比如遗体瞻仰、吊唁、祭奠等相关的案件。需要注意的是,此处所讲的习惯不同于当事人之间形成的交易习惯,要求在当地形成一定的习俗,才可以作为司法审判的裁判依据。

3. 交易习惯的适用场景

关于习惯的适用,民法典明确习惯要作为裁判依据,必须是在法律没有具体规定的前提下,且该习惯不得违背公序良俗。由于我国历史悠久,不少习惯中文明与糟粕并存,有必要对习惯的适用采取审慎的态度。为此,《总则编司法解释》第二条第三款进一步明确规定,"适用习惯,不得违背社会主义核心价值观,不得违背公序良俗"。关于交易习惯的两个适用规则,举例而言:

(1)最高人民法院(2015)民一终字第78号案件裁判观点明确,《中华人民共和国合同法》针对"交易习惯"问题作出相关规定,其意旨侧重于完善和补充当事人权利义务的内容,增强当事人合同权利义务的确定性。而本案并不涉及运用交易习惯弥补当事人合同约定不明确、不完整所导致的权利义务确定性不足的问题。在前述立法意旨之外,运用"交易习惯"认定当事人交易行为之"可疑性",应格外谨慎。由此可见,习惯作为裁判依据,必须是在法律或者合同没有明确规定,并且导致当事人的权利义务存在不确定性的前提之下。

(2)最高人民法院(2020)最高法民再87号案件中裁判观点明确,"鑫龙物业集团公司作为银海新城小区的物业服务单位,其成立的银海新城管理

---

① 《中华人民共和国民法典》第一百四十条:行为人可以明示或者默示作出意思表示。沉默只有在有法律规定、当事人约定或者符合当事人之间的交易习惯时,才可以视为意思表示。

② 《中华人民共和国民法典》第一百四十二条:有相对人的意思表示的解释,应当按照所使用的词句,结合相关条款、行为的性质和目的、习惯以及诚信原则,确定意思表示的含义。无相对人的意思表示的解释,不能完全拘泥于所使用的词句,而应当结合相关条款、行为的性质和目的、习惯以及诚信原则,确定行为人的真实意思。

处对于该小区的车位使用状况最为清楚,其出具的《证明》应予采信,故确认田应策自 2016 年 7 月 19 日起即占有 28 号车位并使用至今的事实","车位转让协议和《地下车位转让合同》系当事人的真实意思表示,内容不违反法律、行政法规规定,不违反公共利益及公序良俗,合法有效,且均签订在一审法院查封案涉车位之前";山东省高级人民法院(2021)鲁民再 183 号案件中的裁判观点明确,"益希杰有出借款项的经济来源,通过银行转账的方式将款项交予张临沂,交付方式符合交易习惯;但是,益希杰从他人处借款后又以高利形式向张临沂转贷,且益希杰亦知道或者应当知道张临沂的借款行为属违法犯罪,该借贷行为有悖于公序良俗,且违反了法律规定,合同无效"。由此可见,即使适用交易习惯,也需要对交易习惯是否违背公序良俗的角度进行判断。

三、参考案例

1. 当事人对合同条款的理解有争议的,应当综合运用合同解释方法确定该条款真实意思——最高人民法院(2012)民提字第 153 号广州珠江铜厂有限公司与佛山市南海区中兴五金冶炼厂、李烈芬加工合同纠纷案(最高人民法院公报 2014 年第 10 期)

裁判要旨:当事人对合同条款的理解有争议的,应当按照合同所使用的词句、合同的有关条款、合同的目的、交易习惯以及诚实信用原则,确定该条款的真实意思。当事人基于实际交易需要而签订合同,在特定条件下会作出特定的意思表示,只要其意思表示是真实的,且不违背法律的强制性或者禁止性规定,即应当予以保护。

基本案情:中兴冶炼厂于 1999 年、2000 年与珠铜公司签订《加工合同》,约定由珠铜公司提供反射炉渣给中兴冶炼厂加工,由中兴冶炼厂向珠铜公司返还含铜量为 84% 以上的铜锭。而后,双方对该债务的形成原因以及是否应当返还产生争议。珠铜公司主张该欠铜债务是在履行双方订于 1999 年与 2000 年的《加工合同》过程中形成的,是中兴冶炼厂此两年欠铜数之汇总,应当由中兴冶炼厂、李烈芬返还或折价补偿;但是,中兴冶炼厂、李烈芬则认为该诉争欠铜债务并非历史形成,只是为了实现新的合作目的而通过约定提高铜锭回收率的方式设立的债务,条件未成就,不应当返还。

争议焦点:关于中兴冶炼厂、李烈芬是否应当偿还珠铜公司紫杂铜锭(含铜 84%)共 943.52 吨(折算金属铜 792.56 吨)。

最高人民法院再审提审后认为,该争议焦点问题涉及合同条款的理解问题。即中兴冶炼厂的 943.52 吨欠铜债务"只能在长白长顺有色金属冶炼厂和朝鲜惠山青年铜矿合作项目成功投产盈利后在乙方股份盈利中偿还"的约定如何理解。对于合同的解释,应当严格按照合同法的规定和当事人的约定。广东省高级人民法院二审判决将"只能在长白长顺有色金属冶炼厂和朝鲜惠山青年铜矿合作项目成功投产盈利后在乙方股份盈利中偿还"理解为双方对返还欠铜方式的约定,其理由在于认为双方没有约定该项目未能成功投产和盈利时中兴冶炼厂应否偿还欠铜属于约定不明确。该认定并不符合合同解释的规则。因为,本案合同双方只是对合同条款内容的理解产生了争议,并不属于合同没有约定或者约定不明的情形。当事人对合同条款的理解有争议的,应当按照合同所使用的词句、合同的有关条款、合同的目的、交易习惯以及诚实信用原则,确定该条款的真实意思。在 2003 年5 月 19 日《补充协议》中,"只能在长白长顺有色金属冶炼厂和朝鲜惠山青年铜矿合作项目成功投产盈利后在乙方股份盈利中偿还"所要表达的意思是明确的。即使把"在长白长顺有色金属冶炼厂和朝鲜惠山青年铜矿合作项目成功投产盈利后在乙方股份盈利中偿还"理解为返还方式的约定,也仅限于"只能以这种方式",而没有约定其他的替代方式。从合同文义来看,"只能"的约定,具体限定了欠铜债务履行的条件和范围,该条件就是中兴冶炼厂、李烈芬履行其认可的欠铜债务的前提条件。因此,条件未成就时,不用返还。

2. 判断当事人之间订立的合同系本约还是预约的根本标准应当是当事人的意思表示——最高人民法院(2013)民提字第 90 号成都讯捷通讯连锁有限公司与四川蜀都实业有限责任公司、四川友利投资控股股份有限公司房屋买卖合同纠纷案(最高人民法院公报 2015 年第 1 期)

裁判要旨:判断当事人之间订立的合同系本约还是预约的根本标准应当是当事人的意思表示,也就是说,当事人是否有意在将来订立一个新的合同,以最终明确在双方之间形成某种法律关系的具体内容。对于当事人之间存在预约还是本约关系,不能仅孤立地以当事人之间签订的协议之约定为依据,而是应当综合审查相关协议的内容以及当事人嗣后为达成交易进行的磋商和有关的履行行为等事实,从中探寻当事人真实意思,并据此对当事人之间法律关系的性质作出准确界定。

基本案情:蜀都实业公司与讯捷公司签订《购房协议书》,约定讯捷公司购买蜀都实业公司所拥有的蜀都大厦北一楼及中庭房产,总价格 6750 万元(最后按照房管部门办理的产权证为准进行结算),本协议签订之日起,甲方收到乙方预计购房定金 1000 万元,待购房合同签订时,该定金自动转为购房款,双方应就购房合同及付款方式等问题在本协议原则下进行具体磋商。

而后,讯捷公司多次向蜀都实业公司的股东账号转款共计 1000 万元,案涉房屋实际由讯捷公司占有使用。但是,蜀都实业公司主张双方是房屋租赁关系,并非房屋买卖关系。

争议焦点:蜀都实业公司与讯捷公司之间就案涉房屋所形成的法律关系的性质和效力问题。

最高人民法院提审后认为,基于蜀都实业公司已收到讯捷公司支付的 1000 万元定金的事实以及蜀都实业公司向讯捷公司交付案涉房屋行为,可以认定蜀都实业公司向讯捷公司交付案涉房屋的行为为基于当事人之间的房屋买卖法律关系而为的交付。但是,仅就案涉《购房协议书》而言,其性质应为预约。结合双方当事人在订立《购房协议书》之后的履行事实,蜀都实业公司与讯捷公司之间已经成立了房屋买卖法律关系。

3. 只有在文义解释不能确定合同条文的准确含义时,才能运用其他的解释方法——最高人民法院(2007)民二终字第 99 号淄博万杰医院与中国银行股份有限公司淄博博山支行、淄博博易纤维有限公司、万杰集团有限责任公司借款担保合同纠纷管辖权异议案(最高人民法院公报 2007 年第 12 期)

裁判要旨:对于合同条文的解释,必须探究合同当事人内在的、真实的意思表示,而判断合同当事人真实意思表示的首要方法,是判断合同条文的字面意思表示,即文义解释的方法。只有在文义解释不能确定合同条文的准确含义时,才能运用其他的解释方法。

基本案情:万杰医院与中行博山支行签订了九份《借款合同》,其中第 1 份合同明确约定了以仲裁作为解决纠纷的方式,而后八份合同则约定法院作为解决纠纷的方式。万杰医院主张,因后八笔借款均是在第一笔借款合同的基础上签订的,视为第一笔合同的延续,而后八笔借款何以均是格式合同,双方纠纷应当仲裁。

争议焦点:后八笔借款合同约定法院管辖是否有效?

最高人民法院二审认为,关于本案当事人之间所签订的九份外币借款合同关系,首先,当事人在有关合同中并没有明确约定或者表示本案所涉九份合同之间的相互关系;其次,从各个借款合同内容及特征来看,借款金额及履行行为也都是分别独立的,并不能看出各个合同之间的关联性;最后,从合同解释角度来看,当事人对合同条文发生争议时,必须探究当事人内在的真实意思表示,判断当事人真实的意思表示首要方法是判断当事人字面的意思表示。这正所谓合同解释中的文义解释方法,只有在文义解释不能确定该条款的准确含义时,再运用其他解释方法去确定合同条款的含义以及填补合同的漏洞。本案除第一份借款合同之外,其余借款合同条款中均明确写明:当发生纠纷时,交由当地人民法院审理,应该认定该约定就是当事人真实意思。本案有关借款合同所涉的诉讼条款虽属格式合同中的条款,但按照通常的理解并不能对此条款引起不同的理解,因此不应该适用我国合同法有关格式条款解释规则。

因此,万杰医院关于原审法院对本案所涉的后八份借款合同纠纷案件不具有管辖权的上诉理由,不能成立。

4. 要约邀请对合同的解释可以产生证据的效力——最高人民法院(2008)民二终字第 91 号成都鹏伟实业有限公司与江西省永修县人民政府、永修县鄱阳湖采砂管理工作领导小组办公室采矿权纠纷案(最高人民法院公报 2010 年第 4 期)

裁判要旨:当事人在网站发布公开拍卖推介书的行为,实质上是就公开拍卖事宜向社会不特定对象发出的要约邀请。在受要约人与之建立合同关系,且双方对合同约定的内容产生争议时,该要约邀请对合同的解释可以产生证据的效力。

基本案情:2006 年,永修县政府决定以拍卖的方式出让鄱阳湖永修县水域 5 号、6 号、7 号、8 号 4 个采区的采砂权。采砂办在"中国投资在线"网站发布的公开拍卖《推介书》中介绍,开采期长达 200 天,销售额可达 7 亿—10 亿元。鹏伟公司中标后,双方签订《采砂权出让合同》并约定,"采砂权使用期限自签订本合同之日至 2006 年 12 月 31 日止,年控制采量 1740 万吨"。2006 年 8 月 18 日,因鄱阳湖水位过低造成运砂船难以进入采区,鹏伟公司被迫停止采砂。为此,鹏伟公司致函永修县政府采砂办要求解决开采时间缩短、砂源不足等问题。但是,双方对于鹏伟公司的量上限是否为 1740 万吨产生争议。

鹏伟公司认为,合同中约定的 1740 万吨采砂限制并不是鹏伟公司和采砂办的真实意思表示,永修县政府主要领导在签订合同时解释,合同加上采量限制是为了应对省水利厅的检查,并承诺采砂量实际不受限制,鹏伟公司提供了采砂办在网站发布的公开拍卖《推介书》和采砂办工作人员编写的《可行性报告》为证;而永修县政府和采砂办认为,年控制采量 1740 万吨是上级行政主管部门对年采量的行政许可限制,鹏伟公司对《采砂权出让合同》关于 1740 万吨的约定无异议才签字盖章。该约定是明确的,不能以《推介书》和个人撰写的《可行性报告》来否定合同的效力。

争议焦点:《采砂权出让合同》关于年控制采量 1740 万吨是否为当事人双方的真实意思表示?

最高人民法院二审认为,采砂办工作人员编写的《可行性报告》与《推介书》的内容是一致的,是对要约的具体化和解释,在本案中可以作为证据使用。该《推介书》《可行性报告》均以5号、6号、7号、8号4个采区投资金额1.1亿元人民币为例对竞拍取得采砂权进行了宣传。按《可行性报告》开采期较少的180日计算口径,湖砂每吨8元,投资方按30%的比例提取提成款,则开采1740万吨湖砂利润为4176万元,也即,如果将合同解释为限量的1740万吨,那么鹏伟公司的投资回报仅为4176万元,同支付采砂办的采砂权价款及税费共计8228万元相较,显然不成比例。故鹏伟公司关于1740万吨采砂限制并不是鹏伟公司和采砂办的真实意思表示,《采砂权出让合同》系限时不限量合同的主张,本院予以支持。在实际履行合同过程中,作为采砂的监管部门,采砂办并未对鹏伟公司的采量加以监管和限制,在本案一、二审过程中也未能提供鹏伟公司采砂的具体数字、采量到达1740万吨的具体时间及此后采取了何种管理措施的证据,表明其对1740万吨的采砂限量并不真正关心,该行为可以间接证明《采砂权出让合同》并非真实的限量合同。

5. 交易习惯意旨侧重于完善和补充当事人权利义务的内容,其适用前提为当事人合同约定不明确、不完整导致权利义务确定性不足——最高人民法院(2015)民一终字第78号洪秀凤与昆明安钡佳房地产开发有限公司房屋买卖合同纠纷案(最高人民法院公报2016年第1期)

裁判要旨:透过解释确定争议法律关系的性质,应当秉持使争议法律关系项下之权利义务更加清楚,而不是更加模糊的基本价值取向。在没有充分证据佐证当事人之间存在隐藏法律关系且该隐藏法律关系真实并终局地对当事人产生约束力的场合,不宜简单否定既存外化法律关系对当事人真实意思的体现和反映,避免当事人一方不当摆脱既定权利义务约束的结果出现。

基本案情:2013年8月21日,安钡佳公司与洪秀凤签订两份《商品房购销合同》,就洪秀凤购买安钡佳公司开发建设的百富琪商业广场一、二层商铺的具体事项进行了约定。洪秀凤起诉称,其已经依约付清了全部购房款,但安钡佳公司拒不履行交房义务。而安钡佳公司则主张,本案实际是民间借贷纠纷,房屋买卖合同仅是民间借贷的担保形式,应为无效。一审法院以案涉房屋在出售之前已经整体出租给第三方,房屋价格明显低于安钡佳公司与案外人约定的价格,洪秀凤付款时间、付款对象与正常买房人的付款习惯不符等一系列明显不符合房屋买卖的一般交易习惯为由认定双方之间系名为房屋买卖实为借贷民事法律关系。

争议焦点： 安钡佳公司与洪秀凤之间的法律关系性质是否系名为房屋买卖实为借贷？

最高人民法院二审认为，《中华人民共和国合同法》针对"交易习惯"问题作出相关规定，其意旨侧重于完善和补充当事人权利义务的内容，增强当事人合同权利义务的确定性。而本案并不涉及运用交易习惯弥补当事人合同约定不明确、不完整所导致的权利义务确定性不足的问题。在前述立法意旨之外，运用"交易习惯"认定当事人交易行为之"可疑性"，应格外谨慎。

首先，关于房屋交付时间问题。案涉房产存在违反规划超建楼层且尚未报批即行出售的事实，在此情况下，当事人才约定在合同签订之日后近四个月时交付房产。而即便不考虑前述事实，在现房买卖情形中，如何约定交房期限方符合"交易习惯"，有无必要乃至是否形成"交易习惯"，同类一般交易判断是否已经形成普遍共识，尚存较大疑问。

其次，关于房屋价格问题。抛开此节是否属于"交易习惯"的问题，对不合理低价的判断，亦须以当时当地房地产管理部门公布的同等房地产之价格信息为参考依据。虽安钡佳公司称对其法定代表人张晓霞与张琳婕是否为亲属关系不得而知，但其确认张琳婕同张传文（与张晓霞户籍迁移时间、原因，迁出及迁入地均相同）身份证号相同的事实。张琳婕与安钡佳公司《商品房购销合同》的备案登记，已于 2014 年 4 月 22 日（一审庭审时间为 2014 年 9 月 23 日）因退房原因被注销。一审法院未查明相关事实，亦未对安钡佳公司在一审庭审中所作陈述与前述合同约定单价出现明显差异的事实给予必要关注。

再次，关于付款问题。案涉合同约定的购房款支付方式为分期支付，但在洪秀凤所为一次性支付及安钡佳公司受领给付的共同作用下，应当认定其属于合同履行之变更。将此种合同履行变更视作与正常买房人的付款习惯相悖，理据尚不充分。而洪秀凤向安钡佳公司法定代表人张晓霞付款 1900 万元，也符合该公司所出具付款委托书的要求。

最后，关于借贷法律关系问题。洪秀凤与安钡佳公司签订了房屋买卖合同且已经备案登记，在实际履行过程中，虽然有些事实可能引发不同认识和判断，但在没有任何直接证据证明洪秀凤与安钡佳公司之间存在民间借贷法律关系，且安钡佳公司对其所主张民间借贷法律关系诸多核心要素的陈述并不一致的情况下，认定双方当事人之间存在民间借贷法律关系，缺乏充分的事实依据。并且，安钡佳公司法定代表人张晓霞于一审庭审后在通话中对洪秀凤之购房人身份也是认可的。

因此,一审法院认定双方当事人一系列行为明显不符合房屋买卖的"交易习惯",进而基于合理怀疑得出其间系名为房屋买卖实为借贷民事法律关系的认定结论,没有充分的事实及法律依据,也不符合前述司法解释的规定精神,本院予以纠正。

6. 当事人之间长期以来形成较为固定的缔约方式的,应当视为双方成就了特定的交易习惯——陆永芳与中国人寿保险股份有限公司太仓支公司保险合同纠纷案(最高人民法院公报 2013 年第 11 期)

裁判要旨:人寿保险合同未约定具体的保费缴纳方式,投保人与保险人之间长期以来形成了较为固定的保费缴纳方式的,应视为双方成就了特定的交易习惯。保险公司单方改变交易习惯,违反最大诚信原则,致使投保人未能及时缴纳保费的,不应据此认定保单失效,保险公司无权中止合同效力并解除保险合同。

基本案情:陆永芳为被保险人董海威向被告太仓人寿保险公司投保人身财产保险,太仓人寿保险公司签发了保单。之后至 2008 年,投保人是按照太仓人寿保险公司委托邮政部门发送的缴费通知书告知的时间和地点缴纳保险费,但是 2010 年在缴费期即将届满之时,太仓人寿保险公司以陆永芳连续两年未缴纳保费为由未再发送缴费通知书,致使陆永芳未能及时缴纳保费。

陆永芳主张,从 2009 年起,太仓人寿保险公司无故不再发出缴费通知书,导致陆永芳未能按期缴费,应当赔偿陆永芳为保单复效的损失 2000 元并继续履行保险合同。但是,太仓人寿保险公司则认为,缴纳保险费是投保人的义务,本案保险合同因超过两年未缴费,所以本合同已经失效。

争议焦点:太仓人寿保险公司是否负有履行收取保费及通知交缴等习惯形成的义务?

江苏省苏州市中级人民法院二审认为:《中华人民共和国合同法》第六十条规定,当事人应当按照约定全面履行自己的义务。当事人应当遵循诚实信用原则,根据合同的性质、目的和交易习惯履行通知、协助、保密等义务。根据现已查明的事实,在案涉保险合同履行的前两年系由上诉人太仓人寿保险公司业务员上门向被上诉人陆永芳收取保费,2000 年开始太仓人寿保险公司委托邮政部门向陆永芳发送缴费通知书,至 2008 年陆永芳每年按照缴费通知书的提示向太仓人寿保险公司指定的银行缴纳保费。由此可见,双方已经就缴纳保费形成了一定的交易习惯,即由太仓人寿保险公司上门收取保费或由其通知投保人按其指定缴纳保费。

7. 相关行业的市场交易规则以及交易习惯对相关参与人员具有法律拘束力——周益民诉上海联合产权交易所、华融国际信托有限责任公司股权转让纠纷案(最高人民法院公报2013年第11期)

裁判要旨:产权交易所发布的产权交易信息是向不特定主体发出的要约邀请。根据产权交易市场的交易管理办法和交易习惯,信息一经发布,公告期内一般不得变更,但在无举牌申请人举牌的情况下,可以按照产权出让人的意愿,根据产权交易所的有关规则进行信息变更。举牌申请人在信息变更之后签收载明新信息的相关法律文件并举牌参加交易,应视为清楚并认可产权交易信息的变更。举牌申请人知晓变更情况并参加交易,在交易结束之后,又请求确认该信息变更无效的,人民法院不予支持。

基本案情:2009年8月28日,根据华融信托公司的委托,被告联交所发布了将华融信托公司持有的银联数据公司2.43%股权挂牌转让的信息公告。该公告确定了转让标的的相关情况,挂牌期满日至2009年9月25日止,公告还确定了交易方式等信息内容。华融信托公司通过联交所于2009年9月22日在其网站重新发布了该项目的挂牌信息,将原来的挂牌期满日期延长至2009年10月23日,并对交易方式作了变更。原告周益民在2009年9月25日递交了挂牌资料,并支付保证金,联交所也确认了原告的意向受让人资格。而后原告周益民认为,两被告于2009年9月22日变更银联数据公司2.43%股权挂牌转让信息公告的行为无效,应当以联交所2009年8月28日发布的挂牌信息为依据。

争议焦点:2009年9月22日,华融信托公司、联交所就之前发布的涉案股权转让信息公告进行变更的行为,是否有违我国相关法律、行政法规的规定或产权交易的行业规则?

上海市第二中级人民法院二审认为:华融信托公司委托联交所在其网站、交易大厅显示屏以及《中国证券报》上所发布的涉案股权转让信息公告,虽载明有挂牌转让的价格、期限和交易方式等信息内容,但实际是向不特定主体发出的以吸引或邀请相对方发出要约为目的的意思表示,故应认定为要约邀请。依照一般要约邀请的法律性质,除了法定的不得撤销的情形外,只要未给善意相对人造成信赖利益的损失,要约邀请人可以变更或撤回要约邀请。就本案而言,涉案股权转让的交易信息公告变更前并未有人递交举牌申请书,而且,权利人已就交易信息的变更作出决议并有合理的理由,在此情形下华融信托公司通过联交所变更交易信息并不实质性损害举牌申请人的权益,又有利于实现股权转让人的交易目的,并无不当。周益民作为涉案股权的竞买人,本人或其委托人理应对联交所公布的相关信息或公告予以适当关注,应当知道涉案股权交易信息已经发生变更。

8. 交易习惯一般指在当时、当地或者某一行业、某一类交易关系中,为人们所普遍采纳的,且不违背公序良俗的习惯做法——山东省高级人民法院(2020)鲁民申1771号山东省立医院、王永杰医疗服务合同纠纷案

裁判观点:交易习惯一般指在当时、当地或者某一行业、某一类交易关系中,为人们所普遍采纳的,且不违背公序良俗的习惯做法。对交易习惯的认定应持谨慎的态度。

基本案情:2017年3月11日,王永杰入省立医院住院治疗,预交医疗费5万元,其中向省立医院刷卡支付1万元,另现金支付4万元。2017年3月21日,王永杰出院,实际花费医疗费20729.84元,省立医院应退款36227.04元。省立医院主张36227.04元退款均与王永杰通过现金方式结算完毕,但是王永杰主张省立医院仅退给其26227.04元现金,剩余1万元并未按照交易习惯将刷信用卡的1万元退还到原卡上。

争议焦点:原审法院依据交易习惯认定省立医院应当将涉案1万元退还到原卡上是否正确?

山东省高级人民法院认为,原审法院认为按照交易习惯,省立医院应将刷信用卡的1万元退还到原卡上,通过现金方式退还不符合信用卡管理规定及交易习惯。省立医院主张医疗机构结算主途径为现金结算,并提交进行卡结算的其他患者的结算形式以证明进行卡结算的办理流程。原审法院依据交易习惯认定涉案1万元应退还到原卡上依据不足,应在进一步查明案件事实的基础上对涉案交易习惯作出正确认定,合理分配举证责任。

第二章　合同的订立

【合同内容、第三人责任、预约合同、格式条款】

唐慧勇

　　本文主要涉及《合同编通则司法解释》第二章"合同的订立"的相关规定。

　　《民法典》合同编的合同的订立章节总共有 33 条,该章的核心内容是有关合同订立、合同内容、要约与承诺、合同成立、预约合同、格式条款、缔约过失责任等的规定,而本次解释关于合同的订立章节的内容较少,没有过多的涉及要约与承诺的内容,涉及的内容主要是合同成立与合同内容、以竞价方式订立合同、合同订立中的第三人责任、预约合同的认定、违反预约合同的认定、违反预约合同的违约责任、格式条款订入合同、格式条款的认定。核心为合同成立、第三人责任预约合同和格式条款。属于细化完善的是,明确合同成立争议为审理内容,列举了履行提示义务、说明义务的"合理方式"。属于新增或重大调整的是,明确第三人承担损失的赔偿责任、明确预约合同的违约行为及裁判标准、明确了格式条款的有效抗辩。

一、关联法规

　　《合同编通则司法解释》关于合同的订立章节总共有 9 条,该章的核心内容是合同内容及其对合同成立的影响、订立合同过程中可能产生的第三人责任、预约合同及其违约责任、格式条款的订入与认定。

　　具体见表 2 - 1。

表 2 - 1　合同的订立章节关联法规

第二章　合同的订立	
《合同编通则司法解释》	《民法典》及关联法规
第三条　当事人对合同是否成立存在争议,人民法院能够确定当事人姓名或者名称、标的和数量的,一般应当认定合同成立。但是,法律另有规定或者当事人另有约定的除外。 　　根据前款规定能够认定合同已经成立的,对合同欠缺的内容,人民法院应当依据民法典第五百一十条、第五百一十一条等规定予以确定。	**《民法典》** 　　**第四百六十九条**　当事人订立合同,可以采用书面形式、口头形式或者其他形式。 　　书面形式是合同书、信件、电报、电传、传真等可以有形地表现所载内容的形式。 　　以电子数据交换、电子邮件等方式能够有形

第二章 合同的订立	
《合同编通则司法解释》	《民法典》及关联法规

当事人主张合同无效或者请求撤销、解除合同等，人民法院认为合同不成立的，应当依据《最高人民法院关于民事诉讼证据的若干规定》第五十三条的规定将合同是否成立作为焦点问题进行审理，并可以根据案件的具体情况重新指定举证期限。	形地表现所载内容，并可以随时调取查用的数据电文，视为书面形式。
	    第四百七十条 合同的内容由当事人约定，一般包括下列条款：
	    （一）当事人的姓名或者名称和住所；
	    （二）标的；
	    （三）数量；
	    （四）质量；
	    （五）价款或者报酬；
	    （六）履行期限、地点和方式；
	    （七）违约责任；
	    （八）解决争议的方法。
	    当事人可以参照各类合同的示范文本订立合同。
	    第四百七十一条 当事人订立合同，可以采取要约、承诺方式或者其他方式。
	    第四百七十二条 要约是希望与他人订立合同的意思表示，该意思表示应当符合下列条件：
	    （一）内容具体确定；
	    （二）表明经受要约人承诺，要约人即受该意思表示约束。
	    第五百一十条 合同生效后，当事人就质量、价款或者报酬、履行地点等内容没有约定或者约定不明确的，可以协议补充；不能达成补充协议的，按照合同相关条款或者交易习惯确定。
	    第五百一十一条 当事人就有关合同内容约定不明确，依据前条规定仍不能确定的，适用下列规定：
	    （一）质量要求不明确的，按照强制性国家标准履行；没有强制性国家标准的，按照推荐性国家标准履行；没有推荐性国家标准的，按照行业标准履行；没有国家标准、行业标准的，按照通常标准或者符合合同目的的特定标准履行。
	    （二）价款或者报酬不明确的，按照订立合同时履行地的市场价格履行；依法应当执行政府定价或者政府指导价的，依照规定履行。
	    （三）履行地点不明确，给付货币的，在接受货币一方所在地履行；交付不动产的，在不动产所在地履行；其他标的，在履行义务一方所在地履行。
	    （四）履行期限不明确的，债务人可以随时履行，债权人也可以随时请求履行，但是应当给对方必要的准备时间。
	    （五）履行方式不明确的，按照有利于实现合同目的的方式履行。

续表

第二章　合同的订立	
《合同编通则司法解释》	《民法典》及关联法规
	（六）履行费用的负担不明确的,由履行义务一方负担;因债权人原因增加的履行费用,由债权人负担。 　　**《全国法院贯彻实施民法典工作会议纪要》** 　　**第六条第二款**　对合同欠缺的当事人名称或者姓名、标的和数量以外的其他内容,当事人达不成协议的,人民法院依照民法典第四百六十六条、第五百一十条、第五百一十一条等规定予以确定。 　　**《最高人民法院关于民事诉讼证据的若干规定》** 　　**第五十三条第一款**　诉讼过程中,当事人主张的法律关系性质或者民事行为效力与人民法院根据案件事实作出的认定不一致的,人民法院应当将法律关系性质或者民事行为效力作为焦点问题进行审理。但法律关系性质对裁判理由及结果没有影响,或者有关问题已经当事人充分辩论的除外。
第四条　采取招标方式订立合同,当事人请求确认合同自中标通知书到达中标人时成立的,人民法院应予支持。合同成立后,当事人拒绝签订书面合同的,人民法院应当依据招标文件、投标文件和中标通知书等确定合同内容。 　　采取现场拍卖、网络拍卖等公开竞价方式订立合同,当事人请求确认合同自拍卖师落槌、电子交易系统确认成交时成立的,人民法院应予支持。合同成立后,当事人拒绝签订成交确认书的,人民法院应当依据拍卖公告、竞买人的报价等确定合同内容。 　　产权交易所等机构主持拍卖、挂牌交易,其公布的拍卖公告、交易规则等文件公开确定了合同成立需要具备的条件,当事人请求确认合同自该条件具备时成立的,人民法院应予支持。	**《中华人民共和国招标投标法》** 　　**第四十六条第一款**　招标人和中标人应当自中标通知书发出之日起三十日内,按照招标文件和中标人的投标文件订立书面合同。招标人和中标人不得再行订立背离合同实质性内容的其他协议。 　　**《中华人民共和国拍卖法》** 　　**第五十一条**　竞买人的最高应价经拍卖师落槌或者以其他公开表示买定的方式确认后,拍卖成交。 　　**第五十二条**　拍卖成交后,买受人和拍卖人应当签署成交确认书。
第五条　第三人实施欺诈、胁迫行为,使当事人在违背真实意思的情况下订立合同,受到损失的当事人请求第三人承担赔偿责任的,人民法院依法予以支持;当事人亦有违背诚信原则的行为的,人民法院应当根据各自的过错确定相应的责任。但是,法律、司法解释对当事人与第三人的民事责任另有规定的,依照其规定。	**《民法典》** 　　**第一百四十九条**　第三人实施欺诈行为,使一方在违背真实意思的情况下实施的民事法律行为,对方知道或者应当知道该欺诈行为的,受欺诈方有权请求人民法院或者仲裁机构予以撤销。 　　**第一百五十条**　一方或者第三人以胁迫手段,使对方在违背真实意思的情况下实施的民事法律行为,受胁迫方有权请求人民法院或者仲裁机构予以撤销。

第二章　合同的订立	
《合同编通则司法解释》	《民法典》及关联法规
	《总则编司法解释》 　　**第二十一条**　故意告知虚假情况，或者负有告知义务的人故意隐瞒真实情况，致使当事人基于错误认识作出意思表示的，人民法院可以认定为民法典第一百四十八条、第一百四十九条规定的欺诈。
第六条　当事人以认购书、订购书、预订书等形式约定在将来一定期限内订立合同，或者为担保在将来一定期限内订立合同交付了定金，能够确定将来所要订立合同的主体、标的等内容的，人民法院应当认定预约合同成立。 　　当事人通过签订意向书或者备忘录等方式，仅表达交易的意向，未约定在将来一定期限内订立合同，或者虽然有约定但是难以确定将来所要订立合同的主体、标的等内容，一方主张预约合同成立的，人民法院不予支持。 　　当事人订立的认购书、订购书、预订书等已就合同标的、数量、价款或者报酬等主要内容达成合意，符合本解释第三条第一款规定的合同成立条件，未明确约定在将来一定期限内另行订立合同，或者虽然有约定但是当事人一方已实施履行行为且对方接受的，人民法院应当认定本约合同成立。	《民法典》 　　**第四百九十五条**　当事人约定在将来一定期限内订立合同的认购书、订购书、预订书等，构成预约合同。 　　当事人一方不履行预约合同约定的订立合同义务的，对方可以请求其承担预约合同的违约责任。
第七条　预约合同生效后，当事人一方拒绝订立本约合同或者在磋商订立本约合同时违背诚信原则导致未能订立本约合同的，人民法院应当认定该当事人不履行预约合同约定的义务。 　　人民法院认定当事人一方在磋商订立本约合同时是否违背诚信原则，应当综合考虑该当事人在磋商时提出的条件是否明显背离预约合同约定的内容以及是否已尽合理努力进行协商等因素。	
第八条　预约合同生效后，当事人一方不履行订立本约合同的义务，对方请求其赔偿因此造成的损失的，人民法院依法予以支持。 　　前款规定的损失赔偿，当事人有约定的，按照约定；没有约定的，人民法院应当综合考虑预约合同在内容上的完备程度以及订立本约合同的条件的成就程度等因素酌定。	

续表

第二章　合同的订立	
《合同编通则司法解释》	《民法典》及关联法规
第九条　合同条款符合民法典第四百九十六条第一款规定的情形，当事人仅以合同系依据合同示范文本制作或者双方已经明确约定合同条款不属于格式条款为由主张该条款不是格式条款的，人民法院不予支持。 　　从事经营活动的当事人一方仅以未实际重复使用为由主张其预先拟定且未与对方协商的合同条款不是格式条款的，人民法院不予支持。但是，有证据证明该条款不是为了重复使用而预先拟定的除外。	**《民法典》** 　　**第四百九十六条第二款**　采用格式条款订立合同的，提供格式条款的一方应当遵循公平原则确定当事人之间的权利和义务，并采取合理的方式提示对方注意免除或者减轻其责任等与对方有重大利害关系的条款，按照对方的要求，对该条款予以说明。提供格式条款的一方未履行提示或者说明义务，致使对方没有注意或者理解与其有重大利害关系的条款的，对方可以主张该条款不成为合同的内容。 　　**《中华人民共和国消费者权益保护法》** 　　**第二十六条**　经营者在经营活动中使用格式条款的，应当以显著方式提请消费者注意商品或者服务的数量和质量、价款或者费用、履行期限和方式、安全注意事项和风险警示、售后服务、民事责任等与消费者有重大利害关系的内容，并按照消费者的要求予以说明。 　　经营者不得以格式条款、通知、声明、店堂告示等方式，作出排除或者限制消费者权利、减轻或者免除经营者责任、加重消费者责任等对消费者不公平、不合理的规定，不得利用格式条款并借助技术手段强制交易。 　　格式条款、通知、声明、店堂告示等含有前款所列内容的，其内容无效。 　　**《中华人民共和国保险法》** 　　**第十七条**　订立保险合同，采用保险人提供的格式条款的，保险人向投保人提供的投保单应当附格式条款，保险人应当向投保人说明合同的内容。 　　对保险合同中免除保险人责任的条款，保险人在订立合同时应当在投保单、保险单或者其他保险凭证上作出足以引起投保人注意的提示，并对该条款的内容以书面或者口头形式向投保人作出明确说明；未作提示或者明确说明的，该条款不产生效力。 　　**《最高人民法院关于审理使用人脸识别技术处理个人信息相关民事案件适用法律若干问题的规定》** 　　**第十一条**　信息处理者采用格式条款与自然人订立合同，要求自然人授予其无期限限制、不可撤销、可任意转授权等处理人脸信息的权利，该自然人依据民法典第四百九十七条请求确认格式条款无效的，人民法院依法予以支持。 　　**《全国法院贯彻实施民法典工作会议纪要》** 　　**第七条**　提供格式条款的一方对格式条款

续表

第二章　合同的订立	
《合同编通则司法解释》	《民法典》及关联法规
	中免除或者减轻其责任等与对方有重大利害关系的内容,在合同订立时采用足以引起对方注意的文字、符号、字体等特别标识,并按照对方的要求以常人能够理解的方式对该格式条款予以说明的,人民法院应当认定符合民法典第四百九十六条所称"采取合理的方式"。提供格式条款一方对已尽合理提示及说明义务承担举证责任。
第十条　提供格式条款的一方在合同订立时采用通常足以引起对方注意的文字、符号、字体等明显标识,提示对方注意免除或者减轻其责任、排除或者限制对方权利等与对方有重大利害关系的异常条款的,人民法院可以认定其已经履行民法典第四百九十六条第二款规定的提示义务。 提供格式条款的一方按照对方的要求,就与对方有重大利害关系的异常条款的概念、内容及其法律后果以书面或者口头形式向对方作出通常能够理解的解释说明的,人民法院可以认定其已经履行民法典第四百九十六条第二款规定的说明义务。 提供格式条款的一方对其已经尽到提示义务或者说明义务承担举证责任。对于通过互联网等信息网络订立的电子合同,提供格式条款的一方仅以采取了设置勾选、弹窗等方式为由主张其已经履行提示义务或者说明义务的,人民法院不予支持,但是其举证符合前两款规定的除外。	**《民法典》** **第四百九十六条第一款**　格式条款是当事人为了重复使用而预先拟定,并在订立合同时未与对方协商的条款。

二、核心问题

（一）合同内容的完整性及其对合同成立的影响

1. 合同成立的标准

合同的成立涉及形式和内容两个方面。形式上,需要双方达成合意。内容上,要求所形成的合意具备了合同必须的内容。合同成立的一般形式为要约、承诺方式,要约和承诺中的内容则是合同当事人达成合意的基本内容。

《民法典》第四百九十条①和第四百九十一条②规定了合同成立的形式判断标准。主要包括口头形式、书面形式和其他形式。

其他形式包括：

（1）交叉要约，是指合同当事人各自采取非直接对话的方式，同时作出了为订立同一内容合同的要约。

（2）同时表示，同时表示与交叉要约本质上相同，交叉要约是在非直接对话方式的情况下发生的，而同时表示是在对话方式的情况下发生的。

（3）意思实现，是指按照习惯或事件的性质不需要承诺通知，或者要约人预先声明承诺无须通知，要约人在相当时间内如有可以推断受要约人有承诺意思的客观事实，则可以据此成立合同。

2. 合同的一般条款和必备条款

合同的内容构成了当事人之间的权利义务，也是双方之间合意的具体体现，对于合同的履行及救济是十分重要的。根据《民法典》第四百七十条的规定，合同的内容可分为八类，分别是：（1）当事人的姓名或者名称和住所；（2）标的；（3）数量；（4）质量；（5）价款或者报酬；（6）履行期限、地点和方式；（7）违约责任；（8）解决争议的方法。

根据《合同法司法解释（二）》第一条的规定，当合同条款中包含"当事人名称或者姓名、标的和数量"的，人民法院即可认定合同成立。反映出最高人民法院将"合同成立所必须达成明确具体合同的条款"认定为"必备条款"，且"必备条款"目前只有三类，即"当事人名称或者姓名、标的和数量"。对于合同欠缺的其他内容，人民法院依照当事人的补充协议或法律规定予以确定。

根据上述法律规定，我国将"当事人名称或者姓名、标的和数量"认定为合同成立的必备条款，将除此之外的其他条款认定为合同成立的一般条款。关于合同的必备条款，最开始立法机构考虑只要确定了主体和标的，就能认定合同成立，但在研讨过程中发现，数量没有办法通过法定的规则予以认定，因此，最终只要能够确定主体、标的和数量的，一般认为合同即可成立。最高人民法院的同志在《合同法司法解释（二）》的问答中，提及前述情况。

---

① 《中华人民共和国民法典》第四百九十条：当事人采用合同书形式订立合同的，自当事人均签名、盖章或者按指印时合同成立。在签名、盖章或者按指印之前，当事人一方已经履行主要义务，对方接受时，该合同成立。法律、行政法规规定或者当事人约定合同应当采用书面形式订立，当事人未采用书面形式但是一方已经履行主要义务，对方接受时，该合同成立。

② 《中华人民共和国民法典》第四百九十一条：当事人采用信件、数据电文等形式订立合同要求签订确认书的，签订确认书时合同成立。当事人一方通过互联网等信息网络发布的商品或者服务信息符合要约条件的，对方选择该商品或者服务并提交订单成功时合同成立，但是当事人另有约定的除外。

3. 合同必备条款与合同成立的关系

是否具备合同成立的必备条款,就一定达到合同成立的标准?

笔者认为,必备条款只是合同成立必要条件,但不是充分条件。即使具备必备条款,也不一定成立合同。例如价款,如果合同双方主体确定,标的及数量也确定,但无法就价款达成一致意见,同时由于标的的特殊性,如属于个性化定制产品、非标准产品等,不能按照合同的相关条款或者交易习惯进行确定,更不存在订立合同时履行地的市场价格以及政府定价或者政府指导价。但是同时,合同价款对于双方当事人而言都是十分重大的条款,可能直接决定了交易是否继续进行。因此,在此种情况下,如果认定合同成立,但无法确定关系合同当事人重大利益的条款,将导致合同无法履行,或直接导致合同利益失衡。因此,不宜认定合同成立。

过去在鼓励交易的背景下,人民法院倾向认定合同成立。因此在过往的司法实践中,人民法院极少因为合同内容的欠缺而被认定合同不成立。通常情况下,只要存在必备条款,其他条款如价款或报酬、质量标准、履行方式、违约责任等均可通过补充协议或法律规定予以确定,但是对当事人意思表示的干预明显较大。

4. 对实务的启示

(1)如果当事人是初次合作,且交易标的为非标准化产品或服务时,对于卖方或提供服务的一方而言,可以就产品或服务所对应的价款或者报酬提出明确意见,并提出确定性的数额及支付方式,强调所提供产品或服务的个性化、定制化。对于买方或者接收服务的一方而言,可以要求卖方或者提供服务的一方分项、分阶段报价,目的是将价款分解,缩小争议范围,为合同成立减少阻碍;或者要求提供相近或者类似产品或者服务的过往交易信息,为通过合同填补规则确定价款或者报酬提供依据。

(2)当事人可在协商订立合同的过程中直接表明己方所关注的重大事项,并将该条款定性为对己方有实质性影响。为防范风险,必要时可明确该条款达成一致是合同成立的条件之一。

(3)当事人可将合同外或者有关合同履行的其他因素设定为合同成立的条件。尤其是在预约合同的情况下,可以设定某商业因素或者指标达到一定标准,预约合同成立。

(二)合同的第三人

通常情况下,合同所约定的权利义务仅限于合同当事人。债务人向债权人履行义务,债权人可以要求债务人履行,接受履行。即使出现争议,相关的救济措施、责任分配也是限于合同主体。双务合同中,每一方主体都既是债权人也是债务人。

但在实践中,基于商业或者利益分配考虑,出现了不是合同主体,但可能因合同享受权利、承担义务、负担责任的情况。在合同关系中,一方可以依据合同违约条款追究违约方的违约责任,此种请求权是基于双方的合同,合同是双方真实意思表示,法律当然予以支持。但是,一方因合同外第三人欺诈、胁迫而订立合同,致使一方违背真实意思表示而签订合同,却无法依据合同进行救济,因此必须设定法定之债予以填补。《民法典》第一百四十九条和第一百五十条分别规定了第三人欺诈和第三人胁迫情况下的合同效力,但是未对第三人的责任问题作出明确规定,本次解释的第五条则确定了第三人的赔偿责任。

关于第三人赔偿责任的依据和性质,目前还存在较大的争议。甚至学界关于第三人赔偿可能并不能进一步扩张。汤文平教授认为[1],"在我国现行法体系之内,德国法上侵权法的不足之处原本就并不明显,所以在源头处独立的缔约过失责任存在的正当性本来就是大打折扣的。在这种制度背景之下,对于缔约过失责任的进一步扩张,更应慎之又慎。"

关于第三人赔偿的性质,最高人民法院认为,第三人因欺诈、胁迫承担的赔偿责任属于缔约过失责任,是一种法定责任。

1. 第三人欺诈的认定

我国关于第三人欺诈的规定,最早见于《担保制度司法解释》第四十条的规定"主合同债务人采取欺诈、胁迫等手段,使保证人在违背真实意思的情况下提供保证的,债权人知道或者应当知道欺诈、胁迫事实的",保证人不承担民事责任。《民法总则》第一百四十九条进一步规定"第三人实施欺诈行为,使一方在违背真实意思的情况下实施的民事法律行为,对方知道或者应当知道该欺诈行为的,受欺诈方有权请求人民法院或者仲裁机构予以撤销。"《民法典》延续了《民法总则》的规定。

第三人欺诈的构成要件:(1)实施欺诈行为的是合同当事人以外的第三人。(2)受欺诈方基于第三人实施的欺诈行为而陷入错误判断并作出违背真实意思的法律行为。(3)相对人知道或应当知道一方实施民事法律行为是基于第三人实施了欺诈行为。

2. 第三人胁迫的认定

合同法时代,我国针对不同胁迫对象的法律行为效力进行了区分,简单来讲,即损害国家利益的合同无效,其他情形下的则属于可变更或可撤销。

---

[1] 汤文平:民法典合同编通则司法解释稿完善建议(之一),载暨南大学法学院/知识产权学院网站。

《民法总则》不再区分胁迫对象,进行了统一,第一百五十条规定,一方或者第三人以胁迫手段,使对方在违背真实意思的情况下实施的民事法律行为,受胁迫方有权请求人民法院或者仲裁机构予以撤销。《民法典》承袭了《民法总则》的规定。

通说认为,胁迫是指以将要发生的损害或者以直接施加损害相威胁,迫使对方产生恐惧并因此作出违背真实意思表示的行为。《总则编司法解释》第二十二条规定了胁迫的认定标准,即以给自然人及其近亲属等的人身权利、财产权利和其他合法权益造成损害或者以个人及法人、非法人组织的名誉、荣誉、财产权益等造成损害为要挟,迫使其基于恐惧心理作出意思表示的,人民法院可以认定为《民法典》第一百五十条规定的胁迫。

第三人胁迫的构成要件:(1)实施胁迫行为的是合同当事人以外的第三人。(2)向对方预告将来的损害,并且声称有能力实现。(3)第三人实施胁迫行为是基于故意,而非过失。(4)一方当事人基于第三人的胁迫行为产生心理恐惧,并基于恐惧心理作出意思表示。

通过对比可以发现,第三人欺诈与第三人胁迫的认定中,存在一个明显的区别,即第三人欺诈的认定中,要求相对人知道或者应当知道一方系受欺诈而实施了法律行为,但是在第三人胁迫的认定中,是不存在类似要件的。

此种区别的原因在于,第三人欺诈与第三人胁迫虽然都导致一方当事人实施了违背真实意思表示的行为,但在第三人欺诈的情况下,一方当事人基于合同的签订而产生合法的信赖应当予以保护,该等保护也是符合保障交易安全的原则和价值取向的。只有当一方当事人明知或应当知道合同的签订是受第三人欺诈的结果,则当事人就不应当对合同产生合法的信赖,在此情况下,合同即可被撤销。

相较于欺诈,胁迫的不法性更为明显和巨大,因此,在出现胁迫的情况下,不应当在考虑交易安全,而是更加保护当事人的自由意志。

3. 受第三人影响的合同的救济

《民法典》对第三人实施欺诈和胁迫的救济是设定了撤销权,即受到欺诈和胁迫的当事人享有撤销权,但是没有明确当事人是否享有请求第三人承担实体责任的权利。

本次解释的第五条进一步明确了前两种情形的第三人的实体责任,即受到损失的当事人可以请求第三人承担赔偿责任。在一定程度上突破了合同的相对性,确定了在合同关系中也能启动侵权之债的理念。本解释第五条第二款明确了当事人也存在违背诚信原则的,则也应承担相应的过错责任,特别规定除外。此处的特别规定,主要是在债权转让和保理制度中。

在债权转让和保理业务中,受让人或保理商向债务人是否存在真实的债权债务关系,受让人或保理商基于债务人的肯定性回答而进行交易,后债务人又以不存在真实的债务关系为由抗辩的,属于无效抗辩,债务人应当履行偿还责任。本次解释的第四十九条第二款对此进行了规定。

4. 司法实践中需要注意的问题

通常情况下,一般应当按照法律所设定的权利类型和方式去救济,但在合同纠纷的实务中,应当树立最大程度救济权利的目标,充分运用综合性的法律专业知识制定策略,而不仅仅是着眼于法定的权利,机械套用法条。

一般情况下,当事人发现被欺诈并非在订立合同初期,而是在合同履行期间,随着履行内容的具体,才逐渐意识到实际情况与对方所称不符,相关客观情况可能与合同所设定的情景严重不符。

如果行使撤销权,则其法律后果是返还财产、折价补偿、赔偿损失,并不能追究欺诈方的违约责任。

那么在当事人已经投入较大的情况下,仅仅是按照上述方式救济,可能无法实现救济的最大化,应当另辟蹊径,以无法实现合同目的为由行使解除权。如深圳市中级人民法院(2017)粤03民终17276号案——何伟坚、深圳市瑞丰恒业企业管理有限公司与黄坤容房屋买卖合同纠纷二审。一审法院认为:瑞丰恒业公司的行为具有欺诈因素,参照《最高人民法院关于审理商品房买卖合同纠纷案件适用法律若干问题的解释》第三条,何伟坚因未能实现前述广告宣传中的说明和允诺而构成违约。现行政主管部门已对虚假广告宣传行为作出处罚,该商场运营情况必然受到影响,广告宣传行为所承诺的经营状态亦未得以实现,鉴于商场经营状况对于商业房地产的价值、收益具有较大影响,黄坤容关于其合同目的的实现受到根本影响的事实主张具有高度可能性,根据我国《合同法》第九十四条第四项关于因一方违约不能实现合同目的的规定,黄坤容有权行使法定解除权。

二审法院认为:黄坤容解除合同的事由是何伟坚未能兑现其在广告宣传中的商业承诺,导致其合同目的无法实现,构成违约。黄坤容主张其基于广告宣传的内容而签订了涉案合同,本院予以采纳。上述广告宣传内容具体明确视为合同内容,并无不当,本院予以确认。何伟坚未能实现前述广告宣传中的说明和允诺,应认定其构成违约。鉴于商场的经营状况对于商铺的价值、收益具有较大影响,而当事人购买商铺的目的在于经营收益,黄坤容主张其合同目的无法实现,本院予以采纳。本案因何伟坚违约导致黄坤容的合同目的无法实现,黄坤容据此请求解除合同,符合《合同法》第九十四条第四项的规定,一审判决解除涉案商铺买卖合同及深圳市二手房买卖合同,并判令何伟坚向黄坤容返还购房款及相应利息,并无不当,本院予以维持。

(三)预约合同及其违约责任

我国有关预约合同的规定最早开始于《最高人民法院关于审理商品房买卖合同纠纷案件适用法律若干问题的解释》第五条①,《最高人民法院关于审理买卖合同纠纷案件适用法律问题的解释》第二条②首次在法律上正式承认了预约合同,也标志着预约合同制度从商品房买卖扩展到其他商品的买卖领域。

《民法典》关于预约合同的规定设置在了第四百九十五条,编入了合同编通则部分。虽然《民法典》将预约合同的适用范围从房屋买卖合同领域扩展到各种交易领域,但有关条款的内容十分简单,仅仅是对预约合同的构成及其救济方式的一般规定。

1. 预约合同和本约合同的区别

通说认为,预约是约定将来订立一定契约之契约,其将来应订立之契约称为本约。③

预约与本约相对,以将来当事人之间应再缔结一定之合同为内容,通常当事人依预约所负之义务为行为义务,该行为义务主要分为两类,即订立本约或为订立本约进行协商。

王利明教授认为,应当从以下方面确定两者的区别:

(1)是否具有设定具体法律关系的意图

预约合同的内容也要具有一定的确定性,因为预约合同一定要明确注明,当事人要订立某个本约合同。除订立本约合同外,预约合同不能形成其他的具体的债权债务关系,否则,预约合同的性质可能就会发生变化。因此,预约合同发生纠纷,就要求能够明确的解释出当事人具有订立本约合同的意思。因此,是否具有设定具体法律关系的意图,是区分预约合同和本约合同的标准。

---

① 《最高人民法院关于审理商品房买卖合同纠纷案件适用法律若干问题的解释》第五条:商品房的认购、订购、预订等协议具备《商品房销售管理办法》第十六条规定的商品房买卖合同的主要内容,并且出卖人已经按照约定收受购房款的,该协议应当认定为商品房买卖合同。

② 《最高人民法院关于审理买卖合同纠纷案件适用法律问题的解释》第二条:当事人签订认购书、订购书、预订书、意向书、备忘录等预约合同,约定在将来一定期限内订立买卖合同,一方不履行订立买卖合同的义务,对方请求其承担预约合同违约责任或者要求解除预约合同并主张损害赔偿的,人民法院应予支持。

③ 史尚宽:《债法总论》,中国政法大学出版社 2000 年版,第 12 页。

（2）合同的内容是否不同

预约合同的唯一目的是订立本约合同,这就决定了预约合同的内容较为简单,主要是约定关于订立本约合同的事项。预约合同并不直接指向具体的权利变动内容,否则就已经转化为本约合同。

（3）是否约定违反本约合同的责任后果不同

在预约合同中,一般不可能出现关于违反本约合同的责任的约定。当事人通常只是约定要在一定期限内订立本约合同,因为本约合同还没有最终订立,因此也不可能就违反本约合同的责任问题达成合意。本约合同通常都要明确约定违反该合同所要承担的责任,这也可以理解为是当事人愿意受其意思表示拘束的具体体现。而违反本约合同,并不产生请求对方当事人订立合同的违约责任,此时的违约责任,是根据合同的具体内容而产生的继续履行、赔偿损失等违约责任。①

依据最高人民法院公报案例(2013)民提字第 90 号民事判决书②的裁判理念,判断当事人之间订立的合同是本约还是预约的根本标准应当是当事人的意思表示,也就是说,当事人是否有意在将来订立一个新的合同,以最终明确在双方之间形成某种法律关系的具体内容。对于当事人之间存在预约还是本约关系,不能仅孤立地以当事人之间签订的协议之约定为依据,而是应当综合审查相关协议的内容以及当事人嗣后为达成交易进行的磋商和有关的履行行为等事实,从中探寻当事人真实意思,并据此对当事人之间法律关系的性质作出准确界定。因此,预约合同的判断标准,就是合同双方有无将来订立本约合同的意思表示。

2. 预约合同的违约行为

本次司法解释,就预约合同的定义、违约行为、违约责任均作出了明确的规定。根据本次司法解释的规定,预约合同的履行内容就是订立合同,具体包括直接订立合同和订立合同期间的磋商。预约合同的违约行为也是从前述两个内容出发,分别规定"不订立合同"和"恶意磋商"两种违约行为,并且也明确了"恶意磋商"的裁判依据,即磋商内容是否严重偏离预约合同、是否尽力磋商等。

3. 预约合同的违约责任

《民法典》回答了学界一直争议不下的关于"违反预约合同究竟承担违约责任还是缔约过失责任"的问题,明确规定了违反预约合同将承担违约责

① 王利明:《预约合同若干问题研究——我国司法解释相关规定述评》,载《法商研究》2014 年第 1 期。

② 最高人民法院(2013)民提字第 90 号民事判决书,载《最高人民法院公报》2015 年第 1 期。

任,这是我国立法的一项进步。

但是,违约责任的责任形式包括继续履行、赔偿损失或者采取补救措施的责任。其中,争议较大的是"继续履行责任"和"损害赔偿范围"。

目前通说认为,只有当预约合同能够视为本约时,才能适用"继续履行责任"。因为强制双方订立本约,将会违反合同意思自由原则,侵犯当事人的意思自治。仅有当预约合同的内容就交易内容高度具体、明确的情况下,才得以适用"继续履行责任"。

关于预约合同的违约责任,本次《合同编通则司法解释》已经明确两个原则:一是有约定的从约定;二是没有约定,则人民法院可根据案情酌定赔偿额,即在预约合同的内容较为完备时,违反预约合同的违约责任由法官酌定。

(四)格式条款

1. 格式条款的概念

关于格式条款的概念,《民法典》继续沿用了合同法及司法解释的规定。《民法典》第四百九十六条第一款规定,格式条款是当事人为了重复使用而预先拟定,并在订立合同时未与对方协商的条款。被世界各国普遍采用的通说,与英美法的"格式合同"及德国法的"一般交易条款"具有同样的法律内涵。[1]

我国合同法使用格式条款而不是格式合同的概念,意味着在一个合同中可以将所有条款分为两类,即格式条款与非格式条款。[2]

我国有关格式条款的规定主要渊源于《民法典》第四百九十六条至第四十九十八条、消费者权益保护法第二十六条、民事诉讼法司法解释第三十一条、《最高人民法院关于审理网络消费纠纷案件适用法律若干问题的规定(一)》第一条等。

格式条款的本质特征是"未与对方协商的条款",可从以下特征对格式条款进行识别:

(1)格式条款一般由一方预先拟定

格式条款不是在双方协商的基础上产生的,而是由一方在订立合同前拟定的。格式条款的一方一般是固定提供某种商品或者服务的单位。从要约和承诺的角度来看,提供格式条款的一方总是处于要约人的地位。

---

① 邱伟伦、赵小宝:《从格式条款新规之厘革浅谈对法律实务的影响》,载《法制博览》2021年第32期。

② 王利明:《对〈合同法〉格式条款规定的评析》,载《政法论坛》1999年第6期。

（2）格式条款不接受修改,相对方只能选择接受订立合同或者拒绝而不订立合同

格式条款是为了重复使用而拟定,目的是减少交易成本、控制交易风险。格式条款的提供方一般处于交易中的优势或者强势地位,格式条款的内容不允许有修改或者调整,相对方要么接受格式条款与提供方订立合同,要么拒绝接受格式条款而不订立合同。

2. 民法典对格式条款的规范

《民法典》沿用了合同法三段式模式,《民法典》第四百九十六条至第四百九十八条分别规定了格式条款的订入规则、效力规则以及解释规则。

3. 格式条款的订入规则

格式条款并不当然订入合同,换言之,格式条款的内容并不当然的属于当事人合意。

通常将《民法典》第四百九十六条第二款规定的第一部分解读为格式条款订入合同的程序规定,第二部分解读为在未遵守前述程序规定的情况下,格式条款的状态。

本款为格式条款提供人施加了三项义务,即遵循公平原则制定条款的义务、提示义务和说明义务。对于格式条款的订入来说,真正有意义的、将其和一般的合同订立过程相区分的,是格式条款使用人的提示和说明义务。[①]

提示义务来自格式条款,是由提供方预先拟定且未与相对方进行协商,如果提供方不进行提示,相对方极有可能不知道格式条款的存在,则双方就不存在合意的基础。尤其是在重大利害关系条款方面,只有相对方知晓后,才能作出接受或者不接受的选择。因此,格式条款的提示义务不以相对方提出要求为前提,要存在格式条款,提供方就负有提示义务。

说明义务是在相对方知晓格式条款的存在后,为了相对方更加准确理解格式条款内容以作出选择对提供方施加的义务。说明义务则以相对方提出要求为前提,相对方未提出说明要求的,提供方没有说明的义务。

通过分析说明义务与提示义务的关系可知,提示义务和说明义务的范围应仅限于格式条款,对于双方达成合意的非格式条款,不存在某一方负有要求对方提示或者说明的权利。如果对非格式条款存有异议,则落入重大误解等规则的调整范围。

需要注意的是,保险法要求格式条款的提供主动说明内容。保险法第

---

① 殷秋实:《〈民法典〉第 496 条(格式条款的定义与订入控制)评注》,载《中国应用法学》2022年第 4 期。

十七条规定,订立保险合同,采用保险人提供的格式条款的,保险人向投保人提供的投保单应当附格式条款,保险人应当向投保人说明合同的内容。对比保险合同中免除保险人责任的条款,保险人在订立合同时应当在投保单、保险单或者其他保险凭证上作出足以引起投保人注意的提示,并对该条款的内容以书面或者口头形式向投保人作出明确说明;未作提示或者明确说明的,该条款不产生效力。

《民法典》第四百九十六条规定了格式条款提供方的"合理提示、说明义务"以及违反该义务的法律效果,但缺乏关于"合理提示、说明义务"的列举。《合同编通则司法解释》第十条第一款,则明确指出"在合同订立时采用通常足以引起对方注意的文字、符号、字体等明显标识",提示对方注意异常条款,这也在内核上满足《民法典》第四百九十六条第二款要求格式条款提供方应尽的"合理提示义务"。《合同编通则司法解释》第十条第二款则规定"提供格式条款的一方按照对方的要求,就与对方有重大利害关系的异常条款的概念、内容及其法律后果以书面或者口头形式向对方作出通常能够理解的解释说明",就应当认定格式条款提供方已经履行了《民法典》第四百九十六条第二款所规定的"合理说明义务"。

4. 未履行提示或者说明义务的法律后果

未履行提示或者说明义务的法律后果为相对方可以主张条款不成为合同的内容。这是《民法典》相比于合同法时代作出的比较大的改动。

《合同法司法解释(二)》第九条规定,违反提示和说明义务的规定,导致对方没有注意免除或者限制其责任的条款,对方当事人可申请撤销该格式条款。

《民法典》第四百九十六条规定,提供格式条款的一方未履行提示或者说明义务,致使对方没有注意或者理解与其有重大利害关系的条款的,对方可以主张该条款不成为合同的内容。

在合同法时代,最高人民法院认为,对于普通消费者而言,未订入合同的效果难以理解,有逻辑混乱之感;使这种条款一概无效,又过于严苛;因此规定可撤销,而格式条款可撤销的法理依据,在于合同法上关于可撤销合同的一般规定。[①]《民法典》颁布前,有学者从合同订立的一般理论出发,认为如果格式条款提供方没有履行提示和说明义务,则相当于双方对该条款没有合意,则该条款并未订入合同,也就不必讨论条款的效力。在《民法典》颁布后,全国人大常委会法制工作委员会的工作人员也从条款未形成合意因

---

① 最高人民法院研究室:《最高人民法院关于合同法司法解释(二)理解与适用》,人民法院出版社 2015 年版,第 104 页。

而未订入合同的角度来理解未提示、说明格式条款的后果。①

由于撤销权属于形成权,受除斥期间的限制,但是主张不成为合同内容则不受时间上的限制。能够看出,《民法典》的这一改变对非格式条款的一方提供了更加有利的保护。

5. **格式条款的效力规则**

格式条款无效的情形主要包含三种,其中第一种是与其他民事法律行为通用的无效情形,后两种是格式条款特有的无效情形。格式条款提供方不合理的免除或者减轻其责任、加重对方责任、限制对方主要权利的无效情形。本条是在合同法第四十条规定的基础上,对"免除或减轻格式条款提供方责任、加重对方责任、限制对方主要权利"增加了"不合理"的限制。

此项修改的主要考虑是:格式条款适用范围较为广泛,具体情况也较为复杂。在实践中,存在虽然"免除或者减轻其责任、加重对方责任、限制对方主要权利"的内容,但没有超出合理的范围,没有违背公平原则,在这种情况下,如果还认定格式条款无效,则将会对商业合作和经济发展产生较大的阻碍。因此,《民法典》加上了限定词"不合理地"。

需要注意的是,《民法典》与消费者权益保护法是一般法与特别法的关系。在消费者权益保护领域,优先适用消费者权益保护法中的规定。例如消费者权益保护法第二十六条第二款、第三款规定,经营者不得以格式条款作出排除或者限制消费者权利、减轻或者免除经营者责任、加重消费者责任等对消费者不公平、不合理的规定:格式条款含有这些内容的,其内容无效。

排除对方主要权利的格式条款无效。依上文,不合理限制对方主要权利的格式条款无效,合理限制对方主要权利的条款可以是有效的,而本条却没有对"排除对方主要权利"以"不合理"作为限制,说明排除对方主要权利的条款当然无效。

王利明教授认为,主要权利需要根据合同性质本身确定。认定"主要权利"不能仅看合同的内容是什么,而应就合同本身的性质来考察。

判断具体的格式条款是否不合理的免责条款,要结合格式条款的具体约定和具体合同的性质作出判断,判断的目标是:该条款的约定是否导致双方当事人权利义务关系过于失衡。

例如,合同当事人发生纠纷,有通过诉讼等程序进行救济的权利,这当然属于主要权利,但如果格式条款直接规定不得提起诉讼等程序,则明显是

---

① 理论观点,董安生:《民事法律行为》,中国人民大学出版社 2002 年版,第 134 页;李永军:《民法总论》,法律出版社 2009 年版,第 421 页。

排除了主要权利,当然无效。但如果只是规定需要到格式条款提供方住所地人民法院诉讼,则属于对该权利限制,这种权利的限制可能是合理的。

6. 格式条款的解释规则

《民法典》关于格式条款的解释规则可以总结为通常解释、不利解释和非格式条款优先。

通常解释,法律和司法解释对此没有明确规定。关于解释,本质是以"一般社会人"的角度去确定合同条款的内容。最高人民法院认为,不同的理解主体可能有不同的理解能力和认识水平,但是解释离不开依据和方法,从解释依据或者解释方法的角度来说,通常理解应当参照《民法典》第一百四十二条第一款及第四百九十八条的规定进行理解。

如果按照通常解释对格式条款有两种以上解释的,那么就需要对两种解释进行选择,不利解释原则即选择不利于提供格式条款一方的解释。

三、参考案例

1. 张励与徐州市同力创展房地产有限公司商品房预售合同纠纷案(《最高人民法院公报》2012 年第 11 期)

裁判摘要:预约合同是一种约定将来订立一定合同的合同。当事人一方违反预约合同约定不与对方签订本约合同或无法按照预约的内容与对方签订本约合同的,应当向对方承担违约责任。

基本案情:2004 年 2 月 16 日,被告与原告张励签订《橙黄时代小区彩园组团商品房预订单》一份,该预订单约定:原告预订被告开发的橙黄时代小区彩园组团 8 号楼 1 单元 102 室商品房,该房屋建筑面积预计为 123 平方米,双方约定房屋单价为 2568 元/平方米,签订合同时单价不变;原告向被告预缴购房款 50000 元,合同签订时再缴付剩余房款 258484 元。同日,原告按上述约定向被告交纳房款 50000 元。其后,因拆迁受阻,该工程进度拖延,被告同力创展公司未通知原告张励签订商品房买卖合同。2006 年,国务院发文要求自 2006 年 6 月 1 日起对新审批、开工建设的商品房项目中套型面积在 90 平方米以下的住房必须达到开发建设总面积的 70% 以上;2007 年徐州市政府发文规定自 2007 年 10 月起徐州市所有的各类居住工程必须采用现交框架等结构体系。因此,被告此后建设的橙黄时代小区的商品房套型面积发生了变化。拆迁安置过程中,根据拆迁情况和建设进度,被告同力创展公司将橙黄时代彩园小区 8 号楼作为拆迁安置房对拆迁户进行了安置,并于 2008 年 3 月 19 日将其与原告张励签订的预订单中约定的橙黄时代小区彩园组团 8 号楼 1 单元 102 室(89 平方米)安置给拆迁户徐西成。2010 年 1 月

21 日,被告同力创展公司取得橙黄时代小区彩园组团 5、6、7、8 号楼的商品房预售许可证。2010 年 3 月,原告张励起诉来院要求被告继续履行合同(预订单),后因故撤回起诉,并于 2010 年 11 月 16 日再次诉讼,要求被告按原合同(预订单)价格赔偿不低于 90 平方米的房屋一套并赔偿其他损失 100000 元。

法院认为:判断商品房买卖中的认购、订购、预订等协议究竟是预约合同还是本约合同最主要的是看见此类协议是否县备《商品房销售管理办法》第十六条规定的商品房买卖合同的主要内容,即只要具备了双方当事人的姓名或名称,商品房的基本情况(包括房号、建筑面积)、总价或单价、付款时间、方式、交付条件及日期,同时出卖人已经按照约定收受购房款的,就可以认定此类协议已经具备了商品房买卖合同本约的条件;反之,则应认定为预约合同。如果双方当事人在协议中明确约定在具备商品房预售条件时还需重新签订商品房买卖合同的,该协议应认定为预约合同。

2. 周显治、俞美芳与余姚众安房地产开发有限公司商品房销售合同纠纷案(《中华人民共和国最高人民法院公报》2016 年第 11 期)

裁判摘要:合同中分别约定了逾期交房与逾期办证的违约责任,但同时又约定开发商承担了逾期交房的责任之后,逾期办证的违约责任就不予承担的,应认定该约定属于免除开发商按时办证义务的无效格式条款,开发商仍应按照合同约定承担逾期交房、逾期办证的多项违约之责。

基本案情:案涉协议的附件八补充协议第 6 条第 2 款关于"若出卖人逾期交房并承担了逾期交房违约责任的,则本合同第十六条中出卖人承诺取得土地、房屋权属证书的时间相应顺延,顺延期限与商品房交付的逾期期限相同"的约定。

法院认为:该补充协议的格式条款系上诉人提供,并没有采取合理的方式提请对方注意,而其内容显然对被上诉人利益不利,导致被上诉人权益处于不确定状态,免除了上诉人按时交付房地产权属证书的义务,应当为无效。

3. 郭岩岩与乌鲁木齐三木安家商贸有限公司、王国峰房屋买卖合同纠纷案(《最高人民法院民法典合同编通则司法解释理解与适用》引用案例)

裁判摘要:主张存在欺诈的应当承担充分的举证责任,在双方签订的合同中明确记载的事项,除非有足够证据证明存在欺诈,否则应当认定合同内容是双方真实意思表示。

基本案情:2020 年 6 月 24 日,郭岩岩到安家商贸公司处购买房屋,郭岩岩(受让方)与王国峰(出让方)及安家商贸公司(居间方)签订合同,在合同上手写有关于"个税、契税、土地出让金"等约定。随后,郭岩岩以居间方没有根据房屋中介告知书依法告知居间费用、居间费如何收取以及房屋交易过程中的税费负担问题等,主张遭受欺骗,请求人民法院解除三方的买卖合同,返还房屋购房定金。

法院认为:首先,我国《民法典》第一百四十九条规定"第三人实施欺诈行为,使一方在违背真实意思的情况下实施的民事法律行为,对方知道或者应当知道该欺诈行为的,受欺诈方有权请求人民法院或仲裁机构予以撤销"。原告认为作为中介方的三木安家公司在签订合同时存在欺诈行为,故应向法庭提供证据予以证实。其次,双方在签订合同时对于"个税、契税、土地出让金"等的约定并非制式合同原有的印刷文本而属于手写体,该约定内容应认定为双方随时可协商可变更内容,而原告亦认可该约定内容上的按印系其本人形成。再次,原告作为房屋买受人且系完全民事行为能力人,对税费等应有必要的了解与认知,对其签署的合同内容,尤其对其加印手印的地方应存在审慎义务,故即便存在原告陈述的可能性但原告更应向法庭提供证据证实其主张。综上,结合在案证据,本案中三方签订的合同并未存在法律规定的欺诈情形,不属于可撤销的民事法律行为。本案合同作为双方协议的最终确认形式,应认定为原告认可合同约定的相关内容。

第三章 合同的效力

【批准生效合同,虚假意思表示订立的合同,违反法律、行政法规的强制性规定的合同的效力】

王少帝

合同法中曾确立鼓励交易的原则。"《民法典》作为社会生活的百科全书,内容涉及生命健康、财产安全、交易便利、生活幸福、人格尊严等各方面权利的保护。"习近平总书记在中共中央政治局"切实实施民法典"集体学习时强调①。那么,"交易便利"抑或"鼓励交易"即为《民法典》合同编深刻贯彻的立法宗旨。以此为指导,《民法典》总则编"民事法律行为"一章与合同编"合同的效力"一章相互呼应,构建了较为详细严谨的合同效力认定规则,与此相联系的,认定规则越详细严谨,合同效力界分越明确,越能促使依法成立的合同发生效力,无效、可撤销合同的范围得到进一步限定。《合同编通则司法解释》在《民法典》的基础上,对涉及《民法典》第一百四十六条、第一百五十三条及第五百零二条规定的三种合同效力类型作出进一步规定,为批准生效合同,虚假意思表示订立的合同,违反法律、行政法规的强制性规定的效力认定提供详细的适用依据。

一、关联法规

本章介绍的《合同编通则司法解释》第十二条至第十八条主要与《民法典》第五百零二条、第一百四十六条、第一百五十三条相衔接。并且,该部分条文确立的效力认定规则及理念与《九民纪要》的部分内容相呼应。本章主要涉及三方面的问题:第一,批准生效合同效力认定;第二,虚假意思表示订立的阴阳合同、名实不符合同的效力认定;第三,违反法律、行政法规的强制性规定的合同效力的认定。

该部分法条的关联法规,具体见表 3-1。

---

① 唐一军:《切实贯彻实施民法典 谱写法治中国新篇章》,载《法制日报》2020 年 6 月 17 日。

表 3 - 1　合同的效力关联法规①

第三章　合同的效力	
《合同编通则司法解释》	《民法典》及关联法规

《合同编通则司法解释》	《民法典》及关联法规
第十二条　合同依法成立后，负有报批义务的当事人不履行报批义务或者履行报批义务不符合合同的约定或者法律、行政法规的规定，对方请求其继续履行报批义务的，人民法院应予支持；对方主张解除合同并请求其承担违反报批义务的赔偿责任的，人民法院应予支持。 　　人民法院判决当事人一方履行报批义务后，其仍不履行，对方主张解除合同并参照违反合同的违约责任请求其承担赔偿责任的，人民法院应予支持。 　　合同获得批准前，当事人一方起诉请求对方履行合同约定的主要义务，经释明后拒绝变更诉讼请求的，人民法院应当判决驳回其诉讼请求，但是不影响其另行提起诉讼。 　　负有报批义务的当事人已经办理申请批准等手续或者已经履行生效判决确定的报批义务，批准机关决定不予批准，对方请求其承担赔偿责任的，人民法院不予支持。但是，因迟延履行报批义务等可归责于当事人的原因导致合同未获批准，对方请求赔偿因此受到的损失的，人民法院应当依据民法典第一百五十七条的规定处理。	**《民法典》** 　　**第一百三十六条**　民事法律行为自成立时生效，但是法律另有规定或者当事人另有约定的除外。 　　行为人非依法律规定或者未经对方同意，不得擅自变更或者解除民事法律行为。 　　**第一百五十七条**　民事法律行为无效、被撤销或者确定不发生效力后，行为人因该行为取得的财产，应当予以返还；不能返还或者没有必要返还的，应当折价补偿。有过错的一方应当赔偿对方由此所受到的损失；各方都有过错的，应当各自承担相应的责任。法律另有规定的，依照其规定。 　　**第五百零二条**　依法成立的合同，自成立时生效，但是法律另有规定或者当事人另有约定的除外。 　　依照法律、行政法规的规定，合同应当办理批准等手续的，依照其规定。未办理批准等手续影响合同生效的，不影响合同中履行报批等义务条款以及相关条款的效力。应当办理申请批准等手续的当事人未履行义务的，对方可以请求其承担违反该义务的责任。 　　依照法律、行政法规的规定，合同的变更、转让、解除等情形应当办理批准等手续的，适用前款规定。 　　**《九民纪要》** 　　**第三十七条**　法律、行政法规规定某类合同应当办理批准手续生效的，如商业银行法、证券法、保险法等法律规定购买商业银行、证券公司、保险公司 5% 以上股权须经相关主管部门批准，依据《合同法》第 44 条第 2 款的规定，批准是合同的法定生效条件，未经批准的合同因欠缺法律规定的特别生效条件而未生效。实践中的一个突出问题是，把未生效合同认定为无效合同，或者虽认定为未生效，却按无效合同处理。无效合同从本质上来说是欠缺合同的有效要件，或者具有合同无效的法定事由，自始不发生法律效力。而未生效合同已具备合同的有效要件，对双方具有一定的拘束力，任何一方不得擅自撤回、解除、变更，但因欠缺法律、行政法规规定或当事人约定的特别生效条件，在该生效条件成就前，不能产生请求对方履行合同主要权利义务的法律效力。 　　**第三十八条**　须经行政机关批准生效的合同，对报批义务及未履行报批义务的违约责任等相关内容作出专门约定的，该约定独立生效。

第三章　合同的效力	
《合同编通则司法解释》	《民法典》及关联法规
	一方因另一方不履行报批义务，请求解除合同并请求其承担合同约定的相应违约责任的，人民法院依法予以支持。 　　**第三十九条**　须经行政机关批准生效的合同，一方请求另一方履行合同主要权利义务的，人民法院应当向其释明，将诉讼请求变更为请求履行报批义务。一方变更诉讼请求的，人民法院依法予以支持；经释明后当事人拒绝变更的，应当驳回其诉讼请求，但不影响其另行提起诉讼。 　　**第四十条**　人民法院判决一方履行报批义务后，该当事人拒绝履行，经人民法院强制执行仍未履行，对方请求其承担合同违约责任的，人民法院依法予以支持。一方依据判决履行报批义务，行政机关予以批准，合同发生完全的法律效力，其请求对方履行合同的，人民法院依法予以支持；行政机关没有批准，合同不具有法律上的可履行性，一方请求解除合同的，人民法院依法予以支持。
第十三条　合同存在无效或者可撤销的情形，当事人以该合同已在有关行政管理部门办理备案、已经批准机关批准或者已依据该合同办理财产权利的变更登记、移转登记等为由主张合同有效的，人民法院不予支持。	《民法典》 　　**第一百五十五条**　无效的或者被撤销的民事法律行为自始没有法律约束力。 《中华人民共和国城市房地产管理法》 　　**第四十五条第二款**　商品房预售人应当按照国家有关规定将预售合同报县级以上人民政府房产管理部门和土地管理部门登记备案。 《城市商品房预售管理办法》 　　**第十条第一款**　商品房预售，开发企业应当与承购人签订商品房预售合同。开发企业应当自签约之日起 30 日内，向房地产管理部门和市、县人民政府土地管理部门办理商品房预售合同登记备案手续。
第十四条　当事人之间就同一交易订立多份合同，人民法院应当认定其中以虚假意思表示订立的合同无效。当事人为规避法律、行政法规的强制性规定，以虚假意思表示隐藏真实意思表示的，人民法院应当依据民法典第一百五十三条第一款的规定认定被隐藏合同的效力；当事人为规避法律、行政法规关于合同应当办理批准等手续的规定，以虚假意思表示隐藏真实意思表示的，人民法院应当依据民法典第五百零二条第二款的规定认定被隐藏合同的效力。 　　依据前款规定认定被隐藏合同无效或者确定不发生效力的，人民法院应当以被隐藏合同为事实基础，依据民法典第一百五十七条的规	《民法典》 　　**第一百四十六条**　行为人与相对人以虚假的意思表示实施的民事法律行为无效。 　　以虚假的意思表示隐藏的民事法律行为的效力，依照有关法律规定处理。

第三章　合同的效力	
《合同编通则司法解释》	《民法典》及关联法规
定确定当事人的民事责任。但是，法律另有规定的除外。 　　当事人就同一交易订立的多份合同均系真实意思表示，且不存在其他影响合同效力情形的，人民法院应当在查明各合同成立先后顺序和实际履行情况的基础上，认定合同内容是否发生变更。法律、行政法规禁止变更合同内容的，人民法院应当认定合同的相应变更无效。	
第十五条　人民法院认定当事人之间的权利义务关系，不应当拘泥于合同使用的名称，而应当根据合同约定的内容。当事人主张的权利义务关系与根据合同内容认定的权利义务关系不一致的，人民法院应当结合缔约背景、交易目的、交易结构、履行行为以及当事人是否存在虚构交易标的等事实认定当事人之间的实际民事法律关系。	**《最高人民法院关于审理民间借贷案件适用法律若干问题的规定》** 　　**第十四条**　原告以借据、收据、欠条等债权凭证为依据提起民间借贷诉讼，被告依据基础法律关系提出抗辩或者反诉，并提供证据证明债权纠纷非民间借贷行为引起的，人民法院应当依据查明的案件事实，按照基础法律关系审理。 　　当事人通过调解、和解或者清算达成的债权债务协议，不适用前款规定。 　　**第二十三条**　当事人以订立买卖合同作为民间借贷合同的担保，借款到期后借款人不能还款，出借人请求履行买卖合同的，人民法院应当按照民间借贷法律关系审理。当事人根据法庭审理情况变更诉讼请求的，人民法院应当准许。 　　按照民间借贷法律关系审理作出的判决生效后，借款人不履行生效判决确定的金钱债务，出借人可以申请拍卖买卖合同标的物，以偿还债务。就拍卖所得的价款与应偿还借款本息之间的差额，借款人或者出借人有权主张返还或者补偿。
第十六条　合同违反法律、行政法规的强制性规定，有下列情形之一，由行为人承担行政责任或者刑事责任能够实现强制性规定的立法目的的，人民法院可以依据民法典第一百五十三条第一款关于"该强制性规定不导致该民事法律行为无效的除外"的规定认定该合同不因违反强制性规定无效： 　　（一）强制性规定虽然旨在维护社会公共秩序，但是合同的实际履行对社会公共秩序造成的影响显著轻微，认定合同无效将导致案件处理结果有失公平公正； 　　（二）强制性规定旨在维护政府的税收、土地出让金等国家利益或者其他民事主体的合法利益而非合同当事人的民事权益，认定合同有效不会影响该规范目的的实现； 　　（三）强制性规定旨在要求当事人一方加强风险控制、内部管理等，对方无能力或者无义	**《民法典》** 　　**第一百五十三条**　违反法律、行政法规的强制性规定的民事法律行为无效。但是，该强制性规定不导致该民事法律行为无效的除外。 　　违背公序良俗的民事法律行为无效。 　　**第一千零七条**　禁止以任何形式买卖人体细胞、人体组织、人体器官、遗体。 　　违反前款规定的买卖行为无效。 　　**《最高人民关于当前形势下审理民商事合同纠纷案件若干问题的指导意见》** 　　**第十五条**　正确理解、识别和适用合同法第五十二条第（五）项中的"违反法律、行政法规的强制性规定"，关系到民商事合同的效力维护以及市场交易的安全和稳定。人民法院应当注意根据《合同法解释（二）》第十四条之规定，注意区分效力性强制规定和管理性强制规定。违反效力性强制规定的，人民法院应当认

续表

第三章　合同的效力	
《合同编通则司法解释》	《民法典》及关联法规
务审查合同是否违反强制性规定,认定合同无效将使其承担不利后果; （四）当事人一方虽然在订立合同时违反强制性规定,但是在合同订立后其已经具备补正违反强制性规定的条件却违背诚信原则不予补正; （五）法律、司法解释规定的其他情形。 法律、行政法规的强制性规定旨在规制合同订立后的履行行为,当事人以合同违反强制性规定为由请求认定合同无效的,人民法院不予支持。但是,合同履行必然导致违反强制性规定或者法律、司法解释另有规定的除外。 依据前两款认定合同有效,但是当事人的违法行为未经处理的,人民法院应当向有关行政管理部门提出司法建议。当事人的行为涉嫌犯罪的,应当将案件线索移送刑事侦查机关;属于刑事自诉案件的,应当告知当事人可以向有管辖权的人民法院另行提起诉讼。	定合同无效;违反管理性强制性规定的,人民法院应当根据具体情形认定其效力。 　　第十六条　人民法院应当综合法律法规的意旨,权衡相互冲突的权益,诸如权益的种类、交易安全以及其所规制的对象等,综合认定强制性规定的类型。如果强制性规范规制的是合同行为本身即只要该合同行为发生即绝对地损害国家利益或者社会公共利益的,人民法院应当认定合同无效。如果强制性规定规制的是当事人的"市场准入"资格而非某种类型的合同行为,或者规制的是某种合同的履行行为而非某类合同行为,人民法院对于此类合同效力的认定,应当慎重把握,必要时应当征求相关立法部门的意见或者请示上级人民法院。 **《九民纪要》** 　　第三十条　合同法施行后,针对一些人民法院动辄以违反法律、行政法规的强制性规定为由认定合同无效,不当扩大无效合同范围的情形,合同法司法解释(二)第 14 条将《合同法》第 52 条第 5 项规定的"强制性规定"明确限于"效力性强制性规定"。此后,《最高人民法院关于当前形势下审理民商事合同纠纷案件若干问题的指导意见》进一步提出了"管理性强制性规定"的概念,指出违反管理性强制性规定的,人民法院应当根据具体情形认定合同效力。随着这一概念的提出,审判实践中又出现了一种倾向,有的人民法院认为凡是行政管理性质的强制性规定都属于"管理性强制性规定",不影响合同效力。这种望文生义的认定方法,应予纠正。 　　人民法院在审理合同纠纷案件时,要依据《民法总则》第 153 条第 1 款和合同法司法解释(二)第 14 条的规定慎重判断"强制性规定"的性质,特别是要在考量强制性规定所保护的法益类型、违法行为的法律后果以及交易安全保护等因素的基础上认定其性质,并在裁判文书中充分说明理由。下列强制性规定,应当认定为"效力性强制性规定":强制性规定涉及金融安全、市场秩序、国家宏观政策等公序良俗的;交易标的禁止买卖的,如禁止人体器官、毒品、枪支等买卖;违反特许经营规定的,如场外配资合同;交易方式严重违法的,如违反招投标等竞争性缔约方式订立的合同;交易场所违法的,如在批准的交易场所之外进行期货交易。关于经营范围、交易时间、交易数量等行政管理性质的强制性规定,一般应当认定为"管理性强制性规定"。

第三章 合同的效力	
《合同编通则司法解释》	《民法典》及关联法规
	《九民纪要》 **第三十一条** 违反规章一般情况下不影响合同效力,但该规章的内容涉及金融安全、市场秩序、国家宏观政策等公序良俗的,应当认定合同无效。人民法院在认定规章是否涉及公序良俗时,要在考察规范对象基础上,兼顾监管强度、交易安全保护以及社会影响等方面进行慎重考量,并在裁判文书中进行充分说理。 **第一百零一条** 票据贴现属于国家特许经营业务,合法持票人向不具有法定贴现资质的当事人进行"贴现"的,该行为应当认定无效,贴现款和票据应当相互返还。当事人不能返还票据的,原合法持票人可以拒绝返还贴现款。人民法院在民商事案件审理过程中,发现不具有法定资质的当事人以"贴现"为业的,因该行为涉嫌犯罪,应当将有关材料移送公安机关。民商事案件的审理必须以相关刑事案件的审理结果为依据的,应当中止诉讼,待刑事案件审结后,再恢复案件的审理。案件的基本事实无须以相关刑事案件的审理结果为依据的,人民法院应当继续审理。 根据票据行为无因性原理,在合法持票人向不具有贴现资质的主体进行"贴现",该"贴现"人给付贴现款后直接将票据交付其后手,其后手支付对价并记载自己为被背书人后,又基于真实的交易关系和债权债务关系将票据进行背书转让的情形下,应当认定最后持票人为合法持票人。
第十七条 合同虽然不违反法律、行政法规的强制性规定,但是有下列情形之一,人民法院应当依据民法典第一百五十三条第二款的规定认定合同无效: (一)合同影响政治安全、经济安全、军事安全等国家安全的; (二)合同影响社会稳定、公平竞争秩序或者损害社会公共利益等违背社会公共秩序的; (三)合同背离社会公德、家庭伦理或者有损人格尊严等违背善良风俗的。 人民法院在认定合同是否违背公序良俗时,应当以社会主义核心价值观为导向,综合考虑当事人的主观动机和交易目的、政府部门的监管强度、一定期限内当事人从事类似交易的频次、行为的社会后果等因素,并在裁判文书中充分说理。当事人确因生活需要进行交易,未给社会公共秩序造成重大影响,且不影响国家安全,也不违背善良风俗的,人民法院不应当认定合同无效。	

续表

第三章　合同的效力	
《合同编通则司法解释》	《民法典》及关联法规
第十八条　法律、行政法规的规定虽然有"应当""必须"或者"不得"等表述,但是该规定旨在限制或者赋予民事权利,行为人违反该规定将构成无权处分、无权代理、越权代表等,或者导致合同相对人、第三人因此获得撤销权、解除权等民事权利的,人民法院应当依据法律、行政法规规定的关于违反该规定的民事法律后果认定合同效力。	

二、核心问题

(一)批准生效合同的法律效力认定

1. 经批准生效合同的概念及立法沿革

合同是最为常见的民事法律行为类型,合同的成立与生效是合同能够得到履行、达到订立合同目的的第一步,在纷繁复杂的社会实践中,围绕着合同的生效出现了诸多问题。

对于合同的效力,我国民事立法经历了从经济合同法与涉外经济合同法"有效、无效二分法",到民法通则将合同的效力类型划分为"有效、无效、可撤销或可变更、效力待定",再到合同法确立了"有效、无效、可撤销或可变更、效力待定、未生效"的合同效力划分方法,直至民法总则出台后,确立了现行"有效、无效、可撤销、效力待定、未生效"的模式。虽然有的学者将合同的效力进一步划分为"生效、绝对无效、相对特定第三人无效、效力待定、可撤销、尚未完全生效"①,但总体上,理论界和实务界基本认可"有效、无效、可撤销、效力待定、未生效"的模式。

一般情况下,双方当事人达成合意的协议、契约等,原则上该法律行为自成立时就生效,但也存在诸如无效的法律行为、效力未定的法律行为(可撤销、未生效)、附生效条件以及附期限的法律行为等例外情形。《民法典》第五百零二条第二款规定:"依照法律、行政法规的规定,合同应当办理批准等手续的,依照其规定。"也就是说,因法律、行政法规有特别规定,合同生效需经过批准,因此合同在办理批准手续后才生效。由此引申出经批准生效合同的概念。

---

① 王轶:《〈民法典〉合同编理解与适用的重点问题》,载《法律适用》2020 年第 19 期。

经批准生效合同的规定第一次出现是在合同法第四十四条第二款①，《合同法司法解释(一)》中第一次对批准生效合同的效力认定规则进行规定,该解释第九条②规定,合同应当办理批准手续而未办理的,人民法院应当认定该合同未生效。《合同法司法解释(二)》第八条③则对此种情形下合同效力转化进行了进一步规定,即人民法院可以判决相对人自己办理有关手续,而怠于履行报批义务的当事人则承担相关费用以及损失。进一步明确了义务人不履行报批义务后承担缔约过失责任。《民法典》出台后,为保证法律及司法解释间的适配性与协调性,部分合同法司法解释被废止,对批准生效合同效力的认定亟须专门司法解释进行有效规制。直至《九民纪要》出台,在《民法典》的基础上详细论述了批准生效合同效力认定及责任承担规则。

2. 批准生效合同的效力

如图 3-1 对合同效力模式的论述可以看出,我国严格区分合同的成立

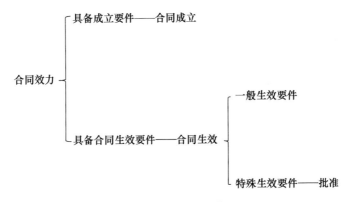

图 3-1 合同效力模式

---

① 合同法第四十四条第二款:依法成立的合同,自成立时生效。法律、行政法规规定应当办理批准、登记等手续生效的,依照其规定。

② 《最高人民法院关于适用〈中华人民共和国合同法〉若干问题的解释(一)》第九条:依照合同法第四十四条第二款的规定,法律、行政法规规定合同应当办理批准手续,或者办理批准、登记等手续才生效,在一审法庭辩论终结前当事人仍未办理批准手续的,或者仍未办理批准、登记等手续的,人民法院应当认定该合同未生效;法律、行政法规规定合同应当办理登记手续,但未规定登记后生效的,当事人未办理登记手续不影响合同的效力,合同标的物所有权及其他物权不能转移。

合同法第七十七条第二款、第八十七条、第九十六条第二款所列合同变更、转让、解除等情形,依照前款规定处理。

③ 《最高人民法院关于适用〈中华人民共和国合同法〉若干问题的解释(二)》第八条:依照法律、行政法规的规定经批准或者登记才能生效的合同成立后,有义务办理申请批准或者申请登记等手续的一方当事人未按照法律规定或者合同约定办理申请批准或者未申请登记的,属于合同法第四十二条第(三)项规定的“其他违背诚实信用原则的行为”,人民法院可以根据案件的具体情况和相对人的请求,判决相对人自己办理有关手续;对方当事人对由此产生的费用和给相对人造成的实际损失,应当承担损害赔偿责任。

与生效,也就是说,合同具有法律规定的发生法律约束力所应具备的要件时,即具备成立要件时,合同成立;只有在其具备能够实际发生当事人所追求的法律效力的要件时,即具备生效要件时,合同才正式生效,对当事人产生全部合同法律约束力。

根据《民法典》第一百四十三条①规定,在行为人有相应的民事行为能力、意思表示真实且不违反法律、行政法规的强制性规定、不违背公序良俗的情况下,民事法律行为即有效。对于批准生效的合同来说,除前述一般生效要件外,法律、行政法规对其规定了履行批准手续作为特别生效要件,因此,批准生效合同的生效应当同时满足一般生效要件与特殊生效要件。需要注意的是,影响合同效力的报批手续应为法律、行政法规的规定,若报批手续是由地方性法规或规章的规定时,该报批手续并不能作为影响合同生效的特别生效要件。

分阶段来看,依法应经过批准的合同在未经批准时,已经具备合同的成立与一般生效要件,仅因欠缺法律、行政法规规定的特别生效条件,导致合同在条件生效前,不能产生请求对方履行合同主要权利义务的法律效力,但是此时,合同对双方具有一定的约束力,任何一方不得擅自撤回、解除、变更合同②。也就是说,批准生效合同在未经批准之前,合同的效力为未生效③。如图 3 - 2 所示。

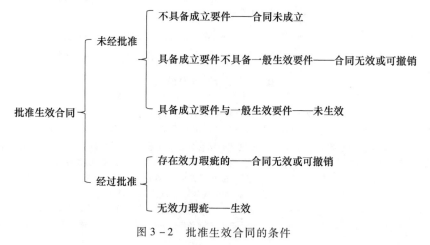

图 3 - 2　批准生效合同的条件

① 《中华人民共和国民法典》第一百四十三条:具备下列条件的民事法律行为有效:(一)行为人具有相应的民事行为能力;(二)意思表示真实;(三)不违反法律、行政法规的强制性规定,不违背公序良俗。

② 崔建远、吴光荣:《中国法语境下的合同效力:理论与实践》,载《法律适用》2012 年第 7 期。

③ 刘贵祥、吴光荣:《关于合同效力的几个问题》,载《中国应用法学》2021 年第 6 期。

需要注意的是,未生效并不代表着合同所有内容不生效,报批义务和相关的违约条款独立生效。从批准生效合同的报批义务的来源来看,合同需审批生效的原因是法律、行政法规的规定。即使合同没有约定报批义务,合同的内容依然需批准后生效,报批义务是否生效应当适用合同的一般生效要件判断即可[①]。最高人民法院在(2009)民申字1068号[②]案件的裁判要旨中也指明,即使转让合同未经批准,仍应认定"报批"义务在合同成立时即已产生,否则当事人可通过肆意不办理或不协助办理"报批"手续而恶意阻止合同生效,有悖于诚实信用原则。也就是说,报批义务独立生效。报批义务的效力只有独立于合同,对当事人加之报批义务并通过履行报批义务促使合同生效,才能实现合同目的。若报批义务效力不独立于合同,则将陷入合同效力需审批,报批义务条款未生效则无须审批的悖论之中。

除报批义务独立生效外,有关报批义务的违约责任条款也独立生效。在《合同编通则司法解释》发布之前,对批准生效合同中就报批义务约定的违约责任条款独立生效这一观点已经在司法解释中进行了类似规定,外商投资企业纠纷案件司法解释(一)[③]第一条第二款明确规定:"前款所述合同因未批准而认定未生效的,不影响合同中当事人履行报批义务条款及因该报批义务而设定的相关条款的效力。"具体而言,批准生效合同成立后,若当事人对报批义务的违约责任作出了专门约定,相对方可据此要求不履行报批义务一方承担赔偿责任。

3. 未履行报批义务的救济途径及责任承担

毫无疑问的是,在合同有效但未生效的情况下,仍能够对双方当事人产生一定的约束力,报批义务人应当积极地履行报批义务。在报批义务人不履行报批义务的情况下,相对人该采用何种途径进行救济?各方该如何承担责任?

在《民法典》出台之前,学者与理论界存在不同的观点,有的观点认为[④],

---

①　杨永清:《批准生效合同若干问题探讨》,载《中国法学》2013年第6期。

②　《广州市仙源房地产股份有限公司与广东中大中鑫投资策划有限公司、广州远兴房产有限公司、中国投资集团国际理财有限公司股权转让纠纷案》,载《最高人民法院公报》第2010年第8期。

③　《最高人民法院关于审理外商投资企业纠纷案件若干问题的规定(一)》第一条:当事人在外商投资企业设立、变更等过程中订立的合同,依法律、行政法规的规定应当经外商投资企业审批机关批准后才生效的,自批准之日起生效;未经批准的,人民法院应当认定该合同未生效。当事人请求确认该合同无效的,人民法院不予支持。

前款所述合同因未经批准而被认定未生效的,不影响合同中当事人履行报批义务条款及因该报批义务而设定的相关条款的效力。

④　万鄂湘主编:《最高人民法院关于审理外商投资企业纠纷案件若干问题的规定(一):条文理解与适用》,中国法制出版社2011年版。

未履行报批义务的当事人应当承担缔约过失责任，赔偿信赖利益等损失。《民法典》出台后，各方观点逐渐达成统一，即未履行报批义务的当事人应当承担的是违约责任。虽《合同编通则司法解释》（征求意见稿）写明"违约责任"字样，在《合同编通则司法解释》（正式稿）中表述改为"参照违反合同的违约责任"，但责任性质总体还是得到了认定，这就可以确定采取何种方法进行救济。

在《合同编通则司法解释》出台之前，外商投资企业纠纷案件司法解释（一）就提供了一种未履行报批义务的责任承担方式，若双方在合同中对报批义务约定了相关的违约责任，则相关违约责任条款独立生效，在尊重当事人意思自治的前提下，按照双方约定承担违约责任。在此基础上，外商投资企业股权转让合同的受让人可以诉请转让方与外商投资企业履行报批义务，即在报批义务人不履行报批义务的情况下，起诉要求报批义务人履行。若报批义务人在判决确定的期限内履行报批义务的，受让方可另行起诉，请求解除合同并赔偿损失①。也就是说，若能履行，则可以起诉要求履行；若不能履行，则可以行使解除权解除合同，要求报批义务人赔偿损失。

在（2009）民申字1068号案件中②，最高人民法院认为，有义务办理申请批准手续的一方当事人未按照法律规定或者合同约定办理申请批准手续的，人民法院可以判决相对人自行办理有关手续，对方当事人对由此产生的费用和给相对人造成的实际损失，应当承担损害赔偿责任。据此，人民法院也可以根据当事人的请求判决义务人履行报请审批机关批准的义务。该思路与外商投资企业纠纷案件司法解释（一）相仿。

《合同编通则司法解释》大体上承继了该思路。报批义务人未履行义务，相对人可请求其履行。若不履行，相对人可主张解除合同并请求报批义务人参照违反合同的违约责任请求其承担赔偿责任。在报批义务人履行报批义务，批准机关不予批准的情况下，报批义务人无须承担赔偿责任，双方可解除合同。但是，若合同未获批准是由报批义务人延迟履行义务造成的，

---

① 《最高人民法院关于审理外商投资企业纠纷案件若干问题的规定（一）》第六条：外商投资企业股权转让合同成立后，转让方和外商投资企业不履行报批义务，受让方以转让方为被告、以外商投资企业为第三人提起诉讼，请求转让方与外商投资企业在一定期限内共同履行报批义务的，人民法院应予支持。受让方同时请求在转让方和外商投资企业于生效判决确定的期限内不履行报批义务时自行报批的，人民法院应予支持。

转让方和外商投资企业拒不根据人民法院生效判决确定的期限履行报批义务，受让方另行起诉，请求解除合同并赔偿损失的，人民法院应予支持。赔偿损失的范围可以包括股权的差价损失、股权收益及其他合理损失。

② 《广州市仙源房地产股份有限公司与广东中大中鑫投资策划有限公司、广州远兴房产有限公司、中国投资集团国际理财有限公司股权转让纠纷案》，载《最高人民法院公报》第2010年第8期。

相对人可诉请赔偿因此遭受的损失。

需要注意的是,批准生效合同在合同成立、未获得批准前,处于未生效状态,合同尚不具备履行条件,尚不能产生请求对方履行合同的权利,此时合同当事人起诉要求对方履行合同约定的主要义务的,将无法获得人民法院支持。人民法院此时可告知其变更诉讼请求,告知后当事人拒绝变更的,则人民法院可予以驳回,该驳回不影响当事人另行起诉。

4. 批准生效合同存在法定无效或可撤销情形的处理规则

除生效、未生效外,《民法典》还规定了民事法律行为的无效及可撤销。批准生效合同的效力除了以批准与否划分为未生效与生效状态,批准生效合同的内容还可能涉及《民法典》中合同无效、可撤销的法律规定。在相关规定竞合的情况下,该如何认定批准生效合同的效力,这就需要厘清《民法典》第五百零二条与其他条文之间的关系。

如图 3－3 所示,当合同成立但未获批准时,合同效力为未生效。经有关机关批准后,合同得以生效。在合同生效后,若发现合同存在无效或者可撤销情形的,则衔接《民法典》对于合同无效与可撤销的规定。合同无效则自始无效,当批准生效合同无效或可撤销合同被撤销的,则该合同自始无效。需要明确的一点是,批准仅为行政审批,并不影响以法律对其效力进行评价,经有关部门批准并不能赋予该合同对抗《民法典》对与合同无效或可撤销的一般规定的效力,也就是说,合同存在法定无效或者可撤销的情形,该合同虽经有关行政管理部门办理备案、已经批准机关批准或者已办理财产权利变更登记,仍无法补足合同的效力瑕疵。

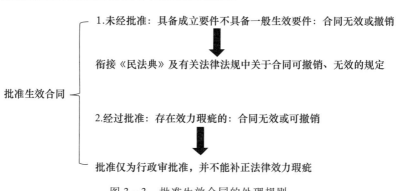

图 3－3　批准生效合同的处理规则

(二)虚假意思表示订立的合同的效力——阴阳合同、名实不符合同

1. 阴阳合同的概念及效力

"阴阳合同"并非一个专门法律术语,是在实务中总结出的概念,指代的是当事人通过订立多份合同达到掩盖真实意思表示的目的的情形,"阴阳合同"通常也被称作"黑白合同"。具体来说,合同的当事人就同一事项订立两份以上内容不相同的合同,一份对内,一份对外,其中对内合同是双方真实意思表示,也是双方实际履行的合同,被称为"阴合同",而对外合同则是双方虚假意思表示,用以达到规避监管目的,被称为"阳合同"。两份合同主体相同、标的相同,合同的要素基本相同,不同仅存在于双方合同权利义务中比方说金额、数量、违约责任等可以被量化的内容。阴阳合同常见于二手房交易、建设工程施工合同领域、税务领域。

关于"阴阳合同"的效力有三种认定思路:(1)两份均为无效合同。(2)被隐藏的"阴合同",代表双方真实意思表示,应为有效。"阳合同"为虚假意思表示整体无效。(3)"阴合同"为真实意思表示而有效,"阳合同"中关于价款等无法表现双方真实意思的部分条款无效①。总的来说,对于阴阳、黑白合同的效力,普遍认为需分开认定,至于如何认定各个合同的效力、各个合同中各条款的效力认定、认定合同效力的法律依据在民法总则出台之前具有较大的争议,争议存在的根源在于民法通则及合同法确立的合同无效认定标准。民法通则②及合同法③均规定了"以合法形式掩盖非法目的"作为合同无效的情形,由此造成了不区分当事人为规避法律而作出虚假意思表示订立的"阳合同"及当事人依真实意思表示订立的"阴合同",统统被认定为无效的结果。

直至民法总则④出台后,规定了通谋虚伪意思表示无效,并且在法条中设置了援引性规范,即"以虚假的意思表示隐藏的民事法律行为的效力,依照有关法律规定处理"。自此明确了对于"阴阳合同"的效力应当分别认定,

---

① 在(2012)海民初字第 2192 号案件中,法院认为,该案房产买卖当事人出于逃税目的签订"阴阳合同",以低价格的"阳合同"办理过户,"阳合同"价格条款因损害国家利益而无效,其他条款如不违反法律规定则继续有效,若继续有效的条款与"阴合同"对应条款不同的,应认定为对"阴合同"相关内容的变更。

② 《中华人民共和国民法通则》第五十八条:下列民事行为无效:(一)无民事行为能力人实施的;(二)限制民事行为能力人依法不能独立实施的;(三)一方以欺诈、胁迫的手段或者乘人之危,使对方在违背真实意思的情况下所为的;(四)恶意串通,损害国家、集体或者第三人利益的;(五)违反法律或者社会公共利益的;(六)以合法形式掩盖非法目的的。

无效的民事行为,从行为开始起就没有法律约束力。

③ 《中华人民共和国合同法》第五十二条:有下列情形之一的,合同无效:(一)一方以欺诈、胁迫的手段订立合同,损害国家利益;(二)恶意串通,损害国家、集体或者第三人利益;(三)以合法形式掩盖非法目的;(四)损害社会公共利益;(五)违反法律、行政法规的强制性规定。

④ 《中华人民共和国民法总则》第一百四十六条:行为人与相对人以虚假的意思表示实施的民事法律行为无效。

以虚假的意思表示隐藏的民事法律行为的效力,依照有关法律规定处理。

一般情况下，"阳合同"因是《民法典》第一百四十六条第一款所称的"虚假的意思表示"而无效，对于"阴合同"效力的认定，则并未明确规定为无效，而是设置了法条援引，"依照有关法律规定处理"，即依照当事人订立"阴合同"所意欲逃避的法律规定处理，而不是一概认定无效。具体而言：

第一，当事人为规避法律、行政法规的强制性规定，以虚假意思表示隐藏真实意思表示的，人民法院应当依据《民法典》第一百五十三条①第一款的规定认定被隐藏合同的效力。若"阴合同"违反法律、行政法规的效力性强制性规定的，自始无效。

第二，当事人为规避法律、行政法规关于合同应当办理批准等手续的规定，以虚假意思表示隐藏真实意思表示的，人民法院应当依据《民法典》第五百零二条②第二款的规定认定被隐藏合同的效力，即认定为"未生效合同"。

第三，当事人为规避地方性法规或行政规章的强制性规定的，则并不必然无效，仅在违背公序良俗的情况下才应当认定为无效。

总的来说，阴阳合同不因规避法律法规而必然无效，关键在于被隐藏的合同是否违反法律、行政法规的效力性强制规定或者法定的报批规定。"合法行为规避非法目的"不再是认定合同无效的标准与原因。

在"阳合同"依相关法律规定被认定无效后的，与之衔接的是《民法典》第一百五十七条③，以被隐藏的"阴合同"为基础，根据案件基础事实，确定当事人各方应承担的民事责任。

比如在建设工程案件中，当事人就同一工程既存在中标合同，又另行订立与中标合同实质性内容不一致的合同，此种情况下，如何确定是以备案合同还是以另行订立的合同作为认定工程价款的依据？最高人民法院在公报案例（2007）民一终字第74号中确定"当事人就同一建设工程签订两份不同

---

① 《中华人民共和国民法典》第一百五十三条：违反法律、行政法规的强制性规定的民事法律行为无效。但是，该强制性规定不导致该民事法律行为无效的除外。

违背公序良俗的民事法律行为无效。

② 《中华人民共和国民法典》第五百零二条：依法成立的合同，自成立时生效，但是法律另有规定或者当事人另有约定的除外。

依照法律、行政法规的规定，合同应当办理批准等手续的，依照其规定。未办理批准等手续影响合同生效的，不影响合同中履行报批等义务条款以及相关条款的效力。应当办理申请批准等手续的当事人未履行义务的，对方可以请求其承担违反该义务的责任。

依照法律、行政法规的规定，合同的变更、转让、解除等情形应当办理批准等手续的，适用前款规定。

③ 《中华人民共和国民法典》第一百五十七条：民事法律行为无效、被撤销或者确定不发生效力后，行为人因该行为取得的财产，应当予以返还；不能返还或者没有必要返还的，应当折价补偿。有过错的一方应当赔偿对方由此所受到的损失；各方都有过错的，应当各自承担相应的责任。法律另有规定的，依照其规定。

版本的合同,发生争议时应当以备案的中标合同作为结算工程价款的根据,而不是指以存档合同文本作为结算工程价款的依据"。① 在(2016)鲁民再109 号案件中,法院总结了"存在黑白合同发生争议的,应以白合同作为结算工程价款的根据②"。最高人民法院在公报案例(2017)最高法民终 175 号③进一步将规则细化,若备案合同无效的,则并非当然具有比其他无效合同更优先参照适用的效力。在当事人存在多份施工合同且均无效的情况下,一般应参照符合当事人真实意思表示并实际履行的合同作为工程价款结算依据;在无法确定实际履行合同时,可以根据两份争议合同之间的差价,结合工程质量、当事人过错、诚实信用原则等予以合理分配。

"阴阳合同"通常容易与"合同变更"产生混淆。《民法典》并不排除当事人自由变更合同内容的权利,仅在法律有特别规定的情况下当事人不得随意改变合同内容。因此,在当事人双方存在多份合同的情况下,若合同的内容均为基于当事人真实意思订立的,并且并未有其他影响合同效力的情形造成合同可撤销、无效或未生效的,则需要审判部门以合同的订立顺序为基础,结合各份合同内容之间的联系与区别,认定是否构成合同变更。

2. 名实不符合同的概念及效力

名实不符,描述的是一种客观状态,通常是指当事人所宣称的法律关系与实际构成的法律关系不符。也有学者描述为真实意思与表示行为相分离。据吴智永法官总结④,名实不符主要有三种表现形式:一是法律行为之名称与法律行为之实不符。合同当事人基于理解错误或规避监管等目的,造成合同名称与内容不符。二是法律行为之名义与法律行为之实不符,通常以"名为……实为……"予以描述。三是法律行为之名义与交易结构之实不符。就是说合同当事人为通过多重虚伪表示,拉长各方交易链条,造成多主体间的多重虚伪表示行为,致使各方真意混入交易各环节。

以最高人民法院(2021)最高法民终 435 号案件为例,宁波大用公司等五家公司之间签订五份煤炭买卖、销售合同。合同内容基本相同,甚至部分合同编号相同。随后,相同的合同当事人以同样的买卖关系继续签订三份《煤炭销售合同》《煤炭采购合同》,除买卖的原煤数量、合同金额不同,原煤

① 《西安市临潼区建筑工程公司与陕西恒升房地产开发有限公司建设工程施工合同纠纷案》,载《最高人民法院公报》2008 年第 8 期。

② 李明主编:《建设工程施工合同纠纷案件裁判规则(一)》,法律出版社 2019 年版。

③ 《江苏省第一建筑安装集团股份有限公司与唐山市昌隆房地产开发有限公司建设工程施工合同纠纷案》,载《最高人民法院公报》2018 年第 6 期。

④ 吴智永:《结构化交易行为中的虚伪表示:"名实不符"法律行为的理解与认定——兼论〈民法总则〉第 146 条的效力评析》,载《山东法官培训学院学报》2018 年第 2 期。

质量标准有所差别外,其他均与之前各方所签合同内容相同。具体交易流程及关系如下图所示。

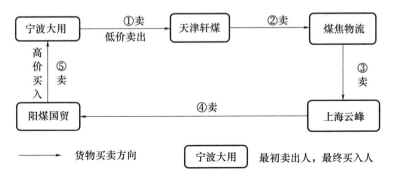

图 3-4 宁波大用公司等五家公司之间的交易流程及关系

从名称来看,各方签订的均为《煤炭销售合同》或《煤炭采购合同》,应为各方针对煤炭进行的多次交易。实际上,从各方履行情况来看,第一,各方当事人之间并没有货物的实际交付,只有资金往来,各方也明知没有货物的实际交易。也就是说,从交易的目的来看,正常货物贸易的目的是进行货物流转,本案中并未实际发生货物流转,有违惯常的交易习惯。第二,五名当事人首尾相连形成交易闭环,各方当事人既是买受人又是出卖人,特别是宁波大用公司,作为首个出卖人将煤炭卖出,经过四方经手后又回到宁波大用公司,且宁波大用公司以低价卖出,又以高价买入,所体现的合同权利义务完全失衡。第三,从款项支付走向来看,对于上海云峰公司支付的款项,其他当事人都是收到款项同日或者次日即支付给下家,而宁波大用公司对资金的占用时间最长。第四,从合同约定的价差来看,宁波大用公司亏损的金额主要去向为上海云峰公司。综合交易结构、交易目的、履行行为、实质权利义务内容来看,各方当事人虽签订了名为煤炭销售合同,进行的却是资金通道业务,实际产生的是资金的流转、使用及利息支付。最终,最高人民法院认定各方销售、买卖合同无效。

最高人民法院第二巡回法庭审理的一个案件与上述案件相似[①],A、B、C公司间签订《煤炭购销合作协议》,由 A 向 B 购买由 C 供应的煤炭,C 再向 A 购买相同的煤炭,6 个月后付款。法官会议讨论认为,该案当事人以签订买卖合同之名行借贷之实。从交易目的来看,各方当事人明知交易的真实目的为借贷而并非买卖。从交易结构来看,各方主体之间进行封闭式循环买

---

① 贺小荣主编:《最高人民法院第二巡回法庭法官会议纪要(第二辑)》,人民法院出版社 2021年版。

卖。从履行行为来看,标的物相同且履行过程中没有真实的货物流转,出借方与通道方获取固定收益的情况下不承担货物经营风险。因此,各方当事人明面上达成的煤炭买卖合同属通谋虚伪意思表示而无效,各方间权利义务按实质上形成的借贷关系处理。

从上述两案件的处理思路来看,不难看出与《合同编通则司法解释》第十五条确定的名实不符合同效力认定规则相符,即根据合同的权利义务内容认定各方法律关系的性质,当名称与合同内容不一致时,则结合缔约背景、交易目的、交易结构、履行行为以及当事人是否存在虚构交易标的等事实综合判断各方法律关系的性质、效力及内容。

因名实不符合同呈现交易结构复杂、交易链条较长的特点,仅由交易结构中的一环,难以窥得交易结构全貌。因此,《合同编通则司法解释》(征求意见稿)还规定了人民法院在审理案件过程中,发现当事人之间的合同仅是交易链条中的一个环节,且离开整个交易链条无法查明案件事实并难以对当事人之间真实的法律关系及其效力作出认定的,应当告知原告将参与交易的其他当事人追加为共同被告。原告拒绝追加的,人民法院应当驳回诉讼请求,但是不影响其另行提起诉讼。虽在《合同编通则司法解释》(正式稿)中将该条去除,但也反映了此类案件办理的可行性方法,为案件办理提供了更多的思路。

(三)违反法律、行政法规的强制性规定的合同效力认定

1. 立法沿革

《民法典》从正反两个方面对民事法律行为的合法性进行规定,《民法典》第一百四十三条①证明规定了民事法律行为的合法性,而第一百五十三条则是从反面明确了违反法律、行政法规的强制性规范的民事法律行为的效力,从而形成周延的有效至无效的合同效力逻辑体系。

从世界范围内看,强制性规定对合同效力产生的影响,是各国和各地区立法者普遍面临的共性问题。例如《德国民法典》中就规定法律不另有规定的,违反法定禁止的法律行为无效②。《法国民法典》中也有相似的规定,任何人不得以特别约定违反有关公共秩序与善良风俗之法律。我国台湾地区的"民法"中也对此有所体现,法律行为,违反强制或禁止之规定者,无效。但其规定并不以之为无效者,不在此限。我国澳门特区相关法律也规定了

---

① 《中华人民共和国民法典》第一百四十三条:具备下列条件的民事法律行为有效:(一)行为人具有相应的民事行为能力;(二)意思表示真实;(三)不违反法律、行政法规的强制性规定,不违背公序良俗。

② 李适时主编:《〈中华人民共和国民法总则〉释义》,法律出版社2017年版,第479—480页。

违反公共秩序或侵犯善良风俗之法律行为无效。①

　　从我国民事立法的历史沿革来看,民法通则第五十八条②规定,违反法律或者社会公共利益的民事行为无效,也就是说违法者无效。合同法出台后,第五十二条③明确了违反法律、行政法规的强制性规定的合同无效,自此将导致合同无效的依据限定在"法律、行政法规的强制性规定"范围内。《合同法司法解释(一)》④则在合同法的基础上更加细化,将"法律、行政法规"进一步解释为"全国人大及其常委会制定的法律和国务院制定的行政法规"。《合同法司法解释(二)》⑤引入"效力性强制性规定"的概念,与"效力性强制性规定"相对应的是,在《民商事合同纠纷案件指导意见》中又提出了"管理型强制性规定"的概念⑥,并且进一步明确了"违反效力性强制性规定的,应当认定合同无效;违反管理型强制性规定的,应当根据具体情形认定其效力"。民法总则第一百五十三条⑦将合同无效明确规定为"违反法律、行政法规的强制性规定的民事法律行为无效,但是该强制性规定不导致该民事法律行为无效的除外"。通过对比可以清楚地看出,民法总则虽然也对违反强制性规定的合同效力进行了区分,在但书部分规定例外情形,即"但是,该强制性规定不导致该民事法律行为无效的除外"。但是,民法总则第一百

---

　　① 黄薇主编:《中华人民共和国民法典合同编解读》,中国法制出版社2020年版,第499页。

　　② 《中华人民共和国民法通则》第五十八条:下列民事行为无效:(一)无民事行为能力人实施的;(二)限制民事行为能力人依法不能独立实施的;(三)一方以欺诈、胁迫的手段或者乘人之危,使对方在违背真实意思的情况下所为的;(四)恶意串通,损害国家、集体或者第三人利益的;(五)违反法律或者社会公共利益的;(六)以合法形式掩盖非法目的的。

　　无效的民事行为,从行为开始起就没有法律约束力。

　　③ 《中华人民共和国合同法》第五十二条:有下列情形之一的,合同无效:(一)一方以欺诈、胁迫的手段订立合同,损害国家利益;(二)恶意串通,损害国家、集体或者第三人利益;(三)以合法形式掩盖非法目的;(四)损害社会公共利益;(五)违反法律、行政法规的强制性规定。

　　④ 《最高人民法院关于适用〈中华人民共和国合同法〉若干问题的解释(一)》第四条:合同法实施以后,人民法院确认合同无效,应当以全国人大及其常委会制定的法律和国务院制定的行政法规为依据,不得以地方性法规、行政规章为依据。

　　⑤ 《最高人民法院关于适用〈中华人民共和国合同法〉若干问题的解释(二)》第十四条:合同法第五十二条第(五)项规定的"强制性规定",是指效力性强制性规定。

　　⑥ 《最高人民法院关于当前形势下审理民商事合同纠纷案件若干问题的指导意见》第十五条:正确理解、识别和适用合同法第五十二条第(五)项中的"违反法律、行政法规的强制性规定",关系到民商事合同的效力维护以及市场交易的安全和稳定。人民法院应当注意根据《合同法解释(二)》第十四条之规定,注意区分效力性强制规定和管理性强制规定。违反效力性强制规定的,人民法院应当认定合同无效;违反管理性强制规定的,人民法院应当根据具体情形认定其效力。

　　⑦ 《中华人民共和国民法总则》第一百五十三条:违反法律、行政法规的强制性规定的民事法律行为无效,但是该强制性规定不导致该民事法律行为无效的除外。

　　违背公序良俗的民事法律行为无效。

五十三条并未继续沿用《合同法司法解释(二)》第十四条的规定,未在法条中使用"效力性强制性规定"的概念。但是,这并不意味着"效力性强制性规范、管理性强制性规范"的概念不再使用,《九民纪要》中提出了在认定合同效力时要纠正"凡是行政管理性质的强制性规定都属于管理性强制性规定,不影响合同效力"的做法①,并且继续参照《合同法司法解释(二)》的规定判断"强制性规定"的性质。

从立法沿革可以看出,对影响合同效力的强制性规范的范畴一直处于不断限缩的状态。这是对便利交易、鼓励自治的现实需求的回应。因此,强制性规范的认定与合同效力的评价存在这"反相关"的关系②,对强制性规范的范围及认定越来越谨慎、条件越来越严格,反之合同效力的评价就渐趋正面评价。《合同编通则司法解释》也继续沿着这一思路,对强制性规范的认定条件等进行更加明确的规定。

2. 效力性强制性规定的识别

《民法典》第一百五十三条继受了民法总则第一百五十三条的规定,严格限制合同无效的范围。也就是说,只有在违反"法律、行政法规"的"效力性强制性规定"的情况下,合同才无效,若合同违反的是"管理性强制性规范",则不必然导致合同的无效。此种情况下,如何识别"效力性强制性"规定变得重中之重。

如上所述,认定合同无效的依据有两个层次的限定,民法通则实施时,

---

① 《最高人民法院关于印发〈全国法院民商事审判工作会议纪要〉的通知》第三十条:合同法施行后,针对一些人民法院动辄以违反法律、行政法规的强制性规定为由认定合同无效,不当扩大无效合同范围的情形,合同法司法解释(二)第14条将《合同法》第52条第5项规定的"强制性规定"明确限于"效力性强制性规定"。此后,《最高人民法院关于当前形势下审理民商事合同纠纷案件若干问题的指导意见》进一步提出了"管理性强制性规定"的概念,指出违反管理性强制性规定的,人民法院应当根据具体情形认定合同效力。随着这一概念的提出,审判实践中又出现了另一种倾向,有的人民法院认为凡是行政管理性质的强制性规定都属于"管理性强制性规定",不影响合同效力。这种望文生义的认定方法,应予纠正。

人民法院在审理合同纠纷案件时,要依据《民法总则》第153条第1款和合同法司法解释(二)第14条的规定慎重判断"强制性规定"的性质,特别是要在考量强制性规定所保护的法益类型、违法行为的法律后果以及交易安全保护等因素的基础上认定其性质,并在裁判文书中充分说明理由。下列强制性规定,应当认定为"效力性强制性规定":强制性规定涉及金融安全、市场秩序、国家宏观政策等公序良俗的;交易标的禁止买卖的,如禁止人体器官、毒品、枪支等买卖;违反特许经营规定的,如场外配资合同;交易方式严重违法的,如违反招投标等竞争性缔约方式订立的合同;交易场所违法的,如在批准的交易场所之外进行期货交易。关于经营范围、交易时间、交易数量等行政管理性质的强制性规定,一般应当认定为"管理性强制性规定"。

② 姚明斌:《"效力性"强制规范裁判之考察与检讨——以〈合同法解释二〉第14条的实务进展为中心》,载《中外法学》2016年第5期。

重点在于对"法律"进行界定,直至《合同法司法解释(一)》出台,重点仍然在于对将法律的范围明确在"全国人大及其常委会指定的法律和国务院制定的行政法规",而"不得以地方性法规、行政规章为依据"。但是,经过谈论得越发深入,违反地方性法规或者行政规章的合同并非必然有效[①],违反地方性法规或者行政规章的合同可能因违反公序良俗而无效,但此时,应保持谨慎,以免造成实务中大量运用公序良俗认定合同效力,逃避其他规定的适用。总的来说,首先,需要审查该地方性法规、行政规章的强制性规定的目的和来源,是否是实施法律、行政法规的强制性规定而制定的具体规定。若是,则适用《民法典》第一百五十三条认定合同无效。若不是,则当事人以合同违反该地方性法规、行政规章的强制性规定为由主张合同无效的,其主张无法得到支持。其次,《九民纪要》中也对此进行了强调,第三十一条明确说明了"人民法院在认定规章是否涉及公序良俗时,要在考察规范对象基础上,兼顾监管强度、交易安全以及社会影响等方面进行慎重考量,并在裁判文书中进行充分说理"。不能简单抽象地分析规章中涉及的公共利益与社会秩序,而是应当深刻地分析该地方性法规、规章意欲实现的监管目的,进而详细分析合同效力是否造成公共利益与公共秩序的实质损害。

在将强制性规定限定在"法律、行政法规"范围内之后,司法解释及相关文件进一步将强制性规定解释为"效力性强制性规定"。如何识别"效力性强制性规定"。陈树森法官认为[②],可以三步走识别"效力性强制性规定",首先识别出理论与实践达成共识的法律法规规定,主要包括对不影响合同效力的任意性规定、倡导性规定、警示性规定、赋权性规定以及达成共识的不影响合同效力与影响合同效力的强制性规定。其次,以规范目的判断该强制性规定是否影响合同效力,主要考察该规定是否直接涉及公共利益。最后,结合该规定所维护的法益等因素进行校验,审查以此认定合同无效是否会损害维护合同自由等价值或造成社会资源的巨大浪费。刘贵祥法官认为[③],要以该强制性规定的目的判断该强制性规定是否为效力性强制性规定,还应当注意与诚实信用原则的协调。除此之外,冉克平教授认为[④],还应当注意强制性规范的合理性与比例原则,在判断合同违法无效时,须考虑认可其无效是否有助于达成该强制性规定的目的,以及使其无效是否为必要。

① 刘贵祥、吴光荣:《关于合同效力的几个问题》,载《中国应用法学》2021 年第 6 期。
② 陈树森:《识别影响合同效力强制性规定的路径思考》,载《中国应用法学》2021 年第 5 期。
③ 刘贵祥、吴光荣:《关于合同效力的几个问题》,载《中国应用法学》2021 年第 6 期。
④ 冉克平:《论效力性强制规范与私法自治——兼析〈民法总则〉第 153 条第 1 款》,载《山东大学学报(哲学社会科学版)》2019 年第 1 期。

具体而言,判断某一强制性固定是否为“效力性强制性规定”,首先,要判断该强制性规定的性质是否达成了共识,如《九民纪要》第三十条明确列举的属于“效力性强制性规定”或“管理性强制性规定”的情形。其次,要判断该强制性规定的目的,探求其所保护的法益类型、违法行为的法律后果以及交易安全保护等因素,考虑强制性规定的目的、当事人是否属于强制性规定保护的范围、强制性规定规制的主体、违反强制性规定的社会后果等因素,在上述因素的辅助下综合判断。最后,虽在相关司法解释与司法文件中并未有所体现,但应当在完成识别后,对以此认定合同无效的结果进行校验,考量个案中个别价值的维护与社会公益维护等因素间是否适当。合同无效的原因形式上看是违反了法规、行政法规的特别规定,实质上,法律、行政法规作出特别规定的基础是对公共利益、社会秩序等各项价值的保护,若以该规定认定该合同无效并不能实现依法意欲保护法益,则认定其无效也是徒劳的。因此,在适用法律进行认定之后,还要对以该规定认定合同无效的结果进行判断,同时达到形式与实质正义。

3. 违反法律、行政法规、规章等情形下合同的效力

如图3－5所示,对于违反法律、行政法规的效力性强制性规定的合同的效力,毋庸置疑,因违法而无效。而违反管理性强制性规定的,需要结合该强制性规定的目的进行判断,在某些例外情况下,出于特定时期下公共政策的特殊考量,可能会对其作出否定评价。而违反地方性法规及规章的合同,则不必然无效,需要依据公序良俗原则对其进行审慎审查判断。

- **违反法律、行政法规的效力性强制性规定——无效**
- **违反法律、行政法规的管理性强制性规定——特殊时期特殊考量下可无效、因违背公序良俗无效**
- **违反规章、地方性法规**
  - **若为实现法律、行政法规的效力性强制性规定制定的——无效**
  - **若违背公序良俗的——无效**
  - **不符合其他情形的——不必然无效**
- **行政法规中以“应当”“必须”“不得”表述的倡导性规范或旨在赋予或者限制民事权利的相关规范——衔接无权处分、无权处理、越权代表等**
- **与公法责任的竞合——以承担公法责任是否能够实现立法目的为标准**
  - **仅承担公法责任,无须认定合同无效**
  - **承担公法责任的同时,认定合同无效**

图3－5　违反法律、行政法规、规章等情形下合同的效力

若行为人违反法律、行政法规中以"应当""必须""不得"等表述的倡导性规范或旨在赋予或者限制民事权利的相关规范时,并不适用《民法典》第一百五十三条认定其合同效力,而是应当衔接《民法典》中的无权处分、无权代理、越权代表等制度,以符合其性质的规定认定其效力。

在某些情形下,违法行为造成的法益侵害以及对社会公共利益与社会秩序的侵害较小,由当事人承担公法上的责任,对合同当事人课以刑事、行政制裁即可以产生足够的威慑,实现该强制性规定的目的,此时,认定合同无效并非必要。而在损害结果严重,在合同当事人承担功法上的责任后不足以实现强制性规定的目的的,则应当同时对其实施的民事法律行为效力交易否定性的评价。《合同编通则司法解释》第十六条也体现了这一观点,即认为承担行政责任、刑事责任并不必然导致合同无效。在该条规定的特定情况下,并且,由行为人承担行政责任足以实现该强制性规定的目的,则合同可不因违反强制性规定无效。

三、参考案例

1. 对外担保合同未按法律规定在行政管理机关办理批准登记手续的,依法应认定无效——最高人民法院(2002)民四终字第 6 号中银香港公司诉宏业公司等担保合同纠纷案(最高人民法院公报 2005 年第 7 期)

裁判要旨:宏业公司和新业公司是为香港公司向香港银行的外币借款进行担保,该担保属于对外担保。根据我国内地关于对外担保的有关规定,此类担保应该到外汇管理部门办理有关批准登记手续。而本案宏业公司和新业公司出具的担保契约未办理上述手续,根据《最高人民法院关于适用〈中华人民共和国担保法〉若干问题的解释》第六条第一项的规定,该担保契约应认定无效。

基本案情:1997 年 11 月 28 日,新业公司向国华银行出具《不可撤销担保函》,对国华银行向达利丰集团发放的贷款或银行授信提供无条件不可撤销担保,并对担保范围、担保实现、担保期限、争议管辖等作出约定。1998 年 4 月 17 日,宏业公司也向国华银行出具《不可撤销担保契约》,对国华银行向达利丰集团发放的贷款或银行授信提供无条件不可撤销担保。1998 年 9 月 2 日,国华银行向达利丰集团发出《一般授信函》,对达利丰集团在国华银行透支额度、开出信用证和入口押汇额度、按揭贷款额度等授信分配作出约定,该函件中还写明了需要达利丰集团提供宏业公司和新业公司签订的担保契约,用以担保不少于 31300 万港元本金及利息等费用开支,还需要提供有关董事会决议案。1998 年 4 月 17 日,宏业公司召开董事会,董事会一致同意为达利丰集团在国华银行的 31300 万港元和有关费用进行担保,同意《不可撤销担保契约》全部内容,并授权代表签署该契约。如果因未办理中国法律规定的手续而导致担保合同无效的,宏业公司承担全部责任。2000年,香港高等法院对国华银行与达利丰集团债权债务进行了确认。在此之前,1999 年时,律师向宏业公司、新业公司发函要求其依据《不可撤销担保契约》承担担保责任。宏业公司代理人回函认为,《不可撤销担保契约》因未经批准而无效。2000 年 11 月 10 日,宏业公司代理人向国华银行发函,说明1998 年 4 月 17 日,宏业公司未召开股东大会和股东会,亦未作出为达利丰集团提供担保的决议,国华银行以此为依据要求宏业集团承担担保责任的起诉不成立。同时,宏业公司多位董事也分别出具公证《声明书》对未召开董事会或股东大会作出为达利丰集团提供担保的事项进行说明。

争议焦点:案涉《不可撤销担保契约》是否有效?

宏业公司和新业公司是为香港公司向香港银行的外币借款进行担保,该担保属于对外担保。根据我国内地关于对外担保的有关规定,此类担保应该到外汇管理部门办理有关批准登记手续。而本案宏业公司和新业公司出具的担保契约未办理上述手续,根据《最高人民法院关于适用〈中华人民共和国担保法〉若干问题的解释》第六条第一项的规定,该担保契约应认定无效。国华银行作为债权人在接受担保时,有义务了解担保人宏业公司和新业公司是否具有出具此类担保的资格,出具此类担保是否需要由有关部门批准,担保人是否履行了批准手续,如果有关担保手续不完备,国华银行有义务督促担保人予以补正,从而取得一份完备有效的担保,使自己的权益得到更好的保障。但本案中在宏业公司和新业公司出具的担保未经有关外汇管理部门批准登记的情况下,国华银行未履行上述其应尽的义务而予以接受,因此对于本案所涉两份担保契约因缺乏法定审批登记手续而导致无效,宏业公司、新业公司及国华银行均存在过错。根据有关法律规定,宏业公司、新业公司只应当对主债务人不能清偿部分承担相应的赔偿责任。如果认定宏业公司和新业公司作出的承担一切责任的承诺有效,不仅违反上述规定,而且规避了我国关于外汇管理的有关规定,使债权人在对外担保契约因未经我国外汇管理部门批准登记而无效的情况下,却取得了同担保契约有效时相同的结果,因此宏业公司和新业公司上述承诺应认定无效。

2. 合同已成立,但法律规定合同应经有批准权的政府及金融行业监督管理部门批准方产生法律效力,未经有权机关批准,应认定其效力为未生效——最高人民法院(2016)最高法民终 802 号深圳市标榜投资发展有限公司、鞍山市财政局股权转让纠纷案(最高人民法院公报 2017 年第 12 期)

裁判要旨:(1)合同约定生效要件为报批允准,承担报批义务方不履行报批义务的,应当承担缔约过失责任。(2)缔约过失人获得利益以善意相对人丧失交易机会为代价,善意相对人要求缔约过失人赔偿的,人民法院应予支持。(3)除直接损失外,缔约过失人对善意相对人的交易机会损失等间接损失,应予赔偿。间接损失数额应考虑缔约过失人过错程度及获得利益情况、善意相对人成本支出及预期利益等,综合衡量确定。

基本案情:2011 年 11 月 29 日,鞍山市财政局委托沈交所登记挂牌鞍山银行 69300 万股国有股权出让信息,沈交所于 12 月 30 日在网站上发布转让挂牌公告,并在招商信息网页上公布了《鞍山银行国有股权转让招商说明书》。2012 年 2 月 24 日,宏运集团代表四家摘牌企业向鞍山市财政局支付了 4848 万元股权转让保证金。3 月 21 日,标榜公司向沈交所提交了摘牌资料。3 月 28 日,标榜公司、宏运集团等四家公司摘牌,标榜公司摘牌 2.75 亿股。一日后,沈交所向标榜公司发出《意向受让受理通知书》,认为标榜公司复合意向受让资格,予以受让。标榜公司也按照沈交所的要求交纳了保证金。4 月 17 日,转让方鞍山市财政局与受让方标榜公司签订了《股份转让合同书》,将标的公司 22500 万股以 5 亿元人民币的价格转让给标榜公司。合同中也约定了审批登记事项。随后,标榜公司将报批材料提交鞍山银行,并由鞍山银行报送银监会鞍山监管分局,银监会鞍山监管分局向辽宁银监局报送监管意见载明"拟同意鞍山银行此次股东变更有关行政许可事项"。2013 年 3 月,鞍山市有关部门函告摘牌企业存在关联交易,终止股权转让事宜。2013 年 6 月,鞍山市财政局发函决定终止股权转让,请沈交所协助办理相关手续。沈交所遂向摘牌企业发函告知。之后,鞍山市财政局在北京金融资产交易所将案涉股权重新挂牌转让,标榜公司起诉邀请鞍山市财政局履行合同。

争议焦点:涉案《股份转让合同书》的效力应如何认定?

涉案《股份转让合同书》应认定为成立未生效合同。根据《中华人民共和国合同法》第四十四条、国务院办公厅《关于加强国有企业产权交易管理的通知》第二条、财政部《金融企业国有资产转让管理办法》第七条及《中华人民共和国商业银行法》第二十八条规定,涉案《股份转让合同书》的转让标的为鞍山市财政局持有的鞍山银行 9.9986% 即 22500 万股股权,是金融企业国有资产,转让股份总额已经超过鞍山银行股份总额的 5%。依据上述规定,该合同应经有批准权的政府及金融行业监督管理部门批准方产生法律效力。由此,本案的《股份转让合同书》虽已经成立,但因未经有权机关批准,应认定其效力为未生效。

3. 当合同名称与合同内容不相符时,应以合同内容为依据认定合同性质——最高人民法院(2020)最高法民申 1914 号陈小环、安徽宿州华昊置业有限公司合同纠纷再审审查与审判监督民事裁定书

裁判要旨:确定合同性质不能仅从合同名称看,而应从合同内容、合同各方在签订合同时的真实意思表示以及合同中体现的法律关系等方面考量。当合同名称与合同内容不相符时,应以合同内容为依据认定合同性质。

基本案情:2013 年 3 月 16 日,宏三维公司与高普庆签订 970 万元的《抵押贷款合同》,双方均认可系之前债权债务的结算。同日,宏三维公司与高普庆签订了 880 万元的《借款合同》。2015 年 2 月 4 日,甲方陈小环与乙方高普庆、丙方安徽宿州华润置业有限公司、丁方朱广明、戊方浩维公司签订《债权债务协议》,约定乙方高普庆向甲方陈小环出让债权。各方同意,丙方、丁方同意在债权转让完成后向甲方偿还本息共 3950 万元的债务。乙方欠甲方的本息 3950 万元债务由丙方、丁方、戊方承担清偿义务。若三方不能依约履行偿还义务的,该款项仍由乙方承担一般保证责任。戊方承担债权转让后清偿债务连带保证责任。陈小环与高普庆、朱广明在该协议后签字捺印,且该协议加盖了安徽宿州华润置业有限公司、浩维公司的公章。随后,安徽宿州华润置业有限公司更名为华昊公司。

争议焦点:案涉《债权转让协议》的性质为债权转让协议还是债务承担协议?

确定合同性质不能仅从合同名称看,而应从合同内容、合同各方在签订合同时的真实意思表示以及合同中体现的法律关系等方面考量。当合同名称与合同内容不相符时,应以合同内容为依据认定合同性质。从案涉《债权转让协议》的内容来看,合同各方的地位罗列:陈小环为"债权人",高普庆为"原债务人",安徽宿州华润置业有限公司(后更名为华昊公司)和朱广明为"债务人",体现出原债务人将其承担的债务通过协议转移给第三人承担的法律关系,符合债务转移合同的特点。从合同的具体条款来看,主要约定了原债务人与承担人之间对偿还债务这一义务的转移,符合债务转移合同的特点,特别是附件附陈小环与高普庆债权债务关系清单,凸显了债务转移合同中债务人将自己承担的债务全部或部分转移给第三人承担的特点。

4. 违反行政规章一般不影响合同效力,但属于损害社会公共利益、违背公序良俗的行为,应当依法认定租赁合同无效——最高人民法院(2019)最高法民再 97 号饶国礼诉某物资供应站等房屋租赁合同纠纷案(指导案例 170 号)

裁判要旨:违反行政规章一般不影响合同效力,但违反行政规章签订租赁合同,约定将经鉴定机构鉴定存在严重结构隐患,或将造成重大安全事故

的应当尽快拆除的危房出租用于经营酒店,危及不特定公众人身及财产安全,属于损害社会公共利益、违背公序良俗的行为,应当依法认定租赁合同无效,按照合同双方的过错大小确定各自应当承担的法律责任。

基本案情:饶国礼个人经营的晶品酒店以公开招标的方式中标了某物资供应站所有的南昌市青山南路 1 号办公大楼租赁权,并向物资供应站出具《承诺书》,承诺中标后严格按照加固设计单位和江西省建设工程安全质量监督管理局等权威部门出具的加固改造方案,对大楼进行科学、安全的加固,并在取得具有法律效力的书面文件后,再使用该大楼。晶品酒店与物资供应站签订《租赁合同》,双方在合同中还确认,租赁物经有关部门鉴定为危楼,加固后方能使用。合同签订后,晶品酒店将大楼发包给上海永祥加固技术工程有限公司加固改造,在加固施工过程中,案涉建筑物大部分垮塌。江西省建设业安全生产监督管理站出具了《房屋安全鉴定意见》认为该大楼属于 D 级危房,多项结构、设计均不符合相关标准,建议尽快拆除全部结构。饶国礼向法院提起诉讼请求解除租赁合同并要求赔偿损失。

争议焦点:《租赁合同》是否有效?

根据江西省建设业安全生产监督管理站出具的《房屋安全鉴定意见》,案涉《租赁合同》签订前,案涉房屋的结构、设计就存在安全隐患,将案涉房屋认定为应尽快拆除全部结构的 D 级危房。案涉危房不具有可在加固后继续使用的情形。《商品房屋租赁管理办法》第六条规定,不符合安全、防灾等工程建设强制性标准的房屋不得出租。《商品房屋租赁管理办法》虽在效力等级上属部门规章,但是,该办法第六条规定体现的是对社会公共安全的保护以及对公序良俗的维护。在案涉房屋已被认定为 D 级危房的情况下,双方当事人仍签订《租赁合同》将该房屋出租用于经营可能危及不特定公众人身及财产安全的商务酒店,明显损害了社会公共利益、违背了公序良俗。从维护公共安全及确立正确的社会价值导向的角度出发,对本案情形下合同效力的认定应从严把握,司法不应支持、鼓励这种为追求经济利益而忽视公共安全的有违社会公共利益和公序良俗的行为。故依照民法总则第一百五十三条第二款关于违背公序良俗的民事法律行为无效的规定,以及合同法第五十二条第四项关于损害社会公共利益的合同无效的规定,确认《租赁合同》无效。因物资供应站应对《租赁合同》的无效承担主要责任,饶国礼亦有过错,依合同法第五十八条,由物资供应站自行承担案涉房屋倒塌后物资供应站支付给他人的补偿费用,饶国礼的损失由其自行承担。物资供应站基于《租赁合同》取得的饶国礼支付的 220 万元保证金应依法退还。

【无权处分、越权代表、职务代理的合同效力及印章问题】

田芳芳

引言

合同效力问题,一直以来都是合同签订、履行以及争议处理中的核心问题。随着市场经济的发展,法律更加注重民商事交往中的交易安全,更加注重保护善意第三人信赖利益。受到立法模式的影响,有关合同效力的裁判需要援引《民法典》总则编有关民事法律行为效力的规定。本文介绍的《合同编通则司法解释》第十九条至第二十二条的规定,主要涉及《民法典》合同编通则第三章合同效力部分第五百零三条、第五百零四条,《民法典》总则编第七章代理部分第一百七十条、第一百七十一条、第一百七十二条,《民法典》物权编第二百一十五条、第三百一十一条等。另外,在效力认定规则及理念上,该部分条文与《九民纪要》部分内容一脉相承。

本文主要讨论了《合同编通则司法解释》第三部分合同的效力中的第十九条至第二十二条,主要涉及以下四个方面的问题:(1)无权处分与合同效力;(2)越权代表与合同效力;(3)职务代理与合同效力;(4)印章与合同效力。

一、关联法规

该部分法条的关联法规,具体见表3-2。

表3-2 合同的效力关联法规②

第三章 合同的效力	
《合同编通则司法解释》	《民法典》及关联法规
第十九条 以转让或者设定财产权利为目的订立的合同,当事人或者真正权利人仅以让与人在订立合同时对标的物没有所有权或者处分权为由主张合同无效的,人民法院不予支持;因未取得真正权利人事后同意或者让与人事后未取得处分权导致合同不能履行,受让人主张解除合同并请求让与人承担违反合同的赔偿责任的,人民法院依法予以支持。	**《民法典》** **第二百一十五条** 当事人之间订立有关设立、变更、转让和消灭不动产物权的合同,除法律另有规定或者当事人另有约定外,自合同成立时生效;未办理物权登记的,不影响合同效力。 **第三百一十一条** 无处分权人将不动产或者动产转让给受让人的,所有权人有权追回;除法律另有规定外,符合下列情形的,受让人取得该不动产或者动产的所有权:

第三章　合同的效力	
《合同编通则司法解释》	《民法典》及关联法规
前款规定的合同被认定有效，且让与人已经将财产交付或者移转登记至受让人，真正权利人请求认定财产权利未发生变动或者请求返还财产的，人民法院应予支持。但是，受让人依据民法典第三百一十一条等规定善意取得财产权利的除外。	（一）受让人受让该不动产或者动产时是善意； 　　（二）以合理的价格转让； 　　（三）转让的不动产或者动产依照法律规定应当登记的已经登记，不需要登记的已经交付给受让人。 　　受让人依据前款规定取得不动产或者动产的所有权的，原所有权人有权向无处分权人请求损害赔偿。 　　当事人善意取得其他物权的，参照适用前两款规定。 　　**第五百九十七条**　因出卖人未取得处分权致使标的物所有权不能转移的，买受人可以解除合同并请求出卖人承担违约责任。 　　法律、行政法规禁止或者限制转让的标的物，依照其规定。 　　**《最高人民法院关于适用〈中华人民共和国民法典〉物权编的解释（一）》** 　　**第十四条**　受让人受让不动产或者动产时，不知道转让人无处分权，且无重大过失的，应当认定受让人为善意。 　　真实权利人主张受让人不构成善意的，应当承担举证证明责任。 　　**第十五条**　具有下列情形之一的，应当认定不动产受让人知道转让人无处分权： 　　（一）登记簿上存在有效的异议登记； 　　（二）预告登记有效期内，未经预告登记的权利人同意； 　　（三）登记簿上已经记载司法机关或者行政机关依法裁定、决定查封或者以其他形式限制不动产权利的有关事项； 　　（四）受让人知道登记簿上记载的权利主体错误； 　　（五）受让人知道他人已经依法享有不动产物权。 　　真实权利人有证据证明不动产受让人应当知道转让人无处分权的，应当认定受让人具有重大过失。 　　**第十六条**　受让人受让动产时，交易的对象、场所或者时机等不符合交易习惯的，应当认定受让人具有重大过失。 　　**《最高人民法院关于适用〈中华人民共和国民法典〉有关担保制度的解释》** 　　**第三十七条**　当事人以所有权、使用权不明或者有争议的财产抵押，经审查构成无权处分的，人民法院应当依照民法典第三百一十一条的规定处理。

第三章　合同的效力	
《合同编通则司法解释》	《民法典》及关联法规
	当事人以依法被查封或者扣押的财产抵押,抵押权人请求行使抵押权,经审查查封或者扣押措施已经解除的,人民法院应予支持。抵押人以抵押权设立时财产被查封或者扣押为由主张抵押合同无效的,人民法院不予支持。 　　以依法被监管的财产抵押的,适用前款规定。 　　**《买卖合同解释》** 　　**第三条**　当事人一方以出卖人在缔约时对标的物没有所有权或者处分权为由主张合同无效的,人民法院不予支持。 　　出卖人因未取得所有权或者处分权致使标的物所有权不能转移,买受人要求出卖人承担违约责任或者要求解除合同并主张损害赔偿的,人民法院应予支持。 　　**《最高人民法院关于适用〈中华人民共和国公司法〉若干问题的规定(三)》** 　　**第二十五条**　名义股东将登记于其名下的股权转让、质押或者以其他方式处分,实际出资人以其对于股权享有实际权利为由,请求认定处分股权行为无效的,人民法院可以参照民法典第三百一十一条的规定处理。 　　名义股东处分股权造成实际出资人损失,实际出资人请求名义股东承担赔偿责任的,人民法院应予支持。
第二十条　法律、行政法规为限制法人的法定代表人或者非法人组织的负责人的代表权,规定合同所涉事项应当由法人、非法人组织的权力机构或者决策机构决议,或者应当由法人、非法人组织的执行机构决定,法定代表人、负责人未取得授权而以法人、非法人组织的名义订立合同,未尽到合理审查义务的相对人主张该合同对法人、非法人组织发生效力并由其承担违约责任的,人民法院不予支持,但是法人、非法人组织有过错的,可以参照民法典第一百五十七条的规定判决其承担相应的赔偿责任。相对人已尽到合理审查义务,构成表见代表的,人民法院应当依据民法典第五百零四条的规定处理。 　　合同所涉事项未超越法律、行政法规规定的法定代表人或者负责人的代表权限,但是超越法人、非法人组织的章程或者权力机构等对代表权的限制,相对人主张该合同对法人、非法人组织发生效力并由其承担违约责任的,人民法院依法予以支持。但是,法人、非法人组织举证证明相对人知道或者应当知道该限制的除外。	**《民法典》** 　　**第六十一条**　依照法律或者法人章程的规定,代表法人从事民事活动的负责人,为法人的法定代表人。 　　法定代表人以法人名义从事的民事活动,其法律后果由法人承受。 　　法人章程或者法人权力机构对法定代表人代表权的限制,不得对抗善意相对人。 　　**第五百零四条**　法人的法定代表人或者非法人组织的负责人超越权限订立的合同,除相对人知道或者应当知道其超越权限外,该代表行为有效,订立的合同对法人或者非法人组织发生效力。 　　**《九民纪要》** 　　**第十七条**　为防止法定代表人随意代表公司为他人提供担保给公司造成损失,损害中小股东利益,《公司法》第16条对法定代表人的代表权进行了限制。根据该条规定,担保行为不是法定代表人所能单独决定的事项,而必须以公司股东(大)会、董事会等公司机关的决议作为授权的基础和来源。法定代表人未经授权擅自为他人提供担保的,构成越权代

第三章　合同的效力	
《合同编通则司法解释》	《民法典》及关联法规
法人、非法人组织承担民事责任后,向有过错的法定代表人、负责人追偿因越权代表行为造成的损失的,人民法院依法予以支持。法律、司法解释对法定代表人、负责人的民事责任另有规定的,依照其规定。	表,人民法院应当根据《合同法》第 50 条关于法定代表人越权代表的规定,区分订立合同时债权人是否善意分别认定合同效力:债权人善意的,合同有效;反之,合同无效。 　　**第十八条**　前条所称的善意,是指债权人不知道或者不应当知道法定代表人超越权限订立担保合同。《公司法》第 16 条对关联担保和非关联担保的决议机关作出了区别规定,相应地,在善意的判断标准上也应当有所区别。一种情形是,为公司股东或者实际控制人提供关联担保,《公司法》第 16 条明确规定必须由股东(大)会决议,未经股东(大)会决议,构成越权代表。在此情况下,债权人主张担保合同有效,应当提供证据证明其在订立合同时对股东(大)会决议进行了审查,决议的表决程序符合《公司法》第 16 条的规定,即在排除被担保股东表决权的情况下,该项表决由出席会议的其他股东所持表决权的过半数通过,签字人员也符合公司章程的规定。另一种情形是,公司为公司股东或者实际控制人以外的人提供非关联担保,根据《公司法》第 16 条的规定,此时由公司章程规定是由董事会决议还是股东(大)会决议。无论章程是否对决议机关作出规定,也无论章程规定决议机关为董事会还是股东(大)会,根据《民法总则》第 61 条第 3 款关于"法人章程或者法人权力机构对法定代表人代表权的限制,不得对抗善意相对人"的规定,只要债权人能够证明其在订立担保合同时对董事会决议或者股东(大)会决议进行了审查,同意决议的人数及签字人员符合公司章程的规定,就应当认定其构成善意,但公司能够证明债权人明知公司章程对决议机关有明确规定的除外。 　　债权人对公司机关决议内容的审查一般限于形式审查,只要求尽到必要的注意义务即可,标准不宜太过严苛。公司以机关决议系法定代表人伪造或者变造、决议程序违法、签章(名)不实、担保金额超过法定限额等事由抗辩债权人非善意的,人民法院一般不予支持。但是,公司有证据证明债权人明知决议系伪造或者变造的除外。 　　**第十九条**　存在下列情形的,即便债权人知道或者应当知道没有公司机关决议,也应当认定担保合同符合公司的真实意思表示,合同有效: 　　(1)公司是以为他人提供担保为主营业务的担保公司,或者是开展保函业务的银行或者非银行金融机构;

第三章　合同的效力	
《合同编通则司法解释》	《民法典》及关联法规
	（2）公司为其直接或者间接控制的公司开展经营活动向债权人提供担保；
	（3）公司与主债务人之间存在相互担保等商业合作关系；
	（4）担保合同系由单独或者共同持有公司三分之二以上有表决权的股东签字同意。
	第二十二条　债权人根据上市公司公开披露的关于担保事项已经董事会或者股东大会决议通过的信息订立的担保合同，人民法院应当认定有效。
	《最高人民法院关于适用〈中华人民共和国民法典〉有关担保制度的解释》
	第七条　公司的法定代表人违反公司法关于公司对外担保决议程序的规定，超越权限代表公司与相对人订立担保合同，人民法院应当依照民法典第六十一条和第五百零四条等规定处理：
	（一）相对人善意的，担保合同对公司发生效力；相对人请求公司承担担保责任的，人民法院应予支持。
	（二）相对人非善意的，担保合同对公司不发生效力；相对人请求公司承担赔偿责任的，参照适用本解释第十七条的有关规定。
	法定代表人超越权限提供担保造成公司损失，公司请求法定代表人承担赔偿责任的，人民法院应予支持。
	第一款所称善意，是指相对人在订立担保合同时不知道且不应当知道法定代表人超越权限。相对人有证据证明已对公司决议进行了合理审查，人民法院应当认定其构成善意，但是公司有证据证明相对人知道或者应当知道决议系伪造、变造的除外。
	第八条　有下列情形之一，公司以其未依照公司法关于公司对外担保的规定作出决议为由主张不承担担保责任的，人民法院不予支持：
	（一）金融机构开立保函或者担保公司提供担保；
	（二）公司为其全资子公司开展经营活动提供担保；
	（三）担保合同系由单独或者共同持有公司三分之二以上对担保事项有表决权的股东签字同意。
	上市公司对外提供担保，不适用前款第二项、第三项的规定。

第三章　合同的效力	
《合同编通则司法解释》	《民法典》及关联法规
	第九条 相对人根据上市公司公开披露的关于担保事项已经董事会或者股东大会决议通过的信息，与上市公司订立担保合同，相对人主张担保合同对上市公司发生效力，并由上市公司承担担保责任的，人民法院应予支持。 相对人未根据上市公司公开披露的关于担保事项已经董事会或者股东大会决议通过的信息，与上市公司订立担保合同，上市公司主张担保合同对其不发生效力，且不承担担保责任或者赔偿责任的，人民法院应予支持。 相对人与上市公司已公开披露的控股子公司订立的担保合同，或者相对人与股票在国务院批准的其他全国性证券交易场所交易的公司订立的担保合同，适用前两款规定。 **第十七条** 主合同有效而第三人提供的担保合同无效，人民法院应当区分不同情形确定担保人的赔偿责任： （一）债权人与担保人均有过错的，担保人承担的赔偿责任不应超过债务人不能清偿部分的二分之一； （二）担保人有过错而债权人无过错的，担保人对债务人不能清偿的部分承担赔偿责任； （三）债权人有过错而担保人无过错的，担保人不承担赔偿责任。 主合同无效导致第三人提供的担保合同无效，担保人无过错的，不承担赔偿责任；担保人有过错的，其承担的赔偿责任不应超过债务人不能清偿部分的三分之一。 《九民纪要》 **第二十条** 依据前述3条规定，担保合同有效，债权人请求公司承担担保责任的，人民法院依法予以支持；担保合同无效，债权人请求公司承担担保责任的，人民法院不予支持，但可以按照担保法及有关司法解释关于担保无效的规定处理。公司举证证明债权人明知法定代表人超越权限或者机关决议系伪造或者变造，债权人请求公司承担合同无效后的民事责任的，人民法院不予支持。
第二十一条 法人、非法人组织的工作人员就超越其职权范围的事项以法人、非法人组织的名义订立合同，相对人主张该合同对法人、非法人组织发生效力并由其承担违约责任的，人民法院不予支持。但是，法人、非法人组织有过错的，人民法院可以参照民法典第一百五十七条的规定判决其承担相应的赔偿责任。前述	《民法典》 **第一百七十条** 执行法人或者非法人组织工作任务的人员，就其职权范围内的事项，以法人或者非法人组织的名义实施的民事法律行为，对法人或者非法人组织发生效力。 法人或者非法人组织对执行其工作任务的人员职权范围的限制，不得对抗善意相对人。

第三章　合同的效力	
《合同编通则司法解释》	《民法典》及关联法规
情形,构成表见代理的,人民法院应当依据民法典第一百七十二条的规定处理。 合同所涉事项有下列情形之一的,人民法院应当认定法人、非法人组织的工作人员在订立合同时超越其职权范围: 　　(一)依法应当由法人、非法人组织的权力机构或者决策机构决议的事项; 　　(二)依法应当由法人、非法人组织的执行机构决定的事项; 　　(三)依法应当由法定代表人、负责人代表法人、非法人组织实施的事项; 　　(四)不属于通常情形下依其职权可以处理的事项。 合同所涉事项未超越依据前款确定的职权范围,但是超越法人、非法人组织对工作人员职权范围的限制,相对人主张该合同对法人、非法人组织发生效力并由其承担违约责任的,人民法院应予支持。但是,法人、非法人组织举证证明相对人知道或者应当知道该限制的除外。 法人、非法人组织承担民事责任后,向故意或者有重大过失的工作人员追偿的,人民法院依法予以支持。	**第一百七十一条**　行为人没有代理权、超越代理权或者代理权终止后,仍然实施代理行为,未经被代理人追认的,对被代理人不发生效力。 　　相对人可以催告被代理人自收到通知之日起三十日内予以追认。被代理人未作表示的,视为拒绝追认。行为人实施的行为被追认前,善意相对人有撤销的权利。撤销应当以通知的方式作出。 　　行为人实施的行为未被追认的,善意相对人有权请求行为人履行债务或者就其受到的损害请求行为人赔偿。但是,赔偿的范围不得超过被代理人追认时相对人所能获得的利益。 　　相对人知道或者应当知道行为人无权代理的,相对人和行为人按照各自的过错承担责任。 　　**第一百七十二条**　行为人没有代理权、超越代理权或者代理权终止后,仍然实施代理行为,相对人有理由相信行为人有代理权的,代理行为有效。 　　**第五百零三条**　无权代理人以被代理人的名义订立合同,被代理人已经开始履行合同义务或者接受相对人履行的,视为对合同的追认。 　　**《最高人民法院关于当前形势下审理民商事合同纠纷案件若干问题的指导意见》** 　　12、当前在国家重大项目和承包租赁行业等受到全球性金融危机冲击和国内宏观经济形势变化影响比较明显的行业领域,由于合同当事人采用转包、分包、转租方式,出现了大量以单位部门、项目经理乃至个人名义签订或实际履行合同的情形,并因合同主体和效力认定问题引发表见代理纠纷案件。对此,人民法院应当正确适用合同法第四十九条关于表见代理制度的规定,严格认定表见代理行为。 　　13、合同法第四十九条规定的表见代理制度不仅要求代理人的无权代理行为在客观上形成具有代理权的表象,而且要求相对人在主观上善意且无过失地相信行为人有代理权。合同相对人主张构成表见代理的,应当承担举证责任,不仅应当举证证明代理行为存在诸如合同书、公章、印鉴等有权代理的客观表象形式要素,而且应当证明其善意且无过失地相信行为人具有代理权。 　　14、人民法院在判断合同相对人主观上是否属于善意且无过失时,应当结合合同缔结与履行过程中的各种因素综合判断合同相对人是否尽到合理注意义务,此外还要考虑合同的缔结时间、以谁的名义签字、是否盖有相关印章及

第三章 合同的效力	
《合同编通则司法解释》	《民法典》及关联法规
	印章真伪、标的物的交付方式与地点、购买的材料、租赁的器材、所借款项的用途、建筑单位是否知道项目经理的行为、是否参与合同履行等各种因素,作出综合分析判断。
第二十二条 法定代表人、负责人或者工作人员以法人、非法人组织的名义订立合同且未超越权限,法人、非法人组织仅以合同加盖的印章不是备案印章或者系伪造的印章为由主张该合同对其不发生效力的,人民法院不予支持。 合同系以法人、非法人组织的名义订立,但是仅有法定代表人、负责人或者工作人员签名或者按指印而未加盖法人、非法人组织的印章,相对人能够证明法定代表人、负责人或者工作人员在订立合同时未超越权限的,人民法院应当认定合同对法人、非法人组织发生效力。但是,当事人约定以加盖印章作为合同成立条件的除外。 合同仅加盖法人、非法人组织的印章而无人员签名或者按指印,相对人能够证明合同系法定代表人、负责人或者工作人员在其权限范围内订立的,人民法院应当认定该合同对法人、非法人组织发生效力。 在前三款规定的情形下,法定代表人、负责人或者工作人员在订立合同时虽然超越代表或者代理权限,但是依据民法典第五百零四条的规定构成表见代表,或者依据民法典第一百七十二条的规定构成表见代理的,人民法院应当认定合同对法人、非法人组织发生效力。	**《民法典》** **第六十一条** 依照法律或者法人章程的规定,代表法人从事民事活动的负责人,为法人的法定代表人。 法定代表人以法人名义从事的民事活动,其法律后果由法人承受。 法人章程或者法人权力机构对法定代表人代表权的限制,不得对抗善意相对人。 **第一百七十条** 执行法人或者非法人组织工作任务的人员,就其职权范围内的事项,以法人或者非法人组织的名义实施的民事法律行为,对法人或者非法人组织发生效力。 法人或者非法人组织对执行其工作任务的人员职权范围的限制,不得对抗善意相对人。 **《九民纪要》** **第四十一条** 司法实践中,有些公司有意刻制两套甚至多套公章,有的法定代表人或者代理人甚至私刻公章,订立合同时恶意加盖非备案的公章或者假公章,发生纠纷后法人以加盖的是假公章为由否定合同效力的情形并不鲜见。人民法院在审理案件时,应当主要审查签约人于盖章之时有无代表权或者代理权,从而根据代表或者代理的相关规则来确定合同的效力。 法定代表人或者其授权之人在合同上加盖法人公章的行为,表明其是以法人名义签订合同,除《公司法》第 16 条等法律对其职权有特别规定的情形外,应当由法人承担相应的法律后果。法人以法定代表人事后已无代表权、加盖的是假章、所盖之章与备案公章不一致等为由否定合同效力的,人民法院不予支持。 代理人以被代理人名义签订合同,要取得合法授权。代理人取得合法授权后,以被代理人名义签订的合同,应当由被代理人承担责任。被代理人以代理人事后已无代理权、加盖的是假章、所盖之章与备案公章不一致等为由否定合同效力的,人民法院不予支持。

二、核心问题

(一)无权处分与合同效力

《合同编通则司法解释》第十九条规定了无权处分的合同效力。无权处分合同是指无处分权的行为人以自己的名义处分他人财产的合同。其特点有二:一是行为人在订立合同时并无相关的处分权利;二是行为人以自己的名义而不是享有处分权的人的名义订立合同。[①] 之所以讨论无权处分的合同效力问题,是因为无权处分合同违反了处分禁令及禁令背后所平衡保护的法益。[②]

无权处分的合同效力问题,主要关涉两个问题:第一,无权处分的合同效力究竟为何? 这需要梳理无权处分合同效力的立法沿革。第二,认定无权处分合同效力后,将产生什么样的法律效果? 尤其是合同相对方通过何种救济途径维护自己的合法权益? 无权处分合同知识结构见表3-3。

表3-3　无权处分合同知识结构概览

	行为人与所有权人关系	合同主体	合同效力	法律后果	买受人救济途径
无权处分合同	未经所有权人授权或同意	无权处分人与买受人	有效	如履行不能或原物权人追回,无权处分人承担赔偿责任	善意取得制度取得所有权阻却追回

1. 无权处分合同效力的立法沿革

合同法规定无权处分的合同效力问题,其时主流观点为无权处分合同原则上为效力待定合同。[③] 立法资料显示,关于无权处分的合同效力的立法规定,借鉴了我国台湾地区的"民法"第一百一十八条[④]之规定,而我国台湾地区的有关规定也仿效了《德国民法典》第一百八十五条关于"无权利人进

---

① 王利明:《论无权处分》,载《中国法学》2001 第 3 期。

② [德]迪特尔·梅迪库斯:《德国民法总论》,邵建东译,法律出版社 2000 年版,第 497—507 页。

③ 《中华人民共和国合同法》第五十一条:无处分权的人处分他人财产,经权利人追认或者无处分权的人订立合同后取得处分权的,该合同有效。

④ 全国人大常委会法制工作委员会民法室编:《〈中华人民共和国合同法〉与国内外有关合同规定条文对照》,法律出版社 1999 年版,第 37 条。我国台湾地区"民法"第一百一十八条规定:无权利人就权利标的物所为之处分,经有权利人之承认始生效力。无权利人就权利标的之物为处分后,取得其权利者,其处分自始有效。但原权利人或第三人已取得之利益,不因此而受影响。

行的处分"的规定。① 根据合同法之规定,无权处分的合同效力取决于享有处分权人是否追认或无权处分人是否取得处分权。在无权处分合同中,从无权处分人订立合同到合同产生效力处于两个时间阶段。由此,无权处分的合同效力便处在了一段时间差内,在这一时间差内,无权处分的合同效力原则上便为效力待定合同。

但是,自合同法颁布实施起,学界便不断反思无权处分的合同效力的立法规定,相关法律和司法解释也使无权处分的合同效力逐渐由效力待定说转向有效说。如何理解合同法第五十一条中的"无权处分"是认定无权处分合同效力的关键,而这与物权变动模式——债权意思主义、物权形式主义等有关。一方面,学界批判了效力待定说的基础——债权意思主义,其不区分负担行为与处分行为,并认为应区分物权变动及其原因行为,区分无权处分行为与物权变动效力、债权契约(合同)效力的关系,无权处分行为并不影响合同的有效性。② 另一方面,2007 年物权法的制定为无权处分合同效力的清晰化提供了契机,其第十五条区分了物权效力与合同效力。③ 但是,物权法中物权变动的区分原则与合同法中无权处分合同效力规定产生了巨大冲突,为了保证法秩序的统一,在上述理论的奠基下,2012 年,最高人民法院出台了《最高人民法院关于审理买卖合同纠纷案件适用法律问题的解释》,其第三条规定,在无权处分情况下行为人所签订的合同均为有效,而无论是否经过原来真正权利人的追认。④ 这使无权处分的物权变动效果与债权契约效果区分开来,明晰或者说确定了合同法第五十一条的含义,使有效说成为主流观点。

《民法典》从法律行为的角度出发,沿用了物权变动效果与债权契约效

<hr/>

① 《德国民法典》第一百八十五条:经权利人允许,无权利人对标的物进行的处分,亦为有效。经权利人事后追认,或因处分人取得标的物时,或权利人成为处分人的继承人而对其遗产负无限责任时为有效。在后两种情况下,如果对标的物有数个相互抵触的处分时,则先进行的处分为有效。

② 蔡立东:《无权处分行为法律效力新诠——合同法第 51 条评析,吉林大学社会科学学报》,2002 年第 3 期;田韶华、包雯:《论我国合同法上的无权处分合同及其效力——〈合同法〉第 51 条再探讨》,载《法学家》2002 年第 2 期;丁文联:《无权处分与合同效力——合同法第 51 条的理解与适用》,载《南京大学法律评论》1999 年第 2 期。

③ 《中华人民共和国物权法》第十五条:当事人之间订立有关设立、变更、转让和消灭不动产物权的合同,除法律另有规定或者合同另有约定外,自合同成立时生效;未办理物权登记的,不影响合同效力。

④ 《最高人民法院关于审理买卖合同纠纷案件适用法律问题的解释》第三条:当事人一方以出卖人在缔约时对标的物没有所有权或者处分权为由主张合同无效的,人民法院不予支持。出卖人因未取得所有权或者处分权致使标的物所有权不能转移,买受人要求出卖人承担违约责任或者要求解除合同并主张损害赔偿的,人民法院应予支持。

果区分原则。只要符合《民法典》第一百四十三条①民事法律行为的有效要件就具有法律效力。上述条款内涵也被《民法典》第二百一十五条、第五百九十七条沿用吸收。本次《合同编通则司法解释》第二十条第四款明确规定转让他人的其他财产权利或者在他人财产上设定用益物权、担保物权订立的合同,适用前三款规定。对无权处分类型进行了丰富。

通过上述历史沿革发现,随着经济发展,交易形式的多样化,无权处分合同效力的认知和处分范围、财产类型是一个逐渐进阶、突破和丰富的过程。

2. 无权处分合同的法律后果

从无权处分合同效力的立法沿革可以看出,法律确立有效说主要目的是平衡所有权人利益与合同相对方利益,以维护所有权安全和交易安全。因此,法律确认了无权处分合同自合同成立时生效,但是合同能否履行、是否发生物权上的变动,要看真正权利人是否追认同意、让与人事后是否取得处分权以及是否符合善意取得制度。

(1)无权处分合同的履行

履行无权处分合同需要得到真正权利人事后同意或让与人事后取得处分权。合同的相对性原理影响了无权处分合同的履行。根据《民法典》第四百六十五条第二款②的规定,无权处分合同也仅对无权处分人和合同相对方具有法律约束力,即合同当事人承受合同项下的权利义务,而第三人(此处为真正权利人)并不负担其中的义务。③ 如果一个有效合同项下承担义务的一方对履行标的没有取得所有权或处分权,则无法支持这样一个虽然有效但无权处分的合同继续履行的诉请。以一个合同相对方对缔约另一方的债权请求权来要求合同之外的真正权利人配合办理权利的变更、处分权利人自己的权利,是没有法理依据的,也没有这样的立法例④。尽管履行无权处分合同需要上述条件,但是,在合同有效的前提下,受让人可以主张解除合同并请求让与人赔偿损失。

在(2015)民申字第 1886 号案例中,⑤陈秀波与惠凤燕签订了房屋买卖

---

① 《中华人民共和国民法典》第一百四十三条:具备下列条件的民事法律行为有效:(一)行为人具有相应的民事行为能力;(二)意思表示真实;(三)不违反法律、行政法规的强制性规定,不违背公序良俗。

② 《中华人民共和国民法典》第四百六十五条第二款:依法成立的合同,仅对当事人具有法律约束力,但是法律另有规定的除外。

③ 崔建远:《论合同相对性原则》,载《清华法学》2022 年第 2 期。

④ 茆荣华:《〈民法典〉适用与司法实务》,法律出版社 2020 年版,第 111 页。

⑤ (2015)民申字第 1886 号,陈秀波、惠凤艳等案外人执行异议之诉、买卖合同纠纷民事裁定书。

合同,而惠凤艳并非案涉房屋登记的所有权人,陈秀波也无证据证明惠凤艳对案涉房屋的处分取得了所有权人城乡建设公司的授权,因此,惠凤艳和陈秀波签订的转让案涉房屋所有权的合同为无权处分合同。该案裁判主旨是,无权处分他人财产的行为区分为债权行为和物权行为,案涉房屋买卖合同有效,但在未取得城乡建设公司追认的情况下,陈秀波依法只能向惠凤艳行使违约赔偿或者损害赔偿的债权请求权,其在案涉房屋之上不能成立物权期待权,更不可能取得所有权。这也符合《民法典》及《合同编通则司法解释》第十九条的立法精神。

（2）物权转移中的善意取得认定

物权法第一百零六条首次规定了善意取得制度,《民法典》第三百一十一条①沿袭了上述条文内容及精神。《合同编通则司法解释》第十九条第二款将善意取得制度列为否认无权处分合同中物权移转的例外情形。结合该规定,合同有效的情况下,受让人受让该财产构成善意取得的,则受让人可以依法取得该财产的所有权,原所有权人无权向受让人追回该财产,具体包括主观善意、合理价格转让、已经公示三个要件。

首先,善意取得制度中的“善意”,包括两个方面:一是不知特定物权信息;二是无重大过失。② 不知特定物权信息主要是指受让人不知让与人无所有权或处分权的事实,这是善意取得人取得财产所有权或其他权利的法律前提。明知让与人无处分权而仍受让该财产,属于故意侵害他人财产所有权的行为,不被法律所保护。根据（2017）沪02民终4004号案例的裁判观点,在原告汤文彪向房产交易中心提出异议登记后,仍办理产权过户给被告沙越的手续,并在离婚诉讼的庭审中做虚假陈述,主观上并非善意。善意取得不动产物权的第三人,必须于“依法完成不动产物权转移登记之时”仍然保持善意,即买受人必须在房屋买卖交易全过程始终保持主观善意。

根据民法典物权编解释（一）第十四条、第十五条之规定,适用的是善意推定原则,即只要受让人受让不动产或者动产时,不知道转让人无处分权,

---

① 《中华人民共和国民法典》第三百一十一条:无处分权人将不动产或者动产转让给受让人的,所有权人有权追回;除法律另有规定外,符合下列情形的,受让人取得该不动产或者动产的所有权:(一)受让人受让该不动产或者动产时是善意;(二)以合理的价格转让;(三)转让的不动产或者动产依照法律规定应当登记的已经登记,不需要登记的已经交付给受让人。受让人依照前款规定取得不动产或者动产的所有权的,原所有权人有权向无处分权人请求损害赔偿。当事人善意取得其他物权的,参照适用前两款规定。

② 叶金强:《论善意取得构成中的善意且无重大过失要件》,载《法律科学（西北政法学院学报）》2004年第5期。

且无重大过失的,应当认定受让人为善意。受让人对于其"善意"之主观状态,无须承担举证责任。真实权利人主张受让人不构成善意或有重大过失的,应当承担举证证明责任。同时明确列举非善意的具体情形,应当被认定为不动产受让人知道转让人无处分权:(1)登记簿上存在有效的异议登记;(2)预告登记有效期内,未经预告登记的权利人同意;(3)登记簿上已经记载司法机关或者行政机关依法裁定、决定查封或者以其他形式限制不动产权利的有关事项;(4)受让人知道登记簿上记载的权利主体错误;(5)受让人知道他人已经依法享有不动产物权。

善意取得系法律对诚信之人的一种特殊保护,而法律上的诚信之人首先应当是一个尽到合理审慎义务之人,故不具有某种程度以上的过失应当成为认定善意的一个重要标准,不应把二者割裂开来。对于动产与不动产,应采取不同的"善意"标准。"在动产的善意取得中,判断取得人善意与否时应考虑其有无重大过失,即动产的善意取得人应当负有一定的注意义务,如果其应当知道处分人为无处分权人但因重大过失而不知道,就认为其并非善意。"①

受让人受让动产时,交易的对象、场所或者时机等不符合交易习惯的,应当认定受让人具有重大过失。根据 2008 年第 2 期的最高人民法院公报案例——刘志兵诉卢志成财产权属纠纷案,对于机动车这类需要登记的特殊动产,相对人善意标准需要满足更高的要求。机动车虽然属于动产,但具有一定的特殊性,车主需办理机动车登记证、车辆行驶证,这些严格的管理措施使车辆不同于其他无须登记的动产,也利于受让人审核车辆转让时的合法正当性。该案出卖人仅仅占有该机动车,但是在机动车行驶证上载明的所有权人非出卖人的情况下,其并未提供授权出售的手续等合法处分权利外观,故应认定受让人具有明显的重大过失,显然不属于善意取得。

其次,对于取得非动产的善意判断,应从合理价格与物权变动形式两个方面予以判断。对于合理价格,主要参照市场价格。详见(2019)最高法民申 615 号案例——陈尔聪、莫济良债权人撤销权纠纷再审审查与审判监督民

---

① 程啸:《论不动产善意取得之构成要件——〈中华人民共和国物权法〉第 106 条释义)》,载《法商研究》2010 年第 5 期。

事裁定书①。根据《合同法司法解释（二）》第十九条之规定，②转让价格达不到交易时交易地的指导价或者市场交易价百分之七十的，一般可以视为明显不合理的低价。虽然该解释已经失效，但内涵精神仍具有裁判使用意义。该标准也被《合同编通则司法解释》第四十二条撤销权中明显不合理低价的认定所采纳。

最后，对于物权变动形式应当登记的已经转移登记，不需要登记的已经交付给受让人。根据法律规定，有些财产的转让，是以转移登记为要件的，如不动产的转让登记发生物权变动效力，汽车、船舶等动产的转让登记产生对抗效力。在需要进行转移登记的情形下，以登记的时间作为财产所有权转移的时间标志；在不需要登记的情形下，占有的转移是适用善意取得的条件之一，即让与人向受让人实际交付了财产，而受让人实际占有交付的财产，只有通过交付，才发生动产所有权的转移。如果双方仅仅达成了合意，而并没有发生标的物的转移，则不能发生善意取得的效果，双方当事人仍然只是一种债的关系，受让人要取得财产所有权，需受让财产的交付，即占有财产。

善意取得制度是国家立法基于保护交易安全，对原权利人和受让人之间的权利所作的一种强制性的物权配置，受让人取得财产所有权是基于物权法的直接规定而不是法律行为，具有确定性和终局性③。

3. 擅自处分共有财产是当前较为典型的无权处分情形

在夫妻共同财产上，夫妻双方的相关权利是平等的。非因日常生活需要，对夫妻共同财产作出重要处理决定，夫妻双方应当平等协商，取得一致意见。实务中，夫妻共有财产的登记形式共有两种情况：

---

①　（2019）最高法民申615号裁判主旨：判断"是否以不合理低价转移财产"的标准应当以交易当地一般经营者的判断，并参考交易当时交易地的物价部门指导价或者市场交易价，结合其他相关因素综合考虑予以确认。本案中，石化大厦建于1992年，距离《抵债协议》签订时已近23年；东诚公司于2009年购买石化大厦的价格为2000万元；税务机关在2015年莫济良与东诚公司办理过户手续时对石化大厦作出的核税价格为23574200元。综合以上事实，原审认定东诚公司以3000万元价格转让石化大厦，并非不合理低价，并无不当。

②　《最高人民法院关于适用〈中华人民共和国合同法〉若干问题的解释（二）》第十九条：对于合同法第七十四条规定的"明显不合理的低价"，人民法院应当以交易当地一般经营者的判断，并参考交易当时交易地的物价部门指导价或者市场交易价，结合其他相关因素综合考虑予以确认。转让价格达不到交易时交易地的指导价或者市场交易价百分之七十的，一般可以视为明显不合理的低价；对转让价格高于当地指导价或者市场交易价百分之三十的，一般可以视为明显不合理的高价。债务人以明显不合理的高价收购他人财产，人民法院可以根据债权人的申请，参照合同法第七十四条的规定予以撤销。

③　最高人民法院物权法研究小组：《〈中华人民共和国物权法〉条文理解与适用》，人民法院出版社2007年版，第327—329页。

一种是共有财产登记在夫妻双方名下。在这种情况下，买受人要求履行合同办理产权登记的，除能证明另一方知情或进行追认外，还要重点分析代理另一方签名是否具备表见代理的构成要件；否则，一般情况下，法院不会支持买受人的履行请求。本处不再详细展开论述。

另一种是夫妻共有财产登记在一方名下，显名人一方擅自以自己的名义将房屋出售给买受人或进行抵押，登记方侵犯了另一方享有的共有权，受让方无权请求登记方办理房屋所有权转移登记，不发生物权变动的效力，但符合善意取得制度取得物权的除外。婚姻法司法解释（三）第十一条第一款规定："一方未经另一方同意出售夫妻共同共有的房屋，第三人善意购买、支付合理对价并办理产权登记手续，另一方主张追回该房屋的，人民法院不予支持。"婚姻法司法解释（三）对夫妻单方出售夫妻共同所有房产的处理作出了明确的规定，这在很大程度上统一了裁判尺度。其中，重要的是确定了善意的认定标准。该规定被《最高人民法院关于适用〈中华人民共和国民法典〉婚姻家庭编的解释（一）》第二十八条吸收。

专业机构的"善意"需要满足更高的要求。在（2019）最高法民终 117 号案例中，兴业银行佛山分行作为专业的金融机构，在交易中应承担更多的注意义务，比如核实当事人的婚姻状况、财产状况等。从庭审记录及当事人陈述来看，兴业银行佛山分行均要求肖亮平等人的配偶在抵押时出具了《同意抵押声明书》，但其却未要求姚壮文的配偶罗锦萍出具《同意抵押声明书》，可见该行明显未尽到应有的注意义务，且不符合其实际操作的情形，故兴业银行佛山分行不能认定为善意第三人。

夫妻一方擅自处分夫妻共有房屋，在保护善意第三人利益后，确实损害了出卖人配偶的权利。为此，民法典婚姻家庭编司法解释（一）第二十八条第二款规定"夫妻一方擅自处分共同所有的房屋造成另一方损失，离婚时另一方请求赔偿损失的，人民法院应予支持"，给予了夫妻另一方救济的权利。

审理涉及股东与外部第三人关系的公司纠纷案件时，应当坚持外观主义原则，在维护公司内部约定效力的同时，优先保护外部善意第三人因信赖公示体现出的权利外观而作出行为的效力。最高人民法院第二巡回法庭 2020 年第 3 次法官会议纪要，关于夫妻一方名下的有限公司股权的归属与转让的问题，达成的观点是：股权是股东基于其股东身份和地位而在公司中享有的权利，包含资产收益权、参与重大决策和选择管理者等，兼具财产权与人身权属性。根据公司法规定，取得完整无瑕疵的股东资格和股东权利，应同时符合向公司出资或认缴出资这一实质要件和被记载于公司股东名册等相关件这一形式要件。换言之，出资并非取得有限责任公司股权的充分条件,不能仅因出资来源于夫妻共同财产而认定该股权为夫妻共同共有。当股权登记于夫妻一方名下时该股权的各项具体权能应由股东本人独立行使,股东有权单独处分该股权。如无恶意串通损害另一方利益等导致合同无效的情形,登记为股东的一方应按合同约定履行股权转让义务,但根据婚姻法及其司法解释的相关规定,因转让该股权而取得的收益属于夫妻共同财产。

在(2021)最高法民申 7141 号案例中①,邱英杰因与于世德共同出资而共同享有案涉股权的财产性权益,在离婚时其有权要求对该股权对应的财产性权利进行分割。在外部关系中,于世德作为登记的公司股东有权将其名下股权进行转让,并结合交易相对方的善意及主观信赖的合理性综合评判转让行为的效力。但案涉股权受让人邱刚作为邱英杰与于世德的女婿、中正公司发起人股东,不属于公司外部第三人,亦应明知案涉股权的出资来源于邱英杰与于世德婚姻存续期间的夫妻共同财产,故其不产生对于世德股东权利外观的合理信赖。同时,于世德主张邱刚已支付股权转让对价缺乏事实基础。案涉股权转让构成无权处分,物权处分行为不发生效力。本案系基于亲属关系且是转让股权的公司股东,不属于外部第三人,没有需要保护的信赖利益。

对于一般交易相对方来讲,相对方基于对股权公示的信任,没有义务去审查转让方的婚姻关系确认是否为夫妻共同财产,股权登记于夫妻一方名下时,该股权的各项具体权能应由股东本人独立行使,股东有权单独处分该股权,保障信赖利益取得的股权,保护交易安全。这也是笔者认可的观点,股权登记在夫妻一方名下,登记在册的股东对外处分股权为有权处分,如无恶意串通等合同无效情形,应当予以保护。当前,此观点并非实务界统一裁判观点,争论较大,各家所言不一。

（二）职务代理与合同效力

《合同编通则司法解释》第二十一条规定了职务代理与合同效力,该条主要是对《民法典》第一百七十条②超越职权范围进行列举解释。同时,根据《民法典》第一百七十一条第一款③,超越职权的职务代理为无权代理的表现形式之一。因此,《合同编通则司法解释》第二十一条主要涉及无权代理、职务代理和表见代理这三个问题。

---

① (2021)最高法民申 7141 号,于世德、邱英杰等股权转让纠纷民事申请再审审查民事裁定书。

② 《中华人民共和国民法典》第一百七十条:执行法人或者非法人组织工作任务的人员,就其职权范围内的事项,以法人或者非法人组织的名义实施的民事法律行为,对法人或者非法人组织发生效力。法人或者非法人组织对执行其工作任务的人员职权范围的限制,不得对抗善意相对人。

③ 《中华人民共和国民法典》第一百七十一条第一款:行为人没有代理权、超越代理权或者代理权终止后,仍然实施代理行为,未经被代理人追认的,对被代理人不发生效力。

1. 代理的概念及其种类

代理是指代理人在代理权限范围内,以被代理人的名义独立于第三人为民事法律行为,由此产生的法律效果直接归属于被代理人的一种法律制度。[①] 代理制度对实现意思自治具有重要意义。19 世纪以来,奉行意思自治成为参与民事活动的法则和制定民事法律的理念,意思自治原则要求个人根据自己的意思从事民事活动;但是,随着经济的发展和社会的进步,民事主体亲自从事民事活动,越来越力不从心,也严重影响了交易效率。为满足交易频繁的需求,便设计了代理制度,使其发挥扩张与辅助意思自治的功能,这有助于扩张民事主体意思自治活动空间,弥补部分民事主体行为能力不足,有利于有效实现意思自治。

依据代理权产生的根据和来源不同,代理可分为法定代理与委托代理。法定代理是基于法律的直接规定而取得代理权的代理。法定代理取得的依据是法律的直接规定。例如,根据《民法典》第二十三条、第三十一条之规定,为无民事行为能力人或限制民事行为能力人法律规定设定代理人或是人民法院或有关机关通过裁决指定代理人。委托代理又称意定代理或授权代理,是基于被代理人的授权而发生的代理。委托合同是产生意定代理授权的原因基础,委托人一方作出授权的意思表示,受托人一方接受委托,产生代理权。职务代理便是委托代理的一种形式,指代理人根据其在法人或者非法人组织中所担任职务,依据其职权,对外公开以法人或者非法人组织的名义,为了法人或者非法人组织的利益实施职务代理行为。职务代理是一种有权代理,行为人系单位的工作人员(不包括法人的法定代表人和非法人组织的负责人),代理权基于职务产生,无须单位的特别授权。

根据是否产生代理归属效果,代理又分为直接代理和间接代理。产生代理归属效果的为直接代理,直接代理又分为显名代理和隐名代理。显名代理是代理人以被代理人的名义实施民事法律行为,行事发生的代理效果归属被代理人;隐名代理是代理人以自己的名义实施民事法律行为,第三人知晓代理关系存在,行事发生的代理效果直接约束委托人和第三人。间接代理不直接发生委托人和第三人之间的代理归属效果,仅在特定条件下才可能发生委托人与第三人之间的关系,其条件是委托人行使介入权或第三人行使选择权[②]。

2. 无权代理及其行为效力

(1)无权代理的概念和类型

依据代理人是否有代理权,代理可分为有权代理和无权代理。其中,无

---

① 马俊驹、余延满:《民法原论》,法律出版社 2010 年版,第 221 页。
② 徐涤宇、张家勇:《〈中华人民共和国民法典〉评注》,中国人民大学出版社 2022 年版。

权代理是指无代理权人以代理权人的名义进行的法律行为。① 有学者认为,在传统民法理论中,无权代理分为狭义的无权代理和广义的无权代理,广义的无权代理包括狭义的无权代理与表见代理。②

根据《民法典》第一百七十一条之规定,狭义的无权代理主要分为三种类型,这与德国无权代理的类型相同③:

第一种类型是没有被授予代理权的无权代理。其是指行为人根本没有得到被代理人的授权,就以被代理人名义从事的代理。比如,行为人伪造他人的公章、合同书或者授权委托书等,假冒他人的名义实施民事法律行为,就是典型的无权代理。

第二种类型是超越代理权的无权代理。其是指行为人与被代理人之间有代理关系存在,行为人有一定的代理权,但其实施的代理行为超出了代理权的范围的代理,在超越的范围而言其属于无权代理。其中,《合同编通则司法解释》第二十一条便是对超越职权范围的代理进行的列举解释。

第三种类型是指代理权终止后的无权代理。其是指行为人与被代理人之间原本有代理关系,由于法定情形的出现使得代理权终止,但是行为人仍然以被代理人名义从事代理活动。包括代理期届满、代理事务完成或者被代理人取消委托等。

(2)狭义无权代理行为的效力

行为人没有代理权却以被代理人的名义实施民事法律行为,其法律效果不能直接及于被代理人,但考虑到行为人实施的部分民事法律行为可能对被代理人有利,如果被代理人愿意事后承认、实际履行,从鼓励交易、维护交易秩序稳定以及更好地保护各方当事人利益的角度出发,也没有必要一概否定其代理效力。因此,我国《民法典》第一百七十一条将无权代理行为的效力规定为效力待定的法律行为,在被代理人追认之前,对被代理人不发生法律效力,合同处于效力待定状态。同时法律赋予被代理人追认权、拒绝权和相对人的催告权以及善意相对人的撤销权。

第一,被代理人的追认权和拒绝权的行使。

被代理人行使追认权的方式包括明示和默示两种。其一,被代理人可以通过明示方式行使追认权,比如通过文字语言的方式向相对人作出明确追认该代理行为对自己产生约束的意思表示。其二,被代理人也可以通过

① 王泽鉴:《民法总则》,北京大学出版社 2009 年版,第 445 页。
② 马俊驹、余延满:《民法原论》,法律出版社 2010 年版,第 235 页。
③ [德]维尔纳·弗卢梅.《法律行为论》,迟颖译,法律出版社 2013 年版,第 953 页。

行为等方式默示行使追认权。比如《民法典》第五百零三条①就规定了被代理人已经开始履行合同义务或者接受相对人履行的,视为对合同的追认,合同的法律效果及于被代理人。

被代理人行使拒绝权也包括两种方式:一种为明示拒绝,即在相对方催告之前得知代理事项发生,直接告知相对方明确表示拒绝追认,该代理不对被代理人发生效力;另一种是和相对人行使催告权对应的一种方式,被代理人自收到催告通知之日起三十日内默示不回复视为拒绝追认。

第二,善意相对人的催告权和撤销权行使。

在知晓无权代理情形后,善意相对人如果希望尽早确定合同效力,其可以催告被代理人自收到催告通知之日起三十日内予以追认。同时相对人具有撤销权,该撤销权的行使前提是相对人是善意的,如果相对人应知或者明知与自己订立合同的代理人属于无权代理,那相对人无权行使撤销权。善意相对人行使撤销权应该以通知明示的方式作出,时间要求是在被代理人追认前行使。在实务中,如无相反证据,应推定相对人为善意的相对人,相对人没有自证善意的义务,但是根据一般交易习惯即可推断严重违背当事人意志,相对人仍和无权处分人订立合同,事后未被追认的,不能认定交易相对方为善意相对人。

第三,无权代理未被追认的责任后果。

如果无权代理未被追认,根据相对人是否善意,对其责任后果保护的范围也有差异。行为人实施的行为未被追认的,善意相对人有权请求行为人履行债务或者就其受到的损害请求行为人赔偿。但是,赔偿的范围不得超过被代理人追认时相对人所能获得的利益。相对人知道或者应当知道行为人无权代理的,相对人和行为人按照各自的过错承担责任,即恶意相对人对过错的产生也有责任,应根据过错比例分担损失,且双方都有过错的情况下,金钱损失一般仅限于资金占用利息,不包含不合理的期待利益。参见(2017)最高法民申 2719 号,抚州市金锋房地产开发有限公司、福建三盛房地产开发有限公司股权转让纠纷再审审查与审判监督民事裁定书。②

---

① 《中华人民共和国民法典》第五百零三条:无权代理人以被代理人的名义订立合同,被代理人已经开始履行合同义务或者接受相对人履行的,视为对合同的追认。

② 裁判主旨:林荣东在没有获得三盛公司授权的情况下,以三盛公司名义对外签订《股权转让合同》,显有过错,对因此造成的金锋公司的损失应当承担责任。金锋公司作为相对人,没有尽到审慎审查义务核实林荣东的代理权限,而直接与林荣东签订合同并履行付款义务,其对自身造成的损失也应当承担责任。因此,原审法院在林荣东已经归还款项本金的情况下,判令林荣东按照转账时的中国人民银行一年期贷款利率支付占用资金的费用,符合本案的实际情况。金锋公司关于林荣东应当代替三盛公司按照《股权转让合同》约定的违约金条款赔偿损失,以及林荣东赔偿的损失应包括直接损失和间接损失的申请理由,与金锋公司存在过错的实际情况不符,本院不予支持。

（3）表见代理制度

《德国民法典》开规定表见代理的现代民法先河。在我国,合同法第四十九条①规定了表见代理制度,民法总则则将表见代理制度扩张适用到整个民事法律行为领域,《民法典》承袭了此制度。根据《民法典》第一百七十二条之规定,表见代理是指虽然行为人没有代理权、超越代理权或者代理权终止后,仍然实施代理行为,相对人有理由认为行为人有代理权而与其进行法律行为,其行为的法律后果由被代理人承担的一种法律制度。表见代理本质上是一种无权代理,只不过在符合法律规定相关条件下,出于保护善意第三人的合法权益、维护交易安全的考虑,赋予其与有权代理相同的法律后果。表见代理的特征有二:

第一,代理行为具有客观上的有权代理表象。判断是否具有客观有权代理表象,应以是否足以使一般人相信其具有代理权为依据,例如无权代理人拥有相关印鉴,再如无权代理人与被代理人存在某种特定的身份关系等。根据（2020）最高法民申4847号案例②的裁判主旨,李晓东虽未获得闽南公司烟台分公司的明确授权,但根据另案认定的事实,闽南公司烟台分公司印章在此期间交由李晓东保管。闽南公司烟台分公司不否认李晓东实际参与相关工程项目的建设和管理工作,即便认定李晓东以签订案涉借款合同的行为为无权代理,作为交易相对人的王超亦对其有代理权有合理信赖,公司应当承担相应的法律后果。

第二,相对人主观上善意且无过失。这包含两方面含义:一是相对人相信代理人所进行的代理行为属于代理权限内的行为,即对代理权表象外观识别是善意的,不存在恶意串通,不存在知道或应当知道代理人无代理权的情形,并在此认识基础上与行为人签订合同;二是相对人无过失,即"未采取任何人在特定情形下都会采取的措施"③。比如签约当时是否尽到合理的注意义务,对签约对方的主体身份予以审核确认。如果未予以审核,根据（2019）最高法知民终387号④裁判理念,邹清媚在本案一审、二审中均称涉案《转让协议》是在福立达公司签署,但不记得代表福立达公司与其签约的员工。可见,邹清媚签约当时并未尽到合理的注意义务,对签约对方的主体

---

① 《中华人民共和国合同法》第四十九条:行为人没有代理权、超越代理权或者代理权终止后以被代理人名义订立合同,相对人有理由相信行为人有代理权的,该代理行为有效。

② （2020）最高法民申4847号,福建省闽南建筑工程有限公司烟台分公司、福建省闽南建筑工程有限公司民间借贷纠纷再审审查与审判监督民事裁定书。

③ ［德］克雷斯蒂安·冯·巴尔:《欧洲比较侵权行为法》,焦美华译,法律出版社2001年版,第319—320页。

④ （2019）最高法知民终387号,邹清媚、广州市福立达电器有限公司专利权转让合同纠纷二审民事判决书。

身份予以审核确认,综合低价转让等情形,可以认定相对人不符合主观"善意"的条件,不构成表见代理。

在实践中,职务代理中的表见代理争议较大,在单一证据有瑕疵的情况下,法官的自由裁量空间也较大。法官一般需要考虑各种因素来判断合同相对人的主观状态,具体包括合同相对人的受教育程度、风险判断与控制能力、交易地位、交易习惯(如缔结合同的时间、签字人名义、印章有无及真伪)等因素。

3.《合同编通则司法解释》对职务代理制度的重大发展

在比较法上,大陆法系国家和英美法系国家均设计了职务代理制度。例如《德国商法典》规定了经理权和代办权,《美国代理法重述(第三次)》适用于职务代理。但不同的是,大陆法系认为职务表见代理属于无权代理,同时,为了交易安全的需要,法律将其效力拟制为有效,而英美法系则认为职务表见代理为有权代理。

在我国,职务代理制度经历了民法通则—民法总则—《民法典》三个阶段的变迁。通说认为,民法通则第四十三条中的"其他工作人员的经营活动"属于职务代理。[①] 而 2017 年,民法总则第一百七十条明确规定了职务代理制度,《民法典》则沿袭了该制度。职务代理在本质上仍然属于委托代理,只不过职务代理的代理权来源于"被代理人基于其与代理人之间的雇佣、劳动关系而对代理人的默示授权",在行为人超越职权范围从事的行为是否对被代理人发生的效力的判断标准上,采用"不得对抗善意相对人"的判断标准。《合同编通则司法解释》第二十一条第二款将依法作为划定职权范围的标准,是对《民法典》第一百七十条中"职权范围"的细化规定,属于对职务代理制度的重大创新与发展。

从《合同编通则司法解释》第二十一条的具体条文的内容来看,落实了对职务代理权范围的法定外部限制与意定内部限制的明确界分。对职权范围的界定来看,主要将代理人实施的权力机构、决策机构、执行机构决定及法定代表人或负责人实施的事项列为超越职权的事项。在一定程度上可以说,该条款遵循了"职权"的内部生成与外部表达逻辑[②],符合法律将职务代理权的权源确定为授权行为的规定[③]。

上述关于职务代理权法定、意定限制的区分规范模式,亦符合且细化了

---

① 尹飞:《体系化视角下的意定代理权来源》,载《法学研究》2016 年第 6 期。

② 聂卫锋:《职权代理的规范理路与法律表达——〈民法总则〉第 170 条评析》,载《北方法学》2018 年第 2 期。

③ 徐深澄:《〈民法总则〉职务代理规则的体系化阐释——以契合团体自治兼顾交易安全为轴心》,载《法学家》2019 年第 2 期。

《民法典》第一百七十条之规定。依此路径,职权的产生或源于法律的授权,法律对组织的权力机构、决策机构与执行机构等的授权当然具有公示性与绝对性;又或源于团体组织的授权,但团体组织之内部事务范围的授权未必能产生具有外部性的民事法律关系,此时其重点在于该种授权的公示性。

根据《合同编通则司法解释》第二十一条第二款第(四)项规定,将"不属于通常情形下依其职权应当处理的事项"认定为超越职权范围,该规定符合意定代理权来源多元论的要求。通常情形所意指的是按照交易习惯或者社会一般人观念来判断是否具备职务代理权,以彰显在法律未直接规定代理权的情况下对商事交易活动外观的尊重,体现了司法裁判实践对商事规则的功能性调整与完善。

同时,该条款也明确了超越职权的责任后果,如超越职权订立合同对法人、非法人组织发生效力并承担民事责任,法人、非法人组织有向故意或者有重大过失的工作人员追偿的权利。

(三)越权代表的合同效力

《合同编通则司法解释》第二十条规定了越权代表的合同效力,其主要是对《民法典》第六十一条第三款和第五百零四条[①]的解释。越权代表人包括法人的法定代表人和非法人组织的负责人,在此仅以越权担保为例讨论法人的代表人越权代表问题,具体包括越权担保中法定代表人的代表权限制、效力及越权担保的典型表现——上市公司越权对外担保的合同效力及后果。

1. 法定代表人越权代表概述

在我国立法上,法定代表人的代表权来源并不清晰。根据《民法典》第六十一条第一款之规定,法定代表人是依法律或法人章程规定,代表法人从事民事活动的负责人。在学术上,有法定说[②]、法定 + 意定说[③]等学说。

关于越权代表的合同效力问题,民法通则、合同法和民法典均作了相关规定。其中,民法通则第四十三条规定了法定代表人的行为责任及于企业。

---

① 《中华人民共和国民法典》第六十一条第三款:法人章程或者法人权力机构对法定代表人代表权的限制,不得对抗善意相对人。《中华人民共和国民法典》第五百零四条:法人的法定代表人或者非法人组织的负责人超越权限订立的合同,除相对人知道或者应当知道其超越权限外,该代表行为有效,订立的合同对法人或者非法人组织发生效力。

② 刘俊海:《公司法学》,北京大学出版社 2013 年版,第 265 页。

③ 朱庆育:《民法总论》,北京大学出版社 2013 年版,第 320—321 页。

合同法第五十条①明确规定了越权代表行为效力问题。《民法典》第五百零四条增加了关于合同效力的规定——"订立的合同对法人发生效力",同时结合《民法典》第六十一条第三款之规定,法人对法定代表人代表权的限制也不得对抗善意第三人。前者侧重从外部民事法律关系的角度规范法定代表人的代表行为,后者则侧重从内部管理的角度规范法定代表人的代表行为。

法律通过规定越权代表行为及合同的效力问题,强化对善意第三人的保护,其理论基础是法人内部关系与外部关系的区分理论,而并非表见理论②。另外,需要厘清代表行为与代理行为的关系,代表与代理存在本质上的不同,代理人不一定具有代表身份,但是在法律归属效果上,可以将法定代表人制度看作代理制度在法人领域中的具体体现③。

2. 法定代表人越权担保行为及合同效力

在实践中,法定代表人越权担保问题已经成为我国公司治理领域的难题。本部分以法定代表人越权担保为例阐释法定代表人越权代表的行为及合同效力问题。笔者认为,在具体判定法定代表人越权行为效力时,应因法定代表人的越权行为所逾越的限制类型而有所不同。

(1)公司法第十六条(新公司法第十五条)性质之争

关于公司法第十六条④的争议焦点是第二款规定的性质。公司对外担保的规范基础是公司法第十六条,在出台《九民纪要》之前,学界和实务界对于公司法第十六条的性质存在很大争议,有效力性强制性规定说、⑤管理性强制性规定说、⑥代表权限制说等学说。其中,(2012)民提字第156号案例中⑦,法院认为,公司法第十六条第二款规定是关于公司内部控制管理的规

---

① 《中华人民共和国合同法》第五十条:法人或者其他组织的法定代表人、负责人超越权限订立的合同,除相对人知道或者应当知道其超越权限的以外,该代表行为有效。

② 朱广新:法定代表人的越权代表行为,载《中外法学》2012年第3期。

③ [德]福·博伊庭:《论〈德国民法典〉中的代理理论》,邵建东译,载《南京大学法律评论》1998年第2期,第93页;崔建远等:《民法总论》,清华大学出版社2013年版,第225页。

④ 《中华人民共和国公司法》第十六条:公司向其他企业投资或者为他人提供担保,依照公司章程的规定,由董事会或者股东会、股东大会决议;公司章程对投资或者担保的总额及单项投资或者担保的数额有限额规定的,不得超过规定的限额。公司为公司股东或者实际控制人提供担保的,必须经股东会或者股东大会决议。前款规定的股东或者前款规定的实际控制人支配的股东,不得参加前款规定事项的表决。该项表决由出席会议的其他股东所持表决权的过半数通过。

⑤ 华德波:《论〈公司法〉第16条的理解与适用——以公司担保债权人的审查义务为中心》,载《法律适用》2011年第3期。

⑥ 赵德勇、宋刚:《关于公司对外担保的法律问题》,载《理论探索》2007年第2期。

⑦ 最高人民法院2015年02期公报案例,(2012)民提字第156号,招商银行股份有限公司大连东港支行与大连振邦氟涂料股份有限公司、大连振邦集团有限公司借款合同纠纷案。

定,不应以此作为评价合同效力的依据。2019年的《九民纪要》第十七条①采取了代表权限制说,认为公司法第十六条对法定代表人的代表权进行了限制,因对外担保涉及重大权益的处分,会增加公司资产承担责任的风险,防止法定代表人随意代表公司为他人提供担保给公司造成损失,损害公司小股东利益,所以法律对法定代表人代表权进行限制。

（2）区分限制来源下的越权担保合同效力

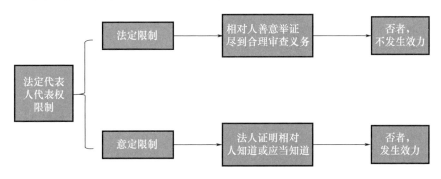

图3-6 法定代表人代表权的限制类型

《合同编通则司法解释》第二十条体现出对商事组织议决特性的尊重,明确区分法定、章定的议决事项,并赋予不同事项以不同的效力要求,为解决现实商事纠纷提供具有适应性、妥当性的裁判规则,充分体现商事组织法应有的独立品性,同时还维护了商法保护的价值体系。根据限制的来源,可将限制法定代表人代表权分为两种类型,也对应两种效力情形：

一是法定限制,即法律对代表权所作的限制。如公司法第十六条,其通过法律条文的形式限制了代表权的行使,即提供担保必须根据章程规定或相关决议。法律、行政法规的相关规定具有明示性,法律假定合同相对人知悉乃至熟稔法律、行政法规的相关规定,其在订立合同时也负有遵守法律、行政法规的义务,故而相对人应当尽到合理审查义务。因此,《合同编通则司法解释》第二十条第一款对合同相对人采用了"过错推定"的方式。

二是意定限制,也叫约定限制,包括法人章程对法定代表人事先所作的一般性限制,以及法人权力机构对代表权所作的特殊限制。对于合同相对

① 《九民纪要》第十七条:为防止法定代表人随意代表公司为他人提供担保给公司造成损失,损害中小股东利益,《公司法》第16条对法定代表人的代表权进行了限制。根据该条规定,担保行为不是法定代表人所能单独决定的事项,而必须以公司股东(大)会、董事会等公司机关的决议作为授权的基础和来源。法定代表人未经授权擅自为他人提供担保的,构成越权代表,人民法院应当根据《合同法》第50条关于法定代表人越权代表的规定,区分订立合同时债权人是否善意分别认定合同效力:债权人善意的,合同有效;反之,合同无效。

方而言,知悉法人内部对法定代表人所作限制存在较大困难,因此法律并不苛责合同相对方,而是将相关证明责任转移至法人方面,法人、非法人组织应当证明相对人知道或应当知道该限制,以平衡法人及合同相对方的利益。因此,《合同编通则司法解释》第二十二条第二款对法人采用了"过错推定"的方式。

(3)区分相对方是否善意下的越权担保合同效力

一是债权人善意时越权担保合同有效。《九民纪要》第十八条将债权人是否知悉或应当知悉越权代表作为判断"善意"的标准。其进一步区分了关联担保与非关联担保中的善意标准,关联担保中的善意标准是债权人审查了股东大会的决议,而非关联担保中的善意标准是债权人审查了股东大会或董事会的决议,二者的区别是公司内部机关的类型不同。

同时,债权人的审查一般为形式审查,即尽到必要的注意义务即可。相关标准不宜太过严苛,可根据债权人主体地位和掌握知识技能水平的不同,差异化设置审查标准。如金融借款合同纠纷中,金融机构审查公司对外担保的决议程序的标准更为严格,因为其作为专业机构,应熟知对外担保的业务操作流程和规则,如其未审查股东会或董事会决议文件,法院可认定金融机构具有过错,担保合同无效。

二是债权人非为善意时越权担保合同无效。《担保制度司法解释》第七条①也对认定"善意"进行了规定,根据该规定,相对人(债权人)未履行合理审查义务的,或虽履行合理审查义务但明知或应当知道公司决议为伪造或变造的,相对人为"非善意"。结合公司法第十六条保护公司股东和债权人之立法目的,同时保护商事交易对法律关系稳定性和可预测性的要求,法定代表人越权担保合同在相对人非为善意时应为无效,担保合同对公司不发生效力。

综上所述,不能简单判定对于法定代表人超越代表权作出的担保行为及合同效力,不能采取"一刀切"的方式,而是要结合代表权的限制类型、相

---

① 《最高人民法院关于适用〈中华人民共和国民法典〉有关担保制度的解释》第七条:公司的法定代表人违反公司法关于公司对外担保决议程序的规定,超越权限代表公司与相对人订立担保合同,人民法院应当依照民法典第六十一条和第五百零四条等规定处理:(一)相对人善意的,担保合同对公司发生效力;相对人请求公司承担担保责任的,人民法院应予支持。(二)相对人非善意的,担保合同对公司不发生效力;相对人请求公司承担赔偿责任的,参照适用本解释第十七条的有关规定。法定代表人超越权限提供担保造成公司损失,公司请求法定代表人承担赔偿责任的,人民法院应予支持。第一款所称善意,是指相对人在订立担保合同时不知道且不应当知道法定代表人超越权限。相对人有证据证明已对公司决议进行了合理审查,人民法院应当认定其构成善意,但是公司有证据证明相对人知道或者应当知道决议系伪造、变造的除外。

对方是否善意等因素来综合评价越权代表行为及合同的效力。

（4）越权担保合同不同效力下的法律责任

第一，越权担保合同有效时的法律责任。

按照《担保制度司法解释》第七条第一款的规定，公司的法定代表人违反公司法关于公司对外担保决议程序的规定，超越权限代表公司与相对人订立担保合同，相对人为善意的，尽到合理审查义务的，越权担保合同有效，合同对法人发生效力，应当依据担保合同承担相应的担保责任。

第二，越权担保合同无效时的法律责任。

相对人非为善意，即相对人明知法定代表人未经公司特别授权而与其订立担保合同的，担保合同无效，此时，法人不承担担保责任。但是，法人是否承担其他民事责任则存在肯定说与否定说，其中肯定说是主流学说。肯定说认为，法定代表人越权代表行为是法人过错的体现，公司应承担缔约过失责任。[①] 而否定说认为公司不必承担缔约过失责任，无关乎担保合同的效力。[②] 按照《担保制度司法解释》第七条、第十七条的规定，担保合同因相对人非善意而不生效的，相对人请求承担担保责任的不予支持，按照有关司法解释关于担保无效的规定处理，可以区分不同情形确定担保人的赔偿责任：

针对主合同有效而第三人提供的担保合同无效的情形，人民法院仍应当根据债权人与担保人的过错情况来确定担保人的赔偿责任。第一，债权人与担保人均有过错的，担保人承担的赔偿责任不应超过债务人不能清偿部分的二分之一；第二，担保人有过错而债权人无过错的，担保人对债务人不能清偿的部分承担赔偿责任；第三，债权人有过错而担保人无过错的，担保人不承担赔偿责任。《担保制度司法解释》第十七条第一款第三项是对原担保法解释的补充和完善，填补了相对人有过错，公司无过错不承担责任的空白。根据（2019）最高法民申6050号[③]的裁判观点，债权人并非是基于对恒兆业公司提供担保的信赖而向王洪涛提供借款，案涉借据上加盖的恒兆业公司印章是王洪涛私刻，王洪涛在未出示股东会决议的情况下在借据上加盖公司印章为自己的债务提供担保，该行为具有超越代表权的外观，黄继东亦未提交证据证明其已尽到形式审查义务。因此，认定黄继东不能自证

---

① 林文学、杨永清、麻锦亮、吴光荣：《〈关于适用民法典有关担保制度的解释〉的理解和适用》，载《人民司法》2021年第4期。

② 贺小荣：《最高人民法院民事审判第二庭法官会议纪要——追寻裁判背后的法理》，人民法院出版社2018年版，第201—202页；高圣平：《再论公司法定代表人越权担保的法律效力》，载《现代法学》2021年第6期。

③ （2019）最高法民申6050号，黄继东、河南恒兆业置业有限公司民间借贷纠纷再审审查与审判监督民事裁定书。

为善意相对人,王洪涛在借据的担保人处加盖私自刻制的恒兆业公司印章的行为对恒兆业公司不发生法律效力。因恒兆业公司对印章加盖并无过错,故对黄继东的借款不能受偿无须承担赔偿责任。

针对主合同无效导致第三人提供的担保合同无效的情形,担保人无过错的,不承担赔偿责任;担保人有过错的,其承担的赔偿责任不应超过债务人不能清偿部分的三分之一。

但是,《担保制度司法解释》第十七条第一款第一项的规定有待商榷。按照该项规定,公司疏于管理而导致法定代表人越权担保的,相对人即使明知法定代表人越权担保,公司也应当向相对人承担赔偿责任,有过度保护相对人之嫌,最终会导致相对人在侥幸心理的驱使下与越权法定代表人签署越权担保合同。即使担保合同无效,相对人也可依据该规定得到部分赔偿。这一规定不利于维护公司及其他股东的利益,也将使公司法第十六条限制代表权,维护小股东利益的立法目的落空。

笔者认为,《担保制度司法解释》第十七条第一款第一项的规定不能适用于越权担保行为,相对人非为善意的,越权担保合同无效,公司无论是否有过错都无须赔偿相对人的损失。此处应当优先维护公司利益,非善意的相对人不能过度保护。而当前《合同编通则司法解释》也未对担保无效后果予以限缩解释。

第三,公司承担责任的追偿权。

按照《担保制度司法解释》第七条第二款的规定,公司承担担保责任后,可以要求法定代表人赔偿公司因承担担保责任所遭受的损失。

《合同编通则司法解释》第二十条第三款再次重申了公司向有过错的法定代表人、负责人追偿因越权代表行为造成损失的权利,该规定和《合同编通则司法解释》第二十一条职务代理中工作人员超越权限后承担责任的追偿权不同,并不用考虑过错程度是"故意还是重大过失",只要法定代表人、负责人越权代表行为有过错的,法人、非法人组织承担民事责任后,就有追偿的权利。

3. 越权代表典型表现之上市公司越权对外担保合同效力及后果

(1)上市公司对外担保规定的发展和演变

第一,《九民纪要》使上市公司对外担保逐渐走向审查要求的规范化。

《九民纪要》使得上市公司对外担保审查规范化。上市公司是典型的公众公司,其不仅受规制于公司法,还受到证券法以及相关部门规章的规范。为了保障公众投资者的利益,防范董事、监事、高管的道德风险以及防止控股股东或者实际控制人损害中小股东利益,相较于非上市公司,法律法规对上市公司的治理结构与信息披露提出了更高更严的要求。同时,由于公司对外担保会影响股东以及潜在投资者的利益,越权担保行为更有可能影响到证券市场的交易秩序的稳定。

在颁布《九民纪要》之前,仅公司法第十六条规定了公司对外担保须经公司有权决议机关决议,该规定并未区分上市公司与非上市公司,也未明确未经决议对外担保的合同效力。在司法实践中,法院对此问题的认定存在"有效"和"无效"两种不同观点。

有效说认为,公司法第十六条属于公司内部管理程序性规定,该条并未规定公司以外的第三人对此负有审查义务,公司对外提供担保是否经股东会或者股东大会决议,并不影响其对外签订的合同效力。该条款意在防止公司的实际控制人或者高级管理人员损害公司、小股东或者其他债权人的利益,公司是否召开股东会以及股东会的决议,是公司的内部控制程序,该种程序性规定不能约束与公司交易的外部第三人。公司、小股东或者其他债权人的利益因此受损的,可以依法追究实际控制人或者高级管理人员的责任,但公司不能据此主张合同无效。典型案例如最高人民法院(2015)民申字第 2086 号、(2015)民申字第 2539 号。

无效说认为,上市公司属于公众性公司,在公司股权结构上,上市公司与有限责任公司不同,上市公司的股东利益与实际经营人的利益相分离,经营者不能代表全体股东的利益。因此,上市公司提供担保须经董事会或股东大会审议通过,接受担保的债权人对该担保是否经过公司有权机关决议负有审慎审查义务,未尽审查义务的,担保合同对上市公司不发生效力。典型案例如(2014)粤高法民二破终字第 95 号①。

《九民纪要》采用了法人代表权限说,上市公司对外担保从而也逐渐走向了审查要求的规范化。根据《九民纪要》第二十二条②之规定,作为公众公司,上市公司必须按照证券监管部门、交易所的有关规定,履行信息披露义务,将其章程及重大的公司治理制度、董事会决议、股东大会决议等决策文件、重大事项等信息通过公开渠道对外进行公告,债权人可在上交所、深交所上的公开渠道查询公司章程,审查公司内部机构是否限制以及如何限制了公司对外担保。

---

① (2014)粤高法民二破终字第 95 号,青海贤成矿业股份有限公司、青海创新矿业开发有限公司与广东科汇发展有限公司保证合同纠纷二审民事判决书。
② 《全国法院民商事审判工作会议纪要》第二十二条:债权人根据上市公司公开披露的关于担保事项已经董事会或者股东大会决议通过的信息订立的担保合同,人民法院应当认定有效。

第二,《担保制度司法解释》对上市公司对外担保效力更严格、细化。

《担保制度司法解释》第九条从相对人与上市公司的角度,分别认定担保合同的效力。其对相对人的审查义务作了更为严苛的规定,明确将债权人是否依据上市公司公告的对外担保信息签订担保合同为判断依据之一。上市公司公告是使债权人产生合理信赖的依据,也是担保合同有效的必要条件。具体表现为以下两个方面:第一,上市公司对外担保,不仅须依据公司法第十六条由股东大会或董事会决议,还要公开披露相关决议。如果事实上有权机关并未对担保事项予以决议,但上市公司对外披露了担保事项已经股东大会或董事会决议通过的信息,债权人仅仅根据披露的信息与上市公司签订担保合同的,担保合同也作有效认定。第二,即便上市公司已根据公司法第十六条,将担保事项交由股东大会或董事会进行决议,但是,如果上市公司未对外披露相关信息,相对人不是根据上市公司公开披露的对外担保的信息签订担保合同的,担保合同并不被认定为对上市公司发生效力。

在最高人民法院(2019)最高法民终 111 号[①]案例中,法院认定:交银信托作为专业金融机构,应对公司法及证监会关于上市公司对外提供担保的相关规定非常清楚,亿阳信通作为上市公司有将其临时股东大会召开及决议事项予以公告的法定义务以及上市公司公告查询免费方便等因素,交银信托在确定亿阳信通是否依法同意担保的问题上应更为谨慎、周全。

同时,《担保制度司法解释》第九条扩大了上市公司对外担保规则的适用范围。具体而言,将公司的种类拓展至上市公司已公开披露的控股子公司、在国务院批准的其他全国性证券交易场所交易的公司,与此相对应,同上述两类公司订立担保合同的相对人,也应当审查其公开披露的有权决议机关关于同意对外担保的决议信息。

第三,上市公司对外提供担保无须决议的例外情形。

《九民纪要》第十九条[②]规定了四种无须机关决议的例外情况,但也因其未对公司类型作区别规定而被广受诟病,与实践产生巨大冲突。例如,上市公司是否适用担保合同系由单独或共同持有公司三分之二以上有表决权的

---

① (2019)最高法民终 111 号,亿阳信通股份有限公司、交银国际信托有限公司金融借款合同纠纷二审民事裁定书,该案以基本事实认定不清为由,发回重审。

② 《九民纪要》第十九条:存在下列情形的,即便债权人知道或者应当知道没有公司机关决议,也应当认定担保合同符合公司的真实意思表示,合同有效:(1)公司是以为他人提供担保为主营业务的担保公司,或者是开展保函业务的银行或者非银行金融机构;(2)公司为其直接或者间接控制的公司开展经营活动向债权人提供担保;(3)公司与主债务人之间存在相互担保等商业合作关系;(4)担保合同系由单独或者共同持有公司三分之二以上有表决权的股东签字同意。

股东签字同意,而无须机关决议的例外情况的规定,以及争议较大的互保合作关系的例外情形。司法裁判适用上述例外条款较为谨慎,但是,各地也产生了较多支持担保决议有效的案例,这使得裁判规则模糊化了。如(2019)最高法民终 1529 号,安徽华信国际控股股份有限公司、焦作市中站区亿利小额贷款有限公司企业借贷纠纷二审民事判决书中,法院认为安徽华信为华信装备公司提供担保,属于"公司为其直接或者间接控制的公司开展经营活动向债权人提供担保"的情形。因此,安徽华信公司无须经过股东大会决议便可对外提供担保,相对人是否知悉或应当知悉相关信息,无碍于担保合同的效力。

《担保制度司法解释》第八条①是对《九民纪要》第十九条的承继和修改,对上市公司对外担保进行了进一步修正和细化。将无须公司机关决议的 4 种例外情况留存为 3 种,删除了争议较大的互保合作关系的例外情形,同时明确了"公司为其全资子公司开展经营活动提供担保"及"担保合同系由单独或者共同持有公司三分之二以上对担保事项有表决权的股东签字同意"这两种情形不适用上市公司对外担保的效力认定,对上市公司例外情形的适用进行了限缩。目前,上市公司对外担保无须决议的例外情形只限定为 1 种,即该上市公司属于以为他人提供担保为主营业务的担保公司以及开展保函业务的银行或者非银行金融机构。该解释解决了法律裁判乱象,分别考虑了上市公司与非上市公司的差别,正式将上市公司排除在"免决议的例外情形"适用范围外,不仅充分尊重了上市公司公众性以及规范体系多层次性,而且妥善平衡了上市公司及其中小股东与债权人之间的利益。

(2)上市公司对外担保合同无效的后果

第一,《担保制度司法解释》之前上市公司对外担保合同无效后果的争议。

在颁布《担保制度司法解释》之前,最高人民法院针对担保合同无效后,公司不承担担保责任,但需承担担保无效后的民事赔偿责任的情形,多依据原担保法司法解释第七条②,结合债权人、担保人的过错情况,认为因上市公司对人员管理、印章管理方面存在疏漏,内部管理不规范对保证合同无效存

---

① 《最高人民法院关于适用〈中华人民共和国民法典〉有关担保制度的解释》第八条:有下列情形之一,公司以其未按照公司法关于公司对外担保的规定作出决议为由主张不承担担保责任的,人民法院不予支持:(一)金融机构开立保函或者担保公司提供担保;(二)公司为其全资子公司开展经营活动提供担保;(三)担保合同系由单独或者共同持有公司三分之二以上对担保事项有表决权的股东签字同意。上市公司对外提供担保,不适用前款第二项、第三项的规定。

② 《最高人民法院关于适用〈中华人民共和国担保法〉若干问题的解释》第七条:主合同有效而担保合同无效,债权人无过错的,担保人与债务人对主合同债权人的经济损失,承担连带赔偿责任;债权人、担保人有过错的,担保人承担民事责任的部分,不应超过债务人不能清偿部分的二分之一。

在过错,债权人未尽谨慎审查义务也存在过错,判决上市公司就债务人不能清偿部分承担不超过二分之一民事责任。

由于《九民纪要》未因上市公司属于公众公司,具有法定信息披露义务,而区别设定上市公司与非上市公司的"明知"的认定标准,造成了大多数法院在认定越权担保无效后反而选择不做区分,而是统一按照二分之一要求担保方承担担保无效后的民事赔偿责任。详见(2019)最高法民终451号①、(2019)最高法民终1524号②、(2019)最高法民终1603号③、(2019)最高法民终1804号④、(2021)最高法民申1071号⑤等案件。

第二,《担保制度司法解释》之后上市公司对外担保合同无效不承担责任。

《担保制度司法解释》更加重视了对证券市场交易秩序的规制,在一定程度上弱化了对债权人"过度"保护的倾向,通过"过错推定"适度加大债权人在接受担保时对公司公开披露信息的审查义务。《担保制度司法解释》第

---

① (2019)最高法民终451号,亿阳信通股份有限公司、安徽华地恒基房地产有限公司企业借贷纠纷二审民事判决书,法院认为:有董事会决议,没有股东会决议,债权人未尽到必要的审查义务,主观上具有过错,涉案担保协议无效。根据担保法司法解释第七条规定,亿阳信通公司存在管理不当的过错责任,其应就因担保合同无效导致华地公司信赖利益受损承担赔偿责任,承担赔偿责任的范围为亿阳集团不能清偿债务部分的50%。

② (2019)最高法民终1524号,安通控股股份有限公司、安康营业信托纠纷二审民事判决书,法院认为:《担保合同》加盖了安通公司公章并有时任法定代表人郭东泽签名,未提交股东大会决议,债权人不属于善意相对人。华普天健会计师事务所没有发现存在上市公司违反章程规定对外出具担保的事实,安通公司内部管理不规范,对于案涉《担保合同》无效,有重大过错。安通公司应对郭东泽不能清偿在案涉《差补和受让协议》项下债务的二分之一向安康承担赔偿责任。

③ (2019)最高法民终1603号,亿阳集团股份有限公司、亿阳信通股份有限公司合同纠纷二审民事判决书,亿阳信通公司对于《保证合同》无效具有主观过错,应承担相应责任。对于亿阳信通公司方面签订《保证合同》的权限,柳河农商行未尽谨慎审查义务,其对于《保证合同》的无效也具有过错,同样应承担相应责任。故对于债务人亿阳集团不能清偿部分债务,亿阳信通公司应承担50%的赔偿责任。

④ (2019)最高法民终1804号,广东恒润互兴资产管理有限公司、湖南天润数字娱乐文化传媒股份有限公司民间借贷纠纷二审民事判决书,天润数娱公司作为上市公司,未履行法律规定、章程约定的程序即由公司法定代表人在《保证合同》上盖章确认,该担保行为事后亦未被公司股东大会追认。据此,一审判决认定其对案涉《保证合同》无效具有过错,判令其对恒润互兴公司的债务中不能清偿的部分承担二分之一的赔偿责任,具有事实和法律依据。

⑤ (2021)最高法民申1071号,威龙葡萄酒股份有限公司、烟台银行股份有限公司龙口支行等金融借款合同纠纷民事申请再审审查民事裁定书,法院认为:威龙葡萄酒公司法定代表人王珍海以公司名义与烟台银行龙口支行签订保证合同,并加盖公司印章,虽然烟台银行龙口支行未对董事会决议事项进行审查,负主要过错,但威龙葡萄酒公司作为一家上市公司,单位管理混乱,对合同无效亦存在相应过错。威龙葡萄酒公司对主债务人龙口酿酒公司不能清偿部分向烟台银行龙口支行承担20%的赔偿责任。

九条对上市公司担保无效的后果作出了与《九民纪要》第二十二条不同的规定。该规定无疑颠覆性地改变了上市公司合同无效责任承担的后果——担保合同被认定对上市公司不发生效力的,上市公司既不承担担保责任,也不承担任何赔偿责任。这统一了司法裁判标准,是《民法典》时代上市公司担保合同效力后果的创新性规定,将对上市公司违规担保案件的司法裁判带来颠覆性的影响。

最高人民法院在《民法典担保制度司法解释系列解读之五——"关于一般规定"部分重点条文解读》第六条"关于时间效力问题"中明确指出:《担保制度司法解释》第九条规定不具有溯及既往的效力,仅适用于2021年1月1日后发生的担保行为。在(2022)鄂1022民初3007号,湖北公安农村商业银行股份有限公司、湖北石首农村商业银行股份有限公司等金融借款合同纠纷民事一审民事判决书中,法院认为,根据《担保制度司法解释》第九条第二款规定,被告凯乐公司系上市公司,其对外提供担保需经董事会或者股东大会决议通过且进行公开披露。原告未向本院提交证据证明其与凯乐公司签订《保证合同》符合上述法律规定,故被告凯乐公司主张担保合同对其不发生效力,且不承担担保责任或者赔偿责任。对该规则的具体适用,还有待于进一步实践观察。

(四)印章与合同效力

《合同编通则司法解释》第二十二条规定了印章与合同效力的问题。印章问题的本质是代表权或者代理权问题,关键要看盖章之人在盖章之时是否有代表权或者代理权。《合同编通则司法解释》第二十二条统一裁判尺度,通过穿透式审判思维,查明当事人的真实意思,探求真实法律关系。通过列举表述的方式对法定代表人、负责人或者工作人员以法人、非法人组织的名义订立合同有无权限,签订合同时签名或按指印、盖章的方式,以及相对人有无证明或是否善意、达到内心确信,从而来分析、确定合同之效力。保护相对人信赖利益,保护意思自治时亦应重视交易安全的保护,通过多种列举尽量使得合同发生效力。合同成立与印章加盖行为在性质上具有相对独立性。这表明我国正在对合同印章进行祛魅的过程中以司法解释的形式达成了统一。

本次司法解释对争议较大的只有法定代表人、负责人或者工作人员签名、按指印,没有法人、非法人组织的印章的效力进行了说明,明确了相对人的证明责任,只要相对人能够证明法定代表人、负责人或者工作人员在订立合同时未超越权限的,人民法院应当认定合同对法人、非法人组织发生效力。根据签字等同于盖章的规则,加之盖章问题的本质在于是否有代表权

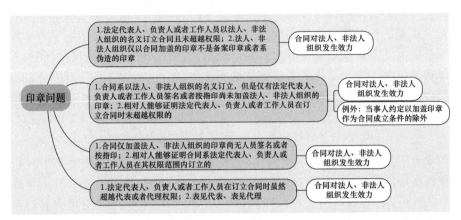

或代理权,故只要有证据证明法定代表人或代理人是以公司名义而非自身名义签订合同的,就应认定为是公司行为,由公司承担法律后果。(2018)最高法民再 161 号裁判主旨:自然人同时担任公司法定代表人,其在合同上签字,而未加盖其所在公司公章的,合同相对方应举证证明上述签字系履行该自然人所在公司的法定代表人职务的行为,而非其私下行为。否则,应视为该自然人的个人行为。

当然,此次司法解释在保护交易安全和信赖利益的基础上,还是保留了例外条款,充分尊重当事人的意思自治,如"当事人约定以加盖印章作为合同成立条件"的,即使法定代表人、负责人或者工作人员未超越权限并签名或按指印而未加盖印章的,该合同对法人、非法人组织不发生效力。详见(2005)民一终字第 116 号案例,认为双方当事人签订的协议中所表述的"签字、盖章"中的顿号,是并列词语之间的停顿,其前面的"签字"与后面的"盖章"系并列词组,它表示签字与盖章是并列关系,只有在签字与盖章均具备的条件下,该协议方可生效。

合同仅加盖法人、非法人组织的印章而无人员签名或者按指印,相对人能够证明合同系法定代表人、负责人或者工作人员在其权限范围内订立的,人民法院应当认定该合同对法人、非法人组织发生效力。尽管公章是公司对外作出意思表示的重要外在表现形式,但法律并未规定法定代表人以外持有公司公章的人仅凭其持有公章的事实就能够直接代表公司意志,某人持有公章只是反映该人可能有权代表公司意志的一种表象,不能据此认定具有表见代理的外观。合同加盖了公司的公章但没有该公司法定代表人或者业务经办人签字,而《协议书》非由法定代表人签订其是否依法发生效力,需要根据具体签订的经办人员是否具有公司的授权(具体由公司法定代表人代表公司授权)而定,详见(2019)最高法民申 2898 号。

　　该解释的出台,也对未来公司合同审查和管理提出了更高的要求,一是公章、签名印章管理制度化,要加强用章审批、登记流程;二是对合同签订要同时审查交易对手的签名,是否有授权,并签字、按手印。保证印章加盖及签名、按手印在合同中的完善、规范、统一,以防形式欠缺引发纠纷,在诉讼中承担较重的举证责任,引发不利后果。

　　类型化区分印章与合同的效力问题,包括真人假章、假人真章和假人假章三种类型。印章与合同效力的争议来源于印章背后所涉及的法人与法定代表人、代理人的关系问题,尤其是表见代理问题,印章具有一定的权利外观,具有三重法律功能:一是作为公司书面意思表示的标志;二是确认有权代理或追认有权代理;三是在证据法上具有法律推定效力。①

　　1.“真人假章”

　　(1)真人假章的司法解释观点

　　2019 年最高人民法院第二巡回法庭第 12 次法官会议将有效说确立为“真人假章”的合同效力。会议纪要明确,“商事活动中的职务行为不同于一般自然人之间的代理行为。法定代表人是由法律授权,代表公司从事民事活动的主体,其有权代理或者代表公司整体意志作出意思表示,法定代表人在法定授权范围内代表公司所为的行为本质上是一种职务行为。一个有职务身份的人使用不真实的公司公章假意代表公司意志从事民事活动,该行为是否对公司产生效力,不能仅仅取决于合同所盖印章是否为公司承认的真实公章,亦应当结合行为人所为之行为是否属于其行使职权的范围,即在假意代替公司作出意思表示之时是否存在能够被善意相对人相信的权利外观。即使未在合同上加盖公司印章抑或是合同订立者擅自加盖虚假印章的,只要是法定代表人或者有权代理人代表公司而为的职务行为,并且其在合同书上的签章为真实的,仍应当视作公司行为,所产生的法律后果由公司承担。”

　　2019 年 11 月,《九民纪要》第四十一条明确规定了印章与合同效力的问题,该条款确立了“看人不看章”的裁判标准,将审查重点放置于法定代表人或代理人有无代表权或代理权上,而不论印章本身的效力。《合同编通则司法解释》第二十二条也采取了此种标准,这表明我国正在对合同印章进行祛魅的过程中。

　　盖假章的人,既有与公司无关的人,也有公司的工作人员,甚至法定代表人。与公司无关的人,本身就不能代表或代理公司签订合同,其加盖的假

章自然不对公司具有约束力。公司的工作人员,在代理公司作出相关行为时,根据《民法典》第一百七十条之规定,只要其在职权范围内代理,相关行为及合同便可对公司发生效力。公司的法定代表人,根据《民法典》第六十一条第二款之规定,其所签订的合同对公司发生效力。因此,即使代理人和法定代表人在合同上加盖的是假印章,但只要其在合同书上签字,且不是除公司法第十六条等法律对其职权有特别规定的情形或合同相对人明知外,相应的法律后果就要由公司作为合同主体承担。

《合同编通则司法解释》通过立法的形式对上述会议精神进行了明确,使得裁判有法可依,统一裁判标准,盖章之人为法定代表人或有权代理人的,即便其未在合同上盖章甚至盖的是假章,只要其在合同书上的签字是真实的,或能够证明该假章是其自己加盖或同意他人加盖的,法人、非法人组织不得以合同加盖备案印章不一致或伪造的印章为由否定合同效力。反之,盖章之人如无代表权或超越代理权的,除构成表见代理,表见代表外即便加盖的是真公章,该合同仍然可能会因为代表无权或代理无权而最终归于无效。

(2)真人假章的司法裁判观点

最高人民法院坚持了"看人不看章"的观点。即只要盖章之人具有代理权、代表权,具有合法授权的外观,法人、非法人组织仅以合同加盖的印章不是备案印章或者系伪造的印章为由主张该合同对其不发生效力的,人民法院不予支持。

最高人民法院公报2012年第3期,刘雷诉汪维剑、朱开荣、天安保险盐城中心支公司交通事故人身损害赔偿纠纷案,裁判主旨:投保人通过保险公司设立的营销部购买机动车第三者责任险,营销部营销人员为侵吞保费,将自己伪造的、内容和形式与真保单一致的假保单填写后,加盖伪造的保险公司业务专用章,通过营销部的销售员在该营销部内销售并交付投保人。作为不知情的善意投保人有理由相信其购买的保险是真实的,保单的内容也并不违反有关法律的规定,营销部的行为在民法上应当视为保险公司的行为。因此,虽然投保人持有的保单是假的,但并不能据此免除保险公司根据保险合同依法应当承担的民事责任。(2019)最高法民终1535号案例持同样观点。

除考虑代理人或法定代表人的权限问题外,在实践中,法院在审查假章的合同效力时也需考虑交易习惯及合同履行情况等因素。第一,如果具有固定的交易模式和交易习惯,且双方的合同往来均得到实际履行,则不论公章真伪,合同有效。在(2017)辽民终1253号,国电东北(沈阳)燃料有限公司、中国铁路物资西安有限公司买卖合同纠纷中,法院裁判认为,因双方实际履行合同过程中已经形成了固定的交易模式和交易习惯,且双方的合同将近8000万元的货款金额大都得到实际履行，国电公司对此并无异议。所以发运单上的国电公司公章无论真伪，并不能影响对双方案涉煤炭买卖合同交易关系的认定。（2017）最高法民申4441号案例①也持同样观点。第二，如在签订合同时该"假章"已经在其他处使用并被公司法人追认和履行，足以使相对方产生内心确信并签署合同，即使是假章也对公司法人产生约束力。该观点有较大争议，其中一种观点认为，在某一交易中认可他人使用变造印章，其效力仅及于该项代理事务。他人多次使用变造的印章，并不产生该变造印章在每项交易中均能代表公司意思的效果。最高人民法院公报案例（2001）民二终字第155号案例即持此项观点。② 另一种观点认为，公司不能对同一印章的效力在不同的交易中作出不同的选择，公司对外使用的伪造公章只要在某一交易中承认其效力，则不论该公章是否经公司授权、是否系他人私刻或伪造、是否进行工商备案，均不得在另一交易中随意否定其效力。（2018）最高法民申3381号案例③、（2013）苏商终字第0232号案例④均持本项观点。

当然，（2001）民二终字第155号的公报案例的时间较早，其裁判观点可

---

① （2017）最高法民申4441号，贵州建工集团第二建筑工程有限责任公司、贵州科润工贸有限公司买卖合同纠纷再审审查与审判监督民事裁定书。裁判主旨：张庆华以"项目部"的名义与科润公司签订《钢材购销合同》，以上《授权委托书》《钢材购销合同》均加盖私刻的公章。建二公司虽不知张庆华伪造公章与科润公司签订合同的行为，但建二公司向科润公司支付了绝大多数货款，科润公司也将所收到的上述货款直接向建二公司开具发票，建二公司对此节事实并未提出异议。足以认定张庆华的行为构成了表见代理，建二公司应当承担相应的法律后果。

② （2001）民二终字第155号，建行浦东分行诉中基公司等借款合同纠纷案，法院认为：即使中基公司知道在某一交易中他人使用变造印章，并对该交易行为予以认可，只是就该交易中对他人的代理行为予以认可，其效力仅及于该项代理事务。而在农行北京分行的开户及与荷兰银行上海分行的信用证交易中，无证据表明中基公司知道变造印章的使用并且追认上述行为。因此，他人多次使用变造中基公司的印章，并不产生该变造印章在每项交易中均能代表中基公司意思的效果。

③ （2018）最高法民申3381号，江苏省第一建筑安装集团股份有限公司、熊某股权转让纠纷再审审查与审判监督民事裁定书观点相左，该案裁判观点：江苏一建公司主张该公章系伪造，但其在明知该公章存在并使用的情况下，未采取任何措施，亦未作出合理解释。公司不能对同一印章的效力在不同的交易中作出不同的选择，公司对外使用的公章只要在某一交易中承认其效力，则不论该公章是否经公司授权、是否系他人私刻或伪造、是否进行工商备案，均不得在另一交易中随意否定其效力。江苏一建公司为了开展公司业务，故意或放任在同一时期存在并对外使用多枚公司印章，并试图通过选择性追认的方式规避其法律责任。其行为严重扰乱了公章的管理秩序，且悖于诚信。即使《担保具结书》上所加盖的非备案印章，江苏一建公司也不能据此否定《担保具结书》对该公司的约束力。

④ （2013）苏商终字第0232号，徐州中铁物资有限公司与龙成建设工程有限公司、江苏耀华特种玻璃有限公司、巨野耀华玻璃科技有限公司买卖合同纠纷一案。裁判主旨：如伪造印章在交易行为前已经实际使用，公司明知且并未提出异议，该合同对名义人生效，故某工程公司应承担本案的相应民事责任。

能并不符合当前的观念。笔者认为，从保护交易安全和善意第三者的角度考虑，如合同相对方经常使用虚假印章，并在所签订的合同中予以追认或实际履行，则应当认定该"假章"已经代表公司法人真实意思表示，这有利于保护交易相对方的信赖利益，否则会加重善意相对方的审查义务，不利于维护交易安全和提高交易效率。

综上所述，印章系"假印章"时，仍需或者说更需结合代表或代理权限的实质条件判断合同的效力。在实务和《合同编通则司法解释》中，"假章"主要是指未备案印章和伪造的印章两种类型。在实践中，非备案印章主要包括作废章、多套章、私刻章，是否将公章备案仅涉及行政管理关系，并不影响合同效力。但是，笔者认为，"看人不看章"的标准也不尽合理，应设置二阶层的审查框架，即先审查"章"后审查"人"，在认定公章真假后，由名义人或相对人证明是否有无相关权限①。

2."假人真章"

在民商事交易中，公司法人通过法定代表人或代理人加盖公司印章或公司印章加法定代表人签章的行为表达公司对外签约的意思表示。本处讨论的"假人真章"是没有代理权、超越代表权下印章真实的合同效力问题。

公司印章真实包含了两层含义：一是印章本身为真，即印章系根据公司法人自身真实意思表示刻制的，是经公安机关备案的单位公章，也可以是在单位自行刻制、在日常业务中经单位认可、使用的其他部门、办公室印章；二是盖章行为的实施主体为有权代表人或代理人，是能代表公司法人的真实意思表示。若盖章之人为并非公司的法定代表人亦非有权代理人，除构成表见代表或表见代理外，则属于越权代表或无权代理，除法律允许的可经单位追认，否则，不对公司发生法律效力。

（1）印章真实不等于合同真实

在最高人民法院公报案例中，最高人民法院认同印章与合同真实性的二分，即协议形成行为与印章加盖行为在性质上具有相对独立性，协议内容是双方合意行为的表现形式，而印章加盖行为是各方确认双方合意内容的方式，二者相互关联又相对独立。二者的区别在于，合同内容是合同双方订立合同的实质内容，而印章仅具有形式意义或者说是证据意义，即确认合同双方真实意思表示，但是如果有其他证据足以推翻协议内容的真实性，则无法通过印章推定协议内容的真实性。详见最高法公报案例（2014）民提字第

---

① 陈甦：《印章的法律意义》，载《人民法院报》2002年8月23日第2版。

178 号①,陈呈浴与内蒙古昌宇石业有限公司合同纠纷案。

（2）表见代理或无权代理事后追认的合同效力及于公司

"假人"主要是指没有代理权或代表权的人员。在越权代表或无权代理的情况下,"真章"可能会带来越权代表、无权代理、表见代表、表见代理等制度效果。在无权代理情况下,如合同的签订地点在法定代表人的办公室合同上加盖有真实的印章,无权代理人签字、盖章之行为具有授权的客观表象构成表见代理。详见（2017）最高法民申 999 号,法院认为:华瑞商贸公司是否对吕某签订及履行合同的行为承担责任,首先需要解决吕某的行为是否构成表见代理的问题。吕某虽然并非华瑞商贸公司的法定代表人,但该合同的签订地点在华瑞商贸公司法定代表人的办公室,合同上加盖有华瑞商贸公司的印章,因此吕某在合同上签字之行为具有华瑞商贸公司授权的客观表象。在合同履行过程中,吕某又以华瑞商贸公司名义与华康煤炭公司签署《对账单》《欠款偿还协议》《结算确认单》,虽然上述文件上没有华瑞商贸公司的印章,但《结算确认单》加盖了华瑞商贸公司洗煤厂的印章,而华瑞商贸公司洗煤厂正是华瑞商贸公司的分支机构。因此,华康煤炭公司有理由相信吕某系华瑞商贸公司授权签订并履行《煤炭加工合同》的代表。如涉及无权代理,但公司以实际行为履行予以追认的情况,合同对公司发生法律效力。

（3）空白印章合同效力

通常情况下,是先有合同条款后加盖印章,故加盖印章的行为除了表明是公司行为外,往往还有对合同条款予以确认的性质。但在空白合同上加盖印章的场合,则是先加盖印章后有合同内容。先于合同书上加盖印章,再确定合同内容,合同的效力是否及于使用印章的公司?

这需要考察相关人员与公司之间的代表或代理关系来综合认定合同效力是否及于公司。如果相关人员有代表权限或代理权限,或足以使交易相对人相信其具有代表权、代理权,构成表见代表或表见代理的,合同效力及于公司,反之,则按越权代表或无权代理制度处理。行为人在没有代理权、超越代理权或者代理权终止后以被代理人名义订立的合同行为属于无权代理,而在行为人具有一定权利表象的情况下,客观上具有授权的表象特征,使相对人有理由相信行为人具有代理权的,可以认定代理行为有效,即构成表见代理。相对人根据行为人的积极作为,在相对人尽到合理注意义务之

---

① 裁判主旨:在证据意义上,印章真实一般即可推定协议真实,但在有证据否定或怀疑合意形成行为真实性的情况下,即不能根据印章的真实性直接推定协议的真实性。也就是说,印章在证明协议真实性上尚属初步证据,人民法院认定协议的真实性需综合考虑其他证据及事实。

外,行为人具有如持空白介绍信、带有被代理人印章的合同文本等客观表象,足以使相对人相信行为人具有代理权,构成表见代理,效力及于被代理人。(2016)最高法民再 181 号,北辰公司虽没有授权任月占正式签订涉案工程施工合同并履行合同,但因北辰公司将加盖北辰公司公章的空白合同交给任月占,与杰辉公司签订的《建设工程施工合同》上北辰公司公章真实,且有任月占签名,汪卫东作为相对人有理由相信任月占对北辰公司有代理权,据此,任月占用此合同与杰辉公司签订《建设工程施工合同》,北辰公司仍应承担工程承包人的相关法律责任,其与任月占签订《项目承包协议》《解约退款协议》等协议时,任月占的代理行为有效。

(4)印章类型不匹配的合同效力

在实践中,常见的公司印章主要包括公章、财务专用章、合同专用章、法定代表人章、分支部门印章、项目部印章等。部分中小微企业为便于管理,只有公章而没有再单独刻制合同专用章。合同领域规定了当事人在合同上签字或者盖章,但具体如何签字、使用何种签章并没有作进一步的规定,一般认为行政公章代表企业单位,使用范围最广,效力最高。

不同类型印章是否必须与所盖章文件内容相匹配,才对公司具有法律效力?当前法院裁判观点普遍主张公司印章的类型原则上应与文件种类相匹配。如在(2014)民申字第 1 号民事裁定书中,法院认为,在《借款协议》上加盖中太公司项目部资料专用章超越了该公章的使用范围,在未经中太公司追认的情况下,不能认定《借款协议》是中太公司的意思表示。但除公章之外,行为人使用带有项目章、技术章、材料章、资料章等印章的相关材料时,原则上不能认定该类印章具有缔约或结算效力。但是如果该类印章曾用于印章原用途之外的交易活动,或依一般交易习惯有理由相信该印章具有超出其字面记载的实际功能,可以认定具有代理权的表象。

需要注意的是,并非所盖特定用途的公司印章与文件种类不匹配时,其对公司就没有法律效力。

首先,需要考虑盖章之人是否有公司的充分授权,是否能代表公司对外签约。若在可查明盖章之人身份的情形下,还应从盖章之人有无代表权或者代理权角度分析,而非绝对遵从上述裁判思路。之所以不认可超出公章特定用途的盖章行为的效力,本质上并非公章本身代表了某种意思表示,而是因为盖章之人缺乏代理权。反之,如果盖章之人确有代理权的,即便超出公章的使用范围,亦不宜否认合同效力。在(2019)冀民终 870 号——冀中能源国际物流集团有限公司、文安县凡希建材销售处借款合同纠纷判决书中,河北省高级人民法院认为,冀中能源公司的员工在案涉合同的担保方签字处加盖了其公司财务专用章,对外体现出其公司对案涉借款进行担保的意思表示,总经理张宏斌、财务部副部长李永魁均在此处签名,进一步证明了公司意思表示的真实。故冀中能源公司在借款合同保证方处盖章、签字的行为,足以证明冀中能源公司对案涉《借款合同》提供的保证成立并生效。

其次,或者其身份是否足以使相对方产生表见代理、表见代表的效果。(2018)最高法民申 4726 号,本案中《赊销合同书》首部乙方处签字人虽为孟某某及刘某某,但合同尾部乙方单位盖章处加盖了绿地公司"哈尔滨绿地世纪城"项目部的公章,孟某某曾持有绿地公司"哈尔滨绿地世纪城"项目部公章,此外,该合同主文第一段约定亦表明《赊销合同》的主体是绿地公司。案涉合同签订后,王军将钢材送至"哈尔滨绿地世纪城"55#—70#楼工程工地,"哈尔滨绿地世纪"55#—70#楼工程,工地对外显示施工方是绿地公司,钢材实际用于该工程,杨某某作为签收人为王军出具了收到货物的《结算单》,该《结算单》标明购货单位为绿地公司。王军有理由相信孟某某、刘某某代理绿地公司与其签订《赊销合同书》。绿地公司亦未举证证明王军对于绿地公司与太极公司之间系分包关系等事实知晓,既王军在本案中为善意且无过失。因此本案孟某某、刘某某构成表见代理,其代理实施的民事法律行为的后果,直接由被代理人绿地公司承担。同时,在认定是否构成表见代理时,要看是否具有代理的表象,在签订合同时,相对人有理由相信行为人有代理权,如果未对身份进行核实,不符合表见代理的法律特征,如对专业施工企业善意标准更高,亦应当知道技术专用章和公司印章在对外使用上的重大区别,不属于善意无过失,详见(2013)浙民提字第 140 号裁判观点[①]。

原则上,公章的种类与文件的种类要相匹配。但该种要求并非绝对,实务中仍需要考虑交易习惯,尽可能保护相对人的合理信赖。要判断相对人是否有理由相信行为人具有代理权,并且相对人是善意且无过失的,仅仅凭借合同上是否加盖印章这一单一情形是不充分的。对于行为人是否真正具有代理权限的判断,相对人的合理注意义务不只是对印章真伪的审查,同时应当对签约行为人的职位、权限等,以及合同缔结的时间地点、标的物交付方式及地点、合同签约的目的、是否参与合同履行及公司是否追认等因素确定。需要注意的是,如果符合上述情形,即使超出了印章原定使用范围,也不直接导致合同无效。

3．"假人假章"

在我国法中,公章仅在合同成立、代理权外观和相对人善意认定上具有

---

① 宁波荣山新型材料有限公司与浙江天工建设集团有限公司建设工程施工合同纠纷再审民事判决书,浙江省高级人民法院(2013)浙民提字第 140 号。

规范基础和意义。根据《民法典》第四百九十条和第四百九十三条的规定,确认合同成立的时间与地点需要考虑印章。根据《最高人民法院关于当前形势下审理民商事合同纠纷案件若干问题的指导意见》第十三条和第十四条的规定,判断代理权外观和相对人善意需要考虑印章因素。使用假公章应被推定为无效,可作为公章抗辩的理由①。

考察"假人假章"的合同效力问题,需要同时聚焦民法、刑法和行政法等多个部门法视角。在民法视角下,"假人假章"既无代表或代理的实质因素,又无权利外观表现,因此可以通过民商法确定其效力。但在实践中,"假人假章"并不仅仅涉及民商法,其涉及刑法中的合同诈骗罪,行政法中的备案制度等,刑法和行政法中的相关规定可能会影响民事合同的效力。在刑法上,主要针对伪造合同印章与合同效力的问题展开讨论,存在独立说与合并说两种观点。独立说认为应分别认定合同效力,构成合同诈骗罪并不当然使得民事上的合同无效②;而合并说认为合同欺诈与合同欺骗具有共同特征,涉及合同诈骗的合同在民商法中也当属无效③。在行政法上,认定公司印章真假不宜简单以备案这一形式为标准,这将缩小合同印章类犯罪的打击范围④。笔者认为,参考刑法和行政法视角,宜采用独立说,即坚持《民法典》对合同效力的认定标准,通过民商法中的代理制度规范"假人假章"的问题⑤。

三、参考案例

1. 共同居住的家庭成员处分其他家庭成员名下的房屋,有足够证据证明权利人对诉争房屋买卖是事前知悉且同意的,为有权处分——万学全、万兵诉狄平等人房屋买卖合同纠纷案(最高人民法院公报 2018 年第 2 期)

裁判要旨:共同居住的家庭成员,以自己的名义将其他家庭成员名下的房屋出卖给他人,该行为对房屋所有人是否有效,须判断房屋所有人是否事前知晓且同意。为此,人民法院应当结合房屋产权证书、钥匙是否为房屋所有人持有,对价支付情况,买受人实际占有房屋持续时间以及相关证人证言等综合判定。

基本案情:万兵系万学全与徐伯兰(已故)之子,管耘系狄平与孙秀珍

---

① 陈甦:《公章抗辩的类型与处理》,载《法学研究》2020 年第 3 期。
② 张明楷:《刑法学(下)》,法律出版社 2016 年版,第 834 页。
③ 刘宪权:《刑法学(下)》,上海人民出版社 2016 年版,第 276 页、第 536—537 页。
④ 任楚翘:《伪造公司印章罪中"伪造印章"的认定》,载《中国检察官》2014 年第 10 期。
⑤ 周清林:《伪造印章下的表见代理构造》,载《法商研究》2020 年第 2 期。

（已故）之女,丁齐元系管耘之夫,丁海燕系管耘与丁齐元之女。

2000 年初,狄平因该房拆迁始获得本案诉争房屋。本案中有两份房屋转让协议。两份协议不同之处:丁齐元提供的协议中,出卖方的首部和尾部签名只有丁齐元,买受方的签名只有万兵;万学全、万兵提供的协议中出卖方的首部签名为丁齐元、管耘,尾部为丁齐元、狄平和管耘,买受方的首部签名为万兵,尾部为万学全、万兵、徐伯兰;协议签订当日,被告丁齐元代狄平收到万兵购房定金 1 万元,并出具收条一份。2000 年 8 月 22 日,被告管耘、丁齐元代被告狄平收到原告万兵购房款 9 万元,同日,管耘出具 10 万元收条一份(包括 2000 年 7 月 5 日丁齐元收到的 1 万元),丁齐元将诉争房屋的老房产证及钥匙交付原告。原告自此对诉争房屋装修、入住,并居住至今。

争议焦点:关于本案诉争房屋买卖行为的效力问题。本案诉争房屋应为狄平、管耘共有,本案房屋买卖协议约定对上诉人狄平、管耘均具有约束力。丁齐元对其与万兵就诉争房屋达成转让协议以及协议的主要条款内容没有异议,据此,可以认定丁齐元作为出卖人就诉争房屋与万兵签订过转让协议。管耘对 2000 年 8 月 22 日出具的 10 万元房屋买卖款的收条没有异议,应当认定管耘作为房屋共有人对其配偶丁齐元转让房屋一事知晓且同意。狄平自诉争房屋出卖前至本案诉讼发生时一直与上诉人丁齐元、管耘共同居住,应当认定三人系共同居住的家庭成员。狄平将诉争房屋钥匙、产权证书均交由丁齐元持有,并事实上交付给被上诉人万学全、万兵,且在房屋转让后至诉讼发生时约 12 年的时间内从未对诉争房屋买卖、房款交付提出过异议,足见其对诉争房屋买卖是事前知悉且同意的。本案诉争房屋买卖行为有效,上诉人主张丁齐元系无权处分无事实根据,故不予支持。

2. 善意取得的构成要件及机动车需要登记动产善意取得较为适用较为严格的认定标准——浙江省绍兴市中级人民法院刘志兵诉卢志成财产权属纠纷案(最高人民法院公报 2008 年第 2 期)

裁判要旨:善意取得是指无处分权人将不动产或者动产转让给受让人,受让人是善意的且付出合理的价格,依法取得该不动产或者动产的所有权。因此,善意取得应当符合以下三个条件:一是受让人受让该动产时是善意的;二是以合理的价格受让;三是受让的动产依照法律规定应当登记的已经登记,不需要登记的已经交付给受让人。

机动车虽然属于动产,但存在一些严格的管理措施使机动车不同于其他无须登记的动产。行为人未在二手机动车交易市场内交易取得他人合法所有的机动车,不能证明自己为善意并付出相应合理价格的,对其主张善意取得机动车所有权的请求，人民法院不予支持。

基本案情：刘志兵以月租金3000元的价格将牌照为浙DH3951的金杯面包车出租给案外人樊静波使用。2005年10月18日，卢志成从案外人陈小波处以2800元的价格购得车牌号为浙DH3951的金杯面包车一辆，陈小波承诺办好车辆过户手续。后被告对该车辆进行投保，并交纳了保险费。2007年，卢志成在陈小波的陪同下对该车进行了车辆年检，但始终没有办理车辆过户手续。2006年11月23日，刘志兵发现该车辆已由卢志成占有、使用，于是向长乐派出所报案，长乐派出所依法扣押了涉案车辆。

争议焦点：卢志成从案外人陈小波处购得涉案车辆，是否构成善意取得。本案中，卢志成没有按照《二手车流通管理办法》规定的方式进行二手车交易，且在车辆转让时已明知车辆行驶登记证所登记的车主并非让与人。在此情况下，被上诉人没有进一步查明涉案车辆的来源，甚至连让与人的身份情况也一概不知，即在明知让与人不具有涉案车辆处分权的情况下进行了交易，显然不属于善意取得。此外，被上诉人卢志成没有充分证据证明其在受让涉案浙DH3951号金杯面包车时，付出了合理的价格。善意取得要求转让的财产依照法律规定应当登记的已经登记，不需要登记的已经交付给受让人。机动车虽然属于动产，但具有一定的特殊性，车主需办理机动车登记证、车辆行驶证，这些严格的管理措施使车辆不同于其他无须登记的动产，也利于受让人审核车辆转让时的合法正当性。本案中，被上诉人卢志成无法办理涉案车辆过户手续的事实，也说明他明知让与人未取得涉案车辆处分权，进一步说明被上诉人取得涉案车辆不属于善意取得。

3. **房屋转移占有客观上无法交付也是一个合同违约责任范围，不能强制房屋实际居住人迁让——**（2014）沪一中民二（民）终字第433号连成贤诉臧树林排除妨害纠纷案（最高人民法院公报2015年第10期）

裁判要旨：签订房屋买卖合同后出卖方应向买受人履行权利与实物的双重交付，在买受方已取得房屋产权而未实际占有的情况下，其仅仅基于物权请求权要求有权占有人迁出，法院应作慎重审查。若占有人对房屋的占有具有合法性、正当性，买受方应以合同相对方为被告提起债权给付之诉，要求对方履行交付房屋的义务或在房屋客观上无法交付的情况下承担相应的违约责任。

基本案情：连成贤于2011年从案外人谢某某处购得上海市浦东新区周浦镇瑞安路房屋，后案外人谢某某一直未履行交房义务，在审理过程中，法院依法追加臧树林共同参加诉讼，臧树林主张原告连成贤与案外人谢伟忠所签订的房屋买卖合同无效，后未获支持。连成贤已合法取得系争房屋，现臧树林仍居住在系争房屋中,要求臧树林立即迁出上海市浦东新区周浦镇瑞安路房屋。

争议焦点:当所有权与占有权能发生分离的情况下,买受人是否可以其为善意取得的房屋所有权人基于返还原物请求权要求房屋内的实际占有人(原权利人)迁出?

虽然生效判决确认连成贤与案外人谢伟忠就系争房屋签订的买卖合同有效,但同时亦确认谢伟忠自始至终没有合法取得过系争房屋而客观上无法向连成贤履行交付系争房屋的义务,故连成贤应向谢伟忠主张因无法交付系争房屋导致买卖合同无法继续履行的违约责任,连成贤虽然已取得系争房屋的产权证,但在其从未从出售方谢伟忠处获得系争房屋实际控制权的情况下,其径行要求系争房屋实际占用人臧树林迁出,本院不予支持。

签订房屋买卖合同后出卖方应向买受人履行权利与实物的双重交付,在买受方已取得房屋产权而未实际占有的情况下,其仅仅基于物权请求权要求有权占有人迁出,法院应作慎重审查。若占有人对房屋的占有具有合法性、正当性,买受方应以合同相对方为被告提起债权给付之诉,要求对方履行交付房屋的义务或在房屋客观上无法交付的情况下承担相应的违约责任。

4. 上市公司的对外担保要有股东决议和公告,债权人应当承担审慎审查的义务,否则,案涉《担保函》无效且不承担赔偿责任——(2021)最高法民申 4688 号福州恒源诚顺投资合伙企业、欧浦智网股份有限公司等保证合同纠纷民事申请再审审查民事裁定书

裁判要旨:上市公司的对外担保相对于非上市公司有更加严格的公告和披露要求,债权人应当承担审慎审查的义务。案涉担保没有公告,恒源合伙企业亦未提供欧浦公司已召开股东会决议的证据,现有证据不足以证明案涉担保已经欧浦公司股东大会决议。案涉《担保函》无效且欧浦公司不承担赔偿责任。

基本案情:2018 年 5 月 18 日中基公司与恒源合伙企业签订的《借款合同》,同日,欧浦公司(上市公司)就上述债务向恒源合伙企业出具了《担保函》一份,《担保函》尾部落款处有欧浦公司盖章以及陈礼豪的签名。2018年 12 月 28 日,恒源合伙企业向欧浦公司发出《要求履行担保义务的函》,欧浦公司未履行担保义务。

争议焦点:案涉《担保函》是否有效及欧浦公司是否应当承担相应的责任。根据《中华人民共和国公司法》第 16 条的规定及《九民纪要》第 22 条规定,上市公司的对外担保相对于非上市公司有更加严格的公告和披露要求,

上市公司的股东大会召开会提前公告,召开后一般当晚最迟第二天就会进行公告,因此恒源合伙企业只要尽到审查义务,就能查清案涉《担保函》是否经过股东大会决议。现有证据不足以证明案涉担保已经欧浦公司股东大会决议,原审法院认定案涉《担保函》无效且欧浦公司不承担赔偿责任并无不当。

5. 在相对方有过错的场合,无论该种过错是故意还是过失,无表见代理适用之余地——最高人民法院(2008)民二终字第124号兴业银行广州分行与深圳市机场股份有限公司借款合同纠纷案(最高人民法院公报2009年第11期)

裁判要旨:表见代理是行为人没有代理权、超越代理权或者代理权终止后继续以代理人名义订立合同,而善意相对人客观上有充分的理由相信行为人具有代理权,则该代理行为有效,被代理人应按合同约定承担其与相对人之间的民事责任。但是,在相对方有过错的场合,无论该种过错是故意还是过失,无表见代理适用之余地。本案基本授信合同及相关贷款合同,均为以合法的形式掩盖非法目的的无效合同,且兴业银行广州分行在本案所涉贷款过程中具有过错,故本案不适用合同法关于表见代理的规定,深圳机场公司和兴业银行广州分行应根据各自的过错程度承担相应的民事责任。

基本案情:2002年10月,崔绍先时任深圳机场公司总经理、董事会董事,主持深圳机场公司的日常工作,崔绍先为帮助张玉明融资,与兴业银行广州分行人员商谈贷款,指使李振海假冒深圳机场公司工作人员,使用私刻的深圳机场公司公章签订《基本授信合同》,李振海按崔绍先的授意代表深圳机场公司在崔绍先办公室与兴业银行广州分行分别签订了数额为2亿元和2500万元的两份贷款合同,共贷款2.25亿元。开户和贷款所需的相关资料,全部由崔绍先提交并加盖私刻的深圳机场公司公章。2.25亿元贷款发放后,李振海按崔绍先的授意将其中的1.6亿元通过深圳机场航空货运公司账户偿还浦发银行广州分行的1.6亿元借款,余款转入西北亚奥公司等处。在2.25亿元贷款即将到期时,崔绍先又亲自用私刻的深圳机场公司假公章在其办公室与兴业银行广州分行签订了三份各7500万元的借新贷还旧贷合同,对2.25亿元贷款延期。2005年2月24日,张玉明、崔绍先、李振海等人因涉嫌贷款诈骗犯罪被深圳市公安局逮捕。

争议焦点:本案崔绍先的行为是否构成表见代理。在相对方有过错的场合,无论该种过错是故意还是过失,无表见代理适用之余地。因本案基本授信合同及相关贷款合同,均为以合法的形式掩盖非法目的的无效合同,且兴业银行广州分行在本案所涉贷款过程中具有过错,未尽审慎注意义务,对私刻的深圳机场公司公章、伪造的证明文件和董事会决议未进行必要的鉴别和核实,在贷款的审查、发放、贷后跟踪检查等环节具有明显疏漏。深圳机场公司作为上市公司,在长达两年时间内未在上市公司半年报和年报中披露本案所涉贷款,兴业银行对此亦未能察觉并采取相应措施,反而与其签订了借新还旧的新合同。故本案不适用合同法关于表见代理的规定,深圳机场公司和兴业银行广州分行应根据各自的过错程度承担相应的民事责任。

6. 从立法目的解释表见代理的构成要件——最高人民法院(2013)民提字第 95 号李德勇与中国农业银行股份有限公司重庆云阳支行储蓄存款合同纠纷案(最高人民法院公报 2015 年第 7 期)

裁判要旨:从立法目的解释表见代理的构成要件,应当包括代理人的无权代理行为在客观上形成具有代理权的表象,相对人在主观上善意且无过失地相信行为人有代理权。相对人善意且无过失应当包含两方面含义:一是相对人相信代理人所进行的代理行为属于代理权限内的行为;二是相对人无过失,即相对人已尽了充分的注意,仍无法否认行为人的代理权。

基本案情:谭文力系农行云阳支行工作人员,2009 年 1 月从农行云阳支行云江大道分理处调到寨坝分理处担任客户经理。唐厚生、刘红、刘代毅共谋以高额利息揽储的名义,利用假存单采用"体外循环"的方式骗取资金。钟道明同意给李德勇月利率 5.5%。

刘红、刘代毅等人仿制了中国农业银行存单一份并违法刻制了一枚"中国农业银行云阳县支行"的印章,带领李德勇到谭文力原农行云阳支行云江大道分理处的办公室,并向李德勇介绍谭文力是谭行长,谭文力将事先准备好的《承诺书》交给李德勇,谭文力在该《承诺书》上签名,并加盖违法私刻的银行印章。谭文力将事先仿制的中国农业银行存单装入信封内递给银行柜员程建,并对程建说马上来转笔款,在办完这笔业务后将信封递出来给谭文力。李德勇将自己的银行卡和身份证递给程建,谭文力也将其事先用任齐鸣身份证办理的银行卡递给程建,并对程建说从李德勇银行卡上转 1000 万元到谭文力递交的银行卡上。

争议焦点:关于李德勇与农行云阳支行之间是否成立储蓄存款合同问题,谭文力的行为是否构成表见代理。本案中,李德勇在与谭文力商谈存款事宜过程中,在以下方面存在未尽合理注意义务的过失。一是对谭文力行长的身份未经核实即轻信。李德勇因为疏忽,对谭文力作为"行长"不符合常规的做法未产生怀疑,未尽合理注意义务。二是李德勇对存款过程存在的诸多不合常规操作未产生怀疑。李德勇作为储户应当知道在银行柜台办理业务时,需向柜员表明业务办理事项,却未在柜台交易时作出存款的意思表示。三是李德勇主观上具有违规追求高额利息的故意。李德勇对如此高的利息未产生怀疑,亦未向农行云阳支行核实,主观上并非善意。因李德勇不符合善意无过错的表见代理构成要件要求,谭文力的行为不构成表见代理。李德勇向谭文力作出的存款意思表示不能视为向农行云阳支行作出的意思表示。

7. 印章真实不等于协议真实——最高人民法院(2014)民提字第 178 号陈呈浴与内蒙古昌宇石业有限公司合同纠纷案(最高人民法院公报 2016 年第 3 期)

裁判要旨:印章真实不等于协议真实。协议形成行为与印章加盖行为在性质上具有相对独立性,协议内容是双方合意行为的表现形式,而印章加盖行为是各方确认双方合意内容的方式,二者相互关联又相对独立。在证据意义上,印章真实一般即可推定协议真实,但在有证据否定或怀疑合意形成行为真实性的情况下,即不能根据印章的真实性直接推定协议的真实性。也就是说,印章在证明协议真实性上尚属初步证据,人民法院认定协议的真实性需综合考虑其他证据及事实。

基本案情:昌宇公司与陈呈浴签订 5.1 协议。后签订一份 5.3 补充协议,第一条约定:甲乙双方一致同意,为保证甲方在与乙方合作开采石材矿期间投入的全部投资安全及不受损失,双方商定,不论双方的合作能否继续,也不论双方 5.1 协议有效或无效,只要乙方单方面解除或终止协议,或者《协议》被法院判定解除、终止或无效,乙方同意按照公平、合理的原则,对甲方的全部投入进行清算并退还给甲方。该补充协议下方有陈呈浴签字和昌宇公司盖章。2008 年 5 月 29 日,和林格尔县人民法院以(2007)和民初字第 428—2 号民事判决,认为陈呈浴因违反 5.1 协议约定倾倒废渣堵塞河道及未及时给付矿山补偿金等,依据昌宇公司的诉讼请求,该判决解除双方 5.1 协议。在另案中,陈呈浴委托会计师事务所作出《鉴证报告》认为陈呈浴合作期间支出的费用为 7112080 元。现陈呈浴以 5.3 补充协议及约定内容及前案中《鉴定报告》要求赔偿。

争议焦点:关于 5.3 补充协议真实性的认定问题。本院认为,本案 5.3 补充协议的真实性有如下不足:第一,5.3 补充协议对 5.1 协议的风险负担进行根本变更,不合常理,陈呈浴对此变更不能进行合理说明。在合同当事人的缔约地位并未改变,且依约昌宇公司全部矿山使用补偿费仅 240 万元的情况下,上述约定超出了合作协议的合理范围,不合常情、常理。第二,5.3 补充协议的基本内容存在矛盾,陈呈浴不能合理说明。其主张的生产经营成本与投资无法区分,经营成本是其自愿承担范围。第三,陈呈浴在相关诉讼中从未提及 5.3 补充协议及管辖问题,不合常理。第四,5.3 补充协议在形式上还存在甲方、乙方列法及明确协议份数的条款等与之前订约习惯明显差异的情况。综上所述,根据 5.3 补充协议的内容、形式及该补充协议的形成过程和再审庭审查明陈呈浴在原审中隐瞒重大事实信息的不诚信行为,同时考虑昌宇公司一直否认自行加盖印章且不持有该协议之抗辩意见,本院对 5.3 补充协议相关内容的真实性不予采信。

8. 投保人持有的保单是加盖伪造的保险公司业务专用章,但善意投保人有理由相信其购买的保险是真实的,保险公司应根据保险合同承担民事责任——刘雷诉汪维剑、朱开荣、天安保险盐城中心支公司交通事故人身损害赔偿纠纷案(最高人民法院公报 2012 年第 3 期)

裁判要旨:投保人通过保险公司设立的营销部购买机动车第三者责任险,营销部营销人员为侵吞保费,将自己伪造的、内容和形式与真保单一致的假保单填写后,加盖伪造的保险公司业务专用章,通过营销部的销售员在该营销部内销售并交付投保人。作为不知情的善意投保人有理由相信其购买的保险是真实的,保单的内容也并不违反有关法律的规定,营销部的行为在民法上应当视为保险公司的行为。因此,虽然投保人持有的保单是假的,但并不能据此免除保险公司根据保险合同依法应当承担的民事责任。

基本案情:原告因交通事故人身损害赔偿纠纷案起诉要求被告及保险公司赔偿,审理中保险公司发现该公司未向被告朱开荣签发过该摩托车保险单证,并发现该保单业务专用章与保险公司印章不一致。经查明,天安盐城支公司在响水设有营销部,刘明星曾任该营销部的负责人,并在任职期间,伪造了天安盐城支公司的业务专用章、私自印制了保单,并进行销售。本案中,苏 JFR978 正三轮载货摩托车的保险单(编号 0500064813)系刘明星通过响水营销部的销售员在该营销部内销售的,内容由销售员填写。刘明星现已被响水县人民法院以合同诈骗罪判处有期徒刑。

争议焦点:上诉人天安盐城支公司是否应承担保险赔偿责任。

天安盐城支公司在响水设有营销部,该营销部对外签订保险合同时使用天安盐城支公司的业务专用章,刘明星承认曾任该营销部的负责人,在任职期间,伪造了天安盐城支公司的业务专用章、私自印制了保单,并进行销售。本案中,苏 JFR978 正三轮载货摩托车的保险单(编号 0500064813)系刘明星通过响水营销部的销售员在该营销部内销售的,内容由销售员填写,保单的内容和形式与真保单一致。作为善意相对人的被保险人原审被告朱开荣在上诉人的响水营销部购买第三者综合损害责任险,朱开荣有理由相信其购买的保险是真实的,保单的内容也并不违反有关法律的规定,响水营销部的行为在民法上应当视为保险公司的行为,因此,虽然朱开荣持有的保单是假的,但此系由保险公司的工作人员利用职务上的行为所致,朱开荣无从察知,上诉人则应当加强管理监督,故不能据此免除上诉人应当承担的民事责任。

9. 公司对伪造公章的存在、使用是知晓的,并曾给过使用人项目授权,则印章签订履行合同的行为构成表见代理,应当对公司发生法律效力——(2016)最高法民申 255 号汪天雄与重庆群洲实业(集团)有限公司、朱惠德建设工程施工合同纠纷

裁判要旨:工作人员在订立合同时虽然超越代理权限,但是加盖了重庆群洲公司工程项目部的印章,并且有其他文件相印证。因此对朱惠德在本案中的行为,合同相对方汪天雄已尽到了善意、谨慎、无过失的注意义务,汪天雄有理由相信与其签订合同的相对方是重庆群洲公司,故朱惠德在本案的行为构成表见代理。

基本案情:重庆群洲公司认可梁裕霖是其云南分公司负责人,梁裕霖利用伪造的公章出具的授权委托书委托朱惠德签订工程施工协议及相关结算协议,后编号为"500×××"的公章被认定为系伪造。但编号为"500×××"的公章在重庆群洲公司的经营活动及诉讼活动中均曾使用过,重庆群洲公司对该公章的使用亦未提出异议。

争议焦点:重庆群洲公司是否对朱惠德在本案中的行为承担民事责任。朱惠德以重庆群洲公司名义和汪天雄签订《施工合同》,并在合同上加盖了重庆群洲公司工程项目部的印章,同时分包工程还有朱惠德使用编号为"500×××"的印章与大理鸿元房地产开发有限公司所签《建设工程施工协议》《建设工程施工合同》相印证。因此对朱惠德在本案中的行为,合同相对方汪天雄已尽到了善意、谨慎、无过失的注意义务,汪天雄有理由相信朱惠德能够代表重庆群洲公司,有理由相信与其签订合同的相对方是重庆群洲公司,故朱惠德在本案的行为构成表见代理,重庆群洲公司对朱惠德在本案中的行为应当承担相应的民事责任。

10. 有法定代表人的签字,而没有法人公司加盖的公章,因此,交易相对方就要举证证明法定代表人签字时是履行公司的法定代表人职务的行为——(2018)最高法民再 161 号天津置信投资发展有限公司、新疆保利天然投资有限公司合资、合作开发房地产合同纠纷再审民事判决书

裁判要旨:通过分析,置信公司的举证没有达到让本院确信蓝宁在《回购股权通知》上的签字就是其履行保利天然公司的法定代表人职务的行为,而不是蓝宁的私下行为的程度,其举证责任没有完成,故应当认定《回购股权通知》没有送达到保利天然公司,对保利天然公司不发生法律效力。

基本案情:2010 年 8 月 28 日,保利天然公司(甲方)与置信公司(乙方)

签订《合作协议书》,保利天然公司将其在天然房产公司(目标公司)所持有的 45% 股权以 4000 万元价格转让给置信投资公司,双方以所拥有的股权共同对 3# 地块进行合作开发,按照各自持股比例分享利润及承担对应的责任。双方之间以股权投资的方式形成合资、合作开发房地产法律关系。其中投资回报方式两种,乙方可选择:(1)项目开发完成后,双方审计后按持股比例分享项目利润作。(2)支付的股权转让价款 4000 万元全部到账之日起 18 个月期满时,甲方同意以 5800 万元回购其在天然房地产的 45% 股权。《合作协议》签订后,置信公司支付股权转让价款 4000 万元。

保利天然公司提交天然房产公司的董事会纪要和补充协议,内容表明双方选择了第一种投资回报方式。

置信投资公司举证其于 2011 年 9 月 15 日发出《回购股权通知》,选择第二种汇报方式,时任保利天然公司的法定代表人蓝宁亦署名同意,并签署了姓名和日期。

争议焦点:《回购股权通知》是否对保利天然公司发生效力。由于《回购股权通知》上仅有蓝宁的签字,而没有保利天然公司加盖的公章,因此,置信公司就要举证证明蓝宁签字时是履行保利天然公司的法定代表人职务的行为,而不是蓝宁的私下行为。由于置信公司徐强的陈述和证人蓝宁关于其在《回购股权通知》上签字是代表公司行为的证言,均为孤证,没有其他任何证据予以支持,据此,置信公司徐强的陈述和证人蓝宁的证言,并不能使本院确信蓝宁的签字就是其履行保利天然公司法定代表人职务的行为,而不是蓝宁的私下行为。

【恶意串通、无效后果、利息计算】

王成龙

引言

《民法典》合同编通则部分关于合同的效力条文不多,其中关于恶意串通的认定及合同无效的法律后果等更多的是在民法总则民事法律行为的效力章节有所体现。因此,《合同编通则司法解释》关于恶意串通的认定及合同无效的法律后果等问题更多的是与民法总则民事法律行为的效力章节前后呼应。其中特殊情形下恶意串通(代表人或者代理人与相对人之间)的认定标准更加细化具体,关于利息(资金占用费)的支付标准更加明确,有利于实践中的认定。

一、关联法规

《合同编通则司法解释》关于合同效力(下)部分总共有三条,即第二十三条至第二十五条,核心内容是关于恶意串通的认定及合同无效等情形的法律后果。

《合同编通则司法解释》关于合同效力(下)章节的关联法规主要涉及《民法典总则编》《民法典总则编司法解释》《民法典合同编通则部分》等。具体见表 3 - 4。

表 3 - 4 合同编效力关联法规③

第三章　合同的效力(下)	
《合同编通则司法解释》	《民法典》及关联法规
第二十三条　法定代表人、负责人或者代理人与相对人恶意串通,以法人、非法人组织的名义订立合同,损害法人、非法人组织的合法权益,法人、非法人组织主张不承担民事责任的,人民法院应予支持。 法人、非法人组织请求法定代表人、负责人或者代理人与相对人对因此受到的损失承担连带赔偿责任的,人民法院应予支持。 根据法人、非法人组织的举证,综合考虑当事人之间的交易习惯、合同在订立时是否显失	《民法典》 第一百五十四条　行为人与相对人恶意串通,损害他人合法权益的民事法律行为无效。 ***《最高人民法院关于民事诉讼证据的若干规定》*** 第四条　一方当事人对于另一方当事人主张的于己不利的事实既不承认也不否认,经审判人员说明并询问后,其仍不明确表示肯定或者否定的,视为对该事实的承认。

第三章　合同的效力（下）	
《合同编通则司法解释》	《民法典》及关联法规
公平、相关人员是否获取了不正当利益、合同的履行情况等因素，人民法院能够认定法定代表人、负责人或者代理人与相对人存在恶意串通的高度可能性的，可以要求前述人员就合同订立、履行的过程等相关事实作出陈述或者提供相应的证据。其无正当理由拒绝作出陈述，或者所作陈述不具合理性又不能提供相应证据的，人民法院可以认定恶意串通的事实成立。	**第八十六条第一款**　当事人对于欺诈、胁迫、恶意串通事实的证明，以及对于口头遗嘱或赠与事实的证明，人民法院确信该待证事实存在的可能性能够排除合理怀疑的，应当认定该事实存在。
第二十四条　合同不成立、无效、被撤销或者确定不发生效力，当事人请求返还财产，经审查财产能够返还的，人民法院应当根据案件具体情况，单独或者合并适用返还占有的标的物、更正登记簿册记载等方式；经审查财产不能返还或者没有必要返还的，人民法院应当以认定合同不成立、无效、被撤销或者确定不发生效力之日该财产的市场价值或者以其他合理方式计算的价值为基准判决折价补偿。 除前款规定的情形外，当事人还请求赔偿损失的，人民法院应当结合财产返还或者折价补偿的情况，综合考虑财产增值收益和贬值损失、交易成本的支出等事实，按照双方当事人的过错程度及原因力大小，根据诚信原则和公平原则，合理确定损失赔偿额。 合同不成立、无效、被撤销或者确定不发生效力，当事人的行为涉嫌违法且未经处理，可能导致一方或者双方通过违法行为获得不当利益的，人民法院应当向有关行政管理部门提出司法建议。当事人的行为涉嫌犯罪的，应当将案件线索移送刑事侦查机关；属于刑事自诉案件的，应当告知当事人可以向有管辖权的人民法院另行提起诉讼。 **第二十五条**　合同不成立、无效、被撤销或者确定不发生效力，有权请求返还价款或者报酬的当事人一方请求对方支付资金占用费的，人民法院应当在当事人请求的范围内按照中国人民银行授权全国银行间同业拆借中心公布的一年期贷款市场报价利率（LPR）计算。但是，占用资金的当事人对于合同不成立、无效、被撤销或者确定不发生效力没有过错的，应当以中国人民银行公布的同期同类存款基准利率计算。 双方互负返还义务，当事人主张同时履行的，人民法院应予支持；占有标的物的一方对标的物存在使用或者依法可以使用的情形，对方请求将其应支付的资金占用费与应收取的标的物使用费相互抵销的，人民法院应予支持，但是法律另有规定的除外。	**《民法典》** **第一百五十五条**　无效的或者被撤销的民事法律行为自始没有法律约束力。 **第一百五十六条**　民事法律行为部分无效，不影响其他部分效力的，其他部分仍然有效。 **第一百五十七条**　民事法律行为无效、被撤销或者确定不发生效力后，行为人因该行为取得的财产，应当予以返还；不能返还或者没有必要返还的，应当折价补偿。有过错的一方应当赔偿对方由此所受到的损失；各方都有过错的，应当各自承担相应的责任。法律另有规定的，依照其规定。 **《总则编司法解释》** **第二十三条**　民事法律行为不成立，当事人请求返还财产、折价补偿或者赔偿损失的，参照适用民法典第一百五十七条的规定。 **《九民纪要》** **第三十二条**　《合同法》第58条就合同无效或者被撤销时的财产返还责任和损害赔偿责任作了规定，但未规定合同不成立的法律后果。考虑到合同不成立时也可能发生财产返还和损害赔偿责任问题，故应当参照适用该条的规定。 在确定合同不成立、无效或者被撤销后财产返还或者折价补偿范围时，要根据诚实信用原则的要求，在当事人之间合理分配，不能使不诚信的当事人因合同不成立、无效或者被撤销而获益。合同不成立、无效或者被撤销情况下，当事人所承担的缔约过失责任不应超过合同履行利益。比如，依据《最高人民法院关于审理建设工程施工合同纠纷案件适用法律问题的解释》第2条规定，建设工程施工合同无效，在建设工程经竣工验收合格情况下，可以参照合同约定支付工程款，但除非增加了合同约定之外新的工程项目，一般不应超出合同约定支付工程款。

续表

第三章　合同的效力（下）	
《合同编通则司法解释》	《民法典》及关联法规
	第三十三条　合同不成立、无效或者被撤销后，在确定财产返还时，要充分考虑财产增值或者贬值的因素。双务合同不成立、无效或者被撤销后，双方因该合同取得财产的，应当相互返还。应予返还的股权、房屋等财产相对于合同约定价款出现增值或者贬值的，人民法院要综合考虑市场因素、受让人的经营或者添附等行为与财产增值或者贬值之间的关联性，在当事人之间合理分配或者分担，避免一方因合同不成立、无效或者被撤销而获益。在标的物已经灭失、转售他人或者其他无法返还的情况下，当事人主张返还原物的，人民法院不予支持，但其主张折价补偿的，人民法院依法予以支持。折价时，应当以当事人交易时约定的价款为基础，同时考虑当事人在标的物灭失或者转售时的获益情况综合确定补偿标准。标的物灭失时当事人获得的保险金或者其他赔偿金，转售时取得的对价，均属于当事人因标的物而获得的利益。对获益高于或者低于价款的部分，也应当在当事人之间合理分配或者分担。 　　**第三十四条**　双务合同不成立、无效或者被撤销时，标的物返还与价款返还互为对待给付，双方应当同时返还。关于应否支付利息问题，只要一方对标的物有使用情形的，一般应当支付使用费，该费用可与占有价款一方应当支付的资金占用费相互抵销，故在一方返还原物前，另一方仅须支付本金，而无须支付利息。 　　**第三十五条**　合同不成立、无效或者被撤销时，仅返还财产或者折价补偿不足以弥补损失，一方还可以向有过错的另一方请求损害赔偿。在确定损害赔偿范围时，既要根据当事人的过错程度合理确定责任，又要考虑在确定财产返还范围时已经考虑过的财产增值或者贬值因素，避免双重获利或者双重受损的现象发生。

二、核心问题

（一）恶意串通

恶意串通法律行为无效规则，是违背公序良俗法律行为无效规则的一种特例，也是我国民法有别于其他大陆法系国家的独有制度之一。1986 年施行的民法通则最早使用了"恶意串通"的概念，1999 年施行的合同法沿用了相关表述,后民法总则第一百五十四条"行为人与相对人恶意串通,损害他人合法权益的民事法律行为无效",是恶意串通在现行法律规范中的表述。但是关于恶意串通规则的内涵,"现行法律并没有明确阐述,致其在规范含义、构成要件、适用范围等方面较为含糊,且与我国现行法中的无权处分制度、代理制度、债权人撤销权制度等存在竞合,与传统民法理论中的通谋虚伪制度亦难以界分。司法实践中也存在着滥用恶意串通之规定的现象,即原本可以通过其他规则裁决的案件却被当作恶意串通行为裁决,甚至同一事实在不同法院的认定情况也大不相同,导致民法体系构成与规则适用上的混乱。"[①]

1. 恶意串通的特殊情形及主体

由于恶意串通规范内容的模糊性,导致司法实践中适用的范围越来越大,并且除恶意代理情形外,其他的都可以通过其他规则替代,如债权人撤销权等。因此《合同编通则司法解释》第二十三条则在此基础上对恶意串通的特殊情形即代表人或者代理人与相对人恶意串通进行了细化:

该恶意串通情形的主体即法人的法定代表人、非法人组织的负责人或者法人、非法人组织的代理人为一方,另一方为相对人,二者进行恶意串通。

情形即以法人、非法人组织名义订立合同,损害法人、非法人组织的合法权益。

法律后果为合同对法人、非法人组织不发生法律效力,行为人即法人的法定代表人、非法人组织的负责人或者法人、非法人组织的代理人与相对人对损失承担连带赔偿责任。

2. 恶意串通特殊情形的认定标准及证据规则

恶意串通作为对民事法律行为主体主观意思表示的认定,除非存在直接的证据,否则在民事诉讼中法院一般不会轻易地认定,这也给恶意串通者留下了规避责任与风险的空间。合同法及民事诉讼证据规则虽然对该情形从实体及程序上有所提及,但并无太直接的引用与参考标准。

此次《合同编通则司法解释》中第二十三条第二款从"当事人之间的交易习惯""合同在订立时是否显示公平""相关人员是否获取了不正当利益""合同的履行情况"等角度,全面审查合同是否存在恶意串通的情形。在此基础上仍不能确定的,根据证据规则及举证责任分配,作出恶意串通是否成立的结论。因此《合同编通则司法解释》实施后,在关于恶意串通的认定中,法院会更多地适用证据规则综合评判恶意串通的事实是否成立。

---

① 陆剑、易高翔:《我国民法上恶意串通理论与实践之评析——兼论〈民法总则〉第一百五十四条之解释适用》,载《政法学刊》2017 年第 12 期。

(二)法律后果:合同不成立、无效、被撤销、确定不发生效力等情形

《合同编通则司法解释》中第二十四条系对《民法典》第一百五十七条的进一步阐述,在合同不成立、无效、被撤销、确定不发生效力情形下,法律后果的分类。

1. 合同效力的情形

(1)合同不成立

《民法典》第四百六十五条规定,依法成立的合同,受法律保护。《民法典》合同编在多个条文中明确了合同成立的情形,因此不符合合同成立条件的合同即为不成立合同。同时《九民纪要》第三十二条第一款也阐述了合同不成立的法律后果;合同法第五十八条就合同无效或者被撤销时的财产返还责任和损害赔偿责任作了规定,但未规定合同不成立的法律后果。《总则编司法解释》第二十三条规定,民事法律行为不成立,当事人请求返还财产、折价补偿或者赔偿损失的,参照适用民法典第一百五十七条的规定。该条文为合同不成立的法律后果作出了相应规定及法律依据。因此合同不成立及产生的法律后果,在《民法典》中与合同无效、被撤销或确定不发生法律效力一并探讨,参照适用。

(2)合同无效

《民法典》中关于合同无效的情形同合同法差距不大,主要体现在主体不适格、意思表示不真实、违反法律法规强制性规定、违背公序良俗、恶意串通损害他人利益等几个方面。

(3)合同可撤销

《民法典》对合同可撤销情形的规定由第一百四十七条至第一百五十一条五个条文组成,包括重大误解、欺诈、胁迫、显失公平等,与合同法的规定基本一致。

(4)确定不发生法律效力

《九民纪要》第三十七条至第四十条重点阐述了未经批准合同的效力问题,认为此时合同为未生效状态,而需经批准的合同因未经批准而无法生效是合同确定不发生效力的情形之一。确定不发生效力是指合同虽已成立,但由于生效条件确定无法具备而不能生效的情况。典型的情形包括两种:一是法律、行政法规规定须经批准的合同,因未经批准而无法生效;二是附条件生效的合同,生效条件确定无法具备。此时,合同因双方合意一致已经成立却不能生效,因此属于确定不发生效力。

2. 法律后果的分类

(1)法律后果1:返还或折价补偿

合同不成立、无效、被撤销、确定不发生效力情况下,产生的直接法律后

果是"返还占有的标的物""返还权利证书""更正登记簿册记载"等方式。这是最为常见和直接的结果,但也存在不能返还或无法返还的情形,则需要根据相应基准折价补偿,折价补偿的基准为"人民法院应当以合同被认定为不成立、无效或者确定不发生效力之日该财产的市场价值",避免在该问题上裁判尺度的不统一。

A. 返还的请求权基础

对于合同无效或被撤销后的返还请求权性质问题,主流的学术观点主要有债权请求权说（不当得利返还请求权）、物权请求权说（返还原物请求权）以及请求权竞合说三种理论。如采债权请求权说,则认为在合同无效或被撤销后,返还请求权在性质上属于不当得利返还请求权。如采物权请求权说,则在合同无效或被撤销后,权利人可以依据物权法的规定,要求受领人返还原物。竞合说认为《民法典》中规定的法律后果是产生不当得利返还请求权和返还原物请求权的竞合。该观点在认同返还原物请求权得以适用的同时,还认为不当得利返还请求权是作为一项独立的请求权而存在的,并非具有补充性或处于物权请求权的辅助地位。[①]

B. 过错问题

无论合同是未成立还是无效、被撤销或确定不发生法律效力,都是对合同未正常发生法律效力的一种中立或负面评价,对该法律效力的中立或负面评价,均涉及当事人的过错问题,在《民法典》第一百五十七条民事法律行为无效、被撤销、确定不发生法律效力的法律后果中,提到了过错问题,依据双方过错承担相应责任。《合同编通则司法解释》第二十四条第一款未对过错进行约定,但仍应受《民法典》第一百五十七条关于过错问题的指引。

C. 与其他法律关系竞合时

法院在审查合同不成立、无效、被撤销、确定不发生法律效力后,需要返还价款或原物时,会出现权利人离世后的"继承法律问题",非村民集体成员的"拆迁补偿问题"等问题。对合同效力的中立或负面评价后,法律后果不可避免会出现与其他法律关系竞合的问题,包括在合同不成立、无效、被撤销、确定不发生法律效力后衍生的"请求权"问题,该法律竞合问题和衍生请求权问题会反向影响法院对合同效力的评价,或仅对合同效力作出评价,法律竞合问题和衍生请求权问题释明另案诉讼的情形。

（2）法律后果 2:损害赔偿

合同一方在请求返还同时,还可一并主张损害赔偿。第 2 款对法院判决

---

① 陈怡伊:《刍议合同无效或被撤销后返还请求权之性质》,载《法学杂志》2015 年第 3 期。

赔偿额确定了几个参考依据:即"财产增值收益和贬值损失""交易成本的支出""双方当事人的过错程度及原因力大小""诚信和公平原则"等,来确定损害赔偿的数额。这反映出以下问题:

A. 损害赔偿与财产返还并行,可以同时主张;

B. 适用过错责任原则,即合同当事人只有在有过错的情况下才承担赔偿;

C. 在确定赔偿的范围时,既要考量"双方当事人的过错程度及原因力大小""诚信和公平原则"等主观原因,还要考量"财产增值收益和贬值损失""交易成本的支出"等客观原因,来实现合同双方权利义务的统一。

(3)法律后果3:司法建议或移送刑事侦查

合同不成立、无效、被撤销或者确定不发生效力的情形一般也存在行政管理与刑事责任的竞合问题,第3款同时对法院在审理民事案件过程中发现的违法或犯罪行为向行政管理机关发出司法建议,或者将案件线索移送刑事侦查机关作出的规定。赋予了法院在审理案件中甄别合同一方当事人违法犯罪的义务及向有关机关发出司法建议或将案件线索移送刑事侦查机关的权力。

(三)利息计算问题

在需返还价款或者报酬的情形中,一般也伴随着利息或资金占用费如何支付与认定的问题,《合同编通则司法解释》第二十五条主要讲了支付的标准及抵销的问题:

1. 利息(资金占用费)的认定及支付标准

根据第一款的规定,如一方当事人主张资金占用费的,法院应当按照"中国人民银行授权全国银行间同业拆借中心公布的一年期贷款市场报价利率(LPR)计算",与其他履行金钱债务的判罚尺度一致,但同时规定,如占用资金一方无过错的,仅按照"中国人民银行公布的同期同类存款基准利率计算"即可,是对合同双方权利义务的平衡。

在合同不成立、无效、被撤销或者确定不发生效力时,资金占用费原则上应当返还利息,但是是按贷款利率还是存款利率,理论界存在不同的观点。此次解释第二十五条明确了一般按照"中国人民银行授权全国银行间同业拆借中心公布的一年期贷款市场报价利率(LPR)计算",无过错时按照"中国人民银行公布的同期同类存款基准利率计算",统一了财产尺度。

2. 互负义务相互抵销的认定及适用

如果存在合同双方都有返还义务的情形,即在双务合同的返还义务中,一方需支付资金占用费,另一方又实际占用使用了标的物,双方请求抵销的,法院予以支持,也是对合同双方权利义务的平衡。

三、参考案例

1. 债务人将主要财产以明显不合理低价转让给其关联公司,关联公司在明知债务人欠债的情况下,未实际支付对价的,可以认定债务人与其关联公司恶意串通、损害债权人利益,与此相关的财产转让合同应当认定为无效——最高人民法院(2012)民四终字第1号瑞士嘉吉国际公司诉福建金石制油有限公司等确认合同无效纠纷案

裁判要旨:认定合同订立时是否构成"恶意串通,损害第三人利益",应当从合同签订主体、是否是善意向对方、交易价格、是否实际履行等角度进行评判。

基本案情:瑞士嘉吉国际公司(Cargill International SA,以下简称嘉吉公司)与福建金石制油有限公司(以下简称福建金石公司)以及大连金石制油有限公司、沈阳金石豆业有限公司、四川金石油粕有限公司、北京珂玛美嘉粮油有限公司、宜丰香港有限公司(该六公司以下统称金石集团)存在商业合作关系。嘉吉公司因与金石集团买卖大豆发生争议,双方在2005年6月26日达成《和解协议》,因金石集团未履行该仲裁裁决,嘉吉公司向福建省厦门市中级人民法院申请承认和执行第3929号仲裁裁决。

由于福建金石公司已无可供执行的财产,导致无法执行,嘉吉公司遂向福建省高级人民法院提起诉讼,请求:一是确认福建金石公司与中纺福建公司签订的《国有土地使用权及资产买卖合同》无效;二是确认中纺福建公司与汇丰源公司签订的《国有土地使用权及资产买卖合同》无效;三是判令汇丰源公司、中纺福建公司将其取得的合同项下财产返还给财产所有人。

争议焦点:福建金石公司、田源公司(后更名为中纺福建公司)、汇丰源公司相互之间订立的合同是否构成恶意串通、损害嘉吉公司利益的合同?合同无效后财产如何返还?

(1)关于福建金石公司、田源公司、汇丰源公司相互之间订立的合同是否构成"恶意串通,损害第三人利益"的合同

首先,福建金石公司、田源公司在签订和履行《国有土地使用权及资产买卖合同》的过程中,其实际控制人之间系亲属关系,且柳锋、王晓琪夫妇分别作为两公司的法定代表人在合同上签署。因此,可以认定在签署以及履行转让福建金石公司国有土地使用权、房屋、设备的合同过程中,田源公司对福建金石公司的状况是非常清楚的,对包括福建金石公司在内的金石集团因"红豆事件"被仲裁裁决确认对嘉吉公司形成1337万美元债务的事实

是清楚的。

其次,在明知债务人福建金石公司欠债权人嘉吉公司巨额债务的情况下,田源公司以明显不合理低价购买福建金石公司的主要资产,足以证明其与福建金石公司在签订《国有土地使用权及资产买卖合同》时具有主观恶意,属恶意串通,且该合同的履行足以损害债权人嘉吉公司的利益。

最后,从公司注册登记资料看,汇丰源公司成立时股东构成似与福建金石公司无关,但在汇丰源公司股权变化的过程中可以看出,汇丰源公司在与田源公司签订《国有土地使用权及资产买卖合同》时对转让的资产来源以及福建金石公司对嘉吉公司的债务是明知的。

综上所述,福建金石公司与田源公司签订的《国有土地使用权及资产买卖合同》、田源公司与汇丰源公司签订的《国有土地使用权及资产买卖合同》,属于恶意串通、损害嘉吉公司利益的合同。根据合同法第五十二条第二项的规定,均应当认定无效。

(2)关于本案所涉合同被认定无效后的法律后果

对于无效合同的处理,人民法院一般应当根据合同法第五十八条"合同无效或者被撤销后,因该合同取得的财产,应当予以返还;不能返还或者没有必要返还的,应当折价补偿。有过错的一方应当赔偿对方因此所受到的损失,双方都有过错的,应当各自承担相应的责任"的规定,判令取得财产的一方返还财产。本案涉及的两份合同均被认定无效,两份合同涉及的财产相同,其中国有土地使用权已经从福建金石公司经田源公司变更至汇丰源公司名下,在没有证据证明本案所涉房屋已经由田源公司过户至汇丰源公司名下、所涉设备已经由田源公司交付汇丰源公司的情况下,一审法院直接判令取得国有土地使用权的汇丰源公司、取得房屋和设备的田源公司分别就各自取得的财产返还给福建金石公司并无不妥。

2. 合同无效后双方当事人要求返还价款或赔偿损失的,应当按照双方当事人的过错程度确定各自应当承担的法律责任——最高人民法院(2019)最高法民再 97 号饶国礼诉某物资供应站等房屋租赁合同纠纷案(最高人民法院指导案例 170 号)

裁判要旨:涉案《租赁合同》被确认无效后,关于案涉房屋倒塌后物资供应站支付给他人的补偿费用问题,因物资供应站应对《租赁合同》的无效承担主要责任,上述费用应由物资供应站自行承担。因饶国礼对于《租赁合同》无效亦有过错,故对饶国礼的损失亦应由其自行承担。

基本案情:南昌市青山湖区晶品假日酒店(以下简称晶品酒店)组织形式为个人经营,经营者系饶国礼,经营范围及方式为宾馆服务。2011 年 7 月

27 日,晶品酒店通过公开招标的方式中标获得租赁某物资供应站所有的南昌市青山南路 1 号办公大楼的权利,并向物资供应站出具《承诺书》,承诺中标以后严格按照加固设计单位和江西省建设工程安全质量监督管理局等权威部门出具的加固改造方案,对青山南路 1 号办公大楼进行科学、安全的加固,并在取得具有法律效力的书面文件后,再使用该大楼。同年 8 月 29 日,晶品酒店与物资供应站签订《租赁合同》,约定:物资供应站将南昌市青山南路 1 号(包含房产证记载的南昌市东湖区青山南路 1 号和东湖区青山南路 3 号)办公楼 4120 平方米建筑出租给晶品酒店,用于经营商务宾馆。租赁期限为 15 年,自 2011 年 9 月 1 日起至 2026 年 8 月 31 日止。除约定租金和其他费用标准、支付方式、违约赔偿责任外,还在第五条特别约定:1. 租赁物经有关部门鉴定为危楼,需加固后方能使用。晶品酒店对租赁物的前述问题及瑕疵已充分了解。晶品酒店承诺对租赁物进行加固,确保租赁物达到商业房产使用标准,晶品酒店承担全部费用。2. 加固工程方案的报批、建设、验收(验收部门为江西省建设工程安全质量监督管理局或同等资质的部门)均由晶品酒店负责,物资供应站根据需要提供协助。3. 晶品酒店如未经加固合格即擅自使用租赁物,应承担全部责任。合同签订后,物资供应站依照约定交付了租赁房屋。晶品酒店向物资供应站给付 20 万元履约保证金,1000 万元投标保证金。中标后物资供应站退还了 800 万元投标保证金。

2011 年 10 月 26 日,晶品酒店与上海永祥加固技术工程有限公司签订加固改造工程《协议书》,晶品酒店将租赁的房屋以包工包料一次包干(图纸内的全部土建部分)的方式发包给上海永祥加固技术工程有限公司加固改造,改造范围为主要承重柱、墙、梁板结构加固新增墙体全部内粉刷,图纸内的全部内容,图纸、电梯、热泵。开工时间 2011 年 10 月 26 日,竣工时间 2012 年 1 月 26 日。2012 年 1 月 3 日,在加固施工过程中,案涉建筑物大部分垮塌。

江西省建设业安全生产监督管理站于 2007 年 6 月 18 日出具《房屋安全鉴定意见》,鉴定结果和建议是:1. 该大楼主要结构受力构件设计与施工均不能满足现行国家设计和施工规范的要求,其强度不能满足上部结构承载力的要求,存在较严重的结构隐患。2. 该大楼未进行抗震设计,没有抗震构造措施,不符合《建筑抗震设计规范》(GB 50011—2001)的要求。遇有地震或其他意外情况发生,将造成重大安全事故。3. 根据《危险房屋鉴定标准》(GB 50292—1999),该大楼按房屋危险性等级划分,属 D 级危房,应予以拆除。4. 建议:(1)应立即对大楼进行减载,减少结构上的荷载。(2)对有问题的结构构件进行加固处理。(3)目前,应对大楼加强观察,并应采取措施,确保大楼安全过渡至拆除。如发现有异常现象,应立即撤出大楼的全部人员,并向有关部门报告。(4)建议尽快拆除全部结构。

饶国礼向一审法院提出诉请:(1)解除其与物资供应站于 2011 年 8 月 29 日签订的《租赁合同》;(2)物资供应站返还其保证金 220 万元;(3)物资供应站赔偿其各项经济损失共计 281 万元;(4)本案诉讼费用由物资供应站承担。

物资供应站向一审法院提出反诉诉请:(1)判令饶国礼承担侵权责任,赔偿其 2463.5 万元;(2)判令饶国礼承担全部诉讼费用。

再审中,饶国礼将其上述第(1)项诉讼请求变更为:确认案涉《租赁合同》无效。物资供应站亦将其诉讼请求变更为:饶国礼赔偿物资供应站损失 418.7 万元。

争议焦点:合同无效后各方当事人的过错以及返还问题。

法院认为:

(1)在案涉房屋已被确定属于存在严重结构隐患、或将造成重大安全事故、应当尽快拆除的 D 级危房的情形下,双方当事人仍签订《租赁合同》,约定将该房屋出租用于经营可能危及不特定公众人身及财产安全的商务酒店,明显损害了社会公共利益、违背了公序良俗。从维护公共安全及确立正确的社会价值导向的角度出发,对本案情形下合同效力的认定应从严把握,司法不应支持、鼓励这种为追求经济利益而忽视公共安全的有违社会公共利益和公序良俗的行为。故依照《中华人民共和国民法总则》第一百五十三条第二款关于违背公序良俗的民事法律行为无效的规定,以及《中华人民共和国合同法》第五十二条第四项关于损害社会公共利益的合同无效的规定,确认《租赁合同》无效。

(2)关于案涉房屋倒塌后物资供应站支付给他人的补偿费用问题,因物资供应站应对《租赁合同》的无效承担主要责任,根据《中华人民共和国合同法》第五十八条"合同无效后,双方都有过错的,应当各自承担相应的责任"的规定,上述费用应由物资供应站自行承担。

(3)因饶国礼对于《租赁合同》无效亦有过错,故对饶国礼的损失依照《中华人民共和国合同法》第五十八条的规定,亦应由其自行承担。

(4)饶国礼向物资供应站支付的 220 万元保证金,因《租赁合同》系无效合同,物资供应站基于该合同取得的该款项依法应当退还给饶国礼。

3. 合同无效后一方要求返还价款并支付资金占用利息的,对于资金占用利息人民法院应在当事人请求范围内按照同期贷款利率计算,同时考察双方过错——最高人民法院(2011)民提字第 235 号莫志华、深圳市东深工

程有限公司与东莞市长富广场房地产开发有限公司建设工程合同纠纷案（《最高人民法院公报》2013 年第 11 期）

裁判要旨：由于合同无效，长富广场公司依据合同取得的履约保证金应当返还莫志华，对莫志华要求长富广场公司返还履约保证金 270 万元的请求，一审法院予以支持。关于履约保证金的利息，由于合同中并无约定，故长富广场公司应从莫志华请求之日即莫志华起诉之日开始支付，利率为中国人民银行规定的同期同类贷款利率。

基本案情：2003 年 4 月 30 日，莫志华与东深公司订立《长富商贸广场工程合作协议书》，协议由莫志华以东深公司的名义与建设单位签订大朗商贸广场工程施工合同，东深公司的权利义务由莫志华实际享有和承担，莫志华向东深公司缴纳工程造价的 1.5% 的费用作为东深公司工程管理费。2003 年 5 月 13 日，东深公司与长富广场公司订立《长富广场工程初步协议》。2003 年 5 月 19 日，东深公司与长富广场公司签订《东莞市建设工程施工合同》。2003 年 5 月 21 日，东深公司与长富广场公司订立《大朗长富商贸广场工程施工合同》，合同确定工程的工期为 420 天，东深公司不按照合同的规定开工或不按照批准的施工方案的施工计划施工，造成施工进度严重滞后，长富广场公司和监理工程师书面通知勒令其改正，而 14 天内仍未采取改正措施，长富广场公司有权解除合同并没收履约保证金或重新调整合同施工范围，并且由东深公司承担长富广场公司因此产生的所有损失。由于东深公司的责任造成工期拖延时，每拖延一天，给予 6000 元的处罚。上述协议签订后，莫志华于 2003 年 6 月 23 日开始施工，长富广场公司中途设计变更及增加了部分工程。在工程施工过程中，由于材料涨价等原因，莫志华、东深公司与长富广场公司多次协商未果，在东莞市建设局的协调下，东深公司承诺退场。由于对已完成工程的造价产生争议，莫志华、东深公司遂提起诉讼。涉案工程在诉讼前没有进行造价结算，莫志华在诉讼过程中提出了对工程造价进行鉴定的申请。在诉讼中，莫志华确认长富广场公司已支付工程款 57860815.68 元。

东深公司认为双方所签合同因涉及挂靠而无效，因此按合同结算的工程造价鉴定书缺乏合法性。对按实结算工程造价鉴定书，东深公司基本同意莫志华的意见。

争议焦点：莫志华已交纳的履约保证金 270 万元应否由长富广场公司返还，保证金的利息应否支持的问题。

法院认为：莫志华提交了 2003 年 4 月 30 日中国建设银行进账单、2003 年 5 月 23 日的广东发展银行东莞分行进账单、清远市清新建筑安装工程公司东莞分公司出具的证明、东莞市金信联实业投资有限公司出具的证明，用以证明其支付了270万元的履约保证金。长富广场公司对两份进账单的真实性无异议，认为其收到了上述履约保证金，但对于清远市清新建筑安装工程公司东莞分公司出具的证明、东莞市金信联实业投资有限公司出具的证明的真实性不予确认，认为上述证明不能证明履约保证金属莫志华所有，而东深公司确认270万元的履约保证金属莫志华所有并支付。由于长富广场公司确认其已收到合同约定的履约保证金，而当时签订合同时另一方是东深公司，现东深公司自认上述履约保证金属莫志华所有，因此，应当确认长富广场公司收到的270万元的履约保证金属莫志华所有。由于合同无效，长富广场公司依据合同取得的履约保证金应当返还莫志华，对莫志华要求长富广场公司返还履约保证金270万元的请求，一审法院予以支持。关于履约保证金的利息，由于合同中并无约定，故长富广场公司应从莫志华请求之日即莫志华起诉之日开始支付，利率为中国人民银行规定的同期同类贷款利率。

第四章　合同的履行

【从给付义务、以物抵债、涉他合同、履行抗辩、情势变更】

李卓阳

引言

　　本章节主要围绕《合同编通则司法解释》第四章"合同的履行"的相关规定进行分析。作为合同关系从产生到消亡过程的中心环节，合同履行是实现合同订立目的的基本途径，违约责任制度设立的宗旨和目的就是保证合同的履行，合同保全制度也是为了保障合同债权的实现，而合同的担保是促使合同履行、保障债权实现的法律制度①。相较于《民法典》合同编对于合同的履行之体系化规定而言，《合同编通则司法解释》在《民法典》的基础上进一步细化了从给付义务的履行与救济、以物抵债、涉他合同、履行抗辩权以及情势变更等规则或者制度。

一、关联法规

　　《民法典》合同编关于合同的履行章节总共有 26 条，而《合同编通则司法解释》在"合同的履行"章节仅有 7 条，主要涉及从给付义务的履行与救济、以物抵债的类型及其法律适用、向第三人履行的合同、第三人代为清偿规则的适用、同时履行抗辩权与先履行抗辩权以及情势变更制度的适用。

　　本章的关联法规，具体见表 4 - 1。

表 4 - 1　合同的履行关联法规

第四章　合同的履行	
《合同编通则司法解释》	《民法典》及关联法规
第二十六条　当事人一方未根据法律规定或者合同约定履行开具发票、提供证明文件等非主要债务，对方请求继续履行该债务并赔偿因怠于履行该债务造成的损失的，人民法院依法予以支持；对方请求解除合同的，人民法院不予支持，但是不履行该债务致使不能实现合同目的或者当事人另有约定的除外。	《民法典》 　　**第五百零九条第一款、第二款**　当事人应当按照约定全面履行自己的义务。 　　当事人应当遵循诚信原则，根据合同的性质、目的和交易习惯履行通知、协助、保密等义务。

---

　　①　王利明：《合同法研究》，中国人民大学出版社 2015 年版，第 3—5 页。

续表

第四章　合同的履行	
《合同编通则司法解释》	《民法典》及关联法规
	第五百七十七条　当事人一方不履行合同义务或者履行合同义务不符合约定的,应当承担继续履行、采取补救措施或者赔偿损失等违约责任。 　　**第五百九十九条**　出卖人应当按照约定或者交易习惯向买受人交付提取标的物单证以外的有关单证和资料。 　　**《最高人民法院关于审理买卖合同纠纷案件适用法律问题的解释》** 　　**第四条**　民法典第五百九十九条规定的"提取标的物单证以外的有关单证和资料",主要应当包括保险单、保修单、普通发票、增值税专用发票、产品合格证、质量保证书、质量鉴定书、品质检验证书、产品进出口检疫书、原产地证明书、使用说明书、装箱单等。 　　**第十九条**　出卖人没有履行或者不当履行从给付义务,致使买受人不能实现合同目的,买受人主张解除合同的,人民法院应当根据民法典第五百六十三条第一款第四项的规定,予以支持。
第二十七条　债务人或者第三人与债权人在债务履行期限届满后达成以物抵债协议,不存在影响合同效力情形的,人民法院应当认定该协议自当事人意思表示一致时生效。 　　债务人或者第三人履行以物抵债协议后,人民法院应当认定相应的原债务同时消灭;债务人或者第三人未按照约定履行以物抵债协议,经催告后在合理期限内仍不履行,债权人选择请求履行原债务或者以物抵债协议的,人民法院应予支持,但是法律另有规定或者当事人另有约定的除外。 　　前款规定的以物抵债协议经人民法院确认或者人民法院根据当事人达成的以物抵债协议制作成调解书,债权人主张财产权利自确认书、调解书生效时发生变动或者具有对抗善意第三人效力的,人民法院不予支持。 　　债务人或者第三人以自己不享有所有权或者处分权的财产权利订立以物抵债协议的,依据本解释第十九条的规定处理。	**《民法典》第五百一十五条**　标的有多项而债务人只需履行其中一项的,债务人享有选择权;但是,法律另有规定、当事人另有约定或者另有交易习惯的除外。 　　享有选择权的当事人在约定期限内或者履行期限届满未作选择,经催告后在合理期限内仍未选择的,选择权转移至对方。 　　**《九民纪要》第四十四条**　当事人在债务履行期限届满后达成以物抵债协议,抵债物尚未交付债权人,债权人请求债务人交付的,人民法院要着重审查以物抵债协议是否存在恶意损害第三人合法权益等情形,避免虚假诉讼的发生。经审查,不存在以上情况,且无其他无效事由的,人民法院依法予以支持。
第二十八条　债务人或者第三人与债权人在债务履行期限届满前达成以物抵债协议的,人民法院应当在审理债权债务关系的基础上认定该协议的效力。 　　当事人约定债务人到期没有清偿债务,债权人可以对抵债财产拍卖、变卖、折价以实现债权的,人民法院应当认定该约定有效。当事人	**《民法典》** 　　**第四百一十条**　债务人不履行到期债务或者发生当事人约定的实现抵押权的情形,抵押权人可以与抵押人协议以抵押财产折价或者以拍卖、变卖该抵押财产所得的价款优先受偿。协议损害其他债权人利益的,其他债权人可以请求人民法院撤销该协议。

第四章　合同的履行	
《合同编通则司法解释》	《民法典》及关联法规
约定债务人到期没有清偿债务,抵债财产归债权人所有的,人民法院应当认定该约定无效,但是不影响其他部分的效力;债权人请求对抵债财产拍卖、变卖、折价以实现债权的,人民法院应予支持。 当事人订立前款规定的以物抵债协议后,债务人或者第三人未将财产权利转移至债权人名下,债权人主张优先受偿的,人民法院不予支持;债务人或者第三人已将财产权利转移至债权人名下的,依据《最高人民法院关于适用〈中华人民共和国民法典〉有关担保制度的解释》第六十八条的规定处理。	抵押权人与抵押人未就抵押权实现方式达成协议的,抵押权人可以请求人民法院拍卖、变卖抵押财产。 抵押财产折价或者变卖的,应当参照市场价格。 **第四百二十八条**　质权人在债务履行期限届满前,与出质人约定债务人不履行到期债务时质押财产归债权人所有的,只能依法就质押财产优先受偿。 **《最高人民法院关于适用〈中华人民共和国民法典〉有关担保制度的解释》** **第六十八条**　债务人或者第三人与债权人约定将财产形式上转移至债权人名下,债务人不履行到期债务,债权人有权对财产折价或者以拍卖、变卖该财产所得价款偿还债务的,人民法院应当认定该约定有效。当事人已经完成财产权利变动的公示,债务人不履行到期债务,债权人请求参照民法典关于担保物权的有关规定就该财产优先受偿的,人民法院应予支持。 债务人或者第三人与债权人约定将财产形式上转移至债权人名下,债务人不履行到期债务,财产归债权人所有的,人民法院应当认定该约定无效,但是不影响当事人有关提供担保的意思表示的效力。当事人已经完成财产权利变动的公示,债务人不履行到期债务,债权人请求对该财产享有所有权的,人民法院不予支持;债权人请求参照民法典关于担保物权的规定对财产折价或者以拍卖、变卖该财产所得的价款优先受偿的,人民法院应予支持;债务人履行债务后请求返还财产,或者请求对财产折价或者以拍卖、变卖所得的价款清偿债务的,人民法院应予支持。 债务人与债权人约定将财产转移至债权人名下,在一定期间后再由债务人或者其指定的第三人以交易本金加上溢价款回购,债务人到期不履行回购义务,财产归债权人所有的,人民法院应当参照第二款规定处理。回购对象自始不存在的,人民法院应当依照民法典第一百四十六条第二款的规定,按照其实际构成的法律关系处理。 **《九民纪要》第四十五条**　当事人在债务履行期届满前达成以物抵债协议,抵债物尚未交付债权人,债权人请求债务人交付的,因此种情况不同于本纪要第71条规定的让与担保,人民法院应当向其释明,其应当根据原债权债务关系提起诉讼。经释明后当事人仍拒绝变更诉讼请求的,应当驳回其诉讼请求,但不影响其根据原债权债务关系另行提起诉讼。

第四章 合同的履行	
《合同编通则司法解释》	《民法典》及关联法规
第二十九条 民法典第五百二十二条第二款规定的第三人请求债务人向自己履行债务的,人民法院应予支持;请求行使撤销权、解除权等民事权利的,人民法院不予支持,但是法律另有规定的除外。 合同依法被撤销或者被解除,债务人请求债权人返还财产的,人民法院应予支持。 债务人按照约定向第三人履行债务,第三人拒绝受领,债权人请求债务人向自己履行债务的,人民法院应予支持,但是债务人已经采取提存等方式消灭债务的除外。第三人拒绝受领或者受领迟延,债务人请求债权人赔偿因此造成的损失的,人民法院依法予以支持。	**《民法典》第五百二十二条** 当事人约定由债务人向第三人履行债务,债务人未向第三人履行债务或者履行债务不符合约定的,应当向债权人承担违约责任。 法律规定或者当事人约定第三人可以直接请求债务人向其履行债务,第三人未在合理期限内明确拒绝,债务人未向第三人履行债务或者履行债务不符合约定的,第三人可以请求债务人承担违约责任;债务人对债权人的抗辩,可以向第三人主张。
第三十条 下列民事主体,人民法院可以认定为民法典第五百二十四条第一款规定的对履行债务具有合法利益的第三人: (一)保证人或者提供物的担保的第三人; (二)担保财产的受让人、用益物权人、合法占有人; (三)担保财产上的后顺位担保权人; (四)对债务人的财产享有合法权益且该权益将因财产被强制执行而丧失的第三人; (五)债务人为法人或者非法人组织的,其出资人或者设立人; (六)债务人为自然人的,其近亲属; (七)其他对履行债务具有合法利益的第三人。 第三人在其已经代为履行的范围内取得对债务人的债权,但是不得损害债权人的利益。 担保人代为履行债务取得债权后,向其他担保人主张担保权利的,依据《最高人民法院关于适用〈中华人民共和国民法典〉有关担保制度的解释》第十三条、第十四条、第十八条第二款等规定处理。	**《民法典》** **第五百二十三条** 当事人约定由第三人向债权人履行债务,第三人不履行债务或者履行债务不符合约定的,债务人应当向债权人承担违约责任。 **第五百二十四条** 债务人不履行债务,第三人对履行该债务具有合法利益的,第三人有权向债权人代为履行;但是,根据债务性质、按照当事人约定或者依照法律规定只能由债务人履行的除外。 债权人接受第三人履行后,其对债务人的债权转让给第三人,但是债务人和第三人另有约定的除外。 **《最高人民法院关于适用〈中华人民共和国民法典〉有关担保制度的解释》** **第十三条** 同一债务有两个以上第三人提供担保,担保人之间约定相互追偿及分担份额,承担了担保责任的担保人请求其他担保人按照约定分担份额的,人民法院应予支持;担保人之间约定承担连带共同担保,或者约定相互追偿但是未约定分担份额的,各担保人按照比例分担向债务人不能追偿的部分。 同一债务有两个以上第三人提供担保,担保人之间未对相互追偿作出约定且未约定承担连带共同担保,但是各担保人在同一份合同书上签字、盖章或者按指印,承担了担保责任的担保人请求其他担保人按照比例分担向债务人不能追偿部分的,人民法院应予支持。 除前两款规定的情形外,承担了担保责任的担保人请求其他担保人分担向债务人不能追偿部分的,人民法院不予支持。 **第十四条** 同一债务有两个以上第三人提供担保,担保人受让债权的,人民法院应当认定

续表

《合同编通则司法解释》	《民法典》及关联法规
	该行为系承担担保责任。受让债权的担保人作为债权人请求其他担保人承担担保责任的,人民法院不予支持;该担保人请求其他担保人分担相应份额的,依照本解释第十三条的规定处理。 　　第十八条　承担了担保责任或者赔偿责任的担保人,在其承担责任的范围内向债务人追偿的,人民法院应予支持。 　　同一债权既有债务人自己提供的物的担保,又有第三人提供的担保,承担了担保责任或者赔偿责任的第三人,主张行使债权人对债务人享有的担保物权的,人民法院应予支持。
第三十一条　当事人互负债务,一方以对方没有履行非主要债务为由拒绝履行自己的主要债务的,人民法院不予支持。但是,对方不履行非主要债务致使不能实现合同目的或者当事人另有约定的除外。 　　当事人一方起诉请求对方履行债务,被告依据民法典第五百二十五条的规定主张双方同时履行的抗辩且抗辩成立,被告未提起反诉的,人民法院应当判决被告在原告履行债务的同时履行自己的债务,并在判项中明确原告申请强制执行的,人民法院应当在原告履行自己的债务后对被告采取执行行为;被告提起反诉的,人民法院应当判决双方同时履行自己的债务,并在判项中明确任何一方申请强制执行的,人民法院应当在该当事人履行自己的债务后对对方采取执行行为。 　　当事人一方起诉请求对方履行债务,被告依据民法典第五百二十六条的规定主张原告应先履行的抗辩且抗辩成立,人民法院应当驳回原告的诉讼请求,但是不影响原告履行债务后另行提起诉讼。	《民法典》 　　第五百二十五条　当事人互负债务,没有先后履行顺序的,应当同时履行。一方在对方履行之前有权拒绝其履行请求。一方在对方履行债务不符合约定时,有权拒绝其相应的履行请求。 　　第五百二十六条　当事人互负债务,有先后履行顺序,应当先履行债务一方未履行的,后履行一方有权拒绝其履行请求。先履行一方履行债务不符合约定的,后履行一方有权拒绝其相应的履行请求。
第三十二条　合同成立后,因政策调整或者市场供求关系异常变动等原因导致价格发生当事人在订立合同时无法预见的、不属于商业风险的涨跌,继续履行合同对于当事人一方明显不公平的,人民法院应当认定合同的基础条件发生了民法典第五百三十三条第一款规定的"重大变化"。但是,合同涉及市场属性活跃、长期以来价格波动较大的大宗商品以及股票、期货等风险投资型金融产品的除外。 　　合同的基础条件发生了民法典第五百三十三条第一款规定的重大变化,当事人请求变更合同的,人民法院不得解除合同;当事人一方请求变更合同,对方请求解除合同的,或者当事人	《民法典》 　　第五百三十三条　合同成立后,合同的基础条件发生了当事人在订立合同时无法预见的、不属于商业风险的重大变化,继续履行合同对于当事人一方明显不公平的,受不利影响的当事人可以与对方重新协商;在合理期限内协商不成的,当事人可以请求人民法院或者仲裁机构变更或者解除合同。 　　人民法院或者仲裁机构应当结合案件的实际情况,根据公平原则变更或者解除合同。 　　第五百六十三条　有下列情形之一的,当事人可以解除合同:

续表

第四章 合同的履行	
《合同编通则司法解释》	《民法典》及关联法规
一方请求解除合同，对方请求变更合同的，人民法院应当结合案件的实际情况，根据公平原则判决变更或者解除合同。 人民法院依据民法典第五百三十三条的规定判决变更或者解除合同，应当综合考虑合同基础条件发生重大变化的时间、当事人重新协商的情况以及因合同变更或者解除给当事人造成的损失等因素，在判项中明确合同变更或者解除的时间。 当事人事先约定排除民法典第五百三十三条适用的，人民法院应当认定该约定无效。	（一）因不可抗力致使不能实现合同目的； （二）在履行期限届满前，当事人一方明确表示或者以自己的行为表明不履行主要债务； （三）当事人一方迟延履行主要债务，经催告后在合理期限内仍未履行； （四）当事人一方迟延履行债务或者有其他违约行为致使不能实现合同目的； （五）法律规定的其他情形。 以持续履行的债务为内容的不定期合同，当事人可以随时解除合同，但是应当在合理期限之前通知对方。

二、核心问题

（一）从给付义务的履行与救济

在双务合同中，合同义务包括给付义务与附随义务，依合同的各给付义务之间的关系划分，给付义务可以划分为两类，即主给付义务和从给付义务。主给付义务系合同义务中最核心的内容，从给付义务可以理解为主给付义务外层的一种义务，附随义务是从给付义务之外，更外围的一层义务。①

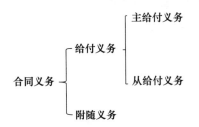

1. 主给付义务、从给付义务与附随义务的概念之厘清

债的关系的核心在于给付，从合同当事人所负担的义务角度来说，我们往往称为给付义务，对此，债务人负有履行该义务的责任。合同当事人所互相约定的给付内容则是债的类型中最典型的给付义务类型。其中主给付义务是指合同关系所固有、必备，并且用以决定合同关系类型的基本义务，又称合同关系的要素。从给付义务，是指从属于主给付义务，其本身不具有独立的意义，但可以确保债权人的利益能够获得最大限度满足的辅助性给付

① 梁慧星：《读条文 学民法》，人民法院出版社 2017 年版，第 205 页。

义务。从给付义务既可能源于法律的明文规定(如《民法典》第五百九十条①以及买卖合同司法解释第四条②),也可能基于当事人的约定,还可能源于诚实信用原则及补充解释。区分从给付义务与主给付义务,合同中的从给付义务不决定合同类型,仅具有辅助主给付义务的功能,仅依据交付标的物单证等给付内容不能直接识别合同类型。

在审判实践中,容易与从给付义务产生混淆的是附随义务。《民法典》并未对附随义务进行明确规定,一般认为第五百零九条第二款所规定的为附随义务。据此,附随义务是指告知、照顾、保护、说明、保密、忠实等义务,这些义务基于诚实信用原则而产生,取决于债的关系发展情形,不受债的种类限制。在履行特定合同时,当事人应根据诚实信用原则,并根据合同的性质、目的和交易习惯具体判断应履行哪些附随义务。区分从给付义务和附随义务,德国通说认为应以得否独立以诉请求履行为判断标准(王泽鉴语③),即能够独立诉讼请求履行的为从给付义务,不能独立诉讼请求履行的则为附随义务。

2. **违反主给付义务、从给付义务以及附随义务的法律后果**

(1)不履行主给付义务:相对人可以主张违约责任、同时履行抗辩权甚至解除合同等。主给付义务中,因构成对待给付关系,一方违反主给付义务,相对方可直接援引抗辩权的规定而拒绝履行其主给付义务④。违反主给付义务亦可引发损害赔偿义务,包括因给付不能、给付延迟或不完全给付而产生的损害赔偿义务⑤。若上述行为导致合同目的不能实现,则产生合同解除权⑥以及合同解除的法律后果。

(2)不履行从给付义务或者不当履行从给付义务时,则与违反主给付义

---

① 《中华人民共和国民法典》第五百九十九条:出卖人应当按照约定或者交易习惯向买受人交付提取标的物单证以外的有关单证和资料。

② 《最高人民法院关于审理买卖合同纠纷案件适用法律问题的解释(2020年修正)》第四条:民法典第五百九十九条规定的"提取标的物单证以外的有关单证和资料",主要应当包括保险单、保修单、普通发票、增值税专用发票、产品合格证、质量保证书、质量鉴定书、品质检验证书、产品进出口检疫书、原产地证明书、使用说明书、装箱单等。

③ 王泽鉴:《债法原理》,北京大学出版社2013年版,第83页。

④ 《中华人民共和国民法典》第五百二十五条:当事人互负债务,没有先后履行顺序的,应当同时履行。一方在对方履行之前有权拒绝其履行请求。一方在对方履行债务不符合约定时,有权拒绝其相应的履行请求。

⑤ 《中华人民共和国民法典》第五百八十三条:当事人一方不履行合同义务或者履行合同义务不符合约定的,在履行义务或者采取补救措施后,对方还有其他损失的,应当赔偿损失。

⑥ 《中华人民共和国民法典》第五百六十三条第一款第三项:有下列情形之一的,当事人可以解除合同:(三)当事人一方迟延履行主要债务,经催告后在合理期限内仍未履行。

务的法律后果不同:

其一,相对人可以主张相应的违约责任,对于实践中遇到的开具发票、提供证明文件等从合同义务,根据本解释第二十六条的规定,可以作为诉讼请求起诉对方请求继续履行该义务或者赔偿因怠于履行该义务给自己造成的损失。

其二,一般情况下,相对人不能以此不履行其应承担的主给付义务[如最高人民法院在(2019)最高法民终 185 号①案件中的裁判观点,详见本章节参考案例 1],二者之间并不形成对待给付。

其三,一般情况下,相对人也不得主张同时履行抗辩权或解除合同,除非不履行该从给付义务致使不能实现合同目的或者当事人另有约定的,相对人则可以诉请解除合同。

(3)不履行附随义务时:首先,附随义务不产生双务合同上的对待给付,不产生同时履行抗辩权;其次,当未履行附随义务给债权人造成损害时,所应赔偿的原则上是固有利益的损害;最后,民法理论上认为附随义务本身不能成为诉讼请求之客体。

最后,需要特别注意的是,此前司法实践中对从给付义务与附随义务的认定与处理问题认识不一,其中开具发票事项是近年来最为显著的争议之一。发票开具也属于民事义务的一种,只是基于税法的规定而产生,而对开票义务性质的认识直接影响案件的结果。就笔者观察,此前实践中很多案例虽将开票义务认定为合同附随义务,但同时基于开票义务对合同履行所产生的影响较大,也存在大量判决当事人履行开票义务的情况。如云南省玉溪市中级人民法院在(2019)云 04 民终 67 号案件中的裁判观点(详见本章节参考案例 2),"开具发票既是履行合同的附随义务,也是根据相关税务法规应当承担的法定义务,当事人不履行的,应当承担继续履行、赔偿损失等违约责任"。

对此,本次《合同编通则司法解释》第二十六条对于司法实践中的争议予以及时、具体的回应,明确了开具发票义务属于从给付义务,可以诉讼请求履行并要求赔偿损失,在不履行开具发票义务致使合同目的无法实现或当事人之间另有约定时,还有权请求解除合同。

(二)以物抵债的类型及其法律适用

1. 以物抵债制度之沿革

以物抵债通常是指当事人相互之间存在金钱债务,约定以特定物替代

---

① 东方电气集团东方汽轮机有限公司与大庆高新技术产业开发区大丰建筑安装有限公司、大庆大丰能源技术服务有限公司买卖合同纠纷案,《最高人民法院公报》2020 年 11 期。

原金钱债务的清偿。虽然理论界与实务界均已广泛使用"以物抵债"这一词汇,但《民法典》中并无相应概念和制度的规定,以物抵债协议也并非《民法典》合同编所规定的典型合同。此前在人民法院发布的相关文件中,涉及以物抵债的较有影响力的文件为《全国法院民商事审判工作会议纪要》(法〔2019〕254 号)。

实践中,以物抵债作为交易形式早已大量存在,以房抵债更是屡见不鲜,尤其涉及工程价款、股权让与担保等情形。一般情况下,以物抵债的目的是及时还清债务,但也存在通过以物抵债的方式而恶意逃避债务等情形。因缺乏明确的法律规定,以物抵债作为清偿方式已经引发诸多争议,有必要对以物抵债相关问题进行研讨、析明。

在认定以物抵债协议与原债的关系时,有观点认为以物抵债是指债权人现实受领他种新给付以代替原定旧给付,双方之间产生原债关系消灭的法律效果,此为代物清偿说;有观点则认为,以物抵债协议成立则旧债消灭,此为债务更新说,又称债的更改;也有观点认为,以物抵债协议是债务人为清偿原债与债权人约定新给付的合同,在成立一个新债务的同时,旧债务并未消灭,而是新旧两债同时并存,如以物抵债协议未得到履行,则债权人可以请求继续履行以物抵债协议即新债,亦可请求恢复履行旧的债务。

本次《合同编通则司法解释》结合理论研究成果与司法实践经验,以订立协议时债务履行期限是否届满为标准,将以物抵债协议分为履行期限届满后达成的以物抵债协议(清偿型以物抵债)和履行期限届满前达成的以物抵债协议(担保型以物抵债),分两条予以规制。

2. 履行期届满后达成的以物抵债协议(清偿型以物抵债)

在履行期限届满后达成的以物抵债协议,通常系出现了无法履行原债的情况而需用以特定物代替清偿,在不存在影响合同效力的情形下,应当尊重当事人的意思自治。本次《合同编通则司法解释》在第二十七条对于履行期限届满后达成的以物抵债协议的法律适用进行规定,具体而言:

首先,明晰了多年以来关于以物抵债协议属于实践合同还是诺成合同的争议,沿袭了《九民纪要》第四十四条的观点,明确了履行期限届满后达成的以物抵债协议其性质为诺成合同。同时,合同的一方既可以是债务人,也可以是第三人,债务人可以基于其与第三人之间的其他债权债务关系以第三人的财产作为抵债物。

其次,解决了关于以物抵债协议属于债的更改还是新债清偿的问题,明确了履行期限届满后达成的以物抵债协议一般为新债清偿,赋予债权人选择权。在债务人或者第三人未履行以物抵债协议时,债权人可以选择请求履行原债务或者以物抵债协议，也即债权人既可主张旧债也可主张新债。对此，最高人民法院司法裁判观点（详见本章节参考案例3）亦认为："基于保护债权的理念，债的更改一般需有当事人明确消灭旧债的合意，否则，当事人于债务清偿期届满后达成的以物抵债协议，性质一般应为新债清偿。在新债清偿情形下，旧债务于新债务履行之前不消灭，旧债务和新债务处于衔接并存的状态。在新债务合法有效并得以履行完毕后，因完成了债务清偿义务，旧债务才归于消灭。在债权人与债务人达成以物抵债协议、新债务与旧债务并存时，确定债权是否得以实现，应以债务人是否按照约定全面履行自己义务为依据。若新债务届期不履行，致使以物抵债协议目的不能实现的，债权人有权请求债务人履行旧债务，且该请求权的行使，并不以以物抵债协议无效、被撤销或者被解除为前提。"

再次，明确根据以物抵债协议所作的确认书或者调解书不具有物权变动或者对抗善意第三人的效力。这是由于包括调解书在内的法律文书一般分为给付性、确认性和形成性三种，其中只有形成性法律文书才能直接导致物权变动，而根据以物抵债协议所作的确认书或者调解书属于给付性或者确认性的，故不能直接产生物权变动的效力。

最后，明确债务人或者第三人订立以物抵债协议的抵债标的物构成无权处分的，适用本次《合同编通则司法解释》第十九条关于无权处分的规定。此时，当事人或者真正权利人不能仅以无权处分为由，主张以物抵债协议无效；在以物抵债协议被认定有效但无法履行时，债权人可以行使选择权主张解除以物抵债协议，也可以主张恢复旧债的履行；在以物抵债协议被认定有效且已经履行的，真正权利人有权请求返还财产，但是债权人属于善意取得的除外。

3. 履行期届满前达成的以物抵债协议（担保型以物抵债）

如果在债务履行期届满前达成了以物抵债协议的，关于协议的效力问题存有争议。主流观点认为，债权人与债务人签订该协议实际上是为担保原有债务的履行，其性质应属于担保，需要区分不同情况认定约定效力。对此，本次《合同编通则司法解释》在第二十八条就履行期限届满前达成的以物抵债协议的法律适用进行规定：

首先，明确履行期限届满前达成的以物抵债协议的效力与原债之间存在因果关系，应当在原债权债务关系的审理基础上认定协议效力。

其次，区分抵债物实现方式的不同约定、抵债物是否实际交付等不同情形予以分别规制，即应当根据当事人的具体约定和履行情况确定协议效力。这主要是基于公平原则和利益平衡的考量，因为在债务履行期限届满前就达成以物抵债约定的,如果已经实际交付抵债物,此时抵债物的实际价值与债权额本身可能相差甚远;而如果在履行期限届满后再交付,此时抵债物的价值相较于抵债协议达成时的价值往往已经有所不同,若不加以区分地直接认定以物抵债协议有效,则很有可能出现大量显失公平、利益失衡的问题。

再次,就抵债物实现方式的不同约定而言:如果当事人之间约定债务人到期不履行债务时抵债物实现方式为"对抵债财产拍卖、变卖、折价以实现债权的",该约定有效;但如果当事人之间约定的抵债物实现方式为"抵债财产归债权人所有的",该约定因违反《民法典》第四百零一条、第四百二十八条关于流押、流质条款的规定而应当归于无效,也即在债务履行期限届满前,债务人或者第三人不得与债权人约定债务人不履行到期债务时担保财产归债权人所有。需要特别注意的是,该约定无效的,不影响以物抵债协议其他部分的效力。

最后,就抵债物是否实际交付而言:如果抵债物并未实际交付,则此时对以物抵债协议的性质和效力判断,可以将以物抵债协议视为当事人主债权债务合同的担保,债权人要求履行以物抵债协议的,不应支持,应当根据原债权债务关系进行处理,但因这种担保缺乏物权设立因素,因此其并不具有优先受偿权;如果抵债物已经完成实际交付,当事人之间关于抵债财产归债权人所有的约定仍然应属无效,此时应将以物抵债协议视为让与担保,因其完成了物权公示手续,应认为债权人有权对财产折价或者以拍卖、变卖该财产所得价款优先受偿。

(三)涉他合同与第三人代为履行

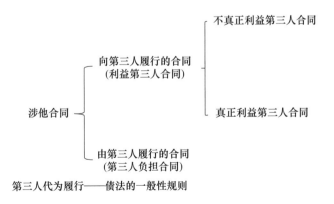

第三人代为履行——债法的一般性规则

合同关系是存在于特定当事人之间的权利义务关系,依法成立的合同原则上仅对合同当事人具有法律拘束力,而对第三人没有约束力,即"合同的相对性"。实践中涉及第三人实际享有权利和履行义务的情形突破了合同的相对性原则,学理上称为"涉他合同",具体包括向第三人履行的合同和由第三人履行的合同。

除此之外,因我国《民法典》不设债法总则编,为了使合同编通则发挥债法总则的作用,有必要补充债法的一般性规则。对此,《民法典》参考境外立法例新增了第三人代为履行制度,为了保护就债务履行有合法利益的第三人,打破了债的相对性,赋予该第三人代为履行的权利。

1. 向第三人履行的合同(利益第三人合同)

(1)不真正利益第三人合同

当事人约定由债务人向第三人履行债务的,此为债权人和债务人之间所作的约定,若债务人未向第三人履行债务或者履行债务不符合约定,合同的实际权利义务承受人仍为债权人,如吉林市中院在(2019)吉 02 民终 73 号案件中的裁判观点①。债务人应当向债权人承担违约责任,而不是向第三人承担违约责任,源于该约定对第三人没有拘束力。实际接受债务履行的第三人并不当然成为债的主体,债权人与债务人的合同被认定无效后,债务人以第三人实际收到合同项下款项为由主张第三人承担返还责任的,无法律依据,如最高人民法院在(2017)最高法民申 2086 号案件中的裁判观点(详见本章节参考案例 6)。

《民法典》合同编第五百二十二条第一款规定的即为不真正利益第三人合同,在不真正利益第三人合同中,仍然坚守着合同相对性原则,第三人没有请求债务人履行的权利,仅仅可以接受债务人的履行[最高人民法院在(2018)最高法民终 749 号②案件、江苏省高院在(2019)苏民终 1150 号③案件

---

① 逢锦桥与陈文凯、吉林省兴田置业有限公司申请执行人执行异议之诉二审民事判决书,(2019)吉 02 民终 73 号:逢锦桥在本案二审庭审中明确承认案涉房屋系兴田置业基于与海集公司的合同向其履行,将房屋备案登记在逢锦桥名下,海集公司才是兴田置业以房抵债的实际权利义务承受人。在逢锦桥与海集公司并不存在买卖合同或者赠与合同关系的情况下,逢锦桥当然也不享有对案涉房屋的物权期待权,故其主张排除执行的诉讼请求,本院依法不予支持。

② 清远市佰利房地产投资有限公司、广东清远高新技术产业开发区管理委员会合同纠纷二审民事判决书,(2018)最高法民终 749 号:在合同关系中,当事人约定由债务人向第三人履行的,原债权人和债务人的合同关系不因此改变。第三人并非合同当事人,不是债权人与债务人合同纠纷案中必须参加诉讼的当事人,故法院遵循合同相对性原则未追加第三人参加诉讼并无不当。

③ 盐城市城乡建设局与江苏盐渎花园国际大酒店有限公司、盐城市卡地亚商务服务有限公司等房屋租赁合同纠纷二审民事判决书,(2019)苏民终 1150 号:双方只是约定盐渎花园公司在履行对卡地亚公司所负债务时向第三人即盐城市建设局直接履行,但未约定第三人即盐城市建设局可向盐渎花园公司直接主张权利。故盐城建设局主张盐渎花园公司在承诺书上签字属于债务加入与承诺书内容不符,该主张不能成立。

中同样持此观点〕,履行请求权仍然属于作为合同当事人的债权人,应由债权人起诉债务人要求其向第三人履行债务,若第三人和债权人之间有其他约定的,则第三人可以依约定另行向债权人主张权利〔(2017)最高法民申1060 号①〕。

(2)真正利益第三人合同

当法律规定或者当事人特别约定,债务人向第三人履行债务,第三人可以直接请求债务人向其履行债务时,即为真正利益第三人合同。第三人未在合理期限内明确拒绝,债务人未向第三人履行债务或者履行债务不符合约定的,第三人可以直接请求债务人承担违约责任。同时,债务人对债权人的抗辩,可以向第三人主张。《民法典》合同编第五百二十二条第二款及本次《合同编通则司法解释》第二十九条规定的即为真正利益第三人合同,各国立法中的利益第三人合同一般仅指真正利益第三人合同。

第三人是否取得了对债务人的履行请求权,此为不真正利益第三人合同与真正利益第三人合同的主要区别。如果合同当事人仅约定由债务人向第三人履行债务,而没有赋予第三人履行请求权的,则不属于真正利益第三人合同。

在真正利益第三人合同中,第三人履行请求权的取得和行使需要注意以下几点:

其一,就请求权来源而言,第三人取得履行请求权需要有法律的规定或者当事人的约定。真正利益第三人合同给予第三人履行请求权系对合同相对性原则的突破,必须严格规制。大多情况下,真正利益第三人合同的产生是基于合同当事人的约定,在此情况下,法律尊重当事人之间的合意,第三人可以取得履行请求权。除当事人的约定之外,法律对一些特殊的合同直接赋予第三人履行请求权,例如根据保险法第十二条②的规定,被保险人或者投保人虽然不是订立保险合同的当事人,但其依法享有保险金请求权。

其二,就第三人选择而言,第三人拥有拒绝权。合同当事人为第三人设定履行请求权,系民法上自愿原则的体现,则同样根据自愿原则,即便该约定系

---

① 安徽祥兴建设工程有限公司与南昌航空大学、江西天马投资置业有限公司债权转让合同纠纷申诉、申请民事裁定书,(2017)最高法民申 1060 号:应祥兴公司不是引资协议当事人,其作为接受债务履行的第三人,有权依据其他法律关系向天马公司主张权利。

② 《中华人民共和国保险法》(2015 年修正)第十二条:人身保险的投保人在保险合同订立时,对被保险人应当具有保险利益。财产保险的被保险人在保险事故发生时,对保险标的应当具有保险利益。人身保险是以人的寿命和身体为保险标的的保险。财产保险是以财产及其有关利益为保险标的的保险。被保险人是指其财产或者人身受保险合同保障,享有保险金请求权的人。投保人可以为被保险人。保险利益是指投保人或者被保险人对保险标的具有的法律上承认的利益。

赋予第三人纯粹利益,第三人也仍有拒绝的权利。在真正利益第三人合同中,若第三人未在合理期限内拒绝的,就获得了对债务人的履行请求权。

其三,就第三人与债务人而言,第三人可以直接请求债务人承担违约责任,债务人可以向第三人主张其对债权人的抗辩。当债务人未向第三人履行债务或者履行债务不符合约定的,第三人可以直接请求债务人承担违约责任,如继续履行或者赔偿损失等。但由于第三人并非合同当事人,其请求权应当受限,损害赔偿的范围限于因债务人不履行债务使第三人为接受履行作出准备而遭受的损失,不包括可得利益损失;无权主张违约金、定金责任;不得解除合同①。此时,债务人对债权人所享有的抗辩并不因向第三人履行而受到影响,债务人对债权人的抗辩,可以向第三人主张。

其四,就请求权限制而言,第三人无权主张行使撤销权、解除权等民事权利。虽然第三人享有履行请求权,但其并不因此获得合同当事人的身份,也不具有合同当事人所享有的解除权、撤销权等。同理,若合同被撤销或者解除,债务人只能请求债权人返还财产,而不能直接要求非合同当事人的第三人返还。

其五,第三人拒绝受领或迟延受领的,债权人可以请求债务人向其履行,除非债务人已经采取提存等方式消灭债务。第三人拒绝受领或者受领迟延给债务人造成损失的,债务人有权请求债权人予以赔偿。

2. 由第三人履行的合同(第三人负担合同)

双方当事人约定由第三人向债权人履行债务的合同,即为第三人负担的合同,又称为由第三人履行的合同。实践中经常会出现由第三人履行的合同,大多是由于债务人和第三人之间存在其他债权债务关系,故为了提高交易效率、减少交易成本,可以约定由第三人直接向债权人履行。对于由第三人履行的合同而言,第三人向债权人履行债务的基础原因在所不问,不影响由第三人履行合同的成立和效力。

在由第三人履行的合同中,当事人仍然是债权人和债务人,第三人不属于合同当事人,故该合同对第三人不能产生法律拘束力。若第三人未向债权人履行债务,违约责任仍由债务人独立承担,而不是第三人,如最高人民法院在(2020)最高法知民终 220 号②案件中的裁判观点:"专利代理合同履

---

① 王利明:《民法典合同编通则中的重大疑难问题研究》,载《云南社会科学》2020 年第 1 期。

② 朱晓颂、上海宏景商标代理有限公司委托合同纠纷二审民事判决书,(2020)最高法知民终 220 号:宏威公司虽然参与了涉案合同的履行,但其并非涉案合同的相对方,在涉案合同签订时,宏威公司尚未成立。即使由于宏威公司的过错造成相关文件通知未能及时送达,鉴于宏威公司并非涉案合同的相对方,其不应承担相应的违约责任,因合同瑕疵履行的违约责任仍由被告宏景公司向原告承担。

行过程中,当事人约定由第三人向委托人履行合同的,若该第三人不履行或其履行不符合合同约定,仍由原签订合同的专利代理公司向委托人承担违约责任。"第三人可能会根据其与债务人之间的约定而向债务人承担责任,但该责任并非基于由第三人履行的合同,而是基于第三人和债务人之间的另行约定。

需要特别注意的是,由第三人履行的合同仍然坚守合同相对性原则,不解决债权人是否能够直接请求第三人履行的问题。债权人是否享有直接请求第三人履行的权利,属于真正利益第三人合同的范畴,要看债务人与第三人之间是否订有以债权人为受益人的真正利益第三人合同①。若债务人和第三人之间另行约定债权人可以直接请求第三人向其履行的,则是债务人和第三人之间订立了真正利益第三人合同,应当按照前文所述的真正利益第三人合同进行处理,即债权人作为债务人和第三人订立合同中的真正利益第三人,可以直接请求第三人承担向其继续履行、赔偿损失等违约责任。

3. 具有合法利益的第三人代为履行

为了保护就债务履行有合法利益的第三人,《民法典》第五百二十四条突破了债的相对性原则,赋予第三人代为履行的权利,具有合法利益的第三人代为履行债务,不需要考虑是否违反债务人的意思,债权人也不得拒绝。第三人代为履行制度作为《民法典》的新增内容之一,被认为是合同编的一大亮点。但由于第三人代为履行必然会对合同相对性、合同的履行产生巨大影响,本次《合同编通则司法解释》对第三人代为履行制度的具体适用范围进一步阐明。

其一,就代为履行的主体而言:第三人必须对债务履行具有合法利益。对于"具有合法利益的第三人"的范围,本次《合同编通则司法解释》第三十条填补了《民法典》第五百二十四条的空白,根据实践情况的需要和发展采用列举式立法技术规定了具有合法利益的第三人的范围,其中"法人或者非法人组织的出资人或者设立人""债务人的近亲属"为新增内容;而"其他对履行债务具有合法利益的第三人"的"其他",则如次承租人对于承租人迟延缴纳的租金系对履行债务具有合法利益的第三人。

需要注意的是,具有合法利益的第三人并非在任何情况下都享有代为履行的权利,当根据债务性质、按照当事人约定或者依照法律规定只能由债务人履行时,即使第三人具有合法利益,也不能代为履行。

其二,就代为履行的法律效果而言:具有合法利益的第三人代为履行的

---

① 黄薇:《中华人民共和国民法典合同编解读》(上册),中国法制出版社 2020 年版。

法律效果为法定的债权转让。具有合法利益的第三人代为履行后，债权人的债权得以实现，债权人与债务人之间的债权债务关系消灭，债权人接受第三人履行后，其对债务人的债权转让给第三人，第三人在其已代为履行的范围内取得对债务人的债权，但是不得损害债权人的利益。

需要注意的是，担保人作为具有合法利益的第三人代为履行债务而取得债权的，该代为履行的法律效果系承担担保责任，其可以在承担责任的范围内向债务人追偿。该担保人向其他担保人主张担保权利的，需要根据担保人之间是否约定互相追偿以及分担份额进行具体处理，适用《担保制度司法解释》第十三条、第十四条、第十八条第二款等规定。

（四）履行抗辩权的行使

1. 同时履行抗辩权

同时履行抗辩权是指在没有先后履行顺序的双务合同中，一方当事人在对方当事人未履行或者履行不符合约定的情况下，享有拒绝对待给付的权利。同时履行抗辩权制度并非追求双方当事人债务的同时履行，而是作为一种防御性权利，从制度设计上来说，"防御"不是目的，目的在于打破僵局，促使债务履行。

就同时履行抗辩权的成立要件而言，一是须基于同一双务合同互负债务，在履行上存在关联性。但需要注意的是，根据本次《合同编通则司法解释》第三十一条第一款的规定，不能以对方未履行从给付义务据以主张同时履行抗辩权而拒绝履行自己的主给付义务，除非不履行该从给付义务致使不能实现合同目的或者双方另有约定的。二是当事人的债务没有先后履行顺序。如果当事人互负债务，但是依照当事人约定等能够确定先后履行顺序的，则可能会适用的是后履行抗辩权和不安抗辩权制度。三是须双方所负的债务均已届履行期。四是对方当事人未履行自己所负的债务或者履行债务不符合约定仍然提出履行请求。

就同时履行抗辩权的效力而言，对方不履行债务的，当事人在对方履行之前有权拒绝其履行请求。对于对方履行债务不符合约定的，当事人有权拒绝其相应的履行请求。需要注意的是，同时履行抗辩权只是暂时阻止对方当事人请求权的行使，而非永久的抗辩权。对方当事人完全履行了合同义务，同时履行抗辩权消灭，当事人应当履行自己的义务。行使同时履行抗辩权致使合同迟延履行的，当事人不因此承担违约责任。

就同时履行抗辩权的行使而言，本次《合同编通则司法解释》第三十一条第二款首次以司法解释的形式确立了对待给付判决制度，该款规定不仅是近年来民事诉讼法学界对于同时履行抗辩权司法适用研究的直接成果转化,而且是综合比较了司法实践中几种不同处理方式的科学总结,该条款就对待给付判决的适用条件、适用方式及其法律后果作出了详尽、具体的规定,实现了同时履行抗辩权在程序法与实体法上的有效对接,填补了的法律规则空白,对推动我国民事诉讼制度发展具有重要意义(刘海伟语[①])。

具体而言,该条款明确规定诉讼中被告主张同时履行抗辩权且抗辩成立的,区分其是否提起反诉作出不同的处理规则:其一,被告未提起反诉的,法院应当作出对待给付判决,即判决被告在原告履行债务的同时履行自己的债务,并在判项中明确原告申请强制执行的,人民法院应当在原告履行自己的债务后对被告采取执行行为;其二,被告提起反诉的,人民法院应当作出同时履行判决,即判决双方同时履行自己的债务,并在判项中明确任何一方申请强制执行的,人民法院应当在该当事人履行自己的债务后对对方采取执行行为。

2. 先履行抗辩权

先履行抗辩权,是指在合同双方当事人互负债务并有先后履行顺序的,应当先履行的一方当事人未履行或者履行债务不符合约定的,后履行的一方当事人享有拒绝对方履行请求或者拒绝对方相应履行请求的权利。

就先履行抗辩权的成立要件而言,一是同样需基于同一双务合同。二是当事人的债务有先后履行顺序。三是应当先履行的当事人不履行债务或者履行债务不符合约定。四是后履行一方当事人的债务已届履行期。如果后履行一方当事人的债务尚未到期,在对方当事人请求履行时,后履行一方当事人可以主张债务履行期尚未届至的抗辩,无须适用先履行抗辩权制度。

就先履行抗辩权的效力而言,其与同时履行抗辩权一样属于延期的抗辩权,只是暂时阻止对方当事人请求权的行使。对方当事人履行了合同义务,先履行抗辩权消灭,当事人应当履行自己的义务。后履行一方当事人行使先履行抗辩权致使合同迟延履行的,该当事人不承担违约责任,迟延履行的责任由对方承担。后履行一方当事人行使先履行抗辩权,不影响其追究应当先履行一方当事人的违约责任。

就先履行抗辩权的行使而言,根据本次《合同编通则司法解释》第三十一条第三款的规定,诉讼中被告主张先履行抗辩权且抗辩成立,人民法院应当驳回原告的诉讼请求的,原告履行债务后可以另行提起诉讼。

---

① 刘海伟:《对待给付判决制度的理论证成与具体适用——兼论〈民法典合同编通则解释(征求意见稿)〉第32条第2款》,国家社科基金青年项目"民事执行法典化背景下对债权的执行制度研究"(项目编号:20CFX030)。

3. 不安抗辩权

不安抗辩权指双务合同成立后，应当先履行的当事人有确切证据证明对方不能履行义务，或者其不履行合同义务的可能性较高时，在对方恢复履行能力或者提供担保之前，有权中止履行合同义务。双务合同中在后履行债务一方丧失或者可能丧失债务履行能力的情况下仍然要求应先履行债务一方先作出给付，有悖公平，因此法律设立不安抗辩权制度，赋予应先履行债务一方据此中止履行债务的权利。

就不安抗辩权的成立要件而言，一是当事人同样需基于同一双务合同互负债务，这也是合同履行中三大抗辩权共同的成立要件，三大抗辩权均不适用于单务合同。二是当事人互负的债务有先后履行顺序。这也是不安抗辩权和先履行抗辩权共同的成立要件，只是不安抗辩权由应当先履行债务的一方当事人享有，先履行抗辩权由后履行债务的一方当事人享有。履行债务没有先后履行顺序的，则属于同时履行抗辩权的成立要件。三是后履行的当事人发生了丧失或者可能丧失债务履行能力的情形，包括经营状况严重恶化、转移财产、抽逃资金以逃避债务，丧失商业信誉以及有丧失或者可能丧失履行债务能力的情形。

就不安抗辩权的效力及行使而言，其一，行使不安抗辩权的当事人的目的是中止履行。但不安抗辩权属延期抗辩权，中止履行只是一个暂时的状态。其二，当事人行使不安抗辩权中止履行后，应当及时通知对方。若对方提供适当担保的，应当恢复履行。若对方在合理期限内未恢复履行能力且未提供适当担保的，视为对方以其行为表明不履行主要债务，中止履行的一方可以解除合同并可以请求相对方承担违约责任。

需要特别注意的是，行使不安抗辩权需要有确切的证据证明，对举证责任要求较高。如果有确切的证据证明，属于正当行使不安抗辩权；如果没有确切的证据证明而单方中止履行合同的，则有可能构成违约，进而被追究违约责任，故不安抗辩权应当谨慎行使。

(五) 情势变更制度

1. 情势变更的界定

情势变更是指合同依法成立后，客观情况发生了合同当事人在合同订立之时无法预见的重大变化，且该等变化不属于商业风险，致使原来订立合同的基础丧失或者动摇，如继续履行合同则对一方当事人明显不公平，因此允许一方当事人可以请求变更或者解除合同以维持当事人之间的公平。当事人事前约定排除情势变更制度的适用的，该约定无效。

2. 情势变更的构成要件

其一，合同成立后，合同的基础条件发生了重大变化。首先，这种重大变化是一种客观情况,要达到足以动摇合同基础的程度。其次,这种重大变化应发生在合同成立后至履行完毕前的期间内。再次,这种重大变化应当是当事人在订立合同时无法预见的政策调整或者市场供求关系异常变动等原因导致。最后,这种重大变化不能属于商业风险。对于合同履行过程中的商业风险,按照独立决定、独立负责的原则,遭受不利的当事人应当自行承担不利后果。

其二,继续履行合同对当事人一方明显不公平。合同严守是原则,情势变更制度只能是例外。只有在继续履行合同对于一方当事人明显不公平时,才可能适用情势变更制度,对当事人之间的权利义务关系进行干预和调整。

需要特别注意的是,对于情势变更与商业风险的区分,主要可从以下几个方面识别:

(1)是否具有可预见性。在适用情势变更制度的情形,客观情势发生变更不具有可预见性。而商业风险是从事商业活动的固有风险,作为合同基础的客观情况的变化未达到异常的程度,并非当事人不可预见、不能承受。根据本次《合同编通则司法解释》第三十二条的规定,合同涉及市场属性活跃、长期以来价格波动较大的大宗商品以及股票、期货等风险投资型金融产品不属于情势变更中的"重大变化"。

(2)对合同履行的影响程度。情势变更制度下的重大变化应当达到异常的程度,如果继续履行合同,将导致显失公平的后果。

(3)法律后果的不同。商业风险是市场交易中固有的,当事人在订立合同时就应预见到,并将其作为设定权利和义务的基础,当风险发生时,由当事人承担该风险的责任并不会产生不公平的后果。具体而言,必须考虑到风险的性质和程度、普通人的合理期望、风险的规避和控制、交易的性质和市场条件等因素,以便在个案中作出识别。

3. 情势变更的法律效果

其一,受不利影响的当事人有权请求与对方重新协商。对于因情势变更造成的双方权利义务严重失衡的状态,受不利影响的当事人请求与对方协商的,对方应当积极回应,参与协商。双方当事人应依诚信,本着公平原则,重新调整权利义务关系,变更或者解除合同。

其二,双方当事人在协商过程中,就合同的变更或者解除达不成一致意见,协商不成的,当事人可以请求法院或者仲裁机构变更或者解除合同。需要注意的是,根据本次《合同编通则司法解释》第三十二条的规定,适用情势变更制度的后果究竟是变更还是解除合同应当尽量遵循当事人的意思自治,当事人一方请求变更合同的,另一方未提出解除合同的,人民法院不得解除合同;当事人意思表示不同的,即一方请求解除合同、另一方请求变更合同的,人民法院应当结合案件的实际情况,根据公平原则判决变更或者解除合同。

其三,人民法院或者仲裁机构应当结合案件的实际情况,严格判断是否符合情势变更制度的适用条件,避免当事人以情势变更制度作为逃避履行合同的借口,破坏正常的交易秩序。人民法院依据情势变更制度判决变更或者解除合同的,应当综合考虑合同基础条件发生重大变化的时间、当事人重新协商的情况以及因合同变更或者解除给当事人造成的损失等因素,在判项中明确合同变更或者解除的时间。

需要注意的是,在情势变更制度下变更或者解除合同的,与合同的法定解除权和约定解除权有所区别。在情势变更制度下,当事人本身并不享有实体法意义上的合同解除权或者变更权,仅在程序上可以向法院或者仲裁机构提出请求,最终是否变更或者解除合同,由人民法院或者仲裁机构判定。

三、参考案例

1. 除非违反从给付义务导致合同目的无法实现,否则不能基于相对人从给付义务的不履行而拒绝履行主给付义务——最高人民法院(2019)最高法民终 185 号东方电气集团东方汽轮机有限公司与大庆高新技术产业开发区大丰建筑安装有限公司、大庆大丰能源技术服务有限公司买卖合同纠纷案(最高人民法院公报 2020 年第 11 期)

裁判要旨:买卖的货物交付后,买受人已经使用标的物且未在约定的质量保证期内提出质量异议,当出卖人要求买受人支付欠付贷款、退还质保金时,买受人以货物存在质量问题为由主张行使先履行抗辩权拒绝付款的,不予支持。

交付技术材料是卖方负有的从给付义务,卖方违反该义务,买方可以主张相应的违约责任。卖方违反从给付义务但并未影响买方对所买货物正常使用,不影响合同目的实现的,买方不能基于卖方违反从给付义务而拒绝履行给付货款的主给付义务。

基本案情:案涉 33 台风机交货时已经进行了验货,其后完成了预验收,货物早已交付业主方新龙顺德公司并投入使用,至双方货款讼争产生时已长达 4 年多,大丰建安公司未提供证据证明其或业主方新龙顺德公司曾经对东方汽轮机公司未交付风机的技术资料提出过异议,风机亦未出现因缺少技术资料而无法运行或者其他不能实现合同的目的的情况。相反,大丰建安公司在《付款担保协议》第一项中明确认可"大安分公司的供货义务已经履行完毕。"

争议焦点:东方汽轮机公司是否依约履行完毕交货义务。

最高人民法院二审认为,从性质上看,交付技术材料是卖方负有的从给付义务,卖方违反该从给付义务,买方可以主张相应的违约责任。除非卖方违反该从给付义务导致买方对所买货物无法正常使用,影响合同目的的实现,否则买方不能基于从给付义务的不履行而拒绝履行给付货款的主给付义务。故即使东方汽轮机公司确未交付风机的技术资料,大丰建安公司也不能仅凭此理由而拒付货款。

2. 开具发票既是履行合同的附随义务,也是根据相关税务法规应当承担的法定义务,当事人不履行的,应当承担继续履行、赔偿损失等违约责任——玉溪市中院(2019)云04民终67号云南省建设投资控股集团有限公司、重庆兴达实业(集团)有限公司建设工程施工合同纠纷案(中国2019"年度影响力税务司法审判案例"之八)

裁判要旨:开具发票既是履行合同的附随义务,也是其根据相关税务法规应当承担的法定义务。根据最高人民法院《第八次全国法院民事商事审判工作会议(民事部分)纪要》第34条的规定,承包人不履行配合工程档案备案、开具发票等协作义务的,人民法院视违约情节,可以判令承包人限期履行、赔偿损失等。

基本案情:案涉工程的发包人云南建投公司已向承包人重庆兴达公司支付工程款22386482.09元,重庆兴达公司仅开具5354794.50元发票。

争议焦点:开具发票是合同法所规定的附随义务,还是从给付义务?云南建投公司要求重庆兴达公司开具已付工程款的增值税普通发票的请求是否属于人民法院民事案件的受案范围?

玉溪市中院二审认为,案涉工程款数额巨大,工程款税务发票的开具对发包人利益影响很大,况且双方在协议书中约定税金由承包人承担,重庆兴达公司也两次出具说明对开具发票事宜作出承诺,作为工程承包人的重庆兴达公司,在收款后向支付工程款的发包人开具发票既是其履行合同的附随义务,也是其根据相关税务法规应当承担的法定义务,故云南建投公司要求重庆兴达公司开具剩余工程款17031687.59元税务发票的诉请有事实和法律依据,予以支持。

3. 履行期届满后达成的以物抵债协议——最高人民法院(2016)最高法民终字第484号通州建总集团有限公司与内蒙古兴华房地产有限责任公司

建设工程施工合同纠纷案(最高人民法院公报 2017 年第 9 期)

裁判要旨:(1)对以物抵债协议的效力、履行等问题的认定,应以尊重当事人的意思自治为基本原则。一般而言,除当事人有明确约定外,当事人于债务清偿期届满后签订的以物抵债协议,并不以债权人现实地受领抵债物,或取得抵债物所有权、使用权等财产权利,为成立或生效要件。只要双方当事人的意思表示真实,合同内容不违反法律、行政法规的强制性规定,合同即为有效。

(2)当事人于债务清偿期届满后达成的以物抵债协议,可能构成债的更改,即成立新债务,同时消灭旧债务;亦可能属于新债清偿,即成立新债务,与旧债务并存。基于保护债权的理念,债的更改一般需有当事人明确消灭旧债的合意,否则,当事人于债务清偿期届满后达成的以物抵债协议,性质一般应为新债清偿。

(3)在新债清偿情形下,旧债务于新债务履行之前不消灭,旧债务和新债务处于衔接并存的状态;在新债务合法有效并得以履行完毕后,因完成了债务清偿义务,旧债务才归于消灭。

(4)在债权人与债务人达成以物抵债协议、新债务与旧债务并存时,确定债权是否得以实现,应以债务人是否按照约定全面履行自己义务为依据。若新债务届期不履行,致使以物抵债协议目的不能实现的,债权人有权请求债务人履行旧债务,且该请求权的行使,并不以以物抵债协议无效、被撤销或者被解除为前提。

基本案情:发包人兴华公司与承包人通州建总签订《房屋抵顶工程款协议书》,约定以兴华公司所有的供水财富大厦 A 座 9 层房屋抵顶案涉工程款。协议签订后,房屋所有权并未登记在通州建总名下,且兴华公司后将房屋投入使用,也即通州建总实际交付了前述房屋。

争议焦点:关于供水财富大厦 A 座 9 层房屋抵顶工程款是否应计入已付工程款中的问题。最高人民法院二审认为,债务清偿期届满后,债权人与债务人所签订的以物抵债协议,如未约定消灭原有的金钱给付债务,应认定系双方当事人另行增加一种清偿债务的履行方式,而非原金钱给付债务的消灭。本案双方签订的《房屋抵顶工程款协议书》并未约定因此而消灭相应金额的工程款债务,故该协议在性质上应属于新债清偿协议。仅凭该协议,尚不足以认定房屋抵顶工程款应计入已付工程款,从而消灭相应金额的工程款债务,是否应计为已付工程款并在欠付工程款金额中予以相应扣除,还应根据该协议书的实际履行情况加以判定。

而本案中,案涉房屋既未交付通州建总实际占有使用,亦未办理所有权转移登记于通州建总名下,兴华公司并未履行《房屋抵顶工程款协议书》约定的义务,故通州建总对于该协议书约定的拟以房抵顶的相应工程款债权并未消灭。若新债务届期不履行,致使以物抵债协议目的不能实现的,债权人有权请求债务人履行旧债务;而且,该请求权的行使,并不以以物抵债协议无效、被撤销或者被解除为前提。通州建总提起本案诉讼,请求兴华公司直接给付工程欠款,符合法律规定的精神以及本案实际,应予支持。涉案《房屋抵顶工程款协议书》约定的供水财富大厦 A 座 9 层房屋抵顶工程款金额不应计入已付工程款金额,一审法院认定并判令兴华公司应向通州建总支付相应的工程欠款,并无不当。

4. 履行期届满前达成的以物抵债协议——最高人民法院(2020)最高法民申 6153 号南京澳林地产有限公司、宿迁澳林置业有限公司建设工程施工合同纠纷案

裁判要旨:债务人或者第三人与债权人在债务履行期限届满前达成以物抵债协议的,人民法院应当在审理债权债务关系的基础上认定该协议的效力。当事人约定债务人到期没有清偿债务,抵债财产归债权人所有的,人民法院应当认定该约定无效。

基本案情:宿澳公司将其开发的宿迁山水云房一期、二期三标段工程发包给华仁公司城建。2015 年,华仁公司与宿澳公司、南澳公司签订以房抵款协议一份,约定南澳公司以南京山水云房的商品房(期房)抵偿宿澳公司应支付给华仁公司的剩余应付工程款;协议还约定因该商品房尚在建设中,本协议各方仅就商品房抵工程款事项达成原则性规定,待该商品房取得商品房预售许可证之日起,双方应立即就山水云房五期商品房协商确认具体的工程款抵房方案。

争议焦点:关于以房抵工程款协议问题。

最高人民法院再审审查认为,首先,案涉《商品房抵工程款协议书》属于在债务履行期限届满前达成的以物抵债协议,《全国法院民商事审判工作会议纪要》第四十四条适用对象为债务履行期限届满后达成的以物抵债协议,第四十五条并未对协议的效力作出规定,南京澳林公司、宿迁澳林公司据此主张协议有效并无法律依据。原判决认定协议无效并无不当。其次,在案涉《商品房抵工程款协议书》无效的情况下,不存在新债消灭旧债和该协议能否实际履行的问题,原判决认定宿迁澳林公司应当继续履行支付工程款及延期付款利息的债务并无不当。

5. 在第三人代为接受履行的情形下,若当事人没有特别约定,第三人不能直接向债务人主张权利,要求债务人承担违约责任——最高人民法院

(2021)最高法民终 445 号海南香江实业有限公司、海南赤龙令置业有限公司等建设用地使用权转让合同纠纷案

裁判要旨:在第三人代为接受履行的情形下,若债务人(本案中即新华社海南分社)未履行债务或者履行不符合约定,债务人应向债权人(本案中即民联公司)承担违约责任;在没有特别约定的情况下,第三人(本案中即香江公司、赤龙令公司)并不能直接向债务人主张权利,要求债务人承担违约责任。

基本案情:2001 年 7 月 18 日,新华社海南分社(甲方)与民联公司(乙方)签订《办理土地转让协议书》。同日,新华社海南分社(甲方)与香江公司、赤龙令公司(乙方)签订《土地使用权转让合同》,约定甲方自愿将案涉土地使用权及地上附着物香江德福大酒楼有偿转让给乙方。香江公司、赤龙令公司在庭审中承认在案涉合作项目中没有实际出资,也没有证据证明其实际支付了上述土地使用权转让价款,其与新华社海南分社签约时均为民联公司的关联公司。由此,民联公司与新华社海南分社达成了由香江公司、赤龙令公司代替民联公司受让案涉诉争土地使用权的合意。

争议焦点:关于案涉合同能否继续履行以及若能履行如何履行,若不能履行责任如何承担的问题。

本案中,香江公司、赤龙令公司系代为接受履行的第三人,而非民联公司的合同权利承继人。香江公司、赤龙令公司诉求新华社海南分社继续履行《土地使用权转让合同》,办理案涉诉争土地使用权转让过户手续,或者赔偿其 3.1 亿元损失,显然与其作为代为接受履行的第三人的身份不符。在第三人代为接受履行的情形下,若债务人(本案即新华社海南分社)未履行债务或者履行不符合约定,债务人应向债权人(本案中即民联公司)承担违约责任;在没有特别约定的情况下,第三人并不能直接向债务人主张权利,要求债务人承担违约责任。

6. 实际接受债务履行的第三人并不当然成为债的主体,债权人与债务人的合同被认定无效后,债务人以第三人实际收到合同项下款项为由主张第三人承担返还责任的,无法律依据——最高人民法院(2017)最高法民申2086 号重庆天纬渝盛建设(集团)有限公司、曹吉龙建设工程施工合同纠纷案

裁判要旨:当事人可以约定由债务人向第三人履行债务,但并不因此改变债权人和债务人的权利义务关系,不突破合同相对性原则,不能因为第三人接受了债务履行即认定其加入债的关系而负有相应的返还义务。

基本案情:天纬渝盛公司与曹吉龙签订的《承包合同》中约定曹吉龙须

向天纬渝盛公司缴纳履约保证金500万元。其后,天纬渝盛公司出具《委托书》载明由曹吉龙将应向其缴纳的履约保证金500万元转入发包人浙广贵兴公司指定账户(其法定代表人刘光明的账户)。

争议焦点:本案的合同当事人以及保证金的还款义务人如何确定?

最高人民法院再审认为,按照合同约定,曹吉龙负有向天纬渝盛公司交纳500万元保证金的债务,而《委托书》确定了由曹吉龙向第三人浙广贵兴公司履行《承包合同》约定的债务。曹吉龙的付款行为不能证明其与浙广贵兴公司之间建立了合同权利义务关系。虽然天纬渝盛公司没有实际收到案涉款项,但并不能因此免除其因合同无效负有的相应返还责任。二审判决认定天纬渝盛公司应当返还曹吉龙500万元工程保证金,并无不当。由上所述,实际接受债务履行的第三人并不当然成为债的主体,天纬渝盛公司以浙贵广兴公司法定代表人刘光明实际收到案涉款项为由主张应由刘光明负返还责任,无法律依据。

7. 合同约定第三人可以直接请求债务人向其履行债务的,当债务人未履行债务或者履行债务不符合约定的,第三人对债务人享有履行请求权——最高人民法院(2011)民提字第12号中国太平洋财产保险股份有限公司与中远航运股份有限公司、第三人海南分公司海南一汽海马汽车销售有限公司水路货物运输合同货损赔偿纠纷案(最高人民法院公报2012年第8期)

裁判要旨:合同中约定第三人可以直接向债务人提出索赔的,该约定不属于合同法第六十四条规定的"当事人约定由债务人向第三人履行债务"的情形,第三人在债务人违约时,可以直接向债务人主张索赔。(在《民法典》施行后,合同中约定第三人可以直接向债务人提出索赔的,则应直接适用《民法典》第五百二十二条第二款的规定)

基本案情:海马销售公司与金盘物流公司于2006年12月31日签订《协议书》约定:海马销售公司将海马商品车的物流、仓储、运输等事项委托给金盘物流公司运营,金盘物流公司负责海马销售公司委托的海马商品车的物流、仓储、运输等工作。金盘物流公司与中远公司于2007年1月1日签订《车辆运输合作协议》第一条约定:金盘物流公司指定中远公司作为承运车从海口至上海水路运输的承运商,由中远公司利用其滚装船为金盘物流公司实施海口至上海的承运车水路运输。第十七条第八项约定:因不可免责原因,中远公司违反协议致使金盘物流公司(含金盘物流公司各关联公司、托运人)或承运车厂家遭受损失,金盘物流公司或承运车厂家有权提出索赔。

争议焦点:关于太保海南公司的诉讼主体资格问题。

最高人民法院再审认为,按照该协议的约定,中远公司在订立合同时,已经知道其所承运货物的托运人实际为"承运车厂家",并且在协议中明确约定"承运车厂家"因中远公司违反运输合同而遭受损失时,具有向中远公司提出索赔的权利。该约定系协议当事人一致的意思表示,约定第三人可以直接向中远公司提出索赔,对各方当事人均具有约束力。《车辆运输合作协议》第二十二条第一项约定:"承运车厂家"是指承运车的制造商或负责承运车销售管理的企业。根据《独家经销商协议》,海马销售公司为涉案车辆的销售管理企业和所有权人,故海马销售公司有权依据《车辆运输合作协议》向中远公司提出索赔。保险人太保海南公司向海马销售公司支付保险赔偿后依法取得代位求偿权。二审认定太保海南公司具有合法的诉讼主体资格并无不当。

8. 先履行抗辩权的成立,须合同当事人互负债务,债务处于互为对待给付的地位,且互负的债务有先后履行的顺序——最高人民法院(2017)最高法民终50号江西华唐投资有限公司与保亭黎族苗族自治县城乡投资有限责任公司、海南保亭华唐风情街投资管理有限公司项目转让合同纠纷案

裁判要旨:先履行抗辩权是当事人互负债务,有先后履行顺序,先履行一方未履行的或履行债务不符合约定的,后履行一方有权拒绝其履行要求。先履行抗辩权的成立,须合同当事人互负债务,债务处于互为对待给付的地位,且互负的债务有先后履行的顺序。

基本案情:保亭城投公司与江西华唐公司签订的《补充协议(一)》明确约定"在甲方(保亭城投公司)办理国有土地使用证后10天内,乙方必须无条件缴清项目拍卖出让金未缴部分10200万元"。后经《补充协议(二)》确认"甲方于2014年4月21日已按《补充协议》完成了自身项目规划、土地用途调整的办证义务,满足了履行过户给乙方的所有条件。乙方应按《补充协议》约定履行其付款义务"。《海南亚奥国际拍卖有限公司竞买须知》第六条明确规定"保亭县民族风情一条街项目及土地所有权办理……竞得人付清全部土地成交款后30日内申请办理资产和土地登记过户及移交手续"。

争议焦点:关于江西华唐公司是否享有先履行抗辩权问题。

最高人民法院二审认为:江西华唐公司上诉主张,根据相关会议纪要及补充协议的约定,保亭城投公司应先履行将风情街项目的国有土地使用权证办理至保亭华唐公司名下的先合同义务,随后江西华唐公司才向其支付未缴的拍卖出让金。本院认为,首先,案涉相关协议并未设定保亭城投公司具有将国有土地使用证先行办理至保亭华唐公司名下的合同义务。换言

之,江西华唐公司主张本案存在先办证后付款的合同履行顺序缺乏合同依据。结合《补充协议(二)》的约定及合同实际履行情况,保亭城投公司关于"办理国有土地使用证 10 天内"是指将国有土地使用证办理至保亭城投公司名下的解释更具有合理性。其次,在江西华唐公司欠付转让金事实成立的情况下,其主张土地登记过户手续应由保亭城投公司先行办至保亭华唐公司名下且以享有先履行抗辩权为由拒付剩余转让金,与竞买须知约定内容明显不符,不能成立。最后,江西华唐公司在合同履行过程中从未向保亭城投公司主张其享有先履行抗辩权,在一审过程中亦未以行使先履行抗辩权作为其不承担违约责任的抗辩理由。现二审阶段以此作为上诉理由主张拒付剩余转让款,有违诚实信用原则,本院不予支持。

9. 迟延履行生效合同约定义务的当事人以迟延履行期间国家政策变化为由主张情势变更的,不予支持——最高人民法院(2015)民二终字第 236 号大宗集团有限公司、宗锡晋与淮北圣火矿业有限公司、淮北圣火房地产开发有限责任公司、涡阳圣火房地产开发有限公司股权转让纠纷案(最高人民法院公报 2016 年第 6 期)

裁判要旨:矿业权与股权是两种不同的民事权利,如果仅转让公司股权而不导致矿业权主体的变更,则不属于矿业权转让,转让合同无须地质矿产主管部门审批,在不违反法律、行政法规强制性规定的情况下,应认定合同合法有效。迟延履行生效合同约定义务的当事人以迟延履行期间国家政策变化为由主张情势变更的,不予支持。

基本案情:2013 年,大宗公司、宗锡晋与圣火矿业公司签订《股权转让协议》,协议中约定大宗公司、宗锡晋将合法持有宿州宗圣公司和淮北宗圣公司各 44% 的股权全部转让给圣火矿业公司,圣火矿业公司支付转让款项。协议第四条约定,无论与淮北宗圣公司、宿州宗圣公司拥有的三处煤炭资源相关的探矿许可证或采矿许可证是否作废、到期或失效,圣火矿业公司均无条件的履行本协议约定的所有条款;第二条约定,2014 年 7 月 31 日前,圣火矿业公司向大宗公司支付第一笔股权转让款。圣火矿业公司对此并无异议,且在第一笔转让款期满不能支付的情况下向大宗公司出具了 2000 万元的违约金欠条并实际履行 1000 万元。2014 年,国能煤炭〔2014〕454 号《指导意见》要求:按照"控制东部、稳定中部、发展西部"的总体要求,依据煤炭资源禀赋、市场区位、环境容量等因素确定煤炭产业发展格局。今后一段时间,东部地区原则上不再新建煤矿项目。

争议焦点:关于一审判决认定第一笔转让款不符合情势变更原则是否有误的问题。

最高人民法院认为,根据《合同法司法解释(二)》第二十六条的规定,合同成立以后客观情况发生了当事人在订立合同时无法预见的、非不可抗力造成的不属于商业风险的重大变化,继续履行合同对于一方当事人明显不公平或者不能实现合同目的,当事人请求人民法院变更或者解除合同的,人民法院应当根据公平原则,并结合案件的实际情况确定是否变更或者解除。是否属于所谓情势变更还是商业风险,需要参照合同约定,并从可预见性、归责性以及产生后果等方面进行分析。淮北宗圣公司成立于2007年,涉案三处煤炭资源一直申请办理采矿权手续或立项核准,直到2014年10月12日《指导意见》之前,也未获得批准。并且该意见规定,只是在今后一段时间内东部地区原则上不再新建煤矿项目,且安徽省是否属于该《指导意见》所确定的东部地区尚需进一步论证。因此,政策原因并非是造成合作开发项目得不到核准的唯一原因。并且,《指导意见》出台时间是在2014年10月12日,故对该笔股权转让款,一审判决认定不符合情势变更原则,有事实依据。圣火矿业公司以情势变更原则不应履行支付第一笔股权转让款的抗辩,本院不予采信。

10. 若政策变化不属于订立合同时无法预见的重大变化、不影响合同继续履行且继续履行不会对一方明显不公的,不能据此请求变更或者解除合同——某旅游管理公司与某村村民委员会等合同纠纷案(最高人民法院发布《关于适用〈中华人民共和国民法典〉合同编通则若干问题的解释》相关典型案例四)

裁判要旨:当事人签订具有合作性质的长期性合同,因政策变化对当事人履行合同产生影响,但该变化不属于订立合同时无法预见的重大变化,按照变化后的政策要求予以调整亦不影响合同继续履行,且继续履行不会对当事人一方明显不公平,该当事人不能依据《民法典》第五百三十三条请求变更或者解除合同。该当事人请求终止合同权利义务关系,守约方不同意终止合同,但双方当事人丧失合作可能性导致合同目的不能实现的,属于《民法典》第五百八十条第一款第二项规定的“债务的标的不适于强制履行”,应根据违约方的请求判令终止合同权利义务关系并判决违约方承担相应的违约责任。

基本案情:2019年初,某村村委会、村股份经济合作社(甲方)与某旅游管理有限公司(乙方)就某村村域范围内旅游资源开发建设签订经营协议,约定经营期限50年。2019年底,某村所在市辖区水务局将经营范围内河沟两侧划定为城市蓝线,对蓝线范围内的建设活动进行管理。2019年11月左右,某旅游管理有限公司得知河沟两侧被划定为城市蓝线。2020年5月11

日,某旅游管理有限公司书面通知要求解除相关协议。经调查,经营协议确定的范围绝大部分不在蓝线范围内,且对河道治理验收合格就能对在蓝线范围内的部分地域进行开发建设。

争议焦点:城市蓝线划定行为是否构成情势变更?

生效判决认为,双方约定就经营区域进行民宿与旅游开发建设,因流经某村村域的河道属于签订经营协议时既有的山区河道,不属于无法预见的重大变化,城市蓝线主要是根据江、河、湖、库、渠和湿地等城市地标水体来进行地域界限划定,主要目的是水体保护和控制,某旅游管理有限公司可在履行相应行政手续审批或符合政策文件的具体要求时继续进行开发活动,故城市蓝线划定不构成情势变更。某村村委会、村股份经济合作社并不存在违约行为,某旅游管理有限公司明确表示不再对经营范围进行民宿及旅游资源开发,属于违约一方。某旅游管理有限公司以某村村委会及村股份经济合作社根本违约为由要求解除合同,明确表示不再对经营范围进行民宿及旅游资源开发,某村村委会及村股份经济合作社不同意解除合同或终止合同权利义务,双方已构成合同僵局。考虑到双方合同持续履行长达50年,须以双方自愿且相互信赖为前提,如不允许双方权利义务终止,既不利于充分发挥土地等资源的价值利用,又不利于双方利益的平衡保护,案涉经营协议已丧失继续履行的现实可行性,合同权利义务关系应当终止。

第五章　合同的保全

【代位权的构成要件、代位权的行使及法律效果】

申　桐

引言

《民法典》合同编关于合同的保全章节总共有 8 条,包括代位权和撤销权。关于债的保全,债务人以其责任财产向债权人履行债务。责任财产作为债权的一般担保,其减少,对债权人的债权能否实现影响巨大。债务人可通过积极行为减少责任财产,或通过消极行为减少责任财产,代位权即债务人的消极行为导致责任财产减少。

立法机关在制定合同法时为了解决企业中出现的大量三角债和连环债等问题,引入了代位权制度。代位权制度确立后,逐渐与中国司法土壤相互融合,制度不断完善。经过二十几年的适用,《民法典》对代位权制度进行了进一步完善与修订,对代位权的构成要件、行使程序和法律效果等问题进行调整,并首次将保存行为明文规定。

《合同编通则司法解释》结合《民法典》的规定,对行使代位权的程序问题进一步细化,既延续了《合同法司法解释(一)》部分规定,又新增了关于仲裁协议、管辖协议、债务人处分行为的限制等问题,同时对司法实践中容易出现争议的问题进行统一梳理,起到承前启后的作用。

一、关联法规

《合同编通则司法解释》关于合同的保全章节总共有 14 条,其中关于代位权的规定有 9 条,核心内容是代位权的构成要件、债权人代位权行使时的程序问题、债权人代位权行使的法律效果等。

《合同编通则司法解释》关于合同的保全之代位权的关联法规主要涉及《民法典》和民事诉讼法。具体见表 5 - 1。

表5－1　合同的保全关联法规

第五章　合同的保全—代位权	
《合同编通则司法解释》	《民法典》及关联法规
第三十三条　债务人不履行其对债权人的到期债务，又不以诉讼或者仲裁方式向相对人主张其享有的债权或者与该债权有关的从权利，致使债权人的到期债权未能实现的，人民法院可以认定为民法典第五百三十五条规定的"债务人怠于行使其债权或者与该债权有关的从权利，影响债权人的到期债权实现"。	**《民法典》** 　　**第五百三十五条**　因债务人怠于行使其债权或者与该债权有关的从权利，影响债权人的到期债权实现的，债权人可以向人民法院请求以自己的名义代位行使债务人对相对人的权利，但是该权利专属于债务人自身的除外。 　　代位权的行使范围以债权人的到期债权为限。债权人行使代位权的必要费用，由债务人负担。 　　相对人对债务人的抗辩，可以向债权人主张。
第三十四条　下列权利，人民法院可以认定为民法典第五百三十五条第一款规定的专属于债务人自身的权利： 　　（一）抚养费、赡养费或者扶养费请求权； 　　（二）人身损害赔偿请求权； 　　（三）劳动报酬请求权，但是超过债务人及其所扶养家属的生活必需费用的部分除外； 　　（四）请求支付基本养老保险金、失业保险金、最低生活保障金等保障当事人基本生活的权利； 　　（五）其他专属于债务人自身的权利。	**第五百三十六条**　债权人的债权到期前，债务人的债权或者与该债权有关的从权利存在诉讼时效期间即将届满或者未及时申报破产债权等情形，影响债权人的债权实现的，债权人可以代位向债务人的相对人请求其向债务人履行、向破产管理人申报或者作出其他必要的行为。
第三十五条　债权人依据民法典第五百三十五条的规定对债务人的相对人提起代位权诉讼的，由被告住所地人民法院管辖，但是依法应当适用专属管辖规定的除外。 　　债务人或者相对人以双方之间的债权债务关系订有管辖协议为由提出异议的，人民法院不予支持。	**《中华人民共和国民事诉讼法》** 　　**第二十四条**　因合同纠纷提起的诉讼，由被告住所地或者合同履行地人民法院管辖。 　　**第三十四条**　下列案件，由本条规定的人民法院专属管辖： 　　（一）因不动产纠纷提起的诉讼，由不动产所在地人民法院管辖； 　　（二）因港口作业中发生纠纷提起的诉讼，由港口所在地人民法院管辖； 　　（三）因继承遗产纠纷提起的诉讼，由被继承人死亡时住所地或者主要遗产所在地人民法院管辖。 　　**第三十五条**　合同或者其他财产权益纠纷的当事人可以书面协议选择被告住所地、合同履行地、合同签订地、原告住所地、标的物所在地等与争议有实际联系的地点的人民法院管辖，但不得违反本法对级别管辖和专属管辖的规定。 　　**第二百七十二条**　因合同纠纷或者其他财产权益纠纷，对在中华人民共和国领域内没有住所的被告提起的诉讼，如果合同在中华人民共和国领域内签订或者履行，或者诉讼标的物在中华人民共和国领域内，或者被告在中华人民共和国领域内有可供扣押的财产，或者被告在

续表

第五章　合同的保全—代位权	
《合同编通则司法解释》	《民法典》及关联法规
	中华人民共和国领域内设有代表机构，可以由合同签订地、合同履行地、诉讼标的物所在地、可供扣押财产所在地、侵权行为地或者代表机构住所地人民法院管辖。 **《最高人民法院关于适用〈中华人民共和国民事诉讼法〉的解释》** 　第二十八条　民事诉讼法第三十四条第一项规定的不动产纠纷是指因不动产的权利确认、分割、相邻关系等引起的物权纠纷。 　农村土地承包经营合同纠纷、房屋租赁合同纠纷、建设工程施工合同纠纷、政策性房屋买卖合同纠纷，按照不动产纠纷确定管辖。 　不动产已登记的，以不动产登记簿记载的所在地为不动产所在地；不动产未登记的，以不动产实际所在地为不动产所在地。
第三十六条　债权人提起代位权诉讼后，债务人或者相对人以双方之间的债权债务关系订有仲裁协议为由对法院主管提出异议的，人民法院不予支持。但是，债务人或者相对人在首次开庭前就债务人与相对人之间的债权债务关系申请仲裁的，人民法院可以依法中止代位权诉讼。	**《中华人民共和国民事诉讼法》** 　第一百五十三条　有下列情形之一的，中止诉讼： 　（一）一方当事人死亡，需要等待继承人表明是否参加诉讼的； 　（二）一方当事人丧失诉讼行为能力，尚未确定法定代理人的； 　（三）作为一方当事人的法人或者其他组织终止，尚未确定权利义务承受人的； 　（四）一方当事人因不可抗拒的事由，不能参加诉讼的； 　（五）本案必须以另一案的审理结果为依据，而另一案尚未审结的； 　（六）其他应当中止诉讼的情形。 　中止诉讼的原因消除后，恢复诉讼。
第三十七条　债权人以债务人的相对人为被告向人民法院提起代位权诉讼，未将债务人列为第三人的，人民法院应当追加债务人为第三人。 　两个以上债权人以债务人的同一相对人为被告提起代位权诉讼的，人民法院可以合并审理。债务人对相对人享有的债权不足以清偿其对两个以上债权人负担的债务的，人民法院应当按照债权人享有的债权比例确定相对人的履行份额，但是法律另有规定的除外。	**《中华人民共和国民事诉讼法》** 　第一百四十三条　原告增加诉讼请求，被告提出反诉，第三人提出与本案有关的诉讼请求，可以合并审理。
第三十八条　债权人向人民法院起诉债务人后，又向同一人民法院对债务人的相对人提	

续表

第五章　合同的保全—代位权	
《合同编通则司法解释》	《民法典》及关联法规
起代位权诉讼,属于该人民法院管辖的,可以合并审理。不属于该人民法院管辖的,应当告知其向有管辖权的人民法院另行起诉;在起诉债务人的诉讼终结前,代位权诉讼应当中止。	
第三十九条　在代位权诉讼中,债务人对超过债权人代位请求数额的债权部分起诉相对人,属于同一人民法院管辖的,可以合并审理。不属于同一人民法院管辖的,应当告知其向有管辖权的人民法院另行起诉;在代位权诉讼终结前,债务人对相对人的诉讼应当中止。	
第四十条　代位权诉讼中,人民法院经审理认为债权人的主张不符合代位权行使条件的,应当驳回诉讼请求,但是不影响债权人根据新的事实再次起诉。 债务人的相对人仅以债权人提起代位权诉讼时债权人与债务人之间的债权债务关系未经生效法律文书确认为由,主张债权人提起的诉讼不符合代位权行使条件的,人民法院不予支持。	
第四十一条　债权人提起代位权诉讼后,债务人无正当理由减免相对人的债务或者延长相对人的履行期限,相对人以此向债权人抗辩的,人民法院不予支持。	**《民法典》** **第五百三十七条**　人民法院认定代位权成立的,由债务人的相对人向债权人履行义务,债权人接受履行后,债权人与债务人、债务人与相对人之间相应的权利义务终止。债务人对相对人的债权或者与该债权有关的从权利被采取保全、执行措施,或者债务人破产的,依照相关法律的规定处理。

二、核心问题

（一）债权人代位权的概念及特点

代位权是债权人依法享有的为保全其债权,以自己的名义行使属于债务人对相对人权利的实体权利[1]。《民法典》第五百三十五条第一款规定"因债务人怠于行使其债权或者与该债权有关的从权利,影响债权人的到期债权实现的,债权人可以向人民法院请求以自己的名义代位行使债务人对相

---

[1]　杨立新:《中国民法典释义与案例评注》,中国法制出版社 2020 年版。

对人的权利,但是该权利专属于债务人自身的除外",据此认为债权人代位权具有以下特点:

1. 代位权针对的是债务人消极的不积极的行为,即怠于行使权利

合同的保全是法律为了防止债务人的责任财产不当减少或应当增加而未增加给债权人造成损害,允许债权人撤销债务人减少财产的行为或者代位增加债务人责任财产,以保障债权人权利实现。代位权正是为了解决债务人怠于行使权利时债权人的权利如何救济的问题。

2. 代位权是债权人以自己的名义向相对人行使债务人的债权或者与该债权有关的从权利

代位权是债权人直接向相对人提起诉讼,是对合同的相对性的突破。代位权诉讼不同于债权人向债务人主张权利或者债务人向相对人提起诉讼。代位权的行使对象是债务人的相对人,在现行司法实践中,债权人不能向债务人的相对人的债务人行使连环代位权。

3. 行使代位权必须通过诉讼的方式

《民法典》第五百三十五条明确规定行使代位权必须向人民法院请求,不得通过除此之外的其他途径行使权利。这一规定有利于防止债权人以取得债权为名,采用不正当手段夺取债务人的财产①。根据现行法律规定,债权人行使代位权只能通过法院诉讼行使。

4. 代位权是一种实体权利

代位权不是诉讼上的权利,而是实体权利,需要经过人民法院审理确定不同于财产保全这种程序性的权利。债权人行使代位权后可以依法向法院申请财产保全。代位权作为一种权利,债权人可以根据自己的意志决定是否行使,何时行使。

(二)代位权的构成条件

1. 债权人的债权合法有效且已到期

债权人代位权成立的构成要件之一是债权人对债务人的债权合法有效且已到期。如果债权债务关系不成立,或依法被撤销、被确认无效,或已被解除,则代位权不成立。关于债权人与债务人之间的主债权是否需经人民法院判决或仲裁机构裁决这一问题,司法实践中一直存在争议。(2011)民提字第 7 号公报案例认为"债权成立"不仅指债权的内容不违反法律、法规的规定,而且要求债权的数额亦应当确定。这种确定既可以表现为债务人、次债务人对债权的认可,也可经人民法院判决或仲裁机构的裁决加以确认。

---

① 王利明、杨立新、王轶等:《民法学》,法律出版社 2020 年版。

该案例说明在债权人提起代位权诉讼时，主债权应当确定。最高人民法院的这一观点长期以来成为各级人民法院以债权人未获得其与债务人之间生效法律文书为由驳回债权人的诉讼请求的依据。这一观点在实践中被各级法院错误理解，导致出现多个错误裁定。正如最高人民法院刘贵祥法官2023年1月10日在全国法院金融审判工作会议上表达的："债权人行使代位权是否需以债权人与债务人之间的债权债务关系已经生效法律文书确认为前提？不需要……实践中以债权人与债务人的债权未经生效判决确认为由驳回代位权起诉是不妥当的。"为了明确这一规则，《合同编通则司法解释》第四十条第二款规定债务人的相对人仅以债权人提起代位权诉讼时债权人与债务人之间的债权债务关系未经生效法律文书确认为由，主张债权人提起的诉讼不符合代位权行使条件的，人民法院不予支持。这一规定为司法实践提供了法律依据，也有利于债权人实现债权。第四十条第一款则在《合同法司法解释（一）》的基础上，将"驳回起诉"修改为"驳回诉讼请求"，体现代位权的行使条件需要经过人民法院实体审理确定，与债权人提起诉讼的一般规则相区别。

至于债权人的债权发生原因可以多种，合同之债、无因管理之债和不当得利之债均可，不限于合同之债。同时代位权成立要求债权人的债权已到期，未到期的债权行使代位权会损害债务人的期限利益。未到期的债权不能直接从相对人处受领，不应当适用代位权诉讼，可以适用《民法典》第五百三十六条规定的保存行为。

《民法典》第五百三十六条首次将保存行为明文规定，是对债权人代位权"到期债权"的突破和扩张。保存行为针对的是债权人债权到期前的情形，《民法典》规定了保存行为的两种类型：分别是债务人的债权或者与该债权有关的从权利存在诉讼时效期间即将届满和债权人未及时申报破产债权，其目的是防止债权人的债权落空。保存行为的行使不需以诉讼方式，可直接代债务人向相对人主张权利，但债权人不可直接受领，此时的受偿人是债务人，债权人代位保存债务人的责任财产。代位权诉讼和保存行为分别从债权到期后和债权到期前两方面对债权人的权利予以保护。

2. 债务人对相对人的债权合法有效且已到期

《民法典》第五百三十五条对债权人代位权的规定中仅要求债权人的债权确定、到期，次债权应当到期，但并未明确次债权是否要求确定。当前主流观点认为在债权人提起代位权诉讼时，不要求次债权确定，代位权诉讼中人民法院审理的关键在于次债权是否成立，因此对次债权的审查可以在代位权诉讼中解决。这是从债权人权利保护的角度讲，如果债务人的次债权始终未能确定,则债权人无法行使代位权,代位权的设立目的就会落空,无法实现。最高人民法院(2022)最高法民再 16 号①、(2021)最高法民申 5382号均持该观点,认为在提起代位权之诉时不要求次债权确定。人民法院在代位权诉讼中审理的重点之一就是债务人与相对人之间的债权债务是否成立以及涉及的债务金额。债权人作为债务人和相对人之外的第三人,很难清楚知悉债务人和相对人之间债权债务的履行情况,因此如果对债务人有过高要求,反而又会使债权人陷入难以行权的困境中,设立代位权的目的难以实现。

在债务人和相对人的债权债务关系上,此次《合同编通则司法解释》新增了第四十一条代位权诉讼中对债务人处分权利的限制。债务人无正当理由不得减免相对人的债务或者延长相对人的履行期限。这两类行为均会对债权人行使代位权造成实质影响,在代位权的构成要件上形成阻碍,延长债权人行使代位权的时间、降低债权人能够实现的债权金额,此行为应予以禁止。

3. 债权人怠于行使其债权或者与该债权有关的从权利,影响债权人的到期债权实现

(1)债务人怠于行使权利的认定标准和代位权的客体范围

第一,债务人怠于行使权利。《合同编通则司法解释》第三十三条认为"债务人怠于行使权利"是指债务人既不履行其对债权人的到期债务,又不以诉讼或者仲裁方式向相对人主张权利。传统观点认为怠于行使是应当行使、能够行使但不行使。② 但主观上的怠于行使和客观上的无法行使,都会产生债务无法清偿的效果。在认定"怠于"时,从债务人"怠于"履行债务的主观角度不容易把握,需要从严。对客观上的无法行使则从行使权利的条件角度出发更容易判断是否属于"怠于行使"③,从相对人迟延履行债务的角度更容易判断。

《合同编通则司法解释》第三十三条仍然延续了《合同法司法解释(一)》中要求诉讼或仲裁才能抗辩债权人提起代位权诉讼的规定,将"怠于

---

① 最高人民法院(2022)最高法民再 16 号,法院认为债权人提起代位权之诉,并不以债务人与次债务人之间的债权债务关系明确无争议为条件,人民法院应当对债务人与次债务人之间的债权债务关系进行审理。如果行使代位权需要以次债权确定为前提,在债务人怠于确定次债权的情况下,债权人就无法行使代位权,则代位权制度的目的将完全落空。因此,对于债权人而言,应当提供证据证明债务人对次债务人享有非专属于其自身的到期债权且怠于行使的初步证据。

② 崔建远:《论中国〈民法典〉上的债权人代位权》,载《社会科学》2020 年第 11 期。

③ 最高人民法院民法典贯彻实施工作领导小组:《中华人民共和国民法典合同编理解与适用》,人民法院出版社 2020 年版。

行使"的方式设定为未提起诉讼和仲裁,排除其他方式的存在。有学者认为这一规定虽然避免了债务人与相对人恶意串通难以查清债务人债权的情况,也便于人民法院审查代位权是否成立,但该规定存在诸多负面影响。当事人只能通过诉讼和仲裁的方式主张权利,增加了当事人的维权成本和难度,与高效实现债权的目的相悖,也存在限制债权人权利、与上位法相悖的可能;该规定否定了债务人可以通过其他方式行使债权的可能,这一做法是否正确值得商榷①。但从司法实务角度,对于债权人而言,与查验债务人和相对人之间是否存在催款的通知、协议等书面文件相比,查验债务人和相对人之间是否存在诉讼或仲裁的难度系数较低。相对人在债务到期后未向债务人履行债务,本已构成违约,而债务人在自身有未履行债务的情况下,仍不主动向相对人主张债权,自身已经存在过错,此时过度保护债务人和相对人的利益难免会造成对债权人权利的影响。以诉讼或仲裁作为审查债务人是否怠于行使权利的判断标准,更便于实务操作。

第二,债权或者与该债权有关的从权利。关于代位权的客体,《合同法司法解释(一)》第七十三条第一款将客体限定为"到期债权",《合同法司法解释(一)》第十三条第一款进一步限定为"具有金钱给付内容的到期债权"。关于代位权的客体范围,理论界主张客体应更广泛,不应限于"具有金钱给付内容的到期债权",但在实务中均是按照《合同法司法解释(一)》的规定适用。《民法典》第五百三十五条中扩大了代位权的客体范围,限定为"债权或者与该债权有关的从权利"。

《合同编通则司法解释》第三十三条的规定,债权人向相对人主张的权利为债务人怠于行使的债权或者与该债权有关的从权利。债务人的债权一般包括:①基于合同、不当得利、无因管理、单方允诺所产生的债权以及缔约过失等损害赔偿请求权;②给付请求权的变形义务,如违约金请求权、不履行无因管理之债、不返还不当得利等;③已过诉讼时效的债权,该债权不享有胜诉权;④违约金债权。需注意具有专属性的权利不是代位权的客体,所有权也不是代位权的客体。最高人民法院曾在关于深圳发展银行与赛格(香港)有限公司、深圳赛格集团财务公司代位权纠纷一案的请示的复函中指出代位权的范畴不能从债权扩张到所有权。对所有权,债权人可以通过强制执行程序或者撤销权之诉等法律程序解决,不需要通过代位权诉讼解决。解除合同的解除权、可撤销民事法律行为的撤销权作为形成权,也不应作为代位权的客体。例如,吉林省高级人民法院(2020)吉民终 131 号案件

---

① 崔建远:《论中国〈民法典〉上的债权人代位权》,载《社会科学》2020 年第 11 期。

中,法院认为解除权系形成权,并非给付请求权,不属于法定的债权人代位权的标的。

在学理上,基于传统的"入库规则",学者们普遍认为债权人可代位行使的权利包括:①财产权利,例如物权、物上请求权等;②撤销权、抵销权、债权人抵销权等;③关于诉讼的权利,如申请强制执行、提起诉讼、债务人的诉讼时效抗辩权等,均是债权人代位权的行使范围,代位权的客体应当扩大。但是《民法典》目前规定的代位权行使范围不包括所有权和用益物权。在债权人适用直接受领规则时,将所有权和用益物权纳入代位权的客体,会对债务人造成过分影响。如果采用"入库规则",则不会对债务人造成损害。

"与该债权有关的从权利"主要是指担保权利,也包括债权产生的利息。"与该债权有关的从权利"并非"债权的从权利","与该债权有关的从权利"要求与该债权有关,是债权人债权的担保权利,而"债权的从权利"则成为广义上债权的从权利,脱离了债权人该债权涵盖的权利范围。

（2）影响债权人的到期债权实现

债权人行使代位权仅满足"债务人怠于行使权利"尚不能构成代位权,还需影响债权人的到期债权实现。最高人民法院（2020）最高法民申 677 号案例中阐述如果债务人的责任财产尚足以偿付其负债,则债权人对债务人的债权并无不能实现的危险,此时债权人一般不宜提起代位权诉讼。因此行使代位权要求债权具有保全的必要性。债权人作为原告,应当证明债务人在丧失履行能力、没有偿付能力的情况下,怠于行使债权或者与该债权有关的从权利,影响到期债权实现。

《民法典》第五百三十五条对代位权构成要件之一的"对债权人造成损害"修改为"影响债权人的到期债权实现",这一修改更为合理。修改后明确了代位权应在债权到期后行使,保障了债务人的期限利益;当相对人破产时,若债务人怠于申报破产债权,则会影响债权人的债权实现,虽然此时债权人并不一定受到损害,但依然可以行使代位权。修改后的表述相比原表述对债权人证明债权受到侵害的程度和期限减轻,给债权人更多行使代位权的空间和时间。例如,在债权到期但履行期未满时,如果债务人的责任财产状况出现危机或行为影响债权实现,则债权人可以通过不安抗辩权行使代位权。

在判断"影响债权人的到期债权实现"这一问题上,影响程度需要到达比较严重的程度,也就是债务人陷入无资力状态。无资力的传统观点是债务人达到其全部资产不足以清偿全部债务的情况,但是在特定物债权中,逐渐认为保全必要的标准是"债权实现发生障碍",防止代位权制度的目的落空。目前较为主流的观点是对不特定物或金钱债权采用"无资力说",对特定物债权则采用"特定物债权说"。就"无资力说"适用而言,债务人的无资力状态应当是债务人没有可供执行的财产或者没有现实可控的财产,若以债务人的责任财产额为总资产,则包含了债务人对相对人的债权,事实上扩大了债务人的可控财产,易产生债权人实现不能的效果,增加债权人证明影响到期债权实现的难度。

4. 排除专属于债务人自身的权利

代位权的构成要件之一是"专属于债务人自身的权利除外"。专属于债务人自身的权利因具有人身属性而不能代位,该权利的行使应当依据债务人的意思表示,不允许其他主体行使。《合同编通则司法解释》第三十四条规定,专属于债务人自身的权利包括:(1)抚养费、赡养费或者扶养费请求权;(2)人身损害赔偿请求权;(3)劳动报酬请求权,但是超过债务人及其所扶养家属的生活必需费用的部分除外;(4)请求支付基本养老保险金、失业保险金、最低生活保障金等保障当事人基本生活的权利;(5)其他专属于债务人自身的权利。

(三)债权人行使代位权的程序问题

1. 管辖法院的确定

《合同编通则司法解释》第三十五条规定了债权人代位权诉讼的管辖法院以被告住所地法院为原则,专属管辖例外的规则。《中华人民共和国民法典合同编理解与适用》关于代位权诉讼的管辖的论述,其中与专属管辖的关系上认为"《合同法司法解释(一)》第十四条规定的被告住所地管辖与法律规定的专属管辖冲突,因专属管辖是强制性规定,应按照专属管辖确定代位权诉讼的管辖"。《合同编通则司法解释》第三十五条不仅增加了专属管辖的规定,而且同时增加了代位权诉讼与管辖协议的规定。债务人或相对人仅以双方之间订有管辖协议为由提出异议的,人民法院不予支持。也就是说,最高人民法院在认可法定的专属管辖的同时,排除了约定的管辖协议。

此前在司法实践中,由于法律没有明确规定特殊地域管辖和专属管辖的关系,关于是否适用专属管辖存在较大争议。部分法院在认定管辖时往往会以"法律规定了特殊地域管辖"为由,不再考虑是否适用专属管辖。例如最高人民法院(2023)最高法民辖71号案例认为,参考《合同法司法解释(一)》第十四条关于债权人代位权诉讼由被告住所地人民法院管辖的规定,尽管债务人与相对人之间的债权债务是建设工程施工合同,但依然可以适用被告住所地法院管辖的规定。同时,也有法院采取了一种折中的规定。例如,在(2019)最高法民申5252号案件中,债务人和相对人之间是建设工程施工合同纠纷，相对人就以专属管辖为由提出管辖权异议，该案一审法院和二审法院均认为代位权诉讼的管辖是特殊地域管辖，应当直接适用被告住所地法院管辖的规定。而最高人民法院在再审阶段对代位权诉讼的管辖重新进行了分析，认为首先在通常情况下，代位权诉讼由被告住所地法院管辖；其次，本案债务人和相对人之间是建设工程施工合同纠纷，应当考虑专属管辖的规定；最后，在建设工程施工合同纠纷中，如果涉及对工程的质量鉴定、造价鉴定以及执行程序中的拍卖的，应当按照建设工程施工合同纠纷专属管辖确定管辖法院，工程所在地法院管辖更易于调取证据和执行。但本案仅是建设工程价款请求权，不需适用专属管辖，所以应回归原则上的被告住所地法院管辖。最高人民法院和一审、二审法院的结论虽然相同，但其逻辑推导过程是完全不同的，认为在代位权诉讼中应当考虑专属管辖的规定，但是需要对专属管辖的适用条件具体分析。而《合同编通则司法解释》第三十五条终止了争论，确定被告住所地管辖为原则，专属管辖为例外的规则。

2. 代位权诉讼与仲裁协议、管辖协议

在合同法和《合同法司法解释（一）》中债权人代位权诉讼的管辖只有被告住所地法院，排除了仲裁协议和管辖协议的约定，其中主要的观点认为仲裁协议或管辖协议约束的是协议的双方也就是债务人和相对人，而债权人并非仲裁协议的一方当事人，也并非仲裁协议的受让人，因此仲裁协议、管辖协议与代位权的特殊地域管辖相冲突，不能拘束债权人。相关案例如最高人民法院（2019）最高法民辖终 73 号裁定书①和（2018）最高法民辖终 107 号裁定书②。

但这一观点虽然有利于债权人保障债权的实现，但显然忽视了债务人和相对人之间的意思自治，因此《合同编通则司法解释》第三十六条最终采纳了另一种折中方式，即有限度地承认债务人和相对人的意思自治。第三十六条第一句债权人提起代位权诉讼后，债务人或者相对人以双方之间的债权债务关系订有仲裁协议为由对法院主管提出异议的，人民法院不予支持。这一句否定了仲裁协议能够直接对抗法定管辖的观点。第二句债务人

---

① 最高人民法院（2019）最高法民辖终 73 号认为虽然湘电公司主张其与东泰公司所签订的合同明确约定了仲裁条款，本案应由湘潭仲裁委员会审理，但由于弈成公司既非该仲裁条款所涉合同的一方当事人，亦非仲裁条款所涉合同权利义务的受让人，且该约定管辖与《最高人民法院关于适用〈中华人民共和国合同法〉若干问题的解释（一）》第十四条规定的债权人代位权诉讼特殊地域管辖规定相冲突，故原审裁定认定弈成公司不受该仲裁条款的约束，于法有据。

② 最高人民法院（2018）最高法民辖终 107 号案件中，法院认为关于债权人代位权之诉的法院管辖是由司法解释规定的一种特殊地域管辖，其效力高于当事人间的约定。

或者相对人在首次开庭前就债务人与相对人之间的债权债务关系申请仲裁的，人民法院可以依法中止代位权诉讼。一方面给予债务人和相对人意思自治的尊重，另一方面规定申请仲裁的时间为首次开庭前，与仲裁规则保持一致，通过限定申请仲裁的时间防止出现道德风险。

3. 代位权诉讼中债务人、相对人的诉讼地位及合并审理

第一，关于代位权诉讼中债务人、相对人的诉讼地位问题。根据《合同法司法解释（一）》第三十七条的规定，在债权人代位权诉讼中，债权人为原告，相对人为被告，债务人为无独立请求权的第三人。在《合同编通则司法解释》出台前，《合同法司法解释（一）》规定债权人未将债务人列为第三人的，人民法院可以追加债务人为第三人。实践中经常出现法院没有追加债务人的情形，或者有的法院追加，有的法院没有追加的法律适用不统一的情况。在没有追加债务人的案例中，一方当事人会以未追加为由提出法院的程序错误，人民法院经常需要阐述这一问题。除了程序上的异议，未追加债务人为第三人容易导致案件事实无法查明，人民法院可以事实无法查明为由驳回债权人的诉讼请求。因此本次司法解释制定时，《合同编通则司法解释》第三十九条将"可以"修改为"应当"。无论债权人是否已经起诉债务人获得胜诉判决，再行提起代位权诉讼时均需要将债务人追加为第三人。这次修改体现了法院查明案件事实和探究实质理念的重视，也有利于统一法律适用。

第二，关于合并审理后相对人的履行份额问题。《关于合同法债权人代位权制度若干重要问题》的意见中称："在两个或者两个以上债权人以同一次债务人为被告的代位权诉讼场合，如果在审理后其中两个或者两个以上的代位权被认定成立时，则应在债务人对债权人所负债务额或者次债务人对债务人所负债务额的限度内，根据各代位权人各自的债权份额判令次债务人按此比例向各个代位权人履行清偿义务。"司法实践中无论是依债权人申请还是法院直接认定，都是按照债权人的债权比例确定相对人的履行义务。《合同法司法解释（一）》仅规定了《合同通则司法解释》第三十七条第二款第一句，第二句是新增内容。新增部分进一步明确了无须债权人申请，人民法院可依据债的性质按照各债权人享有的债权份额确定相对人的履行份额，体现了债权的平等性。当然需要注意的是，有权享有份额的债权人仅为主动提起代位权诉讼的债权人，而非债务人的全体债权人。

第三，债权人起诉债务人后又起诉相对人的合并审理。《合同编通则司法解释》第三十八条规定债权人向人民法院起诉债务人后，又向同一人民法院对债务人的相对人提起代位权诉讼，属于该人民法院管辖的，可以合并审

理。实践中债权人行使代位权多是先向债务人提起诉讼，在执行程序中无法查到债务人的财产时，才会查找债务人的到期债权，然后行使代位权。实际上，债权人如果起诉债务人后发现债务人的到期债权，可以在债权人和债务人的诉讼尚未获得判决时就向债务人的相对人提起诉讼。因两个诉讼的关系紧密，虽然基本事实、法律关系可能不一样，但是为了一次性解决纠纷，同一人民法院可以合并审理。但是，因代位权诉讼的管辖法院为特殊地域管辖，因此只有在管辖法院相同时才可以合并审理，同时该条规定了此种情形下代位权诉讼的审理顺序劣后。

第四，债权人请求相对人履行的金额小于债务人对相对人享有的债权金额时，债务人就超过代位权诉讼的金额向相对人提起的诉讼与债权人代位权诉讼可以合并审理。《合同编通则司法解释》第三十九条规定了两个诉讼的合并审理和审理顺序，同样有利于纠纷一次性解决。

（四）债权人代位权行使的法律效果

1. 非入库规则

代位权遵循的"入库规则"是指债权人代债务人向相对人主张债权或者与该债权有关的从权利，胜诉后的结果归于债务人，归入债务人的责任财产，相对人不直接向债权人履行债务。《民法典》第五百三十七条明确了债权人的直接受领规则，明确了相对人向债权人履行债权的义务以及债权人接受债权的权利，未采纳"入库规则"。

《民法典》第五百三十七条第二句规定了在债务人债权被强制执行、采取保全措施或债务人破产等特殊情形下，债权人不能直接受领相对人的债权，需要依照其他法律规定处理。需要注意的是该条并没有同时约定债权人的优先受偿权。司法实践中，债权人获得代位权胜诉生效判决后，申请强制执行时与债务人的其他债权人一样按照申请强制执行时间的先后、查封冻结财产的先后顺序获偿，不同于具有担保债权的担保权人的债权。

如果债务人对相对人的权利已被债务人的其他债权人采取财产保全、申请强制执行，则债权人通过代位权诉讼对相对人取得的权利消灭，需要按照财产保全、强制执行的顺序确定债权人的权利。

综上所述，《民法典》第五百三十七条兼顾了"直接受领规则"和"入库规则"，给予债权人财产保全功能的同时，又保持了特殊情形下代位权诉讼与其他债权诉讼的平等性。

2. 相对人无财产可供执行时的处理

《民法典》第五百三十七条第二句相比《合同法司法解释（一）》，增加了债权人的受领权能，规定相对人向债权人履行，债权人接受清偿后，债权人与债务人之间、债务人与相对人之间的债权债务才能终止。

在债权人与债务人之间的主债权处于未决状态时,即债权人直接先行提起代位权诉讼的情况下,如果债权人获得胜诉生效判决后,相对人丧失了履行能力,此时应当允许债权人另行向债务人主张债权。代位权诉讼并不是债权转让。债权人未获实际清偿的部分,债权人与债务人之间的债权债务并未终止,债权人有权基于与债务人之间的法律关系另行主张,不违反"一事不再理"的法律原则。

三、参考案例

1. 债务人是否构成"怠于行使到期债权"的判断标准为其是否向次债务人采取诉讼或仲裁方式主张债权——最高人民法院(2018)最高法民终917号芜湖金隆置地有限公司、交通银行股份有限公司宁波分行债权人代位权纠纷二审民事判决书

裁判要旨:只有采取诉讼或仲裁方式才能成为相对人或债务人对债权人行使代位权的法定抗辩事由,其他私力救济方式向相对人主张债权仍可视为怠于行使债权。

基本案情:2009年6月16日、7月15日、7月16日,宁波市海曙区人民法院、宁波市中级人民法院分别作出多个民事调解书,确认芜湖金隆公司对中普工贸公司、中普实业公司所涉债务承担连带清偿责任。申请执行人交行宁波分行申请了强制执行,在执行过程中被执行人无可供执行的财产,上述案件终结执行。之后,交行宁波银行对芜湖金隆公司的债务人芜湖国土局提起代位权诉讼。

2007年11月3日,芜湖国土局发出拍卖公告,以拍卖方式出让国有土地使用权。2007年12月10日,芜湖国土局与芜湖金隆公司签订一份《出让合同》。同日,双方又签订一份《补充协议》,约定了协议终止履行和退还土地的处理条款。履行过程中,芜湖金隆公司因自身原因提出终止履行和退还土地,双方关于定金和土地出让金的返还产生争议。2013年4月2日,芜湖国土局向芜湖仲裁委员会递交仲裁申请书。2016年10月11日,芜湖仲裁委员会作出裁决,确认芜湖金隆公司对芜湖国土局再次拍卖土地使用权出让金差价损失11800万元承担补足责任,芜湖国土局返还芜湖金隆公司土地使用权出让金4155万元和利息。

争议焦点:芜湖金隆公司一直积极向交行宁波分行催款,且向芜湖仲裁委员会提出了仲裁反请求,该行为是否属于怠于行使到期债权。

法院认为:一审法院认为,依据《合同法司法解释(一)》第十三条第一款

关于"合同法第七十三条规定的'债务人怠于行使其到期债权,对债权人造成损害的',是指债务人不履行其对债权人的到期债务,又不以诉讼方式或者仲裁方式向其债务人主张其享有的具有金钱给付内容的到期债权,致使债权人的到期债权未能实现"的规定,本案芜湖金隆公司未按案涉民事调解书确定的内容履行其对交行宁波分行的到期债务,在对芜湖国土局的债权到期后,在合理期间内又不以诉讼或仲裁的方式向芜湖国土局主张到期债权,应当认定属于怠于行使到期债权,对交通银行宁波分行造成损害。二审法院认为,债务人是否构成"怠于行使到期债权"的判断标准为其是否向次债务人采取诉讼或仲裁方式主张债权,只有采取诉讼或仲裁方式才能成为其对债权人行使代位权的法定抗辩事由,债务人采取其他私力救济方式向次债务人主张债权仍可视为怠于行使债权。本案中,芜湖金隆公司与芜湖国土局之间的《国有土地使用权出让合同》解除后,虽然多次磋商,但自双方确定相关债权至 2010 年 12 月交行宁波分行提起本案诉讼时,芜湖金隆公司未对芜湖国土局到期债权提起诉讼或者仲裁,符合司法解释规定的关于主债务人怠于行使到期债权的情形。芜湖金隆公司在芜湖国土局提出的仲裁程序中提起反请求,系发生在交行宁波分行提起本案债权人代位权诉讼之后,不影响该行代位权的行使。

2. 相对人以其与债务人之间签订有管辖协议为由提出异议的,人民法院不予支持——最高人民法院(2016)最高法民辖终 62 号兴业银行股份有限公司广州中环支行与泉州船舶工业有限公司债权人代位权纠纷

裁判要旨:债务人与相对人之间的管辖约定不能对抗代位权诉讼的特殊地域管辖。代位权诉讼不要求债务人与相对人之间的债权债务经过实体审判。

基本案情:兴业银行向法院起诉,请求船舶公司清偿振戎公司所欠兴业银行贷款本金及利息,并承担本案诉讼费、保全费、差旅费、律师费等费用。本案中一审由振戎公司住所地法院广东省高级人民法立案受理,振戎公司该案一审时提出管辖权异议称:(1)根据《民事诉讼法》第二十一条规定的协议管辖,应由被告住所地人民法院管辖。(2)根据《合同法司法解释(一)》第十四条规定代位权诉讼应由被告船舶公司所在地人民法院管辖。振戎公司主张本案应当由船舶公司住所地人民法院即福建省高级人民法院管辖。振戎公司二审上诉的理由有两个。第一,原审法院在未经实体审判即认定本案符合《合同法司法解释(一)》第十三条规定的情形,并裁定驳回振戎公司的管辖权异议,损害了振戎公司的利益。第二,振戎公司、船舶公司于2014 年 5 月 5 日签署的债权重组协议第 14 条约定:"本协议双方同意借款人(船舶公司)注册所在地的人民法院对与本协议有关的任何争议享有排他

性的司法管辖权"。兴业银行与船舶公司之间虽然没有直接的合同关系,但兴业银行之所以能提起代位权诉讼,是基于债务人与向相对人之间的合同关系,故债权人在代位权诉讼中也应受到该合同内容的约束。对此,一审、二审法院均驳回了振戎公司的管辖权异议。

争议焦点:振戎公司提出的管辖权异议是否成立?

法院认为:第一,振戎公司在本案代位权诉讼中应为无独立请求权的第三人,振戎公司并无提起本案管辖权异议的权利。在船舶公司未对案件管辖提出异议的情况下,视为其已经认可由原审法院对本案进行管辖,原审法院对本案的管辖也未违反级别管辖或专属管辖的法律规定,故原审法院驳回振戎公司的管辖权异议的处理结果正确。第二,代位权诉讼并不以实体审判为前提,有初步证据证明债务人与次债务人之间存在债权债务关系且债务人怠于主张到期债权的行为有可能损害到债权人的到期债权即可。第三,关于振戎公司主张其和船舶公司之间签订的协议中有管辖协议的问题。因管辖协议存于振戎公司与船舶公司之间,与兴业银行行使代位权起诉船舶公司一案并无关联性,亦不能约束并非合同主体的代位权人兴业银行。故振戎公司的该上诉理由亦不能成立。

3. 在代位权诉讼中,相对人仅以其与债务人之间的债权债务关系有仲裁协议为由不能对抗人民法院的司法管辖——福建省高级人民法院(2019)闽民终1823号雅斯科控股株式会社、吴瑞彪债权人代位权纠纷二审民事裁定书(最高人民法院发布《关于适用〈中华人民共和国民法典〉合同编通则若干问题的解释》相关典型案例五)

裁判要旨:在代位权诉讼中,相对人以其与债务人之间的债权债务关系约定了仲裁条款为由,主张案件不属于人民法院受理案件范围的,人民法院不予支持。

基本案情:2015年至2016年,雅斯科控股株式会社与万利国际公司等先后签订《可转换公司债发行及认购合同》及补充协议,至2019年3月,万利国际公司欠付雅斯科控股株式会社款项6400余万元。2015年5月,万利公司与其母公司万利国际公司签订《贷款协议》,由万利国际公司向万利公司出借2.75亿元用于公司经营。同年6月,万利国际公司向万利公司发放了贷款。案涉《可转换公司债发行及认购合同》及补充协议、《贷款协议》均约定了仲裁条款。雅斯科控股株式会社认为万利国际公司怠于行使对万利公司的债权,影响了万控股株式会社到期债权的实现,遂提起代位权诉讼。一审法院认为,虽然雅斯科控股株式会社与万利公司之间并无直接的仲裁协议,但雅斯科控股株式会社向万利公司行使代位权时,应受万利公司与万利国际公司之间仲裁条款的约束。相关协议约定的仲裁条款排除了人民法院的管辖,故裁定驳回雅斯科控股株式会社的起诉。雅斯科控股株式会社不服提起上诉。二审法院依据《最高人民法院关于适用〈中华人民共和国合同法〉若干问题的解释(一)》第十四条的规定,裁定撤销一审裁定,移送被告住所地人民法院审理。

争议焦点:万利国际公司与万利公司之间签订的仲裁协议能否对抗代位权诉讼的司法管辖?

法院认为:虽然案涉合同中均约定了仲裁条款,但仲裁条款只约束签订合同的各方当事人,对合同之外的当事人不具有约束力。本案并非债权转让引起的诉讼,雅斯科控股株式会社既非《贷款协议》的当事人,亦非该协议权利义务的受让人,一审法院认为雅斯科控股株式会社行使代位权时应万利公司与万利国际公司之间仲裁条款的约束缺乏依据。

4. 相对人未实际履行的,债权人仍有权代位行使债务人的债权——最高人民法院(2011)民提字第210号成都市国土资源局武侯分局与招商(蛇口)成都房地产开发有限责任公司、成都港招实业开发有限责任公司、海南民丰科技实业开发总公司债权人代位权纠纷案(最高人民法院公报2012年第6期)

裁判要旨:相对人未实际履行代物清偿协议,相对人与债务人之间的原金钱债务并未消灭,债权人仍有权代位行使债务人的债权。

基本案情:武侯国土局因土地征地费问题与招商局公司、四川港招公司签订《债权债务转移合同》以及武侯国土局与四川港招公司签订《交款合同》,四川港招公司是武侯国土局的债务人。成都港招公司作为四川港招公司的股东因注册资金不实,需对武侯国土局承担责任,因此成都港招公司是武侯国土局的债务人。成都港招公司与招商局公司签订了《债权债务清算协议书》,根据该协议,招商局公司对成都港招公司负有金钱债务以及负有给付泰丰国际商贸中心项目用地土地使用权的义务。成都港招公司与招商局公司双方协议以土地作价清偿的约定构成了代物清偿法律关系。现代物清偿协议尚未实际履行。

争议焦点:(1)债务人与相对人约定以代物清偿方式清偿债务的,如何认定债权人与债务人、债务人与相对人之间的债权债务已消灭?(2)相对人是企业且已改制的,如何确定向债权人履行债务的主体?

法院认为:第一,依据民法基本原理,代物清偿作为清偿债务的方法之一,是以他种给付代替原定给付的清偿,以债权人等有受领权的人现实地受领给付为生效条件,在新债务未履行前,原债务并不消灭,当新债务履行后,原债务同时消灭。第二,本案中,成都港招公司与招商局公司虽然签订了《债权债务清算协议书》并约定"以地抵债"的代物清偿方式了结双方债务,但由于该代物清偿协议并未实际履行,因此双方原来的 3481.55 万元的金钱债务并未消灭,招商局公司仍对成都港招公司负有 3481.55 万元的金钱债务。第三,企业改制只是转换企业的组织形式和变更企业的经济性质,原企业的债权债务并不因改制而消灭。根据最高人民法院《关于审理与企业改制相关的民事纠纷案件若干问题的规定》第五条的规定,企业通过增资扩股或者转让部分产权,实现他人对企业的参股,将企业整体改造为有限责任公司或股份有限公司的,原企业债务由改造后的新设公司承担。故债权人代位行使对相对人的债权,相对人改制的,由改制后的企业向债权人履行清偿义务。

5. 代位权诉讼执行中,债权人通过执行未取得的债权,可以另行向债务人主张——最高人民法院(2019)最高法民终 6 号北京大唐燃料有限公司诉山东百富物流有限公司买卖合同纠纷案(指导性案例 167 号)

裁判要旨:代位权诉讼执行中,因相对人无可供执行的财产而被终结本次执行程序,债权人就未实际获得清偿的债权另行向债务人主张权利的,人民法院应予支持。

基本案情:北京大唐公司与山东百富公司签订多份采购合同,截至 2014 年 1 月 8 日,山东百富公司欠付北京大唐公司 36369405.32 元。之后,北京大唐公司以宁波万象公司为被告,山东百富公司为第三人向法院提起债权人代位权诉讼,北京大唐公司申请执行宁波万象公司后,因宁波万象公司无可供执行的财产,本次执行终结。之后北京大唐公司以山东百富公司为被告,要求返还本金和利息。经过审理,法院判决支持北京大唐公司要求返还本金和利息的诉讼请求。

争议焦点:债权人代位权诉讼中法院已经认定的债权人对相对人的债权,债权人未实际获得的债权是否有权向债务人另行主张?

法院认为:第一,认定债权人与债务人之间相应债权债务关系消灭的前提是次债务人已经被债权人实际履行相应清偿义务。相对人并未实际履行清偿义务的情况下,债权人与债务人之间的债权债务关系并未消灭,债权人有权向债务人另行主张。第二,债权人并非是在相对人和债务人之间只能择一选择,若要求债权人在提起代位权诉讼前对相对人的偿债能力做充分调查,不仅加大债权人的维权成本,也大大挫伤债权人提起代位权诉讼的积极性。第三,不违反"一事不再理"原则。代位权诉讼与对债务人的诉讼在标的范围、法律关系、起诉要件等均存在不同,两诉讼并非同一事由。不构成重复起诉。

【撤销权行使的构成要件与法律效果】

王云飞

引言

《民法典》合同编第五百三十八条至第五百四十二条的内容为撤销权的行使及法律效果,包含撤销债务人的有偿和无偿行为、撤销权的行使范围、行使期间以及法律效果。鉴于学术界对于债权人撤销权的性质、法律效果的观点众多、实务中审执分离、各法院认识不同等原因,撤销权判决经常被架空、难以执行,债权人虽然撤销了相对人与债务人之间的诈害行为,但其自身债权依旧难以实现,债权人撤销权判决成为一纸空文。

本章以指导案例 118 号作为参照,结合《合同编通则司法解释》第四十二条至第四十六条,阐述了债权人撤销权的构成要件、撤销权行使的法律效果等两个问题,剖析了《合同编通则司法解释》对于债权人行使撤销权的漏洞弥补与前沿思考,使债权人能够真正地通过撤销权诉讼撤销债务人诈害行为的同时更好地保全自身债权,回归撤销权诉讼本来的目的。

一、关联法规

《合同编通则司法解释》关于撤销权的部分总共 5 条,分别涉及债权人撤销权诉讼中明显不合理低价或者高价的认定、其他不合理交易行为的认定、债权人撤销权诉讼的当事人、管辖和合并审理、债权人撤销权的效力范围、撤销权行使的法律效果。具体见表 5 - 2。

表 5 - 2 合同的保全—撤销权关联法规

第五章 合同的保全—撤销权	
《合同编通则司法解释》	《民法典》及关联法规
第四十二条 对于民法典第五百三十九条规定的"明显不合理"的低价或者高价,人民法院应当按照交易当地一般经营者的判断,并参考交易时交易地的市场交易价或者物价部门指导价予以认定。	《民法典》 **第五百三十八条** 债务人以放弃其债权、放弃债权担保、无偿转让财产等方式无偿处分

续表

第五章　合同的保全—撤销权	
《合同编通则司法解释》	《民法典》及关联法规
转让价格未达到交易时交易地的市场交易价或者指导价百分之七十的，一般可以认定为"明显不合理的低价"；受让价格高于交易时交易地的市场交易价或者指导价百分之三十的，一般可以认定为"明显不合理的高价"。 　　债务人与相对人存在亲属关系、关联关系的，不受前款规定的百分之七十、百分之三十的限制。	财产权益，或者恶意延长其到期债权的履行期限，影响债权人的债权实现的，债权人可以请求人民法院撤销债务人的行为。 　　**第五百三十九条**　债务人以明显不合理的低价转让财产、以明显不合理的高价受让他人财产或者为他人的债务提供担保，影响债权人的债权实现，债务人的相对人知道或者应当知道该情形的，债权人可以请求人民法院撤销债务人的行为。
第四十三条　债务人以明显不合理的价格，实施互易财产、以物抵债、出租或者承租财产、知识产权许可使用等行为，影响债权人的债权实现，债务人的相对人知道或者应当知道该情形，债权人请求撤销债务人的行为的，人民法院应当依据民法典第五百三十九条的规定予以支持。	**第五百四十条**　撤销权的行使范围以债权人的债权为限。债权人行使撤销权的必要费用，由债务人负担。 　　**第五百四十一条**　撤销权自债权人知道或者应当知道撤销事由之日起一年内行使。自债务人的行为发生之日起五年内没有行使撤销权的，该撤销权消灭。
第四十四条　债权人依据民法典第五百三十八条、第五百三十九条的规定提起撤销权诉讼的，应当以债务人和债务人的相对人为共同被告，由债务人或者相对人的住所地人民法院管辖，但是依法应当适用专属管辖规定的除外。 　　两个以上债权人就债务人的同一行为提起撤销权诉讼的，人民法院可以合并审理。	**第五百四十二条**　债务人影响债权人的债权实现的行为被撤销的，自始没有法律约束力。 　　**第一百五十七条**　民事法律行为无效、被撤销或者确定不发生效力后，行为人因该行为取得的财产，应当予以返还；不能返还或者没有必要返还的，应当折价补偿。有过错的一方应当赔偿对方由此所受到的损失；各方都有过错的，应当各自承担相应的责任。法律另有规定的，依照其规定。
第四十五条　在债权人撤销权诉讼中，被撤销行为的标的可分，当事人主张在受影响的债权范围内撤销债务人的行为的，人民法院应予支持；被撤销行为的标的不可分，债权人主张将债务人的行为全部撤销的，人民法院应予支持。 　　债权人行使撤销权所支付的合理的律师代理费、差旅费等费用，可以认定为民法典第五百四十条规定的"必要费用"。	**第三百一十一条**　无处分权人将不动产或者动产转让给受让人的，所有权人有权追回；除法律另有规定外，符合下列情形的，受让人取得该不动产或者动产的所有权： 　　（一）受让人受让该不动产或者动产时是善意； 　　（二）以合理的价格转让； 　　（三）转让的不动产或者动产依照法律规定应当登记的已经登记，不需要登记的已经交付给受让人。
第四十六条　债权人在撤销权诉讼中同时请求债务人的相对人向债务人承担返还财产、折价补偿、履行到期债务等法律后果的，人民法院依法予以支持。 　　债权人请求受理撤销权诉讼的人民法院一并审理其与债务人之间的债权债务关系，属于该人民法院管辖的，可以合并审理。不属于该人民法院管辖的，应当告知其向有管辖权的人民法院另行起诉。 　　债权人依据其与债务人的诉讼、撤销权诉讼产生的生效法律文书申请强制执行的，人民法院可以就债务人对相对人享有的权利采取强制执行措施以实现债权人的债权。债权人在撤销权诉讼中，申请对相对人的财产采取保全措施的，人民法院依法予以准许。	受让人依据前款规定取得不动产或者动产的所有权的，原所有权人有权向无处分权人请求损害赔偿。 　　当事人善意取得其他物权的，参照适用前两款规定。 　　**第一百五十四条**　行为人与相对人恶意串通，损害他人合法权益的民事法律行为无效。 　　《九民纪要》 　　**第三十二条**　《合同法》第58条就合同无效或者被撤销时的财产返还责任和损害赔偿责任作了规定，但未规定合同不成立的法律后果。

续表

第五章　合同的保全—撤销权	
《合同编通则司法解释》	《民法典》及关联法规
	考虑到合同不成立时也可能发生财产返还和损害赔偿责任问题，故应当参照适用该条的规定。 在确定合同不成立、无效或者被撤销后财产返还或者折价补偿范围时，要根据诚实信用原则的要求，在当事人之间合理分配，不能使不诚信的当事人因合同不成立、无效或者被撤销而获益。合同不成立、无效或者被撤销情况下，当事人所承担的缔约过失责任不应超过合同履行利益。比如，依据《最高人民法院关于审理建设工程施工合同纠纷案件适用法律问题的解释》第2条规定，建设工程施工合同无效，在建设工程经竣工验收合格情况下，可以参照合同约定支付工程款，但除非增加了合同约定之外新的工程项目，一般不应超出合同约定支付工程款。

二、核心问题

（一）撤销权的构成要件

撤销权系债权人对债务人所为的逃避债务、欺诈债权人以减少其责任财产导致其财产权益减少进而影响债权人债权实现的行为，可以依法请求法院予以撤销的实体权利。撤销权系附属性权利，以真实、合法、有效的债权为基础，系专属于债权人的权利。债权人行使撤销权突破了合同的相对性，允许债权人在特定条件下撤销债务人与相对人的法律行为，干涉债务人处分财产的自由，目的为使债权人的债权权益完好无损，是债的保全制度的重要组成部分。

下面将从债权人行使撤销权的前提、客观要件、主观要件、举证责任等角度阐述撤销权的构成要件。

1. 债权人行使撤销权的前提和客观要件

关于撤销权的性质，学术界、实务界争论不休，存在形成权说、请求权说、折中说和责任说等学说分歧[①]。笔者认为债权人的撤销权系形成权兼具一定请求权的性质更为妥当[②]。撤销权本质系形成诉权，需要债权人通过向人民法院提起诉讼的方式主张，适用于除斥期间，期间经过则实体权利消

[①]　但蕾蕾：《关于合同法中的撤销权问题的探讨》，载《法制博览》2020年第7期。
[②]　胡昌威：《合同法中的债权人撤销权》，载《法制博览》2021年第9期。

灭,不得另行主张。债权人行使撤销权以单方的意思表示即可撤销相对人与债务人之间的法律行为,使其自始没有法律约束力。债权人行使撤销权系保障债权实现,防止债务人的财产不当减少因此给债权人的债权产生损害①。

(1)撤销权行使的前提条件

第一,因撤销权系从属性权利的固有属性,债权人行使撤销权的前提系其已经拥有真实、合法、有效的债权,且该债权不能超过诉讼时效导致丧失胜诉权。债权人享有的债权需具备金钱属性,能被金钱所衡量。

需要注意的是,债权人享有的债权均无须届期,到期债权并不是行使撤销权的要件。理由在于,撤销权针对的是债务人积极减少责任财产的加害行为,若在债务人实施加害行为之时因为债权人的债权尚未到期而不能行使撤销权,等到债权人的债权到期时才能行使,债权人的权益将无法得到保障②。人民法院在审查债权人债权时的标准不应严苛,应采取形式审查的方法,不以债权人债权金额确定、届满为必要,甚至在债权尚未发生、只是债权发生的可能性很大时,也可以行使撤销权③。即使债权人的债权尚在诉讼中,债权金额尚不确定,也不能影响债权人行使撤销权④。

第二,债务人行使加害行为的时间应在债权成立的时间之后。也就是说加害行为需要与影响债权的实现具有因果关系,也应当充分考虑第三人的合理期待利益与交易安全。若债务人实施加害行为的时间在债权成立之前,前述因果关系难以成立,也难以认定债权人的债权实现受到了阻碍,因此债权人无权行使撤销权⑤。

(2)撤销权行使的客观要件

撤销权的标的,也即撤销权的对象为债务人的诈害行为,即债务人积极不当的行为导致其财产权益减少、责任财产的负担不当加重。

《民法典》第五百三十八条、第五百三十九条将诈害行为分为有偿行为和无偿行为。无偿行为包括放弃债权、放弃债权担保、无偿转让财产等方式无偿处分财产权益,或者恶意延长其到期债权的履行期限;有偿行为包括明

---

① 曹守晔等:《最高人民法院关于适用合同法若干问题的解释(一)的理解与适用》,载《人民司法》2000 年第 3 期。

② 申卫星:《合同保全制度三论》,载《中国法学》2000 年第 2 期。

③ 韩世远:《合同法总论》,法律出版社 2011 年版,第 352 页;史尚宽:《债法总论》,中国政法大学出版社 2000 年版,第 480 页。

④ 周寓先:《处于诉讼中的债权不影响债权人行使撤销权》,载《人民司法》2019 年第 14 期。

⑤ 刘阿丹:《论债权人撤销权中"对债权人造成损害"的认定》,华东政法大学 2019 年硕士学位论文,第 13—16 页。

显不合理的低价转让财产、以明显不合理的高价受让他人财产或者为他人的债务提供担保。《民法典》新增将为他人的债务提供担保列为可被撤销的有偿行为，实践中需要特别注意严格把控适用范围，避免过分增加担保权人的审查义务从而影响担保在融资等方面的重要作用①。

无偿行为中的放弃债权、无偿转让财产会对债务人的责任财产产生重大影响，相对人无偿获得利益，必然会影响债务人的偿债能力，债权人行使撤销权没有障碍。现实中，变相地无偿转让财产的种类颇多且通常存在相对人与债务人恶意串通的情形，行为隐蔽，债权人难以发觉，实务中应采取敏锐的穿透式的思想予以准确认定。

债务人放弃债权担保则不必然导致债务人责任财产减少。原因在于，债务人设立担保债权的目的是当次债务人不能按期履行到期债务或者发生当事人约定的实现担保物权的情形时，债务人可就担保财产折价、拍卖、变卖的价款优先受偿，设立担保物权的目的是保障债务人债权的实现。当次债务人具有清偿能力，有充足的财产能够清偿其与债务人之间的债务，债务人也不必实现担保物权，债务人放弃债权担保不会导致责任财产减少。但是，如果次债务人清偿能力显著降低，陷入无资力、无力清偿到期债务，债务人放弃债权担保就是放弃了就担保财产的优先受偿的权利，势必会导致责任财产减少。

并且，即使债务人放弃债权担保导致债务人责任财产减少，也不必然影响债权人债权的实现。只有当债务人陷入无资力，即债务人的债务超过其现实的财产（不包括劳力、信用等）才会影响债权人债权的实现②，债权人才能行使撤销权。但是无资力的判断标准不能过于机械化，因为债务超过是静态概念，不能反映市场经济下企业动态的资产负债情况，不能简单地以资产负债表判断企业是否资不抵债，应结合具体案情加以判断。

无偿行为中新增了恶意延长其到期债权的履行期限的情形。此类诈害行为虽然不会直接导致债务人责任财产的减少，但会导致债务人事实上不能按时清偿的后果，损害债权人的期限利益。债权人因丧失该期限利益，会导致对其相对人的支付不能，甚至会因此重大违约被相对人解除合同、导致资金链的断裂、丧失商业信誉、交易机会等严重后果。虽然恶意延长其到期债权的履行期限不如债务人直接处分财产的性质恶劣，但此种情形债权人依旧可以行使撤销权。

---

① 刘贵祥：《关于金融民商事审判工作中的理念、机制和法律适用问题》，载《法律适用》2023第 1 期。

② 崔建远：《合同法》，法律出版社 2010 年版，第 162 页。

2. 债权人行使撤销权的实质因果关系要件

债权人撤销权的实质要件为债务人的诈害行为影响债权人债权的实现。《民法典》第五百三十八条、第五百三十九条将合同法第七十四条中的"对债权人造成损害"更改为影响债权人的债权实现，降低了诈害行为所造成实质损害的程度，仅要求影响实现，即可不必然要求造成实质损害，对撤销权的构成要件进行了扩张，使得实务中判断更加容易。

只有债务人的诈害行为与影响债权人债权的实现存在直接的因果关系，债权人才能行使撤销权。因为债权人行使撤销权必然会对相对人交易产生重大影响，因此需要在债务人自由处分财产与第三人交易信赖利益的保护折中。只有在债务人的诈害行为影响债权人债权实现的范围内，债权人才能行使撤销权[①]。

虽然债务人实施了诈害行为，但债务人的财产足以偿还债权人的债权，不会影响债权人债权的实现，那么债权人不能行使撤销权。也即，只有债务人的诈害行为导致其陷入无资力的状态，影响债权人债权的实现，债权人才能行使撤销权。

因为债务人陷入无资力的原因很多，不能因为债务人陷入无资力，就要撤销债务人所有的诈害行为。判断诈害行为与陷入无资力的因果关系需要同时考察两个时间点，即诈害行为作出时和债权人主张行使撤销权时。诈害行为作出时的判断标准，即债务人在作出诈害行为后就导致了债务人陷入无资力，倘若债务人在处分财产时资产雄厚，有足够的财产清偿债务，并未当时陷入无资力，而是因为后续原因导致债务人陷入财务危机、无资力、不能清偿债务。那么，债务人的诈害行为与陷入无资力并无因果关系，债权人无权撤销。一审（2010）东二法民四初字第 161 号[②]、二审（2011）东中法民四终字第 82 号中债务人举证证明其行为作出时并未导致其陷入无资力，其有足够的财产偿还债务，其抗辩债权人无权行使撤销权的观点获得了支持。

债权人主张行使撤销权时的判断标准，即债权人在行使撤销权时，债务人陷入无资力的情况一直存续着。倘若在债务人作出诈害行为后，债务人确实陷入了无资力状态，但是在债权人主张行使撤销权时债务人恢复了经

[①] 杜万华、宋晓明：《基层人民法院法官培训教材（实务卷民商事审判篇）》，人民法院出版社 2005 年版，第 557 页。

[②] （2010）东二法民四初字第 161 号判决书　本院认为：被告叶良浩在签订《工程结算补充协议书》时并未限于"无资力"的状态。至于原告当庭提交关于叶良浩所欠债务在我院受理情况的统计，以证明叶良浩已经无法清偿原告的债权。但原告未能举证证明这些案件的具体执行情况，且本院对这些案件也尚未作出中止执行裁定书。因而，原告未能提供据证明工程款打折的约定已经导致被告叶良浩无法清偿拖欠自己的材料款，故原告应承担举证不能的不利后果。

营状态,有足够的实力履行债务,那么债权人的债权依然能够实现,在此情形下债权人不能行使撤销权。

3. 债权人行使撤销权的主观要件

针对债务人的有偿行为和无偿行为,债权人撤销权的主观构成要件是不同的。

无偿行为中债务人实施放弃债权、放弃债权担保、无偿转让财产等方式无偿处分财产权益的行为即可推定债务人具有恶意,因为债务人的这种行为必然会对债权人债权的实现产生影响,这种行为本身就具有恶性。债务人具有这种客观无偿行为即符合撤销权的主观要件,若该行为影响债权人债权实现的,债权人即可行使撤销权。但是,若债务人能够举证自己的行为是善意的,没有影响债权人债权实现或者能够举证自己并未陷入无资力的状态,有足够的财产偿还债务,那么债权人不能行使撤销权。

无偿行为中的债务人延长其到期债权的履行期限需要判断债务人是否具有主观恶意,因为延长其到期债权的履行期限的行为相比放弃债权、放弃债权担保、无偿转让财产等实体处分权利行为的危害程度不能相提并论。若因为债务人延长其到期债权的履行期限直接推定债务人主观恶性,那么势必会冲击债务人管理财产的自由与第三人的交易安全。债务人延长其到期债权的履行期限或许是商业安排抑或是债务人的特定需求,需要充分考虑债务人展期的目的和动机,并不能直接推定债务人延长期限的目的是逃避债务、诈害债权人。而判断债务人是否具有主观恶意,需要从债务人的行为客观上是否影响债权人债权的实现进行逻辑推定,若债务人能提供证据推翻,那么债权人无权行使撤销权。

有偿行为相比无偿行为而言,由于危害性不在一个层次上,不能一概而论直接推定债务人具有主观恶性。债权人行使撤销权需以债务人、受让人同时具有主观恶性为必要。而债务人的主观恶意的判断标准则在于交易价款是否明显不合理,相对人的主观恶意的判断标准是其是否知道或者应当知道。

有偿行为中明显不合理的低价转让财产、以明显不合理的高价在《合同法司法解释(二)》第十九条中认定的时间基准为交易当时,即实施交易行为时,空间基准为交易行为地。2021 年 4 月 6 日,最高人民法院关于印发《全国法院贯彻实施民法典工作会议纪要》的通知,对如何认定《民法典》规定的"明显不合理的低价高价"提出意见,即对于《民法典》第五百三十九条规定的明显不合理的低价或者高价,人民法院应当以交易当地一般经营者的判断,并参考交易当时交易地的物价部门指导价或者市场交易价,结合其他相关因素综合考虑予以认定。转让价格达不到交易时交易地的指导价或者市场交易价百分之七十的，一般可以视为明显不合理的低价；对转让价格高于当地指导价或者市场交易价百分之三十的，一般可以视为明显不合理的高价。

即站在一个正常市场交易主体的角度，债务人的转让、受让的价款与市场交易的价格差距较大，显然会影响债权人债权的实现，就可以认定债务人具有主观恶意。百分之七十、百分之三十仅仅是一般意义上认定明显不合理的低价高价的比例。本质上系债务人有偿处分财产使其责任财产减少了百分之三十，则可认定为诈害行为。

但是，此标准绝不能机械使用，"一般可视为"是一种法律推定用语，如果债务人能提出反证证明以百分之七十、百分之三十的比例处分、受让财产会使其财产权益受益，那么债权人不可行使撤销权。特别是对于股权转让中转让价款的认定，股权是一种无形的、抽象的、综合性的权利，股权价值的判断，按照一般的经济生活习惯、净资产价值或者财务报告确定的价值为依据，但是还应该综合考虑出资情况、盈利情况、供求关系、商业信誉等因素认定股权转让是否存在不合理的价格①。

《合同编通则司法解释》第四十二条采纳了《合同法司法解释（二）》第十九条、《全国法院贯彻实施民法典工作会议纪要》第九条对于明显不合理的低价高价的认定。但在实践中，有些交易涉及标的额巨大，即使超过百分之七十或者未高于百分之三十，金额也很大，而债务人与次债务人却利用亲属关系或者关联关系逃避债务，恶意诈害债权人。为防止此类"逃废债"情况的发生同时明确需要着重考察债务人与相对人存在关联关系等情形，若存在关联关系等情形，则不受前款规定的百分之七十、百分之三十的限制②。因此，人民法院在审查是否存在以明显不合理的低价转让财产、以明显不合理的高价受让他人财产或为他人的债务提供担保的情形时，应首先着重考察相对人与债务人是否存在关联关系、亲属关系，恶意逃避债务诈害债权人的情形，以确定是否能适用百分之七十、百分之三十的判断标准。

同时，《合同编通则司法解释》第四十三条也明确，对于债务人以明显不合理的价格，实施互易财产、以物抵债、出租或者承租财产、知识产权许可使用等行为，影响债权人的债权实现，债务人的相对人知道或者应当知道该情形，债权人有权请求撤销债务人的行为的，人民法院应当依据《民法典》第五

---

① 杜炳富、李聪：《债权人撤销权实务研究》，载《公民与法（综合版）》第 2022 第 9 期。

② 刘贵祥：《关于金融民商事审判工作中的理念、机制和法律适用问题》，载《法律适用》2023 第 1 期。

百三十九条关于撤销债务人有偿行为的规定予以支持。

而对于受让人主观恶意的判断标准,鉴于债权人作为外部第三人难以知晓相对人与债务人之间的交易细节,应采用外部推定予以认定。实务中,相对人与债务人往往恶意串通,其实施的诈害行为往往非常隐蔽、难以察觉。债权人作为外部第三人很难知晓债务人与相对人之间交易的具体细节,很难举证相对人与债务人在实施诈害行为时恶意串通、相对人具有主观恶意、知晓其行为会影响债权人债权实现等情形。因此,只需要判断相对人作为一个正常的交易主体都会认为该交易的价款过低,其对于明显不合理的低价高价是否知道或者应该知道即可。因为在这种情况下任意一个经营者都会发觉交易价款明显不正常,债务人的行为难以合理解释,相对人仍然要与债务人交易,那么就可推定相对人具有主观恶意。若相对人有异议,那么其可就其主观上是善意的承担举证责任。综上,通过举证责任的分配更好把握债务人、相对人的判断标准,实务中便于操作。

4. 债权人撤销权纠纷的管辖

《合同法司法解释(一)》第二十三条、二十四条规定,债权人依照《合同法》第七十四条的规定提起撤销权诉讼时只以债务人为被告,未将受益人或者受让人列为第三人的,人民法院可以追加该受益人或者受让人为第三人,债权人依照合同法第七十四条的规定提起撤销权诉讼的,由被告住所地人民法院管辖。《合同法司法解释(一)》第二十三条、二十四条排除了债权人与债务人之间、债务人与相对人之间的协议管辖、仲裁管辖,债务人、相对人不能以此为由进行管辖抗辩。

也即,债权人提起债权人撤销权诉讼,应以债务人为被告、相对人为第三人,管辖法院为债务人住所地所在法院,实务中也存在直接将相对人列为被告的情况。但是,若专属管辖与法定管辖冲突时,在过往的司法实践中,存在截然相反的裁判观点。

如福建省莆田市中级人民法院(2018)闽03民辖终314号债权人撤销权纠纷中法院认为:被上诉人主张涉案房屋所有权转移给原审被告郑元烈的行为无效,本案应由涉案不动产所在地法院专属管辖。涉案不动产位于莆田市城厢区,原审法院作为不动产所在地法院对本案具有专属管辖权。

但是,广东省湛江市中级人民法院(2017)粤08民辖1号债权人撤销权纠纷中法院却认为:不动产纠纷是指因不动产的权利确认、分割、相邻关系等引起的物权纠纷的规定,适用不动产纠纷专属管辖的前提条件是该纠纷属于物权纠纷,而债权人撤销权纠纷属于债权纠纷,因此,本案不应适用不动产纠纷专属管辖原则。

《合同编通则司法解释》第四十四条中对困扰司法实践许久的债权人撤销权纠纷的管辖问题明确规定:债权人依据《民法典》第五百三十八条、第五百三十九条的规定提起撤销权诉讼的,应当以债务人和债务人的相对人为共同被告,由债务人或者相对人的住所地人民法院管辖,但是依法应当适用专属管辖规定的除外。两个以上债权人就债务人的同一行为提起撤销权诉讼的,人民法院可以合并审理,(2018)苏民监 687 号、(2018)苏 02 民申 110 号闵丽与王建云撤销权纠纷民事裁定书也持有相同的观点。同时,债权人行使撤销权所支付的合理的律师代理费、差旅费等费用,可以认定为《民法典》第五百四十条规定的"必要费用"。

(二)撤销权行使的法律效果

《合同编通则司法解释》第四十六条规定了撤销权行使的法律效果,即债权人在撤销权诉讼中同时请求债务人的相对人向债务人承担返还财产、折价补偿、履行到期债务等法律后果的,人民法院依法予以支持。债权人请求受理撤销权诉讼的人民法院一并审理其与债务人之间的债权债务关系,属于该人民法院管辖的,可以合并审理。不属于该人民法院管辖的,应当告知其向有管辖权的人民法院另行起诉。债权人依据其与债务人的诉讼、撤销权诉讼产生的生效法律文书申请强制执行的,人民法院可以就债务人对相对人享有的权利采取强制执行措施以实现债权人的债权。债权人在撤销权诉讼中,申请对相对人的财产采取保全措施的,人民法院依法予以准许。

关于债权人撤销权的效力范围,《合同编通则司法解释》第四十七条也明确规定,在债权人撤销权诉讼中,被撤销行为的标的可分,当事人主张在受影响的债权范围内撤销债务人的行为的,人民法院应予支持;被撤销行为的标的不可分,债权人主张将债务人的行为全部撤销的,人民法院应予支持。

在阐述撤销权行使的法律效果前,首先应关注最高人民法院指导案例 118 号,东北电气发展股份有限公司与国家开发银行股份有限公司、沈阳高压开关有限责任公司等执行复议案。生效判决确认债务人沈阳高开偿还债权人国开行借款本金、利息、罚息等并撤销相对人东北电气与债务人沈阳高开之间的股权置换的合同,并判令相对人东北电气向债务人沈阳高开返还股权,债务人沈阳高开向相对人东北电气返还相应的股权支付对价,如果相对人东北电气不能返还股权,应当支付 2.7 亿余元的赔偿款。

后债权人国开行因相对人东北电气不履行将股权返还给债务人沈阳高开的义务,作为申请执行人,以相对人东北电气和债务人沈阳高开为被执行人申请强制执行,请求相对人东北电气向债务人沈阳高开履行。后相对人东北电气提出执行异议,主要抗辩理由为其已经实际履行、履行判决义务的主体为债务人沈阳高开与相对人东北电气,债权人国开行无申请强制执行的主体资格等。

最高人民法院认为相互返还这一判决结果不是基于相对人东北电气与债务人沈阳高开双方之间的争议,而是基于债权人国开行的诉讼请求。东北电气向沈阳高开返还股权,不仅是对沈阳高开的义务,而且实质上主要是对胜诉债权人国开行的义务。故国开行完全有权利向人民法院申请强制有关义务人履行该判决确定的义务。债权人撤销权诉讼的生效判决撤销了债务人与受让人的财产转让合同,并判令受让人向债务人返还财产,受让人未履行返还义务的,债权人可以债务人、受让人为被执行人申请强制执行。

受让人未通知债权人,自行向债务人返还财产,债务人将返还的财产立即转移,致使债权人丧失申请法院采取查封、冻结等措施的机会,撤销权诉讼目的无法实现的,不能认定生效判决已经得到有效履行。债权人申请对受让人执行生效判决确定的财产返还义务的,人民法院应予支持。

指导案例118号具有重要的指导意义。司法实践中,债权人提起撤销之诉大多会请求相对人向债务人承担行为被撤销后的民事责任,要求相对人向债务人返还被诈害的责任财产,然而大多数法院并不认可债权人有请求权,其认为请求相对人向债务人返还财产是属于债务人的权利,只能由债务人主张。因此,大多数判项仅仅是撤销了相对人与债务人之间的法律行为,并没有判令相对人向债务人返还责任财产,即只判决撤销不判决返还。

被债务人恶意处分的责任财产并不会自动"恢复",大多数相对人与债务人均存在恶意串通的情形,债务人不会主动请求相对人返还,此时债权人需要申请强制执行。但是,目前我国审判、执行分离,债权人申请执行也存在困境。债权人以生效债权人撤销之诉判决向人民法院申请执行时,人民法院会以民事诉讼法司法解释第四百六十一条为依据,采取形式审查的标准,认为生效判决没有给付内容为由不予立案。如此一来,审判过程中人民法院判项中没有明确相对人应该向债务人返还财产,判项当中没有给付内容,执行过程中人民法院又可能以判项中没有给付内容而不予执行,债权人撤销权判决沦为一纸空文,撤销权保全债权人债权的目的没有实现。

118号指导案例给债权人撤销权判决的审判和执行给出了一种解决方案。即在审判阶段判决撤销相对人与债务人的法律行为的同时,肯定了判项中需要有给付财产的给付内容,相对人需要向债务人返还被诈害的财产。在执行阶段,承认债权人具有申请执行人资格,在相对人与债务人同时承担返还义务时,即撤销权判决返还的内容系对待给付判决,债权人可以相对人与债务人为被执行人,请求相对人向债务人互相返还,此时应当更注重发挥法院的提存功能,以免执行陷入僵局。

1. 请求相对人向债务人承担行为被撤销后的民事责任

债权人在撤销权诉讼中同时请求债务人的相对人向债务人承担返还财产、折价补偿、履行到期债务等法律后果的,人民法院依法予以支持。这是首次在司法解释的层面肯定了撤销权判决中包含财产给付内容。

相对人与债务人之间的法律行为分为债权行为与处分行为。债权行为即负担行为,诈害行为发生后物权没有变动。处分行为即诈害行为发生后已经发生了物权变动。若已经发生物权变动,撤销权判决生效后应一并撤销债权合同与变动的物权,债务人应当向债务人返还财产,否则只撤销债权行为即可①。

事实上,撤销权判决并非仅仅是形成判决,其包含了给付判决的内容。相对人与债务人之间的法律行为被撤销后,相对人向债务人承担该行为被撤销后的民事责任是撤销权判决的应有之义,债权人能请求相对人向债务人返还被诈害的责任财产从而恢复债务人的偿债能力更吻合债权人撤销权的立法目的,便于实务操作。撤销相对人与债务人的法律行为并允许债权人请求相对人返还债务人的责任财产才能够保全债权人的债权。

2. 被撤销的利益归属全体债权人

债权人行使撤销权撤销的是相对人与债务人之间的法律行为,合同被撤销后,应当回归原始状态或折价赔偿,而该效果仅约束相对人与债务人,债权人不得请求相对人直接向自己返还。也即被撤销的利益应当归属于全体债权人,归属于债务人一般的责任财产,作为全体债权人的共同担保。

不同于债权人行使代位权,债权人可以请求相对人直接向自己返还。债权人的代位权是在债务人怠于行使权利时,债权人代位向相对人行使权利,其并不影响相对人与债务人之间的法律关系,只是相对人应当返还债务人的部分直接向债权人返还,相应的债权债务得以消灭,对相对人与债务人的影响较小。但是撤销权是撤销债权人与债务人之间的法律行为,使其归于无效,对相对人与债务人影响巨大。债权人行使代位权债权需要到期,而撤销权人无论债权是否到期,只要债务人的诈害行为影响其债权实现就可行使撤销权。综合前述解释,不能因为代位权人可以请求相对人直接向债权人返还就推定撤销权人也可以请求相对人直接向债权人返还被诈害的财产。

允许债权人得以请求相对人直接向自己给付实则是承认撤销权具有物

---

① 王利明:《合同法研究》(第二卷),中国人民大学出版社 2015 年版,第 121 页。

权效力，但撤销权作为从属性权利，撤销权人无权优先受偿，债权人不能直接受领因法律行为被撤销应由相对人返还给债务人的财产①。因为，撤销权目的是恢复债务人的责任财产，被撤销的财产应当加入债务人的财产，全体债权人应当按照相应的规则按顺序受偿，所有债权具有平等性。但是，这并不妨碍债权人通过执行程序实现相当于优先受偿的法律效果。

3. 债权人可对相对人申请强制执行

118 号指导案例虽具有前瞻性，但仍有局限性，即债权人本可就相对人所占有的股权直接申请强制执行用于实现其自身债权，但是债权人确只能请求相对人向债务人返还。118 号指导案例提到了一个新的概念，即相对人需要履行告知义务，若其自行向债务人返还财产，债务人将返还的财产立即转移，致使债权人丧失申请法院采取查封、冻结等措施的机会，不能认定生效判决已经得到有效履行。但是遗憾的是，实务中很少由法院采纳 118 号指导案例的观点。

允许撤销权诉讼与债权清收诉讼合并审理，债权人可请求受理撤销权诉讼的人民法院一并审理其与债务人之间的债权债务关系。属于该人民法院管辖的，可以合并审理。不属于该人民法院管辖的，应当告知其向有管辖权的人民法院另行起诉。在执行阶段对相对人申请强制执行破解了相对人不返还、债务人消极请求、债权人无法申请强制执行的困境，使债权人能够通过撤销权诉讼撤销债务人诈害行为的同时更好地保全自身债权，回归撤销权诉讼本来目的。

下面讨论债权人可以直接对相对人申请强制执行的法理及必要性。如前所述，当撤销权判决生效后，撤销了相对人与债务人之间的法律关系，但相对人不向债务人返还被诈害的财产，若不允许撤销权人对相对人申请强制执行，那么债权人可能要再次提起代位权诉讼后才能申请强制执行，诉累且不合理。因此，允许债权人借助主债权胜诉判决，在执行性程序中对相对人申请强制执行尤为必要。

《合同编司法解释》第四十六条规定，债权人请求受理撤销权诉讼的人民法院一并审理其与债务人之间的债权债务关系，即允许撤销权诉讼与债权清收诉讼合并，债权人可在提起撤销权诉讼的同时，请求债务人向自己清偿债务。但需要注意债权人与债务人之间的债权债务关系是否属于受理撤销权诉讼人民法院的管辖范围。据此获得主债权诉讼、撤销权诉讼的胜诉生效法律文书后，债权人依据其与债务人的诉讼、撤销权诉讼产生的生效法

---

① 曹守晔等：《关于适用合同法若干问题的解释（一）的理解与适用》，载《人民司法》2000 年第 4 期。

律文书申请强制执行的,人民法院可以就债务人对相对人享有的权利采取强制执行措施以实现债权人的债权。同时,债权人在撤销权诉讼中,申请对相对人的财产采取保全措施的,人民法院依法也应予以准许。

相对人拒不返还,使得该部分责任财产不能及时入债务人的库,但是这部分财产本应属于债务人的责任财产,债权人可以直接申请强制执行。学理上的直接回复物权说是通说,即撤销权生效后,直接产生回复物权的效果,即使该财产由相对人占有,但实际已经是债务人的责任财产。《最高人民法院关于人民法院民事执行中查封、扣押、冻结财产的规定》第二条第三款规定,对于第三人占有的动产或者登记在第三人名下的不动产、特定动产及其他财产权,第三人书面确认该财产属于被执行人的,人民法院可以查封、扣押、冻结。第三人书面确认人民法院可以查封、扣押、冻结。根据当然解释规则,人民法院撤销权生效判决的书面确认使得撤销权人更能对被相对人占有的债务人的责任财产查封、扣押、冻结。

将主债权诉讼、债权人撤销权诉讼、《最高人民法院关于人民法院民事执行中查封、扣押、冻结财产的规定》第二条第三款相结合可知,撤销权诉讼生效后,被诈害的财产自动恢复进入债务人的责任财产,债权人可以在就债务人对相对人享有的权利采取强制执行措施以实现其自身的债权,而无须先由相对人返还给债务人再由债权人强制执行该财产,由债权人申请强制执行亦不违反入库原则。

若相对人不能返还被诈害的财产或者该财产已经不存在,债权人可就获得的保险金、赔偿金或者补偿金申请强制执行,剩余的价款应当返还给债务人。即使债务人对相对人享有的是金钱债权,相对人拒不返还时,撤销权人仍能就债务人对相对人享有的权利采取强制执行措施,在相对人应当返还给债务人的债务范围内查封、扣押、冻结相对人的银行存款或同等价值的其他财产。

三、参考案例

1. 债权人可以债务人、受让人为被执行人申请强制执行——最高人民法院(2017)最高法执复27号东北电气发展股份有限公司与国家开发银行股份有限公司、沈阳高压开关有限责任公司等执行复议案(最高人民法院指导案例118号)

裁判要旨:债权人撤销权诉讼的生效判决撤销了债务人与受让人的财产转让合同,并判令受让人向债务人返还财产,受让人未履行返还义务的,债权人可以债务人、受让人为被执行人申请强制执行。

受让人未通知债权人,自行向债务人返还财产,债务人将返还的财产立即转移,致使债权人丧失申请法院采取查封、冻结等措施的机会,撤销权诉讼目的无法实现的,不能认定生效判决已经得到有效履行。债权人申请对受让人执行生效判决确定的财产返还义务的,人民法院应予支持。

基本案情: 最高人民法院于 2008 年 9 月 5 日作出(2008)民二终字第 23 号民事判决,判令沈阳高开偿还国开行借款本金人民币 15000 万元及利息、罚息等;并撤销东北电气与沈阳高开之间的股权置换的合同。

2013 年 7 月 1 日,国开行向北京市高级人民法院申请执行东北电气因不能返还股权而按照判决应履行的赔偿义务,请求控制东北电气相关财产,并为此提供保证。2013 年 7 月 12 日,北京市高级人民法院向工商管理机关发出协助执行通知书,冻结了东北电气持有的沈阳高东加干燥设备有限公司 67.887% 的股权及沈阳凯毅电气有限公司 10%(10 万元)的股权。对此,东北电气于 2013 年 7 月 18 日向北京市高级人民法院提出执行异议,主张已经实际履行,且履行判决义务的主体为沈阳高开与东北电气,国开行无申请强制执行的主体资格等。

争议焦点: (1)国开行是否具备申请执行人的主体资格?法院认为,相互返还这一判决结果不是基于东北电气与沈阳高开双方之间的争议,而是基于国开行的诉讼请求。东北电气向沈阳高开返还股权,不仅是对沈阳高开的义务,而且实质上主要是对胜诉债权人国开行的义务。故国开行完全有权利向人民法院申请强制有关义务人履行该判决确定的义务。

(2)东北电气是否履行了撤销权判决确定的义务?法院认为,法律设置债权人撤销权制度的目的,在于纠正债务人损害债权的不当处分财产行为,恢复债务人责任财产以向债权人清偿债务。东北电气返还股权、恢复沈阳高开的偿债能力的目的,是向国开行偿还其债务。只有在通知胜诉债权人,以使其有机会申请法院采取冻结措施,从而能够以返还的财产实现债权的情况下,完成财产返还行为,才是符合本案诉讼目的的履行行为。任何使国开行诉讼目的落空的所谓返还行为,都是严重背离该判决实质要求的行为。东北电气虽然与沈阳高开之间确实有运作股权返还的行为,但其事前不向人民法院和债权人作出任何通知,且股权变更登记到沈阳高开名下的次日即被转移给其他公司,该种行为实质上应认定为规避判决义务的行为。

2. 在债权人撤销权诉讼中,债权人请求撤销债务人与相对人的行为并主张相对人向债务人返还财产的——最高人民法院发布《合同编通则司法解释》相关典型案例之六:周某与丁某、薛某债权人撤销权纠纷案

裁判要旨: 在债权人撤销权诉讼中,债权人请求撤销债务人与相对人的

行为并主张相对人向债务人返还财产的,人民法院依法予以支持。

基本案情: 周某因丁某未能履行双方订立的加油卡买卖合同,于2020年8月提起诉讼,请求解除买卖合同并由丁某返还相关款项。生效判决对周某的诉讼请求予以支持,但未能执行到位。执行中,周某发现丁某于2020年6月至7月间向其母亲薛某转账87万余元,遂提起债权人撤销权诉讼,请求撤销丁某无偿转让财产的行为并同时主张薛某向丁某返还相关款项。

争议焦点: 生效裁判认为,丁某在其基于加油卡买卖合同关系形成的债务未能履行的情况下,将名下银行卡中的款项无偿转账给其母亲薛某的行为客观上影响了债权人周某债权的实现。债权人周某在法定期限内提起撤销权诉讼,符合法律规定。丁某的行为被撤销后,薛某即丧失占有案涉款项的合法依据,应当负有返还义务,遂判决撤销丁某的行为、薛某向丁某返还相关款项。

3. 转让价格未达到交易时交易地的市场交易价或者指导价百分之七十的,一般可以认定为明显不合理的低价——最高人民法院(2017)最高法民再93号国富发展有限公司、广州市隧道开发公司债权人撤销权纠纷再审民事判决书

裁判要旨:《合同法司法解释(二)》第十九条第一款、第二款规定:"对于合同法第七十四条规定的'明显不合理的低价',人民法院应当以交易当地一般经营者的判断,并参考交易当时交易地的物价部门指导价或者市场交易价,结合其他相关因素综合考虑予以确认。转让价格达不到交易时交易地的指导价或者市场交易价百分之七十的,一般可以视为明显不合理的低价。"

可见,判断价格是否合理,需要将前述园林中心支付的对价人民币1481.7万元与隧道公司对华南路桥公司的权益,以及市场交易价格相比较。暂不论特许经营权的特殊价值,仅以隧道公司累计投入人民币4939万元与视为支付转让对价的人民币1481.7万元相比,已明显不合理。此外,参考2007年麦格理国际基础设施基金有限公司间接收购华南路桥公司81%股权权益时支付对价为人民币39.57亿元,可以推算隧道公司的投资权益价值数亿元。因此,2004年园林中心以人民币1481.7万元受让隧道公司在华南路桥公司投资权益的行为已符合"明显不合理低价"情形。

基本案情: 隧道公司与华南(香港)公司1996年3月16日签订的合作合同,华南路桥公司的注册资本人民币2000万元及路桥项目总投资人民币2.59亿元均由华南(香港)公司投入。隧道公司以特许专营权不作价投入。隧道公司按合同约定从华南路桥公司获取利润,并非依据固定比例的股份

分红,合同约定的利润分配比例接近 20%,且 2002 年 8 月 9 日隧道公司认缴金额占当时注册资本总额 20%,综合华南路桥公司的性质,国富公司主张的 20% 股权应当表述为投资权益更为妥当。原判决依据在案证据,认定园林中心承担债务的行为可以视为支付了人民币 1481.7 万元的转让对价

争议焦点:2004 年园林中心以人民币 1481.7 万元受让隧道公司在华南路桥公司投资权益的行为是否已符合"明显不合理低价"情形,隧道公司向园林中心转让华南路桥公司投资权益的行为是否应予撤销?

4. 债务人以明显不合理的价格,实施以物抵债的行为,影响债权人的债权实现,债务人的相对人知道或者应当知道该情形,债权人可以请求人民法院撤销债务人的行为——最高人民法院(2020)最高法民申 6493 号路俊周、河南恒升房地产开发有限公司债权人撤销权纠纷再审审查与审判监督民事裁定书

裁判要旨:结合全案事实,以恒升公司同一时期、同一地段开发的恒升府第 21、22 号楼 2012 年—2014 年期间商品房销售均价及以往交易均价作为 23 号楼成套住宅的参考单价,并考虑到恒升公司与神华公司 2013 年 7 月 22 日签订的《恒升府第 23 号楼整栋买卖协议》,源于恒升公司与史桂香 2011 年签订的《恒升府第 23 号楼整栋抵押借款协议》中恒升公司所欠债务未如期清偿,该抵押借款协议产生有利息违约金,以及房地产价格的波动、楼房整体出售的价格优惠等因素,较为客观。再次,关于史桂香、神华公司是否存在恶意的问题。路俊周行使撤销权的依据是 2015 年 10 月 26 日和 2016 年 1 月 20 日的民事调解书。而恒升公司与神华公司签订《恒升府第 23 号楼整栋买卖协议》时间为 2013 年 7 月 22 日,双方签订案涉 23 号楼《商品房买卖合同》时间为 2014 年 7 月 22 日,案涉房屋办理产权登记时间为 2014 年 12 月 23 日。现有证据也不足以证明神华公司在签订案涉合同时,主观上存在恶意。综上,原审认定案涉 23 号楼转让不构成"以不合理的低价转让财产"并无不当。

基本案情:恒升公司因欠史桂香 3000 万元无法偿还,2013 年 7 月 22 日,恒升公司与史桂香协商,将该笔款项转为神华公司购买 23 号楼的购房款,并由恒升公司与神华公司签订《恒升府第 23 号楼整栋买卖协议》《商品房买卖合同》。该《恒升府第 23 号楼整栋买卖协议》《商品房买卖合同》的签订,实际上是恒升公司以其开发的第 23 号楼整栋楼抵偿其所欠史桂香 3000 万元债权的以物抵债行为。

争议焦点:恒升公司是否存在以不合理的低价向神华公司转让案涉 23 号楼?

第六章　合同的变更和转让

【债权转让的通知问题、债务加入
与保证制度】

王宇航

引言

　　本章为《合同编通则司法解释》第六章合同的变更和转让。本章共 4 条,主要涉及债权债务转让纠纷的诉讼第三人、债权转让通知、债权的多重转让及债务加入人的追偿及其他权利。本次《合同编通则司法解释》进一步细化了合同变更的程序和效力以及最终责任的承担问题,是对既有判例的确认和现有争议的定纷。

一、关联法规

　　《合同编通则司法解释》关于合同的变更与转让的关联法规主要涉及《民法典》总则编、《总则编司法解释》等。具体见表 6 – 1。

表 6 – 1　合同的变更与转让关联法规

第六章　合同的变更与转让	
《合同编通则司法解释》	《民法典》及关联法规
第四十七条　债权转让后,债务人向受让人主张其对让与人的抗辩的,人民法院可以追加让与人为第三人。 　　债务转移后,新债务人主张原债务人对债权人的抗辩的,人民法院可以追加原债务人为第三人。 　　当事人一方将合同权利义务一并转让后,对方就合同权利义务向受让人主张抗辩或者受让人就合同权利义务向对方主张抗辩的,人民法院可以追加让与人为第三人。	**《民法典》** 　　**第五百四十五条**　债权人可以将债权的全部或者部分转让给第三人,但是有下列情形之一的除外: 　　(一)根据债权性质不得转让; 　　(二)按照当事人约定不得转让; 　　(三)依照法律规定不得转让。 　　当事人约定非金钱债权不得转让的,不得对抗善意第三人。当事人约定金钱债权不得转让的,不得对抗第三人。 　　**第五百四十八条**　债务人接到债权转让通知后,债务人对让与人的抗辩,可以向受让人主张。 　　**第五百五十三条**　债务人转移债务的,新债务人可以主张原债务人对债权人的抗辩;原债务人对债权人享有债权的,新债务人不得向债权人主张抵销。

第六章　合同的变更与转让	
《合同编通则司法解释》	《民法典》及关联法规
	《合同法司法解释(一)》(已失效) 　　**第二十七条**　债权人转让合同权利后,债务人与受让人之间因履行合同发生纠纷诉至人民法院,债务人对债权人的权利提出抗辩的,可以将债权人列为第三人。 　　**第二十八条**　经债权人同意,债务人转移合同义务后,受让人与债权人之间因履行合同发生纠纷诉至人民法院,受让人就债务人对债权人的权利提出抗辩的,可以将债务人列为第三人。 　　**第二十九条**　合同当事人一方经对方同意将其在合同中的权利义务一并转让给受让人,对方与受让人因履行合同发生纠纷诉至人民法院,对方就合同权利义务提出抗辩辩的,可以将出让方列为第三人。
第四十八条　债务人在接到债权转让通知前已经向让与人履行,受让人请求债务人履行的,人民法院不予支持;债务人接到债权转让通知后仍然向让与人履行,受让人请求债务人履行的,人民法院应予支持。 　　让与人未通知债务人,受让人直接起诉债务人请求履行债务,人民法院经审理确认债权转让事实的,应当认定债权转让自起诉状副本送达时对债务人发生效力。债务人主张因未通知而给其增加的费用或者造成的损失从认定的债权数额中扣除的,人民法院依法予以支持。 　　**第四十九条**　债务人接到债权转让通知后,让与人以债权转让合同不成立、无效、被撤销或者确定不发生效力为由请求债务人向其履行的,人民法院不予支持。但是,该债权转让通知被依法撤销的除外。 　　受让人基于债务人对债权真实存在的确认受让债权后,债务人又以该债权不存在为由拒绝向受让人履行的,人民法院不予支持。但是,受让人知道或者应当知道该债权不存在的除外。	**《民法典》** 　　**第五百四十六条**　债权人转让债权,未通知债务人的,该转让对债务人不发生效力。债权转让的通知不得撤销,但是经受让人同意的除外。 　　**第六百九十六条**　债权人转让全部或者部分债权,未通知保证人的,该转让对保证人不发生效力。保证人与债权人约定禁止债权转让,债权人未经保证人书面同意转让债权的,保证人对受让人不再承担保证责任。 　　**《最高人民法院关于审理涉及金融资产管理公司收购、管理、处置国有银行不良贷款形成的资产的案件适用法律若干问题的规定》(已失效)** 　　**第六条**　金融资产管理公司受让国有银行债权后,原债权银行在全国或省级有影响的报纸上发布债权转让公告或通知的,人民法院可以认定债权人履行了《中华人民共和国合同法》第八十条第一款规定的通知义务。 　　在案件审理中,债务人以原债权银行转让债权未履行通知义务为由进行抗辩的,人民法院可以将原债权银行传唤到庭调查债权转让事实,并责令原债权银行告知债务人债权转让的事实。
第五十条　让与人将同一债权转让给两个以上受让人,债务人以已经向最先通知的受让人履行为由主张其不再履行债务的,人民法院应予支持。债务人明知接受履行的受让人不是最先通知的受让人,最先通知的受让人请求债务人继续履行债务或者依据债权转让协议请求让与人承担违约责任的,人民法院应予支持;最先通知的受让人请求接受履行的受让人返还其接受的财产,人民法院不予支持,但是接受履	**《民法典》** 　　**第五百四十六条**　债权人转让债权,未通知债务人的,该转让对债务人不发生效力。债权转让的通知不得撤销,但是经受让人同意的除外。 　　**第七百六十八条**　应收账款债权人就同一应收账款订立多个保理合同,致使多个保理人主张权利的,已经登记的先于未登记的取得应收账款;均已经登记的,按照登记时间的先后顺

第六章 合同的变更与转让	
《合同编通则司法解释》	《民法典》及关联法规
行的受让人明知该债权在其受让前已经转让给其他受让人的除外。 　　前款所称最先到达通知的受让人,是指最先到达债务人的转让通知中载明的受让人。当事人之间对通知到达时间有争议的,人民法院应当结合通知的方式等因素综合判断,而不能仅根据债务人认可的通知时间或者通知记载的时间予以认定。当事人采用邮寄、通讯电子系统等方式发出通知的,人民法院应当以邮戳时间或者通讯电子系统记载的时间等作为认定通知到达时间的依据。	序取得应收账款;均未登记的,由最先到达应收账款债务人的转让通知中载明的保理人取得应收账款;既未登记也未通知的,按照保理融资款或者服务报酬的比例取得应收账款。 　　**《最高人民法院关于审理民事案件适用诉讼时效若干问题的规定》第十七条第一款**　债权转让的,应当认定诉讼时效从债权转让通知到债务人之日起中断。
第五十一条　第三人加入债务并与债务人约定了追偿权,其履行债务后主张向债务人追偿的,人民法院应予支持;没有约定追偿权,第三人依照民法典关于不当得利等的规定,在其已经向债权人履行债务的范围内请求债务人向其履行的,人民法院应予支持,但是第三人知道或者应当知道加入债务会损害债务人利益的除外。 　　债务人就其对债权人享有的抗辩向加入债务的第三人主张的,人民法院应予支持。	**《民法典》第五百五十二条**　第三人与债务人约定加入债务并通知债权人,或者第三人向债权人表示愿意加入债务,债权人未在合理期限内明确拒绝的,债权人可以请求第三人在其愿意承担的债务范围内和债务人承担连带债务。 　　**《民法典》第五百五十三条**　债务人转移债务的,新债务人可以主张原债务人对债权人的抗辩;原债务人对债权人享有债权的,新债务人不得向债权人主张抵销。 　　**《民法典》第五百一十九条**　连带债务人之间的份额难以确定的,视为份额相同。实际承担债务超过自己份额的连带债务人,有权就超出部分在其他连带债务人未履行的份额范围内向其追偿,并相应地享有债权人的权利,但是不得损害债权人的利益。其他连带债务人对债权人的抗辩,可以向该债务人主张。 　　被追偿的连带债务人不能履行其应分担份额的,其他连带债务人应当在相应范围内按比例分担。

二、核心问题

　　围绕合同的变更与转让,本章节主要围绕三个核心问题进行讨论:债权转让对债务人的通知问题、债权转让相关主体的权益问题、债务加入人与保证人的区别及追偿权问题。

　　(一)债权转让

　　1. 债权转让的概念

　　概念厘清对于我们明晰其内涵要义和核心内容至关重要。债权被认作具有可转让性财产权,其可因法律规定发生,也可因法律事实发生,明晰债权转让的概念有助于我们更好地关注和研究相关法律问题。

债权转让制度滥觞于罗马法,在英美法系中演进,在我国民商事实践中效果显著,并在中国特色社会主义法治体系中进一步发展。早期罗马法认为债权具有极强的属人性和身体性,即债与当事人不能分离,原则上禁止任何债权的让与,因此债权被认作"法锁",连接债务双方当事人。但随着商品交换和商品经济的发展,这一规定已然不能适应经济发展的需要,禁止债权转让规则逐渐松缓,允许人们通过诉讼代理人的方式来处理债权转让的相关问题。① 此外,在英美法系中,尽管普通法长期奉行合同权利不得转让的原则,但衡平法却对此持相对宽容的态度,随着时代经济的发展,普通法所坚持的不可转让原则也逐渐被突破,债权转让也逐渐被认可。② 可以看出,债权已从"法锁"过渡到一种期待性的财产权利,逐渐得到普遍认可并纳入法典和规范的历史进程。我国自民法通则到合同法,再到《民法典》以及《合同编通则司法解释》,均在不断丰富和完整债权转让制度,为正确处理和解决债权转让相关纠纷,完善中国特色社会主义法律体系,提供了制度保障和实践路径。

债权转让作为债权转移的重要情形,又称"债权让与",是指在不改变原来合同内容前提下,债权人同第三人订立合同来转让债权,并将全部或部分转移给受让人。债权转让可分为全部转让和部分转让,在全部转让时,原债权人脱离债权债务关系,受让人成为该关系的新债权人;在部分转让时,受让人与原债权人共享债权,其第三人加入原债权债务关系当中。根据有无合同约定,若有相关约定,受让人按份或连带享有债权。③

2. 债权转让的有效要件

债权转让须符合相关要件方能有效,进而才能约束权利义务相关主体:

第一,被转让的债权应合法有效。债权转让的前提是债权能够转让,即有效存在,不能将不存在的或者已经消灭的债权转让给第三人。与此同时,债权转让不能违背社会公共利益,致使受让人、第三人、集体或国家利益受损,如有上述情况,可被法院认定为损害相关公共利益。④

① [意]彼德罗·彭梵德著:《罗马法教科书》,黄风译,中国政法大学出版社 1992 年 9 月第 1 版,第 313—317 页。

② [德]海因·克茨:《欧洲合同法》(上卷),周忠海、李居迁、宫立云译,法律出版社 2001 年版,第 383 页。

③ 俊驹、余延满:《民法原论》,法律出版社 2010 年版,第 596 页。

④ (2020)最高法民申 2756 号裁定书主旨:判断"债权转让协议是否有效"时,应当根据合同法和《金融资产管理公司条例》等法律法规,并参照国家相关政策规定,重点审查不良债权的可转让性、受让人的适格性以及转让程序的公正性和合法性。金融资产管理公司转让不良债权存在转让不良债权公告违反《金融资产管理公司资产处置公告管理办法(修订)》规定,对依照公开、公平、公正和竞争、择优原则处置不良资产造成实质性影响的情形的,人民法院应当认定转让合同损害国家利益或社会公共利益或者违反法律、行政法规强制性规定而无效。

第二，债权转让不得改变原有内容。债权连接当事双方主体的法锁概念虽然已经变化，但债权转让仅能是不同主体的变更，如果实质内容发生变化，那么就产生新的缔约关系。

第三，双方当事人应当就债权转让达成合意。债权转让是转让人和受让人意思表示一致的结果，应当具备民事法律行为的有效要件。其一，转让人应当是完全民事行为能力人，符合民事法律行为的主体资格。其二，合同当事双方应当进行正式意思表示，若未表示当事主体的正式意思，则合同不成立，如若某一方采用胁迫、欺诈等手段，则该债权转让行为无效。

第四，债权应当是可以转让的。债权转让的法律效果主要是转让人应将转让债权转移于受让人，同时根据债法理论，某些债权不可转让：第一种是由于债权性质限制不能转让，如在特定雇佣关系和委托关系中，特定受雇人和受托人的债权。第二种是双方当事人约定不能转让。根据意思自治原则，禁止性债权转让既可以约定在合同当中，也可以另行约定，但双方当事人必须在转让前达成合意，不能迟于债权转让行为的发生。第三种是法律规定不能转让，在我国禁止转让债权多规定于行政法规和部门规章当中，例如涉及某些敏感信息或者隐私信息的债权。

第五，债权转让应当为债务人所了解掌握，即要进行通知。原合同债务人的相关利益受债权转让行为影响，因此要通过通知等行为适当限制债权转让，以便不致使债务人合法利益受到影响，即债权转让需通知原合同债务人。

（二）债权转让中通知债务人问题

1. 我国在债权转让中关于通知效力的认识变化

债权流通性的关键在于债权转让人与受让人达成一致后，如何对债务人产生效力，对此各国立法实践和理论观点不一，主要有三类：其一是自由转让，该种观点只需根据双方人的意思合意并达成转让协议即可进行债权转让，债务人无须同意，也不需要被通知。德国立法例就是典型代表，即债务人是否同意或被通知，并不影响债权转让的成立；[①]其二是同意转让，该种观点认为债权转让要经过债务人同意方能有效。我国民法通则第九十一条[②]就体现这一理念要旨。但也有观点认为，债务人是否同意转让并不影响

---

① 德国学者普遍认为债权转让在双方达成合意后即宣告生效，生效后即可形成对抗第三人之效力，通知与否并不会影响转让协议的效力，依据《德国民法典》第四百零九条第一款，如果转让人和受让人已达成约定，并为受让人制定转让凭证，受让人向原合同债务人出示此凭证时，可视为具有通知的效力。

② 《中华人民共和国民法通则》第九十一条：合同一方将合同的权利、义务全部或者部分转让给第三人的，应当取得合同另一方的同意，并不得牟利。依照法律规定应当由国家批准的合同，需经原批准机关批准。但是，法律另有规定或者原合同另有约定的除外。

转让合同的效力,其只是对抗要件,即未经债务人同意的,这一转让行为并不对债务人发生对抗效力;其三是通知债务人,这一观点债权转让并一定必须债务人同意,但转让情况应当为债务人所了解掌握,即债务人在接到通知时,受让人才能够享有这一债权的相关权利。

我国民事法律对上述三类观点的认识在不断地深入和完善。民法通则体现债务人同意的立法意旨,转让行为只有得到债务人同意方能有效。但合同法颁行以来,通知生效主义逐步确立,合同法相关条款规定未通知债务人的,则这一转让行为不能够对相关债务人发生效力。① 需要注意的是,该款实际体现了通知对抗主义的要旨,即如果债权人并未通知债务人债权转移,但因其已与受让人达成约定,债权会发生实际变动的效力,受让人仍对该债权享有相应权利,只是因该效力尚不完备,无法以之对抗债务人。《民法典》第五百四十六条第一款更是对此理念进行明定,与合同法有关规定相比,该款删去"应当通知债务人"的表述,未对受让人进行债权转让通知作出明确禁止性规定,仅对未经通知作出评价。由此可以看出,民法典进一步肯定了当前债权"商品化"并鼓励债权交易,以达成推动市场经济稳健增长之目的。故进一步在《合同编通则编司法解释》中肯定了诉讼作为通知手段的方式,但为平衡各方权益及交易秩序,从对未经通知便诉讼主张权利的,债务人可因未通知而对其增加的费用或造成的损失从认定债权数额中扣除的模式,弥补了对债务人的保护缺失。

2. 债权转让通知的方式及效力

关于债权转让通知的方式,无论是合同法还是《民法典》对其未作明确规定,出于立法目的和实践效能的考量,本文认为通知方式及内容只需达到相关债务人知晓债务转移这一事实的程度即可。《俄罗斯联邦民法典》规定受让人如果没有向债务人出示相关债权转让凭证的话,债务人可以拒绝履行原债务,德国立法例规定债务人仅在受让人交付让与凭证时承担相应义务,若未向其出示或作出相关提示,受让人可以此为理由进行拒绝。《应受款转让公约》中也规定②受让人在债务人要求出示转让凭证的时候,不应当拒绝,但这种凭证既包括书面文件,也包括其他能够证明转让关系发生且有效的其他证据。③

---

① 《中华人民共和国合同法》第八十条第一款:债权人转让权利,应通知债务人,未经通知,该转让对债务人不发生效力。

② 《应受款转让公约》第十七条第七款:债务人有权要求受让人提供证据证明,所谓证据证明,指转让人签发的指明转让确已发生的书面文件,但不仅仅限于此种证据。

③ 王勤劳:《债权让与制度研究》,西南政法大学 2012 年博士毕业论文,第 137—140 页。

本文认为口头形式与书面形式都应当允许,口头通知的形式既简单而又便捷,且在日常实践中较为普遍,但口头通知若无书面证据留痕,受让人在以后发生债务纠纷时很难获得司法机关的支持,因此,书面订立转让协议的形式更为稳健。当然,如果法律、行政法规有特别规定的,应当遵照相关规定,如保险单、商业票据等债权的让与,以背书方式进行。

可见,在通知生效主义和通知对抗主义的抉择中,本文认为债务转让通知只是向债务人转让债务生效的必要条件,法律不要求向转让人转让债务有任何特殊的有效条件。换言之,通知并不是债务转移的一般有效条件。受让人在转让协议生效时取得债务,除转让协议另有约定外,受让人和转让人均不得主张因债务人未被通知而导致转让无效。转让合同生效后,债权人的利益被受让人取得,成为该利益的新的权利享有者。即使债务人没有被通知债权变动的相关事实,债权转让也并非不发生任何效力,只是受让人尚不具有债权请求权,也不能向法院诉请强制执行该债权标的,但其依然能够保有并处分该债权。

司法实践中对通知人主体是何者存有争议,但随着相关判决文书的生效,无论是转让人还是受让人均可对债务人进行通知,只要转让行为被债务人知晓即可。如最高人民法院(2015)民二终字第 14 号判决,该裁判要旨认为受让人的起诉行为实际上就已经通知了债务人,符合《合同法》债权转让的通知要件,受让人的通知有效,转让合同亦有效。[①] 这一裁判要旨明确了三个实务路径:第一,受让人可行使债权转让通知的权利;第二,可直接通过诉讼方式通知;第三,通知生效的时间节点为起诉状送达债务人即发生法律效力。这与此前的《合同编通则司法解释》规定相一致。

3. 受让人权益主导背景下对债务人权益的保护

《民法典》有关债权转让的规定尊重了债权人转让债权的权利,在考察债权的可转让性和经济价值作为决定因素时,优先关注如何保护受让人的地位,而不是从转让人角度考量,同时在关注债权转让的可能性和转让程序的难易度,进而促进自由交易的顺畅进行。[②] 在此种特殊关照受让人的制度背景下,债务人的利益难免会有所牺牲。尤其在自由主义驱使下,原债权人

---

① 最高人民法院(2015)民二终字第 14 号樊忠、陆士平等与江苏省盐城肉联厂金融不良债权转让合同纠纷二审民事判决,裁判认为:"鼎王公司以原告身份起诉,该起诉事实实质即通知了债务人,符合《中华人民共和国合同法》第八十条第一款'债权人转让权利的,应当通知债务人,未经通知,该转让对债务人不发生法律效力'规定的要求,故该《协议书》在四名原告的起诉状送达盐城肉联厂时即发生法律效力。"

② [日]我妻荣:《债权在近代法中的优越地位》,王书江、张雷译,中国大百科全书出版社 1999年版,第 23 页。

转让债权时,无须征得债务人的同意,更使后者完全处于被动接受的弱势地位。债务人在具体交易关系中本应面对的是据此产生的债权人,但在债权转让发生后,必须面对与之没有交易关系的陌生"受让人",其利益的实现不可避免地受到阻碍。合同本就具有严格的相对性,但债权转让打破了该种相对性,使得任意第三人得以行使原债权的全部或部分权利。于债务人而言,特别是已届履行期的债务人,其债务履行的风险得以单方面增加。

无论从《民法典》还是之前《合同法》的相关规定,可以推导出"债权人转让债权,未通知债务人的,该转让对债务人不发生效力",其中语句的主语为债权人,未通知债务人的主体也应当是债权人,债务人不应承担单方面风险。因此,若要达成三方当事人之间的平衡,使债务人权益不因债权转让受到实质性的损害,则需要依托于债权转让通知机制。

债权转让中对债务人权益的保护是必要的,只有在满足债权转让制度稳健运行的前提下,坚持公平原则和公正原则,充分保障各方主体的权益,才能使民事交易活动更有效率和更为积极。即便允许受让人通过诉讼方式通知债务人,也不应剥夺债务人自行履行的权利。显然《合同编通则司法解释》考虑到了这一问题,并规定为:债务人主张因未通知而给其增加的费用或者造成的损失从认定的债权数额中扣除的,人民法院依法予以支持。此外,在更为极端情况下:负有巨额债务及利息的债务人履行期已届满,债权人未通知债务人债权转让的事实,受让人也未履行通知程序便提起诉讼要求债务人履行。此种情形下,债务人若无法联系原债权人进行核实时,能否直接在收到诉状后、正式庭审前向原债权人直接履行,以避免因无法核实债权转让真实性导致诉讼期间产生的巨额利息损失,该部分损失也不应仅由债务人全部承担。

4. 对保证人通知的问题

实践中,对附保证债权的转让应否通知保证人,存在不同意见,法律也没有明确规定,但在主债务人和担保人都存在的情况下,基于担保债务的从属性质,仅通知主债务人不能对抗担保人。《民法典》第六百九十六条第一款就规定"债权人未通知保证人而转让全部或者部分债权的,该转让对保证人不产生任何影响"。因此,有担保债权的主债权转让的,债权人应当通知保证人,转让对担保人不产生任何影响。这里的不发生效力并不是说保证人免除保证责任,而仅指保证人有权拒绝向受让人履行债务,而继续向原债权人履行保证责任。

在此还要说明,如果保证人与转让人签订的保证合同中有对债权转让的限制性规定时,保证人在转让债权后不再承担保证责任,受让人受让债权则变成无担保债权,这一理念见于《民法典》第六百九十六条第二款,若当事双方早已约定债权转让,若要进行转让需征得保证人书面同意,否则保证人可以据此进行抗辩①,该条与第五百四十五条第二款属于一般与特殊的关系,如果出现此类情形,应当适用第六百九十六条之规定。

5. 专属于债权人的从权利

《民法典》第五百四十七条第一款遵循了《合同法》第八十一条的规定,该条规定了债权人转让债权的,受让人应当取得对该债权享有的从权利,但专属于债权人自身的从权利除外。② 朱虎教授认为"《民法典》第五百四十七条第一款规定了受让人获得与债务相关的附属权利,这是指广义的从属权利。一般认为债务相关权利和合同相关权利的区别在于,前者只影响债务的具体内容,而后者会导致合同关系的整个内容发生相应的变化。前者无涉让与人的利益,且有利于受让人利益的实现,因此,除另有约定外,应随同债权一并转移;而后者影响到让与人的整体地位,因此并不因债权转让而由受让人当然取得",并进一步总结认为"因被债务人欺诈或者胁迫形成的债权在无特别约定时,以及让与人因情势变更、不可抗力的原因对债务人所负对待给付负担过重时,让与人享有解除权","债务人违约不履行时的解除分配仍需考虑谁享有更大解除利益。对此,区分两种情形。第一种情形是转让前解除权已产生。此时,除非另有约定,双方均不具有合理的解除利益而不享有解除权,但应容许当事人间特别约定受让人行使解除权。第二种情形是解除权在转让后产生。此时,让与人的利益已经通过债权转让实现,不具有解除利益。但解除和违约责任的功能不同,受让人对解除仍具有利益,享有解除权"。③

6. 债权转让抵押权的问题

《民法典》第四百零七条规定"抵押权不得与债权分离而单独转让或者作为其他债权的担保。债权转让的,担保该债权的抵押权一并转让,但是法

---

① 《中华人民共和国民法典》第六百九十六条第二款:保证人与债权人约定禁止债权转让,债权人未经保证人书面同意转让债权的,保证人对受让人不再承担责任。

② 《中华人民共和国民法典》第五百四十七条:债权人转让债权的,受让人取得与债权有关的从权利,但是该从权利专属于债权人自身的除外。

受让人取得从权利不因该从权利未办理转移登记手续或者未转移占有而受到影响。

《中华人民共和国合同法》第八十一条:债权人转让权利的,受让人取得与债权有关的从权利,但该从权利专属于债权人自身的除外。

③ 朱虎:《债权转让中的受让人地位保障:民法典规则的体系整合》,载《法学家》2020 年第 4 期,第 13—16 页。

律另有规定或者当事人另有约定的除外"①,该法律条文确定了抵押权不得单独转让的原则。这里的"法律另有规定",主要指第四百二十一条"最高额抵押担保的债权确定前,部分债权转让的,最高额抵押权不得转让,但是当事人另有约定的除外",②"当事人另有约定"主要指债权人与受让人约定抵押权不转让,以及债权人与抵押人约定债权转让时抵押权不转让两种情形。此外,在司法实务过程中,需要厘清两个问题,即债权转让是否需要办理抵押权转移登记和抵押权转移登记的效力问题。抵押权作为从权利其随着债权的转移而转移,但这并非表明其是无须登记的当然转移,当抵押权随同债权转移时,应当办理转移登记,这一登记应是抵押权转移的生效要件,据此可对外展示物权变动的过程,③从而保证物权的登记记载与真实情况相一致,维护不动产交易安全。

7. 多重转让的相关问题

多次债权转让,又称重复债权转让或双重债权转让,主要是指债权人将同一债权连续转让给两个或两个以上的受让人。债权的多次转让会给债务人的债务偿还带来困难和风险,导致多个受让人在同一债务中存在利益冲突,导致各种债权转让合同效力和每个受让人权益处于不稳定状态。

(1)债权人向多个主体处分同一债权并非当然无效

现行《民法典》并未明确规定无权处分制度,但民法典第五百九十七条就规定了出卖人未取得处分权,致使标的物无法转让所有权的,买受人可以解除合同,并要求出卖人承担违约责任。④ 以及《最高人民法院关于审理买卖合同纠纷案件适用法律问题的解释》第三条第一款也有此相关规定。⑤ 上述条款均未直接明确无权处分合同效力,但解除合同、承担违约责任是以合同有效为前提,故可以推断出卖他人之物(无权处分)的合同效力。

同时,我国《民法典》第五百四十五条规定债权不得转让的三种情形,包

---

① 《中华人民共和国民法典》第四百零七条:抵押权不得与债权分离而单独转让或者作为其他债权的担保。债权转让的,担保该债权的抵押权一并转让,但是法律另有规定或者当事人另有约定的除外。

② 《中华人民共和国民法典》第四百二十一条:最高额抵押担保的债权确定前,部分债权转让的,最高额抵押权不得转让,但是当事人另有约定的除外。

③ 程啸:《主债权的转让与不动产抵押权转移登记——"湖南绿兴源糖业有限公司、丁兴耀等借款合同纠纷申请再审案"评释》,载《财经法学》2016 年第 5 期,第 113—115 页。

④ 《中华人民共和国民法典》第五百九十七条:因出卖人未取得处分权致使标的物所有权不能转移的,买受人可以解除合同并请求出卖人承担违约责任。

⑤ 《最高人民法院关于审理买卖合同纠纷案件适用法律问题的解释》第三条第一款:当事人一方以出卖人在缔约时对标的物没有所有权或者处分权为由主张合同无效的,人民法院不予支持。

括根据权利性质不能转让、约定不能转让和依规不能转让。① 由此可见,债权的合法有效是债权转让的基本前提,基本条件是所涉债权具有可转让性,对具备可转让性的合法债权,债权人可以在不违反法律和公序良俗的基础上自由处分。

(2)多个受让人的受偿顺序应当依据有效通知债务人的先后顺序予以确定

《民法典》第五百四十六条第一款规定"债权人转让债权,未通知债务人的,该转让对债务人不发生效力"。我国法律对债权转让的有效要件采用的是通知主义原则。通知要件的确立,一方面尊重债权人权利的行使,另一方面也可以防止债权人滥用权利损害债务人利益,避免债务人重复履行、错误履行或增加履行负担。从立法本意上看,设立通知要件是为确保债务人及时知晓债权转让的事实,通知必须以有效的方式作出并及时到达债务人,故而同一债权多重转让的情形下受让人的权利顺位问题也值得讨论。不同国家对这一问题的规定也不尽相同,从各国立法例来看,主要有以下三种:第一种是让与优先主义,即债权归先受让人,德国立法例是其典型代表,其认为应以债权转让合同签订的先后顺序作为判断标准②;第二种是通知优先主义,即同一债权被转让给数人,最先通知债务人转让的首先产生效力;如果时间确定,被债务人最先接受的转让首先产生效力。该模式主要以通知到达债务人的先后顺序或债务人接受顺序为判断标准,法国和意大利立法例是其典型代表③;第三种是登记优先主义,即债权归先登记的受让人,《联合国国际贸易应收款转让公约》就对此作出相关规定,提出"受让人对应收款权利的优先性由转让资料进行登记的顺序来决定,而不论应收款转让的时间"。

目前我国法律对此未进行明确规定,根据实务特点,同时参照适用《民法典》第七百六十八条关于应收账款多重让与情形下保理人权利顺位的规定,④本文认为应采取通知优先主义,即先通知债务人债权转让事实的受让

---

① 《中华人民共和国民法典》第五百四十五条规定:债权人可以将债权的全部或者部分转让给第三人,但是有下列情形之一的除外:(一)根据债权性质不得转让;(二)按照当事人约定不得转让;(三)依照法律规定不得转让……

② [德]海因·克茨:《欧洲合同法》,周忠海、李居迁等译,法律出版社 2001 年版,第 403 页。

③ 如意大利民法典第一千二百六十五条就作出类似通知优先原则的规定:"一个债权作为数个转让标的被转让给数个人的,最先通知债务人的转让首先产生效力;如果时间是确定的,虽然后发生但被债务人最先接受的转让首先产生效力。……"

④ 《中华人民共和国民法典》第七百六十八条:应收账款债权人就同一应收账款订立多个保理合同,致使多个保理人主张权利的,已经登记的先于未登记的取得应收账款;均已经登记的,按照登记时间的先后顺序取得应收账款;均未登记的,由最先到达应收账款债务人的转让通知中载明的保理人取得应收账款;既未登记也未通知的,按照保理融资款或者服务报酬的比例取得应收账款。

人可优先于后通知的受让人从债务人处获得清偿。而这一判断标准也符合《最高人民法院关于审理民事案件适用诉讼时效制度若干问题的规定》第十七条"债权转让的,应当认定诉讼时效从债权转让通知到达债务人之日起中断"的要旨精神。同样,《合同编通则司法解释》第五十条关于对"最先通知的受让人"的各项保护措施,亦可印证。

（三）债务加入人与保证人的区别及追偿权问题

1. 债务加入的概念

债务加入,也称重叠的债务承担或并存的债务承担,在学理上通常和免责的债务承担相关联。[①] 主要指在债权债务稳定的关系中,第三人对上述既存关系的加入行为。其行为后果是加入人对部分或全部债务,和原债务人一起对债权人并负债务。

在《民法典》出台之前,债务加入并未有相关明确规定,这就造成虽然学界和实务界均对此予以承认,但并无确定依据,使得适用过程较为模糊。《合同法》第84条虽有相关规定,[②]但有学者认为其仅仅是针对免责承担,[③]并未直接规定债务加入的相关内容,这也使得实务使用该规则较为被动。而《民法典》在综合考量各方意见后,对这一内容作出规定,《民法典》第五百五十二条对债务加入的明确规定填补了相关规则的空白,对债务加入成立的两种方式以及债务加入后连带责任的法律效果作出明确的规定,使这一制度能够更好地运用。[④] 此外,债务转让和债务加入并不相同,若二者模糊难以明确时,考虑到债权人对债务人履行义务的信任,可推定为债务加入,使得原债务人并不能轻易抽离,以便从维护债权人利益角度出发。

2. 债务加入与保证的区别

《民法典担保制度司法解释》第三十六条对债务加入与保证的区分认定提出了指导性意见:具有提供保证意思表示的,按保证处理;具有加入债务或者与债务人共同承担意思表示的,按债务加入处理;难以确定的,应当认

---

① 韩世远:《合同法总论》,法律出版社2011年版,第495页;朱广新:《合同法总则》(第二版),中国人民大学出版社2012年版,第421页。

② 《中华人民共和国合同法》第八十四条:债务人将合同的义务全部或者部分转移给第三人的,应当经债权人同意。

③ 杨明刚著:《合同转让论》,中国人民大学出版社2006年版,第220页。

④ 《中华人民共和国民法典》第五百五十二条:第三人与债务人约定加入债务并通知债权人,或者第三人向债权人表示愿意加入债务,债权人未在合理期限内明确拒绝的,债权人可以请求第三人在其愿意承担的债务范围内和债务人承担连带债务。

定为保证。①

　　债务加入与保证在实务过程中容易混淆,无论是其形成过程的相似性,还是意思表示的模糊性,使二者在实践中难以区分,反映在实务中的问题更加明显。需要注意的是,这二者的法律效果完全不同,当事人的后续权利义务也不尽相同,在实际纠纷中,当事人为规避责任,往往将二者本应独立的制度混淆,借此进行抗辩,这对法院来说也是疑难问题。

　　唯有将二者区分剥离开来,方能揭开相似的面纱,使制度发挥其原有价值功能。具体来讲,本文认为②债务加入与保证的区别体现在以下方面:其一,二者内涵不同。保证是经当事人约定,债务人不能履行债务时,保证人代为履行责任。债务加入则是不论原债务人能否履行债务,债权人均可请求加入人履行,加入人本质上是对自身债务负责;其二,二者成立方式不同。保证必须在保证人与债权人之间成立,其目的是为债权实现提供担保,即保证合同是主合同的从合同。而债务加入系独立的合同,第三人加入债务后成为主债务人之一,债权人对债务加入人享有独立请求权。其三,保证人和加入人地位不同。保证责任为补充责任,其承担前提是债务人不履行相关义务,其责任承担要后于债务人的清偿责任。而加入人则无此顺序,债权人在债务期限届满后即可要求加入人履行义务,原债务人是否履行并不影响加入人的责任顺序。其四,责任的限制不同。加入人责任并不受保证期间的限制,但债权人对加入人的债权受到诉讼时效的限制,加入人可主张时效抗辩。而就保证而言,无论是连带责任保证还是一般保证,都受到诉讼时效和保证期间的限制。其五,能否向债务人追偿不同。保证关系中,保证人在承担保证责任后,可向相关债务人追偿,而加入人原则上则不能,究其原因,加入人本质上仍是在承担自身清偿责任,而非对原债务人的代为履行。但此次《合同编通则司法解释》确立了"第三人依照民法典关于不当得利等的规定,在其已经向债权人履行债务的范围内请求债务人向其履行"的制度,为债务加入人的追偿权提供了依据。

---

　　① 《最高人民法院关于适用〈中华人民共和国民法典〉有关担保制度的解释》第三十六条:第三人向债权人提供差额补足、流动性支持等类似承诺文件作为增信措施,具有提供担保的意思表示,债权人请求第三人承担保证责任的,人民法院应当依照保证的有关规定处理。第三人向债权人提供的承诺文件,具有加入债务或者与债务人共同承担债务等意思表示的,人民法院应当认定为民法典第五百五十二条规定的债务加入。前两款中第三人提供的承诺文件难以确定是保证还是债务加入的,人民法院应当将其认定为保证。第三人向债权人提供的承诺文件不符合前三款规定的情形,债权人请求第三人承担保证责任或者连带责任的,人民法院不予支持,但是不影响其依据承诺文件请求第三人履行约定的义务或者承担相应的民事责任。

　　② 王利明:《我国〈民法典〉保证合同新规则释评及适用要旨》,载《政治与法律》2020 年第 12 期,第 3—5 页。

3. 债务加入是否取得原债务人地位以及向保证人追偿的问题

《民法典》第六百九十七条规定了债权人可以就债权转让后保证责任承担另行作出约定，第三人加入债务的，保证人的保证责任不受影响。[①] 由此可见，除非保证人明确同意并有书面证明，否则保证人始终只需要忠于原债权人并承担保证责任；第三人参与债务清偿的，保证人不承担责任。

正如（2021）最高法民申 1642 号裁判要旨所体现的，担保合同属于从属合同，因主合同的无效或消灭而相应地无效或消灭。上述债权债务关系以成都银行西安分行清算为基础已消灭。其次，根据法律规定，在债务加入法律关系中，如果债务加入方承担连带债务，则不构成债权转让。加入人与债务人之间的关系，应当根据加入人和债务人之间法律关系的性质处理。法律没有规定加入人承担连带债务后可以向债务人的担保人追偿。

4. 债务加入人与原债务人之间的关系以及追偿比例

如前文所述，债务制度确立前，理论界和实务界对加入人承担连带责任还是不真正承担连带责任存有争议。《民法典》欲用"共同履行义务"之表述来厘清相关纷争，并且随着《民法典》确定适用"连带责任"表述后，加入人责任逐渐明确，即承担连带责任，这也间接回答了加入人是否享有追偿权及追偿比例的问题。

回归《民法典》第五百一十九条，原债务人与加入人之间的份额难以确定的，应视为相同。以及当加入人所承担的债务超过其参与份额时，其有权对其他债务人未履行份额就超出部分进行追偿，[②]即加入人对上述债务人享有债权人的权利，但不得损害实际债权人利益。本文认为，加入人作为新债务人已成为相关债务人，那么其只对超出部分享有追偿权，而不能对自身偿还全部债务享有追偿权。其原因在于，首先，根据意思自治原则，加入人已经自愿承担原债务人债务，若债权人请求其承担相应责任，其实际上在履行自身义务。其次，加入人享有超出部分的追偿权。在连带责任中，追偿权的规定为当连带债务人承担之责超过相应份额的部分，若连带债务人对超出份额承担相应责任，则其对该部分可取得法定代位权，进而可以追偿，债务

---

① 《中华人民共和国民法典》第六百九十七条：债权人未经保证人书面同意，允许债务人转移全部或者部分债务，保证人对未经其同意转移的债务不再承担保证责任，但是债权人和保证人另有约定的除外。第三人加入债务的，保证人的保证责任不受影响。

② 《中华人民共和国民法典》第五百一十九条：连带债务人之间的份额难以确定的，视为份额相同。实际承担债务超过自己份额的连带债务人，有权就超出部分在其他连带债务人未履行的份额范围内向其追偿，并相应地享有债权人的权利，但是不得损害债权人的利益。其他连带债务人对债权人的抗辩，可以向该债务人主张。被追偿的连带债务人不能履行其应分担份额的，其他连带债务人应当在相应范围内按比例分担。

加入人亦可如此。

但是,此次《合同编通则司法解释》作出了有利于债务加入人的规定,选择了依据债务人和债务加入人之间的基础法律关系作为"追偿"的请求权基础,如"不当得利""无因管理"等,不再对份额作出区分、不再探究连带与不真正连带,做到定分止争。

三、参考案例

1. 债权转让后可以诉讼的方式通知债务人——最高人民法院(2021)最高法民申 1580 号郑州华晶金刚石股份有限公司、郑州元化企业管理咨询有限公司民间借贷纠纷案

裁判要旨:债权转让人与受让人就债权进行转让后,通过诉讼的方式通知债务人债权转让事宜,符合原《中华人民共和国合同法》第八十条第一款关于"债权人转让权利的,应当通知债务人"以及《民法典》第五百四十六条关于"债权人转让债权,未通知债务人的,该转让对债务人不发生效力"的规定,属于有效通知,故债权受让人作为原告提起诉讼的主体资格适格。

基本案情:原始债权人河南联创投资股份有限公司与郑州华晶金刚石股份有限公司签订了《借款合同》,合同到期后郑州华晶公司并未依照约定归还借款。后河南联创公司将债权转让给郑州元化企业管理咨询有限公司,郑州元化公司在未通知债务人郑州华晶的情况下,诉至法院,遂生争议。

争议焦点:元化公司的原告主体是否适格。即元化公司作为债权的受让人,能否直接以诉讼方式通知债务人,并在本诉中作为适格原告的问题。

最高人民法院认定,农投金控与元化公司签订的《债权转让协议书》,是双方当事人真实意思表示,不违反法律、行政法规的强制性规定,合法有效。元化公司从农投金控处受让案涉债权后,通过诉讼的方式通知木之秀公司、郑州华晶公司、郭留希债权转让事宜,符合原《中华人民共和国合同法》第八十条第一款"债权人转让权利的,应当通知债务人"的规定,属于有效通知,元化公司原告主体资格适格。

2. 债权转让后直接以公告的方式通知债务人可以认定已经履行了通知义务——最高人民法院(2020)最高法执监 244 号陕西九州生物科技股份有限公司、陕西神州生物技术有限公司等借款合同纠纷案

裁判要旨:债权转让时通知债务人的目的是避免债务人重复履行、错误履行或加重履行债务负担,对通知的形式并无具体法律规定。从避免发生纠纷的角度看,债权人如能书面通知并由债务人签字认可是最佳形式,但如

果债权人以登报的方式通知债务人,亦不违反法律强制性规定,应视为履行了通知义务。

基本案情:长城资产陕西分公司将对九州公司、神州公司的债权转让给美环亿速公司,并在《陕西日报》上发布了债权转让通知,九州公司、神州公司认为在报纸上登载转让不当否认债权转让对其发生法律效力,遂生争议。

争议焦点:焦点问题为,本案应否将美环亿速公司变更为申请执行人。

对于变更、追加申请执行人,《最高人民法院关于民事执行中变更、追加当事人若干问题的规定》第九条规定:"申请执行人将生效法律文书确定的债权依法转让给第三人,且书面认可第三人取得该债权,该第三人申请变更、追加其为申请执行人的,人民法院应予支持。"可以看出,变更申请执行人主要有两个条件,一是原申请执行人依法转让了债权;二是原申请执行人书面认可债权的转让。结合申诉人所提申诉理由,本案重点审查,原债权人是否依法将债权转让给了美环亿速公司。

关于债权人履行通知义务问题。法律规定债权转让未通知债务人的,该转让对债务人不发生效力。债权转让通知债务人的目的是避免债务人重复履行、错误履行或加重履行债务负担,对通知的形式并无具体法律规定。从避免发生纠纷的角度看,债权人如能书面通知并由债务人签字认可是最佳形式,但如果债权人以登报的方式通知债务人,亦不违反法律强制性规定,应视为履行了通知义务。本案中,长城资产陕西分公司将债权转让给美环亿速公司,在《陕西日报》上发布了债权转让通知,且《陕西日报》是在陕西省内公开广泛发行的报纸,长城资产陕西分公司嗣后亦作出债权转让确认函。应认定债权人已将债权转让的事实告知债务人及担保人,债权转让对债务人发生法律效力。申诉人仅以长城资产陕西分公司在报纸上登载转让不当为由否认债权转让对其发生法律效力,据理不足。

3. 债务人从其他渠道获悉债权转让不能免除债权人的通知义务——最高人民法院(2020)最高法民再13号中国农业发展银行南昌县支行、江西省万事发粮油有限公司金融借款合同纠纷案

裁判要旨:根据《中华人民共和国合同法》第八十条第一款"债权人转让权利的,应当通知债务人。未经通知,该转让对债务人不发生效力"之规定,债权转让通知到达债务人时对债务人发生效力。通知是有相对人的意思表示,而意思表示由效果意思、表示意思与表示行为构成。债务人对债权转让的知晓不能替代债权转让的通知。在债权转让人与受让人欠缺通知债务人的表示意思与表示行为的情况下,债务人虽从其他渠道获悉债权转让的事实,仍不能认定债权转让已通知债务人,该债权转让对债务人尚未发生法律效力。

基本案情：农发行与万事发公司、万万、舒正英、万凌签订金融借款合同，后农发行与城投公司于 2019 年 1 月 23 日就上述债权签订的《债权转让协议》，但未通知债务人。但债务人主张自己知悉上述转让，故已经达到通知效果，农发行已经将债权转让，其不再具备债权人身份，遂生争议。

争议焦点：万事发公司是否已经清偿案涉贷款本息等债务以及农发行能否在本案中继续以自己的名义主张债权。

《中华人民共和国合同法》第八十条第一款规定："债权人转让权利的，应当通知债务人。未经通知，该转让对债务人不发生效力。"据此，债权转让自通知到达债务人时，该转让对债务人始发生效力。通知是有相对人的意思表示，而意思表示由效果意思、表示意思与表示行为构成。本案中，农发行称其与城投公司尚未将债权转让通知万事发公司，而万事发公司虽称城投公司曾口头通知其债权转让，但对此并未提交证据证明。万事发公司对其主张的积极事实应承担举证不能的责任，故本案应认定农发行与城投公司尚未具备通知的表示意思与表示行为。债务人对债权的知晓不能替代债权转让的通知。在农发行与城投公司欠缺通知的表示意思与表示行为的情况下，万事发公司虽从其他渠道获悉债权转让的事实，仍不能认定案涉债权转让已通知万事发公司。故案涉债权转让对万事发公司尚未发生法律效力。

4. 债权转让过程中未通知债务人，其后该债权被另案冻结的，债权受让人不能以签署债权转让协议为由对抗另案的执行——最高人民法院（2021）最高法民申 7876 号中财资产管理有限公司、平安银行股份有限公司等案外人执行异议之诉案

裁判要旨：债权转让后，未通知债务人，不对债务人发生效力。且债务人在接到通知前，债权被依法查封、冻结的，依照《最高人民法院关于人民法院民事执行中查封、扣押、冻结财产的规定》第二十四条第一款"被执行人就已经查封、扣押、冻结的财产所作的移转、设定权利负担或者其他有碍执行的行为，不得对抗申请执行人"的规定不得对抗对该债权的查封、冻结申请人，即仅有债权转让，而无通知，不能起到排除执行的效果。

基本案情：2009 年 8 月 11 日中财公司与亨瑞公司签订的协议受让了亨瑞公司竞拍大世界商城支付款项所形成的债权。期间大世界商城整体移交深圳市中级人民法院作为大世界公司破产财产依法处理。中财公司主张协议受让案涉债权的同日通知了湖南省高级人民法院，应当起到通知并完成债权受让的效力，排除执行，遂生争议。

争议焦点：本案再审审查的主要问题是案涉债权是否能够排除执行。

首先，亨瑞公司和中财公司于 2009 年 8 月 11 日签订债权转让协议，转

让亨瑞公司因竞拍湖南省高级人民法院组织执行拍卖的大世界公司的大世界商城支付款项而对大世界公司所形成的债权,在湖南省高级人民法院执行期间,该债权转让在通知执行法院湖南省高级人民法院之前,对大世界公司不发生效力。中财公司主张亨瑞公司于签订债权转让协议的同日已通知湖南省高级人民法院,但原审法院已查明湖南省高级人民法院向深圳市中级人民法院移送的卷宗里并无债权转让通知,中财公司在再审审查期间亦明确表示不能提供相关证据。中财公司主张于2013年4月3日再次通知湖南省高级人民法院,但此前湖南省高级人民法院已撤销拍卖,将大世界商城整体移交深圳市中级人民法院作为大世界公司破产财产依法处理。因此,中财公司未能提供充分证据证明其受让案涉债权已对大世界公司发生效力,法院可以依法要求大世界公司或相关方协助冻结案涉债权。

其次,根据原审查明的事实,深圳市中级人民法院在执行(2012)深中法执字第408号平安银行与亨瑞公司金融借款合同纠纷一案过程中,于2012年11月向深圳市中级人民法院公司清算和破产庭送达执行裁定书和协助查询冻结的函,要求协助冻结亨瑞公司在大世界公司破产案中享有的权益,已产生禁止大世界公司向亨瑞公司清偿和禁止亨瑞公司处分该债权的冻结法律效果。大世界公司清算组在2013年5月2日收到中财公司邮寄的债权转让通知时,案涉债权已被依法冻结,依照《最高人民法院关于人民法院民事执行中查封、扣押、冻结财产的规定》第二十四条第一款"被执行人就已经查封、扣押、冻结的财产所作的移转、设定权利负担或者其他有碍执行的行为,不得对抗申请执行人"的规定,中财公司和亨瑞公司的债权转让依法不得对抗申请执行人平安银行。

最后,参照《最高人民法院关于人民法院办理执行异议和复议案件若干问题的规定》第二十六条的规定,在金钱债权执行中,案外人依据另案生效法律文书提出排除执行异议的,人民法院应当根据另案生效法律文书作出与执行标的被查封、扣押、冻结的时间先后及文书内容作出认定和处理。中财公司主张北京市西城区人民法院作出的(2013)西执字第3045号执行裁定已认定案涉债权转让给中财公司,并据此要求排除执行。但该裁定的作出时间为2016年11月24日,在案涉债权被依法冻结之后;且该裁定是依据中财公司和亨瑞公司的债权转让协议作出,处理的并不是执行标的的归属或者返还的问题。因此,中财公司依据该执行裁定主张其受让案涉债权已被确认进而能够排除执行的理由不能成立。

5. 债务加入并不必然产生对原债务人免除的效果,债务加入行为并未给原债务人增加负担,无须经其同意——最高人民法院(2013)民申字第

2070 号陈先进与林一丹、干才鸿民间借贷纠纷

裁判要旨:合同义务转让应当经债权人同意,加入债务承担,故未经债权人同意,未免除原债务人的还款责任,不产生合同义务全部转移的效力。且因债务加入行为并未给原债务人增加负担,无须经其同意。

基本案情:2011 年 1 月 19 日,林一丹与陈先进签订了 1.5 亿元的《借款合同》,并由赵少华提供连带责任担保,落款处由林一丹、陈先进、赵少华签字。借款期限届满,陈先进归还本金 1.3 亿元,并结清了该期间的利息。后就剩余 2000 万元借款继续签订了《借款协议书》,并约定了保证人为王继业。并再次与抵押人始峰公司签订了《抵押借款合同》。陈先进认为后续两份协议属于债务加入,实际已经免除了陈先进的债务,不应由其继续偿还,遂生争议。

争议焦点:债务加入,未经债权人同意,是否产生合同义务全部转移的效力。

根据《中华人民共和国合同法》第八十四条规定的合同义务部分转让的规定,合同义务转让应当经债权人同意,在合同二、合同三、合同四中,林一丹仅同意汇众公司、干才鸿、始峰公司加入债务承担,未同意免除陈先进的还款责任,故未经债权人同意,不产生合同义务全部转移的效力;干才鸿向林一丹还款 550 万元属于履行合同行为,亦不产生合同义务全部转移的效力,陈先进仍应承担还款责任。合同三、合同四中陈先进未签名不影响始峰公司的债务加入,因债务加入行为并未给原债务人增加负担,无须经其同意。

6. 债务加入作为一种合同行为,需要债务加入人关于债务加入的意思表示——最高人民法院(2017)最高法民申 1328 号深圳江铜营销有限公司、奔达康控股集团有限公司买卖合同纠纷案

裁判要旨:债务加入作为一种合同行为,需要债务加入人关于债务加入的意思表示。退而言之,即使是债务人和债权人就第三方的债务加入达成一致意见,由于涉及对他方增设义务,亦应有第三方同意加入的意思表示。

基本案情:2014 年江铜公司与奔达康控股公司签订《深圳江铜营销有限公司 2014 年度铜材产品销售合同》,合同名称为销售合同,买方名义上为奔达康控股公司,但奔达康控股公司并未从事实际交易,既未作为买方自己或委托他人接收合同标的物,亦未作为买方自己或委托他人支付货款。该合同订立后,江铜公司分别与万棱公司、申朗讯公司、宏羽铜业公司、奔达康电缆公司以及奔达康供应链公司陆续签订了若干份《产品销售合同》,就《深圳江铜营销有限公司 2014 年度铜材产品销售合同》约定事项展开具体的交易

活动,万棱公司、申朗讯公司、宏羽铜业公司各自独立订立产品销售合同,各自独立进行点价、接受货物并支付货款,江铜公司分别与万棱公司、申朗讯公司、宏羽铜业公司对账、开具发票并催收货款。之后,万棱公司、申朗讯公司、宏羽铜业公司拖欠货款,进行了代付。故,江铜公司就货款主张代付邮件是奔达康电缆公司和奔达康供应链公司就万棱公司、申朗讯公司、宏羽铜业公司的特定金额的货款向江铜公司作出的代为支付的意思表示,构成债务加入,遂生争议。

争议焦点:关于奔达康电缆公司和奔达康供应链公司是否构成债务加入的问题。

江铜公司申请再审主张代付邮件是奔达康电缆公司和奔达康供应链公司就万棱公司、申朗讯公司、宏羽铜业公司的特定金额的货款向江铜公司作出的代为支付的意思表示,构成债务加入。对此,本院认为该主张不能成立。债务加入作为一种合同行为,需要债务加入人关于债务加入的意思表示。本案经审理查明案涉邮件多由万棱公司、申朗讯公司、宏羽铜业公司发出,而非奔达康电缆公司及奔达康供应链公司发出,不足以证明奔达康电缆公司和奔达康供应链公司有作出关于债务加入的意思表示。退而言之,即使是债务人和债权人就第三方的债务加入达成一致意见,由于涉及对他方增设义务,亦应有第三方同意加入的意思表示。本案中亦无证据证明奔达康供应链公司和奔达康电缆公司于事后就邮件内容形成了关于债务加入的确认。故原判决认定奔达康供应链公司和奔达康电缆公司并不构成债务加入并无不当。江铜公司关于奔达康电缆公司和奔达康供应链公司构成债务加入的再审申请主张亦不能成立。

7. 债务加入不必然构成债权转移,无权向保证人追偿——最高人民法院(2021)最高法民申 1642 号成都银行股份有限公司西安分行、杨君恒等追偿权纠纷案

裁判要旨:根据法律规定,在债务加入法律关系中,债务加入人承担连带债务后,不构成债权转移,其与债务人之间的关系,按照其与债务人之间法律关系的性质处理,法律未规定债务加入人承担连带债务后可以向债权人的保证人追偿,故债务加入人无权向债权人的保证人追偿。

基本案情:荟鑫源公司于 2013 年 3 月 28 日向成都银行西安分行贷款 2500 万元,杨君恒、杨君晓以其自有房产提供抵押担保。借款到期后,荟鑫源公司无力偿还。经介绍由马敬卫向荟鑫源公司出借 2300 万元用于还款,西安分行对该借款出具了承诺书,承诺书记载"介绍马敬卫给该企业借款 2300 万元归还了此笔贷款,我部承诺贷款还清后七日内我行续做此笔业务,

贷款发放后用于归还马敬卫借款。若贷款不能按时发放则负责将陕西荟鑫源实业有限公司此笔贷款的抵押物解押后转抵押给马敬卫",西安分行清偿后,欲向担保人杨君恒追偿,遂生争议。

争议焦点:关于成都银行西安分行是否有权向杨君恒、杨君晓追偿的问题。

首先,在债务加入法律关系中,债权人可以请求第三人在其愿意承担的债务范围内和债务人承担连带债务。具体到本案,因荟鑫源公司怠于履行债务,马敬卫向人民法院提起诉讼,要求成都银行西安分行在其愿意承担的债务范围内承担连带债务,成都银行西安分行亦根据人民法院生效判决向马敬卫支付了相应款项。至此,案涉债权债务关系为马敬卫(债权人)向荟鑫源公司(债务人)借款(杨君恒、杨君晓以全部财产为上述债权提供连带责任保证)这一债权债务关系,则基于成都银行西安分行的清偿而归于消灭。此外,保证合同属于从合同,从合同因主合同的无效或消灭而相应地无效或消灭。上述债权债务关系基于成都银行西安分行的清偿归于消灭,杨君恒、杨君晓提供的保证担保亦随着案涉新债权债务关系的消灭而归于消灭。其次,根据法律规定,在债务加入法律关系中,债务加入人承担连带债务后,不构成债权转移,其与债务人之间的关系,按照其与债务人之间法律关系的性质处理,法律未规定债务加入人承担连带债务后可以向债务人的保证人追偿。故成都银行西安分行无权向杨君恒、杨君晓追偿,成都银行西安分行关于原审判决认定成都银行西安分行作为债务加入人在向债权人马敬卫清偿剩余债务后,不能取得对债权人马敬卫的保证人杨君恒、杨君晓的追偿权有误的再审请求,本院不予支持。

8. 执行程序前合法转让债权的,债权受让人即权利承受人可以作为申请执行人直接申请执行——最高人民法院(2012)执复字第 26 号山西共合创展投资有限公司、山西普大煤业集团有限公司合同纠纷案

裁判要旨:生效法律文书确定的权利人在进入执行程序前合法转让债权的,债权受让人即权利承受人可以作为申请执行人直接申请执行,无须执行法院作出变更申请执行人的裁定。

基本案情:2234 公司与海洋股份公司、海洋实业公司借款合同纠纷一案,2012 年 1 月 11 日由最高人民法院作出终审判决,判令:海洋实业公司应于判决生效之日起偿还 2234 公司借款本金 2274 万元及相应利息;2234 公司对蜂巢山路 3 号的土地使用权享有抵押权。在该判决作出之前的 2011 年 6 月 8 日,2234 公司将其对于海洋股份公司和海洋实业公司的 2274 万元本金债权转让给李晓玲、李鹏裕,并签订《债权转让协议》。2012 年 4 月 19 日,

李晓玲、李鹏裕依据上述判决和《债权转让协议》向福建省高级人民法院(以下简称福建高院)申请执行。4 月 24 日,福建高院向海洋股份公司、海洋实业公司发出(2012)闽执行字第 8 号执行通知。海洋股份公司不服该执行通知,以执行通知中直接变更执行主体缺乏法律依据,申请执行人李鹏裕系公务员,其受让不良债权行为无效,由此债权转让合同无效为主要理由,向福建高院提出执行异议。福建高院在异议审查中查明:李鹏裕系国家公务员,其本人称,在债权转让中,未实际出资,并已于 2011 年 9 月退出受让的债权份额。

争议焦点:本案申请复议中争议焦点问题是,生效法律文书确定的权利人在进入执行程序前合法转让债权的,债权受让人即权利承受人可否作为申请执行人直接申请执行,是否需要裁定变更申请执行主体。

关于是否需要裁定变更申请执行主体的问题。变更申请执行主体是在根据原申请执行人的申请已经开始了的执行程序中,变更新的权利人为申请执行人。根据《执行规定》第十八条、第二十条的规定,权利承受人有权以自己的名义申请执行,只要向人民法院提交承受权利的证明文件,证明自己是生效法律文书确定的权利承受人的,即符合受理执行案件的条件。这种情况不属于严格意义上的变更申请执行主体,但二者的法律基础相同,故也可以理解为广义上的申请执行主体变更,即通过立案阶段解决主体变更问题。1 号答复的意见是,《执行规定》第十八条可以作为变更申请执行主体的法律依据,并且认为债权受让人可以视为该条规定中的权利承受人。本案中,生效判决确定的原权利人 2234 公司在执行开始之前已经转让债权,并未作为申请执行人参加执行程序,而是权利受让人李晓玲、李鹏裕依据《执行规定》第十八条的规定直接申请执行。因其申请已经法院立案受理,受理的方式不是通过裁定而是发出受理通知,债权受让人已经成为申请执行人,故并不需要执行法院再作出变更主体的裁定,然后发出执行通知,而应当直接发出执行通知。实践中有的法院在这种情况下先以原权利人作为申请执行人,待执行开始后再作出变更主体裁定,因其只是增加了工作量,而并无实质性影响,故并不被认为程序上存在问题。但不能由此反过来认为没有作出变更主体裁定是程序错误。

第七章 合同的权利义务终止

【合同的权利义务终止之合同解除】 | 侯东青

引言

《民法典》合同编有关合同的权利义务终止的条款系第五百五十七条至第五百七十六条,有关合同解除的条款系第五百六十二条至第五百六十六条,分别涉及合同约定解除、合同法定解除、解除权行使期限、合同解除程序、合同解除的效力。然而,《民法典》合同编并不是面面俱到,实务中出现了的一些问题急需通过司法解释的形式对相应的法规进行补充调整。于是,2023 年 12 月 5 日,《合同编通则司法解释》公布并施行。

相较于《民法典》合同编,《合同编通则司法解释》针对合同解除部分增加了协商解除的法律适用、通知解除合同的审查、撤诉后再次起诉解除时合同解除时间的认定等条款,对近年来《民法典》颁布实施后有关合同解除的热门问题进行了进一步回应。

一、关联法规

《合同编通则司法解释》中合同的权利义务终止部分在第五十二条至第五十八条,其中有关合同解除的条款系第五十二条至第五十四条。《合同编通则司法解释》关于合同解除的关联法规主要涉及《民法典》总则编、《总则编司法解释》《合同法司法解释(二)》《民事诉讼法》《九民纪要》等。具体见表 7 - 1。

表 7 - 1 合同的权利义务终止关联法规

第七章 合同的权利义务终止	
《合同编通则司法解释》	《民法典》及关联法规
第五十二条 当事人就解除合同协商一致时未对合同解除后的违约责任、结算和清理等问题作出处理,一方主张合同已经解除的,人民法院应予支持。但是,当事人另有约定的除外。 有下列情形之一的,除当事人一方另有意思表示外,人民法院可以认定合同解除: (一)当事人一方主张行使法律规定或者合	《民法典》 第五百六十二条 当事人协商一致,可以解除合同。当事人可以约定一方解除合同的事由。解除合同的事由发生时,解除权人可以解除合同。 第五百六十六条 合同解除后,尚未履行的,终止履行;已经履行的,根据履行情况和合

续表

第七章　合同的权利义务终止	
《合同编通则司法解释》	《民法典》及关联法规
同约定的解除权,经审理认为不符合解除权行使条件但是对方同意解除; 　　(二)双方当事人均不符合解除权行使的条件但是均主张解除合同。 　　前两款情形下的违约责任、结算和清理等问题,人民法院应当依据民法典第五百六十六条、第五百六十七条和有关违约责任的规定处理。	同性质,当事人可以请求恢复原状或者采取其他补救措施,并有权请求赔偿损失。 　　合同因违约解除的,解除权人可以请求违约方承担违约责任,但是当事人另有约定的除外。主合同解除后,担保人对债务人应当承担的民事责任仍应当承担担保责任,但是担保合同另有约定的除外。 　　第五百六十七条　合同的权利义务关系终止,不影响合同中结算和清理条款的效力。 　　**《最高人民法院关于审理买卖合同纠纷案件适用法律问题的解释》** 　　第二十条　买卖合同因违约而解除后,守约方主张继续适用违约金条款的,人民法院应予支持;但约定的违约金过分高于造成的损失的,人民法院可以参照民法典第五百八十五条第二款的规定处理。 　　**《九民纪要》** 　　第四十九条　合同解除时,一方依据合同中有关违约金、约定损害赔偿的计算方法、定金责任等违约责任条款的约定,请求另一方承担违约责任的,人民法院依法予以支持。 　　双务合同解除时人民法院的释明问题,参照本纪要第36条的相关规定处理。
第五十三条　当事人一方以通知方式解除合同,并以对方未在约定的异议期限或者其他合理期限内提出异议为由主张合同已经解除的,人民法院应当对其是否享有法律规定或者合同约定的解除权进行审查。经审查,享有解除权的,合同自通知到达对方时解除;不享有解除权的,不发生合同解除的效力。	**《民法典》** 　　第五百六十五条　当事人一方依法主张解除合同的,应当通知对方。合同自通知到达对方时解除;通知载明债务人在一定期限内不履行债务则合同自动解除,债务人在该期限内未履行债务的,合同自通知载明的期限届满时解除。对方对解除合同有异议的,任何一方当事人均可以请求人民法院或者仲裁机构确认解除行为的效力。 　　当事人一方未通知对方,直接以提起诉讼或者申请仲裁的方式依法主张解除合同,人民法院或者仲裁机构确认该主张的,合同自起诉状副本或者仲裁申请书副本送达对方时解除。 　　**《民法典时间效力规定》** 　　第十条　民法典实施前,当事人一方未通知对方而直接以提起诉讼方式依法主张解除合同的,适用民法典第五百六十五条第二款的规定。 　　**《合同法解释(二)》(已失效)** 　　第二十四条　当事人对合同法第九十六条、第九十九条规定的合同解除或者债务抵销虽有异议,但在约定的异议期限届满后才提出异议并向人民法院起诉的,人民法院不予支持;

续表

第七章　合同的权利义务终止	
《合同编通则司法解释》	《民法典》及关联法规
	当事人没有约定异议期间,在解除合同或者债务抵销通知到达之日起三个月以后才向人民法院起诉的,人民法院不予支持。
第五十四条　当事人一方未通知对方,直接以提起诉讼的方式主张解除合同,撤诉后再次起诉主张解除合同,人民法院经审理支持该主张的,合同自再次起诉的起诉状副本送达对方时解除。但是,当事人一方撤诉后又通知对方解除合同且该通知已经到达对方的除外。	**《民法典》** 　**第五百六十五条**　当事人一方依法主张解除合同的,应当通知对方。合同自通知到达对方时解除;通知载明债务人在一定期限内不履行债务则合同自动解除,债务人在该期限内未履行债务的,合同自通知载明的期限届满时解除。对方对解除合同有异议的,任何一方当事人均可以请求人民法院或者仲裁机构确认解除行为的效力。 　当事人一方未通知对方,直接以提起诉讼或者申请仲裁的方式依法主张解除合同,人民法院或者仲裁机构确认该主张的,合同自起诉状副本或者仲裁申请书副本送达对方时解除。 　**《中华人民共和国民事诉讼法》** 　**第一百四十八条**　宣判前,原告申请撤诉的,是否准许,由人民法院裁定。 　人民法院裁定不准许撤诉的,原告经传票传唤,无正当理由拒不到庭的,可以缺席判决。

二、核心问题

（一）合同解除的概念及类型

1. 合同解除的概念

合同解除,是指合同有效成立后,因一方或双方当事人的意思表示,使合同关系终了,未履行的部分不必继续履行,既已履行的部分依具体情形进行清算的制度,它是合同特有的终止原因。[①] 合同解除是合同履行过程中较为常见的一种合同权利义务关系中止的情形,旨在解决有效成立的合同提前中止的问题[②]。

2. 合同解除的类型

合同解除的类型,依解除权发生根据的差异,即依合同保留解除权或依据法律规定发生的解除权,相应地将合同解除分为约定解除和法定解除。[③]

---

　① 韩世远:《合同法总论》,法律出版社 2018 年版,第 644 页。
　② 最高人民法院民法典贯彻实施工作领导小组:《中华人民共和国民法典理解与适用》,人民法院出版社 2020 年版,第 631 页。
　③ 韩世远:《合同法总论》,法律出版社 2018 年版,第 644 页。

根据《民法典》第五百六十二条之规定①，基于当事人意思自治的合同解除，主要包括两种类型。一是协商解除（又称合意解除），即合同成立并生效后，当事人双方经过协商达成解除原有合同的一致意见，解除协议的本质是当事人意思表示一致形成了一个新的合同关系。通过解除合同，使得因合同而生效的合同规则失去其效力。二是约定解除，是指当事人以合同条款的形式，在合同成立以后，未履行或未完全履行之前，由一方当事人在约定解除合同的事由发生时享有解除权，并据此通过行使解除权，使合同关系归于消灭②。

《民法典》第五百六十三条规定了法定解除的四种情形及兜底条款③。法定解除，是指合同生效后未履行或者未履行完毕前，当事人在法律规定的解除事由出现时，通过行使解除权而使合同关系归于消灭④。法定解除主要在于法定解除的事由由法律直接规定，只要发生法律规定的具体情形，当事人即可主张解除合同，无须征得对方当事人的同意。

因此，相较于法定解除，协商解除与约定解除属于当事人意思自治的范围，对于可解除合同的范围比法定解除的范围要广。

（二）协商解除的法律适用

《合同编通则司法解释》第五十二条针对合同的协商解除划分了两种情况。第一种情况，双方当事人均不符合解除权行使的条件，但是均主张解除合同；第二种情况，不具备解除权行使条件，一方在诉讼中主张法定解除权或约定解除权，对方同意解除合同。即当事人在诉讼中达成解除合同的合意，此时尽管合同约定解除权或者法定解除权的行使条件可能并未成就，但法院会尊重当事人意思自治，以合意解除为据认定双方之间的合同解除，进而化解"合同僵局"，保障双方当事人的利益。因此，就合同的协商解除而言，《合同编通则司法解释》第五十二条依然贯彻当事人意思自治原则。

---

① 《中华人民共和国民法典》第五百六十二条：当事人协商一致，可以解除合同。当事人可以约定一方解除合同的事由。解除合同的事由发生时，解除权人可以解除合同。

② 最高人民法院民法典贯彻实施工作领导小组：《中华人民共和国民法典理解与适用》，人民法院出版社 2020 年版，第 633 页。

③ 《中华人民共和国民法典》第五百六十三条：有下列情形之一的，当事人可以解除合同：（一）因不可抗力致使不能实现合同目的；（二）在履行期限届满前，当事人一方明确表示或者以自己的行为表明不履行主要债务；（三）当事人一方迟延履行主要债务，经催告后在合理期限内仍未履行；（四）当事人一方迟延履行债务或者有其他违约行为致使不能实现合同目的；（五）法律规定的其他情形。以持续履行的债务为内容的不定期合同，当事人可以随时解除合同，但是应当在合理期限之前通知对方。

④ 最高人民法院民法典贯彻实施工作领导小组：《中华人民共和国民法典理解与适用》，人民法院出版社 2020 年版，第 638 页。

通知解除合同

1. 通知解除合同的法理基础

通知解除,是指只要合同解除权人已向相对方表达了解除合同的意思表示,即可发生合同解除的效果,而无须其他特别的形式要求。解除权是一种形成权,其仅需要通知对方即可,而无须取得对方的同意。行使解除权也是一种民事法律行为,适用《民法典》关于民事法律行为和意思表示的一般规定。解除通知不限于书面形式,只要享有解除权的一方将解除合同的意思表示通知对方即可,并且解除通知中必须能够表明解除权人有解除合同的意思表示[①]。

2. 通知解除合同的立法比较

《德国民法典》第三百四十九条规定:"解除合同,应以意思表示向另一方当事人为之。"《日本民法典》第五百四十条规定:"依契约或法律之规定,当事人一方有解除权时,其解除以对相对人的意思表示进行。"此种立法的指导理念是:解除权既是一种当事人自主解除合同的权利,行使与否当然不受约束,没有必要强加其他的形式要求。

我国《民法典》第五百六十五条对合同解除权的形式规则进行了规定,当事人一方依法主张解除合同的,应当通知对方。其中,"依法"具体指的是《民法典》第五百六十二条的约定解除权及第五百六十三条的法定解除权。《合同编通则司法解释》更是明确规定了当事人一方主张以通知方式解除合同的,法院应当对其是否享有法律规定或者合同约定的解除权进行审查。即当事人一方通知解除合同的前提是其享有约定解除权或者法定解除权。

3. 关于通知解除合同方式的探讨

结合我国司法实践,通知解除合同的方式多为诉讼外模式——通知须以诉讼外通知方式进行,而不能以诉讼的方式为之。由此,把通知解除合同的方式限定为诉讼外模式过于狭隘,诉讼方式也应吸收为通知解除合同的方式[②]。

首先,综合比较国外立法模式,其中英美法、德国法、法国立法模式,均倾向于采用当事人可以通过诉讼的方式通知解除合同。

其次,解除权是解除权人的权利,解除权的行使可以诉讼外通知的方式行使,这是解除权系形成权的应有之义。德国著名法学家卡尔·拉伦茨教

---

① 孙瑞玺:《论合同解除权行使的方式》,载《苏州大学学报(哲学社会科学版)》2012 年第 2 期。

② 孙瑞玺:《论合同解除权行使的方式》,载《苏州大学学报(哲学社会科学版)》2012 年第 2 期。

授曾言:"(形成权)在许多情况下并不需要权利人自己亲自行使形成行为,他可以有权通过提起一个形成诉讼,来达到一个通过司法手段实现的形成。"从这个意义上说,提起诉讼只不过是权利人意思表示的另一种表达方式。因此,解除通知也可以诉讼的方式行使。这种方式是通过法院向对方送达法律文书,特别以起诉状通知对方解除合同。此时,起诉状就是解除权行使的通知。只不过不是解除权人直接通知对方解除合同,而是通过法院以送达方式间接通知对方而已。无论直接通知还是间接通知,都是解除权人行使解除权这一意思表示的不同表现形式,且均已到达了对方,符合解除通知的条件,均应产生合同解除的法律效果。

再次,近几年,我国部分法院开始尝试采用诉讼方式通知解除合同,以河南省郑州市中级人民法院(2018)豫 01 民终 2855 号案件为例,郑州市中院认为:当事人已经通过诉讼的方式将解除合同的意思表示作出并通过法院送达应诉手续的方式通知至对方当事人,即发生法律效力,应当视为向合同相对方送达过解除通知。无独有偶,福建省龙岩市中级人民法院(2018)闽 08 民终 374 号案件,同样采用以诉讼的方式通知解除合同来进行说理。

由此可见,我国合同解除权行使方式应当是诉讼外方式与诉讼方式自由选择的模式。

(三)合同解除时间的认定

1. 通知解除合同时间的认定

我国《民法典》第五百六十五条及《合同编通则司法解释》第五十四条赋予了享有合同解除权的一方当事人通知解除合同的权利,合同自通知到达对方时解除。

《合同编通则司法解释》第五十三条对于通知解除合同的规定,延续了《民法典》合同解除条件成就时,合同自通知到达对方时解除的理念。较之于《民法典》第五百六十五条之规定,《合同编通则司法解释》第五十三条更多的是对当事人双方对合同解除发生争议时,人民法院通过审查当事人一方是否享有解除权,从而确定合同解除的时间。

2. 诉讼解除合同时间的认定

我国《民法典》第五百六十五条第二款规定了当事人一方直接以诉讼方式主张解除合同的,法院或者仲裁机构确认该主张的,合同自法律文书送达对方时解除。该条款明确了以直接起诉或申请仲裁的方式解除合同时,如何确定合同解除时间。

我国对合同解除时间的确定采通知到达的立法模式,即对方知晓解除权人解除合同的意思表示的时间即为合同解除的时间。以通知方式行使解除权的,合同自通知到达对方时解除;以提起诉讼或申请仲裁的方式行使解除权的,合同自起诉状副本或者仲裁申请书副本送达对方时解除。上述解除时间的确定是以当事人在表达解除合同的意思表示时享有解除权,即约定或法定的解除条件已经成就为前提。倘若当事人通知对方解除合同时,解除条件并未成就,对方当事人表示异议,后一方提起诉讼或申请仲裁,在起诉状副本或者仲裁申请书副本送达对方时合同解除的条件已经成就,则合同自起诉状副本或者仲裁申请书副本送达对方时解除。

3. 先通知后诉讼解除合同时间的认定

合同解除作为一种有相对人的民事法律行为,应采用意思表示到达主义。解除权系形成权,即通过解除权人单方意思表示即可产生、变更、消灭既存法律关系的权利。基于形成权提起的诉讼属于确认之诉,并非形成之诉。具体而言,解除权人通过提起诉讼或申请仲裁行使解除权的,其请求实质是确认其享有合同解除权且符合解除权行使条件,故属于积极确认之诉。相对人对解除权人享有解除权持有异议,诉请继续履行或确认合同未解除的,系消极确认之诉。法院判决支持解除权人诉讼请求的,就是确认解除权人享有解除权,合同得以解除源于解除权人的单方意思表示,并非判决赋予解除权人解除权。因此,解除权人在提起诉讼或申请仲裁前通知对方解除合同的,通知到达相对人时合同即予以解除,合同解除时间仍是通知到达相对人的时间。

4. 撤诉后再次起诉解除合同时间的认定

《合同编通则司法解释》第五十四条①,该条款规定的是未经通知,一方当事人起诉又撤诉,再次起诉主张解除合同,若法院经审理支持该主张的,合同自再次起诉的起诉状副本送达对方当事人时解除。笔者认为,撤诉后再次起诉,合同解除时间的认定应考虑两种情况。第一,前次起诉时,起诉状副本等相关材料未送达对方当事人;第二,前次起诉时,起诉状副本等相关材料已送达对方当事人。

首先,如果法院未向对方当事人送达起诉状副本等相关材料,撤诉后又再次起诉的,此时,因为前次起诉的起诉状副本等相关法律文书未向对方当事人送达,未起到通知解除的效果。依据《合同编通则司法解释》第五十四条,该种情形下合同解除的时间应为再次起诉的起诉状副本送达对方当事人时解除。

其次,如果法院已向对方当事人送达起诉状副本等相关材料,撤诉后又再次起诉的,笔者认为此时已通过法院送达的方式对对方当事人进行了通

---

① 《合同通通司法解释》第五十四条:当事人一方未通知对方,直接以提起诉讼的方式主张解除合同,撤诉后再次起诉主张解除合同,人民法院经审理支持该主张的,合同自再次起诉的起诉状副本送达对方时解除。但是,当事人一方撤诉后又通知对方解除合同且该通知已经到达对方的除外。

知,能够起到通知解除合同的效果。基于合同解除权系形成权,意思表示一旦作出并到达对方即不可撤回的性质认识,当事人在收到载明解除合同诉请的起诉状副本时,即可按照"合同即时解除"来作出合同解除后的安排。若对解除诉请的撤回会导致已经到达相对方的解除意思表示被撤销,则不仅从根本上颠覆了形成权的基本特性,也使当事人之间的法律关系处于极不稳定状态。

因此,实务中,当事人撤诉后又再次起诉的,如果前次起诉起诉状副本未送达对方当事人的,合同解除时间的认定可以参照《民法典》第五百六十五条第二款之规定;如果前次起诉的起诉状副本已经向对方当事人送达,此种情况已经起到通知解除合同的效果,合同解除的时间应该被认定为前次起诉中起诉状副本的时间。

(四)合同解除权的限制

1. 通知解除合同的审查

综合各国关于通知解除合同的立法理念,解除权既是一种当事人自主解除合同的权利,行使与否当然不受约束,没有必要强加其他的形式要求。但这也会带来随意解除合同的问题,如何确保解除权行使的同时又避免随意解除导致交易秩序不稳定,立法者的初衷,如何平衡二者的利益,是十分必要的。

(1)对通知解除合同审查的法理分析

从法律行为构成要件分析,通知仅仅是履行明确告知合同解除的义务。从法律行为的构成要件上分析,解除事由成就与当事人通知两个要件一旦同时满足,合同即告解除。换言之,解除权的实现除了解除事由成就与完成解除通知的两个要件外,拟定其时并无其他因素的介入,故当然已不需要附加解除理由是否正确的印证程序。也就是说,在发出解除通知的那一刻,发出一方所享有的约定解除权和法定解除权所依赖的事实已经全部发生,发出一方只需履行通知义务要件即可达到合同解除的目的。因此,对于是否附加解除通知的事由已无必要。如对方有异议可以向法院或者仲裁机构对该解除行为的法律效力申请确认之诉。

(2)对通知解除合同审查的必要性

实务中,发出解除通知的一方往往比较急迫,并未去考虑对方的全部违约事项,仅仅列明其中的部分违约事项,而对其他重要的违约事项有可能会被疏忽,如法院仅对解除通知书上列明的违约事项作审查,而对其他重要违约事项不作审查,将不利于案件事实真相的查明,不利于维护守约方合法利益,这样也必将不利于案件及时得到顺利解决,导致当事人一方为寻求案件事实真相而不断寻求其他救济方式维护自身合法权益。明确规定对发出解除一方提出的全部解除事由进行审查,有利于防止法官利用自由裁量权,导致案件事实真相不明,从而在一定程度上防止出现同案不同判的情况。

2. 现阶段我国法律对合同解除审查的规制

《民法典》及《合同编通则司法解释》对通知合同解除的权利进行了规制,该条主要规定了对主张合同解除权的一方是否享有法定解除权或约定解除权进行审查。较之于《民法典》中第五百六十五条之规定,合同自通知到达对方时解除,《合同编通则司法解释》在一定程度上对通知合同解除进行了规范。因此,无论是过去的《合同法》还是现行《民法典》及《合同编通则司法解释》都在赋予当事人一方依法享有合同通知解除权的同时,也明确当事人如对此有异议可请求人民法院或者仲裁机构确认解除行为的效力。由此可见,合同通知解除与否,实际上最后的裁量权在人民法院或者仲裁机构,作为专业的机关和机构,其对解除事由的全面审查有利于保障守约方解除权的行使,也可以避免随意通知解除合同的问题。因此,立法上更倾向于通过法院或者仲裁机构来避免随意通知解除合同,而非在通知解除程序上要求当事人一方明确解除事由。

根据《合同法》第九十三条①、第九十四条②(已失效)及现行《民法典》第五百六十二条、第五百六十三条的规定,当事人一方依法享有约定解除权和法定解除权,前者体现意思自治,后者则体现国家的干涉,及时终止陷入僵局的合同既能提高市场交易效率,也能促成新的交易的形成,有利于整个社会经济的发展。因此,上述约定和法定解除权的行使能否得到有效保障非常重要,如仅仅以解除通知书上的解除事由作审查,而对其他的解除事由不作审查,不利于依法保障合同权益方行使约定解除权、法定解除权,反而有限制当事人行使约定解除权和法定解除权的嫌疑。正如我国著名学者史尚宽先生所言:"解除之意思表示,无须明示其解除权发生之原因,虽有错误原因之附加,亦不妨其意思表示之为有效。"由此也可以看出,通知解除重在履行解除通知的告知义务,如被通知一方有异议,可以由法院或者仲裁机构进行审查。

对于违约显著轻微的审查,可重点从以下几个方面进行。

① 违约显著轻微的概念分析。违约程度显著轻微仅是学理概念,并没

---

① 《中华人民共和国合同法》第九十三条:当事人协商一致,可以解除合同。当事人可以约定一方解除合同的条件。解除合同的条件成就时,解除权人可以解除合同。

② 《中华人民共和国合同法》第九十四条:有下列情形之一的,当事人可以解除合同:(一)因不可抗力致使不能实现合同目的;(二)在履行期限届满之前,当事人一方明确表示或者以自己的行为表明不履行主要债务;(三)当事人一方迟延履行主要债务,经催告后在合理期限内仍未履行;(四)当事人一方迟延履行债务或者有其他违约行为致使不能实现合同目的;(五)法律规定的其他情形。

有明确的法律规定,实践中可从违约方的过错程度、违约行为形态、违约行为后果三个方面分析,并结合合同的履行情况、解除权的行使方式等因素予以综合认定①。具体而言,在主观方面,显著轻微违约下违约方一般存在履约的客观障碍,主观上不存在违约的故意或重大过失,过错程度仅为轻微过失;在违约行为形态方面,违反的多是从合同义务,或对主合同义务的履行出现微小瑕疵,不影响合同的继续履行;在违约后果方面,违约行为造成的损害后果较小,通过保证金冲抵等方式在不解除合同的情况下仍完全能够弥补损失,并未给守约方合同利益造成实质性损害;在解除权行使和合同履行情况方面,解除事由发生后,守约方通常未按约定进行催告且违约方仍以实际行动积极履行合同,具有继续履行的意愿。

② 对合同解除时违约显著轻微审查的法理基础。对合同解除时违约显著轻微审查的法理基础可通过三个方面进行分析,分别是合同目的实现、违约责任的归责原则、利益的衡平。

从合同目的实现来看,显著轻微违约行为不影响合同目的的实现。合同目的系当事人通过合同所欲达到的经济利益或其他精神利益,是合同存在的根本和成立的基础。在非根本违约情形下,譬如轻微迟延履行、轻微瑕疵履行、继续性合同的偶然性违约等,往往不会影响当事人缔约目的,并无必要通过解除合同来维护守约方权益。在维持合同效力前提下,让违约方承担与违约行为相适宜甚至一定惩罚性的违约责任,可能对当事人乃至社会公益更为有利。

从违约责任的归责原则来看,虽然我国合同法坚持严格责任原则,但司法实践中过错责任是衡量违约方违约程度的重要参考。《民法典》第五百七十七条规定采取严格责任原则,但从强调违约责任教育功能的角度以及鼓励正当交易和竞争的需要,让当事人对自身过错违约行为担责,在当事人尽到合理注意时让其不承担或减轻责任,有助于弘扬社会主义道德风尚,强化当事人对自己行为负责的理念,正当地实施交易行为。正如王利明教授所言"如果说严格责任是合同法一般的归责原则,那么过错责任则是特殊的归责原则"。显著轻微违约下,当事人违约的主观过错往往较轻,此时应综合适用过错原则,对其予以适当宽容,允许其通过承担相应违约责任而保有存续合同的权利②。

从利益的衡平来看,违约方违约行为显著轻微时,任由守约方依据合同约定解除合同,会造成利益严重失衡的不公现象。由于当事人缔约地位和

---

① 王坤:《显著轻微违约对合同解除权的限制》,载《人民司法》2021 年第 26 期。
② 王坤:《显著轻微违约对合同解除权的限制》,载《人民司法》2021 年第 26 期。

能力的差异,并非所有合同条款都能准确反映缔约者的自由意志,很多情形下解约条款过于严苛。一旦解除,违约方不仅承担过重的违约责任,而且为履约所作的所有努力往往全部付之东流。如若不从利益评估与衡量角度对违约行为进行判断,并限制合同约定解除权,将会大大增加合同解除的概率,极易产生变相鼓励解除权人滥用合同解除权,借机牟取不当利益或造成违约方过高损失的投机行为,诱发合同履行的道德风险。

③ 显著轻微违约的构成要件。

首先,违约方的主观过错通常为一般过失。显著轻微违约下违约方对违约必须无主观恶意,不存在不履行合同义务的故意,对违约的发生主观上通常为一般过失。如果违约行为人故意违约,系对合同自由和秩序的任意挑战,不符合诚实信用原则,自无对其宽容之必要。即使违约程度轻微或后果较小,也不应豁免其基于合同约定而应负合同被解除的所有法律后果。在考察约定的解除条件是否成就时,要考察违约方的过错程度是一般过失、重大过失还是故意,如果仅是显著轻微过失,一般不宜认定解除合同成就。

其次,违约方的违约行为程度较轻,在一般理性人的容忍限度之内。根本违约显然不可能构成显著轻微违约,而在非根本违约下,需要根据违约方违反合同义务的性质和内容来判定违约行为程度是否显著轻微。合同义务根据性质,包括主合同义务、从合同义务以及附随义务。主合同义务往往直接决定合同目的的实现,对主合同义务只能容忍非常微小的履行瑕疵,否则会严重威胁交易安全。对于从合同义务尤其是附随义务,在不影响合同履行及目的的情况下,一般可予容忍。从合同内容来看,逾期支付合同对价的时间较短,或欠付款项的比例占标的额的比例极小,抑或违约方已经履行完毕合同的大部分义务等情形,可被认定为违约程度较轻。就个案而言,违约程度是否显著轻微应结合合同内容、市场惯例、当事人的交易习惯等来认定。

最后,违约方的违约行为没有造成损失或造成损失较小,未给对方当事人的利益造成实质性的伤害,不影响合同目的的实现[1]。如违约行为影响到合同目的的实现,即使当事人无合同解除之约定,相对方亦可主张法定解除,自不待言。若违约方所造成的违约后果畸轻,不影响合同目的时,如贸然允许对方依据合同约定行使合同约定解除权,不利于交易安全。另外,债务人的违约行为造成债权人损失,与合同是否需要解除并无必然关联,债权人可以依据合同约定要求债务人承担违约责任,或依据法律规定要求债务

---

[1]　王坤:《显著轻微违约对合同解除权的限制》,载《人民司法》2021 年第 26 期。

人赔偿实际损失。

④ 显著轻微违约具体认定时的考量因素。实践中，判断违约人是否构成显著轻微违约，可结合以下具体情形进行分析，辅助前述要件，综合判断行使合同约定解除权是否违背诚实信用原则：

首先，非违约方行使合同约定解除权前是否予以催告。以本案为例，合同并未将催告履行作为解约前提条件。虽然催告并非行使约定解除权的必要条件，但债权人在债务人违约后进行催告，不会增加自身负担，反而可督促债务人履行。若债务人在催告后仍不履行的，债权人再行使约定解除权将更符合诚实信用原则。如违约方在对方催告后的合理期限内，无正当理由仍不履行，从主观要件上难以认定其为一般过失，进而不宜适用显著轻微违约规则。

其次，合同约定解除权的行使是否构成权利失效。在解除权的除斥期间没有经过的情况下，解除权人可以基于权利失效而丧失解除权。解除权发生后，在相当长的时间内未行使，足以使相对人对于解除权之不被行使发生合理信赖。依据诚实信用原则，可认为解除权人不得再行使其解除权。若违约行为已经修正，应对对方当事人行使合同解除权持更加审慎态度，判定该违约行为是否对合同目的产生根本影响，不应贸然允许解除合同而破坏交易秩序稳定。以迟延履行为例，如违约方虽然有短期延期付款的违约行为，且符合合同约定的合同解除条件，但在守约方作出强行解除合同行为时，违约方已将拖欠款项全部支付完毕，在不影响合同目的的情况下，不应支持守约方的解约主张。

再次，分析合同双方当事人对于违约行为的态度。约定解除合同是意思自治的表现，当事人对于违约行为的态度可作为认定解除合同是否符合诚实信用原则的参考。从守约方来看，要分析其对违约行为是否宽容甚至有默许的可能。从违约方来看，要分析违约方是否有表明继续履行合同的态度，并积极为之。如一方当事人已为履行合同作出大量艰苦努力，发生合同约定的解除行为时，应当从促进交易安全角度尽量维持合同效力。

最后，衡量违约行为与解约损失是否相适应，并比较合同解除后双方的利益关系。显著轻微违约下解除合同将导致双方权利义务失衡，有违诚实信用原则。在一方轻微违约不影响合同目的，而解除合同后一方损失惨痛，而对方却赚得盆满钵满，此时应采用"后果考量"的论证方式，对合同约定解除权加以限制。另外，更要严格审查违约行为与解约损失是否相适应，对合同条款中的"违约"限缩解释为"根本违约"，不轻易以此条款判定合同解除。

三、参考案例

1. 当事人协商解除合同系双方真实意思表示的,人民法院应当予以支持——最高人民法院(2020)最高法民申 4917 号四川确良种业有限责任公司、李德全合同纠纷

裁判要旨:案涉《吸收合并重组协议》系在双方当事人的真实意思表示的情况下协商解除,应当予以支持。

基本案情:再审申请人四川确良种业有限责任公司(以下简称确良公司)因与被申请人贵州禾睦福种子有限公司(以下简称禾睦福公司),一审原告、反诉被告、二审上诉人李德全、钟国荣、刘勇、伍斌、朱华萍、杨兰英合同纠纷一案,不服四川省高级人民法院(2019)川民终 801 号民事判决,向最高人民法院申请再审。

争议焦点:《吸收合并重组协议》是否已经双方协商解除。

最高人民法院认为:从该《资产退出方案》确定后的有关事实来看,也可印证。在《资产退出方案》确定后,确良公司的全体股东均自行离开禾睦福公司,与禾睦福公司脱离劳动关系,未再参与禾睦福公司的经营,两公司也开始独立经营,双方随即终止了合并吸收关系。确良公司向一审法院起诉的原诉讼请求(即发回重审之前的一审诉讼请求)为解除确良公司、禾睦福公司先后于 2012 年 4 月 24 日、2012 年 5 月 22 日签订的两份《吸收合并重组协议》;判令禾睦福公司退还确良公司现金 318.5 万元、确良公司所有的八宗房地产以及商标注册证、品种权证以及本案诉讼费用由禾睦福公司承担等。解除该《吸收合并重组协议》确系确良公司及其全体股东的真实意思表示。综上所述,二审判决认定案涉《吸收合并重组协议》已经双方协商解除,于法有据。

2. 用人单位与劳动者协商一致解除劳动合同并不当然有效——上海二中院(2015)沪二中民三(民)终字第 962 号张传杰诉上海敬豪劳务服务有限公司等劳动合同纠纷案(上海二中院发布 2013—2016 年劳动争议典型案例)

裁判要旨:从事接触职业病危害作业的劳动者未进行离岗前职业健康检查的,用人单位不得解除或终止与其订立的劳动合同。即使用人单位与劳动者已协商一致解除劳动合同,解除协议也应认定无效。

基本案情:2010 年 1 月,张传杰与敬豪公司建立劳动关系后被派遣至被告中海公司担任电焊工,双方签订最后一期的劳动合同的期限为 2010 年 1 月 1 日至 2014 年 6 月 30 日。2014 年 1 月 13 日,敬豪公司与张传杰签订协商解除劳动合同协议书,协议中载明双方一致同意劳动关系于 2014 年 1 月

13 日解除,双方的劳动权利义务终止。

2014 年 4 月,原告张传杰经上海市肺科医院诊断为电焊工尘肺壹期。2014 年 12 月 10 日,原告经上海市劳动能力鉴定委员会鉴定为职业病致残程度柒级。

争议焦点:从事接触职业病危害作业的劳动者未进行离岗前职业健康检查的,用人单位与劳动者协商一致解除劳动合同是否当然有效。

上海二中院认为:双方于 2014 年 1 月 13 日签订的《协商解除劳动合同协议书》并未明确上诉人张传杰已经知晓并放弃了进行离岗前职业健康检查的权利,且张传杰于事后亦通过各种途径积极要求被上诉人敬豪公司为其安排离岗职业健康检查。因此,张传杰并未放弃对该项权利的主张,敬豪公司应当为其安排离岗职业健康检查。在张传杰的职业病鉴定结论未出之前,双方的劳动关系不能当然解除。

3. 通知解除合同的前提条件是通知的一方享有约定解除权或法定解除权——最高人民法院(2020)最高法民终 199 号南通市华晋置业有限公司、山西军威科技有限公司合同纠纷

裁判要旨:只有享有法定或者约定解除权的当事人才能以通知方式解除合同。不享有解除权的一方向另一方发出解除通知,另一方即便未在异议期限内提起诉讼,也不发生合同解除的效果。

基本案情:2013 年 10 月 8 日南通华晋公司与军威公司签订《合作开发合同书》,主要内容为:经双方协商,就合作开发"山西·太原·军威新能源创新园——中心街"项目相关事宜达成协议。后双方发生纠纷,2017 年 9 月 22 日军威公司向南通华晋公司送达了《解除合同通知书》,2017 年 9 月 26 日,南通华晋公司向军威公司发送《异议回复函》。

争议焦点:涉案《解除合同通知书》是否已经产生解除合同的后果,南通华晋公司 2017 年 9 月 26 日《异议回复函》是否是对涉案《解除合同通知书》提出的异议。

最高人民法院认为:《最高人民法院关于适用〈中华人民共和国合同法〉若干问题的解释(二)》第二十四条规定:"当事人对合同法第九十六条、第九十九条规定的合同解除或者债务抵销虽有异议,但在约定的异议期限届满后才提出异议并向人民法院起诉的,人民法院不予支持;当事人没有约定异议期间,在解除合同或者债务抵销通知到达之日起三个月以后才向人民法院起诉的,人民法院不予支持。"根据该条规定,只有享有法定或者约定解除权的当事人才能以通知方式解除合同。不享有解除权的一方向另一方发出解除通知,另一方即便未在异议期限内提起诉讼,也不发生合同解除的效

果。人民法院在审理案件时,应当审查发出解除通知的一方是否享有约定或者法定的解除权,不能仅以受通知一方在约定或者法定的异议期限内未向人民法院起诉这一事实就认定合同已经解除。具体到本案中,军威公司虽于 2017 年 9 月 22 日向南通华晋公司发出了《解除合同通知书》,但该份通知书并不能产生解除涉案合同的效果。

4. 主张解除合同的一方当事人虽无约定解除权或法定解除权,但另一方当事人表示同意的,人民法院应当认定合同解除——最高人民法院(2022)最高法民终 220 号重庆化医控股(集团)公司、重庆长寿捷圆化工有限公司等合同纠纷

裁判要旨:主张解除合同的一方当事人虽无约定解除权或法定解除权,但另一方当事人表示同意的,人民法院应当认定合同解除。

基本案情:2011 年 8 月 29 日,捷圆公司(甲方)与成达公司(乙方)签订《重庆长寿捷圆化工有限公司"25 万吨/年天然气制乙炔装置"工程设计合同》。后双方发生纠纷,2013 年 8 月 3 日,捷圆公司向成达公司送达解除通知;2013 年 8 月 28 日,成达公司向捷圆发函同意解除合同。

争议焦点:双方当事人对案涉合同已经解除无异议,但对合同解除时间存在分歧,合同解除时间为通知之日还是回函同意解除合同之日?

重庆高院认为:捷圆公司发出解除合同的通知,虽无合同约定和法律规定的解除权,但成达公司通过其后的回函同意解除,并认可合同解除时间为捷圆公司提出解除通知的 2013 年 8 月 3 日,且 2013 年 8 月 12 日的会议纪要也明确 8 月 3 日监理发出停工令作为合同清算时点,故认定案涉合同于 2013 年 8 月 3 日解除。

5. 当事人撤诉后再次起诉解除合同的,合同解除时间以起诉时起诉状送达对方当事人能够达到通知的效果——北京市第二中级人民法院(2019)京 02 民终 1584 号汤启森等与房山区长阳镇稻田第二村农工商经济联合社等农村土地承包合同纠纷

裁判要旨:当事人撤诉后再次起诉解除合同的,合同解除时间以第一次起诉时起诉状送达对方当事人的时间为准。

基本案情:1998 年 12 月 4 日,稻二村委会(甲方,发包方)与北京固业物资总公司(以下简称固业公司,乙方,承包方)签订《土地承包经营合同》。后双方发生纠纷,卓越康公司、汤启森于 2016 年 7 月 6 日将稻二村委会、稻二经合社诉至一审法院要求解除合同,法院于 2016 年 7 月 14 日向稻二村委会、稻二经合社送达了起诉书副本,后卓越康公司、汤启森于 2016 年 11 月 29 日向申请法院撤诉。后卓越康公司、汤启森再次起诉解除合同。

争议焦点:卓越康公司、汤启淼撤诉后再次起诉解除合同,合同解除时间的认定是否以第一次起诉状副本送达的时间为准?

北京二中院认为:依法成立的合同对当事人具有法律约束力。根据查明的事实,原告与被告签订的土地承包合同系双方真实意思表示,内容不违反法律法规的强制性规定,合法有效,双方均应自觉履行。鉴于涉案承包土地的地上物已被政府清除,涉案承包地已用做绿化用地,承包合同已无法履行,现原告要求解除双方签订的土地承包合同,被告同意,本院不持异议,解除时间本院将以原告第一次起诉向被告送达起诉书副本之日即 2016 年 7 月 14 日予以确认。

【债务的抵销】

王雨寒

引言

债权作为一种动态的权利,其自产生至消灭均为民法学理研究及司法实践过程中最为重要的一部分。由于《民法典》中并未设置债法总则,故而在事实上合同编通则部分的相当内容就发挥了债法总则的作用。合同编在吸收原合同法的基础上结合我国多年的司法实践经验,增加完善了对债的相关规定。其中既包括补充立法中对债的分类、明确区分债权债务与合同权利义务的概念等。而关于债权债务终止的相关规定中,《民法典》不仅增加了清偿抵充规则,同时细化了免除、混同、提存、抵销的具体规则。本章司法解释中上半章的内容规定了因合同解除而导致的合同债权债务终止的情形,下半章的内容就着重对债的消灭中抵销这一消灭原因作出了进一步的细致规定。

一、关联法规

本司法解释中涉及抵销的法条共 4 条,具体内容包括:抵销权的行使效力、抵销权的法律适用规则、侵权行为人不得抵销、已过诉讼时效债务的抵销。

表 7 - 2　合同的权利义务终止关联法规

第七章　合同的权利义务终止	
《合同编通则司法解释》	《民法典》及关联法规
第五十五条　当事人一方依据民法典第五百六十八条的规定主张抵销,人民法院经审理认为抵销权成立的,应当认定通知到达对方时双方互负的主债务、利息、违约金或者损害赔偿金等债务在同等数额内消灭。	《民法典》 **第一百三十七条**　以对话方式作出的意思表示,相对人知道其内容时生效。 　　以非对话方式作出的意思表示,到达相对人时生效。以非对话方式作出的采用数据电文形式的意思表示,相对人指定特定系统接收数据电文的,该数据电文进入该特定系统时生效;未指定特定系统的,相对人知道或者应当知道该数据电文进入其系统时生效。当事人对采用

续表

第七章　合同的权利义务终止	
《合同编通则司法解释》	《民法典》及关联法规
	数据电文形式的意思表示的生效时间另有约定的,按照其约定。 　　**第五百六十五条**　当事人一方依法主张解除合同的,应当通知对方。合同自通知到达对方时解除;通知载明债务人在一定期限内不履行债务则合同自动解除,债务人在该期限内未履行债务的,合同自通知载明的期限届满时解除。对方对解除合同有异议的,任何一方当事人均可以请求人民法院或者仲裁机构确认解除行为的效力。 　　当事人一方未通知对方,直接以提起诉讼或者申请仲裁的方式依法主张解除合同,人民法院或者仲裁机构确认该主张的,合同自起诉状副本或者仲裁申请书副本送达对方时解除。 　　**第五百六十八条**　当事人互负债务,该债务的标的物种类、品质相同的,任何一方可以将自己的债务与对方的到期债务抵销;但是,根据债务性质、按照当事人约定或者依照法律规定不得抵销的除外。 　　当事人主张抵销的,应当通知对方。通知自到达对方时生效。抵销不得附条件或者附期限。 　　《九民纪要》 　　**第四十三条**　抵销权既可以通知的方式行使,也可以提出抗辩或者提起反诉的方式行使。抵销的意思表示自到达对方时生效,抵销一经生效,其效力溯及自抵销条件成就之时,双方互负的债务在同等数额内消灭。双方互负的债务数额,是截至抵销条件成就之时各自负有的包括主债务、利息、违约金、赔偿金等在内的全部债务数额。行使抵销权一方享有的债权不足以抵销全部债务数额,当事人对抵销顺序又没有特别约定的,应当根据实现债权的费用、利息、主债务的顺序进行抵销。
第五十六条　行使抵销权的一方负担的数项债务种类相同,但是享有的债权不足以抵销全部债务,当事人因抵销的顺序发生争议的,人民法院可以参照民法典第五百六十条的规定处理。 　　行使抵销权的一方享有的债权不足以抵销其负担的包括主债务、利息、实现债权的有关费用在内的全部债务,当事人因抵销的顺序发生争议的,人民法院可以参照民法典第五百六十一条的规定处理。	《民法典》 　　**第五百六十条**　债务人对同一债权人负担的数项债务种类相同,债务人的给付不足以清偿全部债务的,除当事人另有约定外,由债务人在清偿时指定其履行的债务。 　　债务人未作指定的,应当优先履行已经到期的债务;数项债务均到期的,优先履行对债权人缺乏担保或者担保最少的债务;均无担保或者担保相等的,优先履行债务人负担较重的债务;负担相同的,按照债务到期的先后顺序履行;到期时间相同的,按照债务比例履行。

续表

《合同编通则司法解释》	《民法典》及关联法规
	第五百六十一条　债务人在履行主债务外还应当支付利息和实现债权的有关费用，其给付不足以清偿全部债务的，除当事人另有约定外，应当按照下列顺序履行： （一）实现债权的有关费用； （二）利息； （三）主债务。 **《九民纪要》** **第四十三条**　抵销权既可以通知的方式行使，也可以提出抗辩或者提起反诉的方式行使。抵销的意思表示自到达对方时生效，抵销一经生效，其效力溯及自抵销条件成就之时，双方互负的债务在同等数额内消灭。双方互负的债务数额，是截至抵销条件成就之时各自负有的包括主债务、利息、违约金、赔偿金等在内的全部债务数额。行使抵销权一方享有的债权不足以抵销全部债务数额，当事人对抵销顺序又没有特别约定的，应当根据实现债权的费用、利息、主债务的顺序进行抵销。
第五十七条　因侵害自然人人身权益，或者故意、重大过失侵害他人财产权益产生的损害赔偿债务，侵权人主张抵销的，人民法院不予支持。	**《中华人民共和国企业破产法》** **第四十条**　债权人在破产申请受理前对债务人负有债务的，可以向管理人主张抵销。但是，有下列情形之一的，不得抵销：（一）债务人的债务人在破产申请受理后取得他人对债务人的债权的；（二）债权人已知债务人有不能清偿到期债务或者破产申请的事实，对债务人负担债务的；但是，债权人因为法律规定或者有破产申请一年前所发生的原因而负担债务的除外；（三）债务人的债务人已知债务人有不能清偿到期债务或者破产申请的事实，对债务人取得债权的；但是，债务人的债务人因为法律规定或者有破产申请一年前所发生的原因而取得债权的除外。 **《中华人民共和国证券投资基金法》** **第六条**　基金财产的债权，不得与基金管理人、基金托管人固有财产的债务相抵销；不同基金财产的债权债务，不得相互抵销。 **《中华人民共和国信托法》** **第十八条**　受托人管理运用、处分信托财产所产生的债权，不得与其固有财产产生的债务相抵销。受托人管理运用、处分不同委托人的信托财产所产生的债权债务，不得相互抵销。 **《最高人民法院关于人民法院办理执行异议和复议案件若干问题的规定》** **第十九条**　当事人互负到期债务，被执行人请求抵销，请求抵销的债务符合下列情形的，

第七章　合同的权利义务终止	
《合同编通则司法解释》	《民法典》及关联法规
	除依照法律规定或者按照债务性质不得抵销的以外，人民法院应予支持：(一)已经生效法律文书确定或者经申请执行人认可；(二)与被执行人所负债务的标的物种类、品质相同。 **《最高人民法院关于审理涉及农村土地承包纠纷案件适用法律问题的解释》** **第十七条**　发包方或者其他组织、个人擅自截留、扣缴承包收益或者土地经营权流转收益，承包方请求返还的，应予支持。发包方或者其他组织、个人主张抵销的，不予支持。 **《国务院关于印发基本养老保险基金投资管理办法的通知》** **第九条**　养老基金资产的债权，不得与委托人、受托机构、托管机构、投资管理机构和其他为养老基金投资管理提供服务的自然人、法人或者其他组织固有财产的债务相互抵销；养老基金不同投资组合基金资产的债权债务，不得相互抵销。
第五十八条　当事人互负债务，一方以其诉讼时效期间已经届满的债权通知对方主张抵销，对方提出诉讼时效抗辩的，人民法院对该抗辩应予支持。一方的债权诉讼时效期间已经届满，对方主张抵销的，人民法院应予支持。	**《最高人民法院关于审理民事案件适用诉讼时效制度若干问题的规定》** 　　**第十一条**　下列事项之一，人民法院应当认定与提起诉讼具有同等诉讼时效中断的效力：(一)申请支付令；(二)申请破产、申报破产债权；(三)为主张权利而申请宣告义务人失踪或死亡；(四)申请诉前财产保全、诉前临时禁令等诉前措施；(五)申请强制执行；(六)申请追加当事人或者被通知参加诉讼；(七)在诉讼中主张抵销；(八)其他与提起诉讼具有同等诉讼时效中断效力的事项。

二、核心问题

(一)债务抵销的基本概念

1. 债务抵销的概念

债务抵销是指当事人间互负债务、互享债权，且给付种类相同的，在债权已届清偿期时得主张以债权冲抵债务，使双方债权债务在对等额内归于消灭的制度。其中，提出抵销的一方债权称为主动债权；被抵销的称为被动债权。

抵销制度提高了债权实现效率，仅需单方意思表示即可消灭债务，降低当事人维权成本。除此之外抵销制度还有一定担保当事人债权实现的功能，企业破产法①中关于破产抵销权的规定正体现了这一功能。

2. 债务抵销的类型

（1）法定抵销

① 构成要件：

第一，双方互负有效债务、互享有效债权。抵销双方须互负对待给付义务，且两个债权债务关系均须合法有效，否则不发生抵销。互负的债权债务关系之间不要求存在牵连性。抵销权通常不得向当事人以外的第三人行使，法律另有规定的除外②。

第二，主动债权已届履行期。主动债权已届清偿期意味着主动债权的数额已经确定，若主动债权未届清偿期，则债权金额尚难确定，此时为抵销无法终结债务，不利于简化债务清偿、减少当事人的讼累。

同时若主动债权尚未届履行期而债权人主张抵销，则意味着强制主动债权的债务人对债务提前履行，导致其期限利益丧失。而若被动债权未届履行期则不影响主动债权人行使抵销权，这意味着主动债权人自行放弃了其在被动债权中所享有的期限利益，选择提前履行。但对于被动债权人而言，提前履行不得损害其利益，且因提前履行而增加的费用由对方承担③。需要特别提醒的是，在特殊情况下未届期债权可被视为加速到期，予以抵销④。

第三，债务的给付标的物须相同。标的物相同在这里从两个方面进行理解：一是标的物种类相同，例如都是金钱债权或标的物是同一种类物。二是标的物品质相同，这主要是针对标的物是物的情形下，物的质量、等级等相关标准同一无差别。当然在破产这一特殊程序中对本项规则可以作除外

---

① 《中华人民共和国企业破产法》第四十条：债权人在破产申请受理前对债务人负有债务的，可以向管理人主张抵销。但是，有下列情形之一的，不得抵销：（一）债务人的债务人在破产申请受理后取得他人对债务人的债权的；（二）债权人已知债务人有不能清偿到期债务或者破产申请的事实，对债务人负担债务的；但是，债权人因为法律规定或者有破产申请一年前所发生的原因而负担债务的除外；（三）债务人的债务人已知债务人有不能清偿到期债务或者破产申请的事实，对债务人取得债权的；但是，债务人的债务人因为法律规定或者有破产申请一年前所发生的原因而取得债权的除外。

② 《中华人民共和国民法典》第五百四十九条：有下列情形之一的，债务人可以向受让人主张抵销：（一）债务人接到债权转让通知时，债务人对让与人享有债权，并且债务人的债权先于转让的债权到期或者同时到期；（二）债务人的债权与转让的债权是基于同一合同产生。

③ 《中华人民共和国民法典》第五百三十条：债权人可以拒绝债务人提前履行债务，但是提前履行不损害债权人利益的除外。债务人提前履行债务给债权人增加的费用，由债务人负担。

④ 《中华人民共和国企业破产法》第四十六条第一款：未到期的债权，在破产申请受理时视为到期。

适用①。

当然实践中还有一些特殊情况需要考虑，例如不同币种之间的金钱债务抵销。在过去德国法通说中认为，不同币种间的金钱债务由于币种不同，不可被认为是相同种类标的物，故不适用法定抵销。但近年来该观点也有所变化，伴随着欧洲一体化的进程及欧元区的建立与成熟，欧洲合同法原则（简称 PECL）中就采用了不同必中的金钱之债可以相互抵销的观点。但是我们也必须认识到，在涉及跨币种结算的债权债务关系中，币种间的汇算是不可避免的问题，其中包含抵销币种的确定、汇率的确定（主要是以何时间的汇率为准）等。

广东省东莞市第二人民法院（2015）东二法民四初字第 107 号买卖合同纠纷中，日企株式会社东亚产业委托第三方公司向中企琦佳公司采购玩具沙，后因玩具沙质量问题产生纠纷，株式会社东亚产业作为原告提起诉讼。法院支持原告共计 1050 万日元的损失，又因为原告尚未支付被告货款人民币 34.5 万元，双方当事人均主张将两笔债务在等额范围内予以抵销，法院亦予认可。其中就涉及不同币种的金钱债务抵销时的汇算问题，本案原告主张的汇价低于判决日汇价，故法院依照原告主张予以汇算。后二审广东省东莞市中级人民法院（2018）粤 19 民终 9232 号判决对一审判决予以维持。在本案中当事人间直接就清偿币种及结算汇率达成了一致，故法院直接予以支持。

对于涉及多币种间的债权债务关系，由于国际间汇率的不稳定性，最佳的处理方案是在事先的合同内容中就结算币种及汇价日期确定予以明确。但若产生争议且无法达成一致时，可以参照国际商事合同通则（PICC）的规则予以确定。PICC 将清偿币种的选择权赋予了抵销权人，其可以选择被抵销人的债权履行地货币或该债权产生时的计数货币。而关于确定汇率的问题，则可采被抵销人的债权履行地汇率，并以抵销通知到达被抵销人的时间或债务履行期届满的时间为准②。

（2）约定抵销

① 约定抵销与法定抵销的区别：

首先，二者的抵销依据不同。法定抵销是在符合法定条件的情况下，由主动债权人单方意思表示即可为的抵销。而约定抵销则必须经双方当事人

---

① 《中华人民共和国企业破产法》解释二第四十三条：债权人主张抵销，管理人以下列理由提出异议的，人民法院不予支持：（一）破产申请受理时，债务人对债权人负有的债务尚未到期；（二）破产申请受理时，债权人对债务人负有的债务尚未到期；（三）双方互负债务标的物种类、品质不同。

② 王思思：《不同币种金钱之债的抵销》，载《人民司法》2016 年第 13 期。

协商一致,而不可由单方决定。当然协商一致的方式既可以是当事人再债权设立时即达成协议,亦可是在债权履行时达成协议。

其次,二者对债务内容的要求不同法定抵销要求标的物的种类与品质相同;约定抵销标的物则无此要求。

再次,对债务的是否已届履行期要求不同。法定抵销要求主动债权已届履行期;约定抵销则对债务是否届期无特殊要求,即便债务均未届期,只要双方当事人协商一致,即可抵销。

最后,抵销行使的方式要求不同。法定抵销应采取通知或诉讼的方式行使;而约定抵销依照双方达成抵销协议行使,无须额外通知。

② 约定抵销的法律性质

约定抵销属于双方法律行为,更多体现的是当事人意思自治。这意味着在适用约定抵销时,当事人之间需对抵销债务的性质、金额等内容达成一致意见。若当事人就约定抵销订立了一份独立合同,则当事人对约定抵销事宜发生纠纷时,人民法院应结合当事人的诉讼请求与理由,确定案由为"确认合同效力纠纷"或者"合同纠纷"①。

3. 债务抵销与清偿抵充制度的区别

抵销与清偿抵充都是债消灭的原因,抵销在实际上是两个对向债权债务关系之间的互相清偿。本次《合同编通则司法解释》第五十六条规定债务法定抵销的顺序亦参照清偿抵充的法定顺序进行适用,二者之间存在一定的相似性,如均存在两个或以上的债务、债务所需给付种类相同等,但也须对二者加以区别辨析。

抵销与清偿抵充的区别主要体现在以下几点:①抵销的双方当事人互负债务,而清偿抵充强调债务人单向对债权人负有若干相同债务。②抵销中主动债权通常应届履行期,而清偿抵充对债务是否已届期无强制要求。③抵销是一种单方法律行为,清偿抵充是在债务履行阶段债务人不足额支付时债务消灭的顺序规则。

(二)抵销权的行使

1. 抵销权的行使方式

抵销权是形成权的一种,在法定抵销的情形下只需主动债权的债权人向被动债权人发出其单方意思表示即可发生债权债务抵销的法律后果,在等额范围内使得双方互负的债务归于消灭。

---

① 最高人民法院研究室:《中华人民共和国民法典合同编理解与适用(一)》,人民法院出版社2021年版,第 677 页。

（1）以通知的方式行使

《民法典》第五百六十八条第二款明确了当事人主张抵销应当通知对方，当事人以通知方式主张抵销的，需要明确该通知的性质是不要式行为和有相对人的单方意思表示。该意思表示最核心的内容是明确主张抵销相关的债权，如果意思表示中未明确抵销的债权，也可结合当事人可推知的意思表示加以认定。

关于债权抵销通知的意思表示生效时间，可依据《民法典》第一百三十七条①内容加以认定。在《合同法司法解释（二）》中规定有抵销意思表示的异议期限：当事人对债务抵销的异议应该在约定期限内提出，没约定的应该在通知到达之日起3个月内提出。但是司法实践当中，即便对方当事人未对抵销权提出异议，人民法院则需审查是否符合法定抵销的条件。例如在最高人民法院（2018）最高法民申4673号建设用地使用权转让合同纠纷案中，最高人民法院认为参照最高人民法院研究室对《合同法司法解释（二）》第二十四条理解与适用的请示的答复（法研〔2013〕79号）规定，债务的抵销对当事人会产生重大影响，从平等保护合同各方当事人合法权益的目的出发，为防止抵销权的滥用，其行使亦应满足行使抵销权的法定条件即《合同法》第九十九条规定的"债务均已到期，债务的标的物种类、品质相同"。因此即便被动债权人未在3个月异议期间内对主动债权人的抵销主张提出异议，但仍不必然产生债务抵销的法律效果，法院仍应按照原《合同法》第九十九条（即《民法典》第五百六十八条）对抵销是否成立进行实质性审查。

同时，抵销不得附条件或期限。附条件的法律行为由于条件的成就与否有不确定性，抵销能否实现也会相应难以确定，不符合制度建立的初衷。而在附期限的情况下，在期限到来之前难以确认债权的具体范围，也给抵消制度的实现带来了困难。

（2）通过诉讼的方式行使

《九民纪要》第四十三条则规定抵销权可以以提出抗辩或提起反诉的方式行使。纪要内容明确了抵销权可以通过诉讼、抗辩、反诉的方式行使。

例如，最高人民法院（2019）最高法民再12号委托合同纠纷案中，九鼎公司委托天资公司通过中国民生银行海河支行向东达公司发放贷款5000万

---

① 《中华人民共和国民法典》第一百三十七条：以对话方式作出的意思表示，相对人知道其内容时生效。以非对话方式作出的意思表示，到达相对人时生效。以非对话方式作出的采用数据电文形式的意思表示，相对人指定特定系统接收数据电文的，该数据电文进入该特定系统时生效；未指定特定系统的，相对人知道或者应当知道该数据电文进入其系统时生效。当事人对采用数据电文形式的意思表示的生效时间另有约定的，按照其约定。

元。贷款到期后东达公司将全部本金归还天资公司,但天资公司未将该笔款项归还九鼎公司,九鼎公司提起本案诉讼。同时天资公司对九鼎公司享有的829万余元的债权。天资公司于诉讼前向九鼎公司发送抵销通知,后又在本案诉讼中提出抵销的抗辩,故九鼎公司主张天资公司放弃就该800余万元行使抵销权。最高人民法院认为抵销的意思表示可以以通知、提出抗辩或者反诉的方式行使。天资公司于诉前向九鼎公司发送了抵销通知,后又在本诉中提出抵销的抗辩,尽管在诉讼过程中天资公司就该800余万元债权提出反诉后又撤诉,但在其并未明示撤回抵销意思表示的情况下,认定其已经行使了抵销权。

(3)双方当事人达成合意

约定抵销名为"抵销",实属"合同"范畴,相关法律行为属于双方法律行为。在约定抵销中,当事人均不享有形成权性质的抵销权,而是通过协商完成抵销,因此此时抵销权的行使方式是以各方当事人达成合意的独立行为为准。

2. 抵销权的行使效力

(1)双方互负的债务在同等数额内消灭

如果双方债务数额不相等的,数额较大的债务仅获得部分清偿,剩余未被抵销的债务仍由该债务人负清偿义务。若债务为连带债务的,其他债务人在债务抵销范围内消灭债务。

(2)抵销未消灭全部债务的,剩余债权的诉讼时效中断

无论是法定抵销或是约定抵销,其实质上都是当事人积极行使己方债权的行为,因此在债权未被全部抵销的情形下,对剩余债权会产生诉讼时效中断的效果。

(3)自抵销通知到达被动债权人时,双方债权消灭

① 约定抵销的效力于当事人意思达成一致时发生,除当事人另有约定外,债权自约定抵销合同生效时消灭,也即约定抵销通常没有溯及力。

② 法定抵销的溯及力问题。抵销不具有溯及力。虽然对于抵销期待确实应当给予适当保护,但是并非任何情境下的抵销期待都值得保护。《九民纪要》第四十三条观点认为抵销生效后其效力应追溯至抵销条件成就之时。该观点继受德国民法,但如果仅仅信赖抵销的可能性,却并未及时采取行动,这种信赖即难谓合理,并不值得保护。抵销溯及力不仅有违法律行为不溯及既往的原则,导致抵销所清偿债权范围的变化,抵销条件成就后所产生的迟延利息将无法主张,剥夺了一方的正当权益。同时抵销溯及力与实际清偿、诉讼时效以及不当得利等领域的相关规则不能融洽衔接,会产生体系

负面效应,在功能上缺乏正当性。

本次《合同编通则司法解释》第五十五条也正式明确了这一观点。据此应当认为债务抵销是面向未来而生效的,这同时意味着抵销通知生效后,(1)债务履行期届至抵销通知生效时,债务人仍然要承担违约责任;(2)抵销通知生效时,债权利息及违约金停止计算;(3)抵销通知生效后产生的利息及违约金不予计算,如若支付则可依据不当得利请求返还。

(三)债务抵销的顺序

抵销参照适用抵充规则,《九民纪要》第四十三条规定,双方互负的债务数额,是截至抵销条件成就之时各自负有的包括主债务、利息、违约金、赔偿金等在内的全部债务数额。行使抵销权一方享有的债权不足以抵销全部债务数额,当事人对抵销顺序又没有特别约定的,应当根据实现债权的费用、利息、主债务的顺序进行抵销。

同时本次出台的《合同编通则司法解释》第五十六条同样明确当事人因抵销顺序发生争议的,法院应参照《民法典》第五百六十条、第五百六十一条规定适用。故债务抵销的情形下,当事人对抵销顺序产生争议的,应依照法定抵充顺序规则进行确定。因此下文将对债务抵充的相关立法规定展开介绍。

1. 债务清偿抵充的概念

债务人对于同一债权人负担数项同种类债务,或负担同一项债务而约定数次给付时,如果债务人的给付不足以清偿其全额债务,约定、指定给付抵充某项债务的制度。①

清偿抵充是归属于债务清偿情形下的一种特殊情形。清偿作为一种消灭债权债务关系的给付行为,强调依照债所设立的原本目的而为给付。而在债务人所能提供的给付不足以全面履行其所负担的债务时,就产生了债务履行抵充的问题。大陆法系国家如德国、法国、日本等均对债的清偿抵充作出了相关规定,此前,我国民事立法并未明确规定该制度,而是由司法解释②对此问题进行了明确,在《民法典》立法过程中将此项制度进行了正式立法,在本次《合同编通则司法解释》中又再次对其进行了完善。

2.《民法典》中规定清偿抵充的类型

(1)约定抵充:当事人间在给付不足时就抵充顺序协商一致、达成合意

---

① 史尚宽:《债法总论》,荣泰印书馆1978年版,第752页。该定义亦为《中华人民共和国民法典合同编理解与适用(一)》中所采用。

② 《合同法司法解释(二)》第二十条,现已失效。

的情形。该合意是当事人意思自治的体现,应为诺成及不要式①的。合意达成的时间在债务履行前后均可,其意思表示形式亦无限制(明示或默示、书面或口头均可)。该合意一经达成对当事人双方具有约束力,但对其他有利害关系的第三人不产生必然的对抗效力。例如浙江省浦江县人民法院(2021)浙0726民初82号买卖合同纠纷案中,2020年8月,郑某多次向富旺公司购买口罩,验货后富旺公司将口罩运送至唐某华处。三方于2020年8月11日曾对之前已发货的口罩款进行结算确认。之后郑某与富旺公司继续发生口罩买卖往来。后郑某与富旺口罩厂进行了第二次结算,载明尚有738311元未支付。法院认为债务人的给付不足以清偿其对同一债权人所负的数笔相同种类的全部债务时的抵充顺序,但是,债权人与债务人对清偿的债务有约定的除外。因此,双方于2020年8月27日的结算单中明确约定的150000元系抵充红旗口罩货款,不能再适用法定抵充顺序,应适用约定抵充规则。

(2)指定抵充:当事人间若未就债务抵充顺序作出约定,由债务人在清偿时指定其所履行的债务。不同于约定抵充的效力源于当事人之间的合意,指定抵充是由债务人作出的单方意思表示,其作出时间为债务人为债务给付之时。例如江苏盐城市人民法院(2013)盐商初字第0152号企业借贷纠纷案中,陈某向悦达公司借款人民币1100万元,嘉丰公司、卫某共同作为陈某的还款保证人,承担连带保证责任。借款到期后,因陈某未能按时还本付息。嘉丰公司、卫某同意为陈某代为归还。同时悦达公司保留继续要求陈某承担还款责任的权利。卫某将其持有嘉丰公司股权无偿过户至悦达公司名下,期间,嘉丰公司销售房款优先用于归还悦达公司的借款本息。后悦达公司陆续向嘉丰公司出借款项近2000万元,嘉丰公司回笼房款偿还悦达公司款项后的嘉丰公司欠款数额为近1200万元。综上,嘉丰公司与悦达公司之间有两笔债务,即嘉丰公司为陈某向悦达公司借款提供担保的债务和嘉丰公司自身为经营需要向悦达公司借款的债务。对于上述款项的偿还顺序,法院认为,各方当事人签订的借款协议及还款协议系真实意思表示,且不违反法律、行政法规的强制性规定,应为有效。各方均应按约履行。两笔债务中嘉丰公司有权选择优先归还自身债务。且在两笔借款发生时,嘉丰公司均作出了优先用房款归还借款的意思表示。而陈某的借款有担保人卫某承担保证责任,而嘉丰公司的借款则缺乏担保,优先清偿亦符合清偿抵充的相应规则。

---

① 王利明主编:《中国民法典释评合同编·通则》中国人民大学出版社2020年版,第634页。

（3）法定抵充:在不存在约定及指定抵充的情况下,直接依照法律及相关司法解释顺序进行的抵充。不同于指定抵充,法定抵充更侧重于保护债权人权益。《民法典》第五百六十条、第五百六十一条对法定抵充的顺序作出了详细规定,下文中将对该顺序进行展开。

3. 债务清偿抵充的构成要件

（1）债务人对同一债权人负有数项待履行债务

① 债权人同一:若存在多个债务对应不同债权人的情形下,则应由债务人分别作出清偿,无须进行抵充。

② 存在数项待履行之债:数项债务的发生时间先后无要求,但在抵充时债务应届履行期。

③ 数项债务的例外:分期履行之债,虽各分期履行之债属于同一债务,但当事人所为之给付不足以清偿全部债务时,亦可适用抵充规则。①

（2）数项待履行债务给付标的种类相同

若债务给付标的种类不同,则应依据各不同种类而分别进行给付。这里的标的种类不限于金钱,还可包括其他种类物(如书本)等。

（3）债务人的给付不足以清偿全部待履行债务

只有债务人所为给付不能清偿全部债务时,才发生债务抵充,以确定债务履行顺序。

4. 债务抵充的顺序

（1）抵充顺序的适用原则

约定抵充优先,有约定从约定;指定抵充其次,无约定看指定;法定抵充最后,无约无指依法定。

（2）法定抵充的抵充顺序

① 存在数个种类相同的待履行债务时的抵充顺序。首先,数项债务履行期不同的,优先抵充已届履行期的债务。对于未届期的债务,债务人享有期限利益。故将其给付优先抵充已届期的债务既尊重双方当事人就债务内容的意思自治,又维护了双方当事人的合法权益。例如成都市中级人民法院(2020)川 01 民终 10955 号房屋租赁合同纠纷案中,李某秋将自有住房出租给刘某强,约定租期为 2011 年 4 月 6 日至 2012 年 4 月 5 日,月租金按季度支付至李某秋前儿媳廖某银行账户。租赁期满后刘某强一直居住在案涉房屋至 2017 年 10 月,李某秋对此无异议。后李某秋于 2019 年 8 月发现刘某强实际已支付租金为 64800 元,少支付了 2013—2017 年间七个季度租金。

---

① 最高人民法院研究室:《中华人民共和国民法典合同编理解与适用(一)》,人民法院出版社 2021 年版,第 621 页。

李某秋于2019年11月起诉至法院,刘某强承认其租用案涉房屋及存在租赁关系的事实,但辩称案涉前六季度的租金已过诉讼时效。法院认为,在双方均未明确刘某强所欠付租金为特定某季度的费用时,李某秋在诉状中列明的租期并非对未支付具体租期的确认而仅是对刘某强未履行支付义务的情况统计。故刘某强已付租金应当优先抵充租期在先的到期租金债务,最终认定刘某强已付租金至2016年8月14日。

但对于抵充的已届期之债,需要注意的是,此处应当优先抵充未过诉讼时效的债权,除非有债务人明确意思表示的,不宜直接推定债务人放弃了时效抗辩。此点在后文涉及《合同编通则司法解释》第五十八条的相关规定时有详细论述,此处先行提请读者注意。

② 其次,数项债务均已届履行期的履行顺序。第一,优先履行无担保或担保最少的债务。相比缺乏担保或担保少的债务,担保充足的债务(包括物保、人保、金钱保)在履行上更具现实性。因此从保护债权人利益的角度出发,为了保证债权人在现有条件下获得最大限度的清偿,立法选择优先抵充缺乏担保或担保最少的债务。例如浙江省衢州市中级人民法院(2018)浙08民终1082号抵押合同纠纷一案。2017年1月24日,蓝科公司向常山农村信用社贷款450万元,宏兴公司提供房产抵押,蓝科公司按贷款金额支付年利率1%报酬给宏兴公司。万厦公司及何克胜作为贷款担保人为贷款本金、利息及蓝科公司应支付的报酬提供连带保证。后蓝科公司未按约定偿还贷款,并于贷款延期后实际按年利率10%支付给宏兴公司报酬。该报酬的变更未经万厦公司及何克胜的同意或事后追认。后常山农村信用社因贷款未按期偿还提起诉讼。本案中法院认为由于宏兴公司与蓝科公司协议变更了利息报酬为年利率10%,提高的部分为新的债务。但由于该内容未经保证人追认,故年利率提高部分的债务缺乏担保,因此认定蓝科公司的给付优先抵充缺乏担保的9%年利率利息报酬。

在实践中,无担保的情形容易判别,但"担保最少"的认定就相对复杂。通常的判断标准是选择对债权人而言担保利益最少的债权进行抵充,在判断过程中应当综合考量担保金额覆盖债务的比例、担保的类型及变现能力;在人保的情形下应当考虑保证人的履行能力、金融信用等情况。

第二,债务担保状况相同的,优先履行债务人负担重的债务。不同于优先履行缺乏担保或担保最少的债务是为了更好地保护债权人的利益,优先履行债务人负担重的债务是从债务人的角度进行的制度设计。但是对于负担轻重的判断同样较为复杂,通常来说利率及违约金高的债务负担重,利率及违约金低的债务负担轻;单独债务负担重,连带债务负担轻;可强制执行的债务负担重,不可强制执行的债务负担轻。还有一些观点认为可以把债务关系以外的负担纳入考虑范围,例如会否因不履行债务导致行政乃至刑事处罚①。总之在多数情况下抵充哪项债务对债务人获益更大都需要综合判断,但其核心思路都是判断在何种情况下债务人可以付出更少的给付(或代价)从而终止更多的债权债务关系。

第三,债务负担相同的,优先履行先到期的债务。此项抵充规则亦是为了保护债权人的利益。从诉讼时效的角度考虑,先届期的债权诉讼时效亦会较早届满,对此类债权尽早抵充,有助于保护债权人的债权获得清偿。

第四,债务负担及履行期相同的,按债务比例履行。若债务的负担及履行期均相同,则各项债务之间在民法上履行先后顺序无明显法益差别,故依据各项债务数额的比例进行清偿即可。例如北京市高级人民法院(2017)京民终305号执行异议之诉案中,2006年甲方万恒永泰公司与乙方五里店公司签订《还建购房协议》,约定甲方将部分营业用房还建给乙方。协议签订后,五里店公司向万恒永泰公司支付了834万元。2009年4月,万恒永泰公司向五里店公司交付了案涉房屋,后万恒永泰公司将案涉房屋抵押。因另案纠纷北京市第二中级人民法院于2015年查封了案涉房屋,五里店公司提出执行异议,中止了对案涉房屋的执行。另案中的债权人则诉请继续执行案涉房屋。万恒永泰公司、五里店公司于一审判决作出后签订的《补充协议》,约定五里店公司应支付的剩余价款与万恒永泰公司的违约赔偿金予以折抵。五里店公司依据该《补充协议》主张《还建购房协议》约定的剩余房款其已通过抵销行为结清。法院认为,根据已查明的事实,五里店公司支付万恒永泰公司834万元款项的构成为购房款604万元、手续费230万元。依据《还建购房协议》的约定,五里店公司向万恒永泰公司购买的三套房屋总房款为690余万元,其中涉讼房屋购房款为260余万元。五里店公司已支付万恒永泰公司的购房款604万元不足以清偿其全部购房款。根据相关民法理论,并依照《合同法司法解释(二)》第二十条的规定,本案中五里店公司未与万恒永泰公司约定清偿抵充顺序,且五里店公司在支付604万元时未指定清偿抵充的顺序,故应依照法定抵充顺序抵充债务。鉴于五里店公司所负三套房屋购房款的债务在是否到期、有无担保、负担程度、到期先后顺序上不存在差别,故五里店公司已支付的604万元款项应在三套房屋购房款金额范围内应按比例抵充,其已经支付的834万元不应认定为优先抵充了其所欠万恒永泰公司涉讼房屋全部购房款的债务。

---

① 黄文煌:《清偿抵充探微 法释〔2009〕5号第20条和第21条评析》,载《中外法学》2015年第4期。

③ 除履行主债务之外,债务人还须支付利息、实现债权有关费用时的抵充顺序。本情形在上述第一种抵充针对数项同种类债务的基础上进行了清偿抵充适用范围的扩展。将债务人清偿抵充的适用范围拓展至主债权本金产生的利息、实现债权有关费用。在论及具体的法定抵充顺序前,必须事先确定当时人间不存在约定抵充。因为与主债权抵充相同的是,约定抵充同样可适用于利息、实现债权有关费用的清偿。但是不同的是此处不适用指定抵充,若债务人在此种情形下指定抵充其顺序不同于《民法典》第五百六十一条的规定,该指定不发生效力①。

故而,法定抵充的具体顺序如下:首先,优先抵充实现债权的有关费用。此项费用通常包括诉讼费用、财产保管维护费用、鉴定费用、执行费用(如拍卖费)等为了实现债权而额外支出的必要费用。其次,抵充利息。利息是当事人间约定的,属于债权人的预期可得利益。在借贷关系中,利息更往往是债权人订立合同的目的所在,故应予以维护。但是在此处需注意,约定利息不得超过法定上限。同时主张违约金及利息的,其总额超过合同成立时一年期贷款市场报价利率四倍的部分法院不予支持。最后,抵充主债务。此处需要注意的是当存在数项种类相同的债务时,除非双方当事人就清偿顺序达成一致的外,其余情形下应当优先抵充各项债务的实现费用、违约金及损害赔偿金、利息,再依据《民法典》第五百六十条的相关规定,结合当事人的约定、指定或依照法定顺序对主债务进行抵充②。

例如,内蒙古自治区察哈尔右翼后旗人民法院(2016)内 0928 民初 836 号民间借贷纠纷案件③中,债务人王旭辉多次向债权人杨鹏飞借款均未提供担保,其中两笔借款中约定利息还款期限,其他债务均未对此进行约定,而后债务人分多次向债权人偿还部分借款,却不足以清偿所有债务。法院认为:首先,债务人向债权人所负多笔债务均是金钱之债,且债务人的清偿金额不足以清偿全部债务,故应当按照债权债务的清偿抵充顺序清偿。其次,债务人对多笔债务均未提供担保,且债务人与债权人约定了利息,而优先偿还利息不会加重债务人的负担。因此,债务人的清偿顺序应当先抵充利息后按照债务的到期顺序进行抵充。

再如,最高人民法院(2017)最高法民终 204 号金融借款合同案中,攀商

① 最高人民法院研究室:《中华人民共和国民法典合同编解与适用(一)》,人民法院出版社 2021 年版,第 625、627 页。

② 最高人民法院研究室:《中华人民共和国民法典合同编解与适用(一)》,人民法院出版社 2021 年版,第 629 页。

③ 最高人民法院《人民司法·案例》2018 年第 17 期总第 820 期收录案例。

行西城支行按照合同约定向兴华房产公司发放了贷款,但兴华逾期还款。李兴华、周德芬、李文静作为涉案债务的连带保证人承担连带保证责任。诉讼中李兴华主张有共计153余万元系偿还借款本金。但关于153万元是偿还的借款本金还是利息的问题,法院认为由于借款合同中未约定还款抵充顺序,而争议款项的《还款凭证》中也只记载为"还款",没有备注是偿还的借款本金还是利息,故依照《合同法司法解释(二)》第二十一条规定,应当抵充利息而非借款本金。李兴华主张争议的四笔款项系偿还的借款本金,缺乏事实和法律依据不予支持。

(四)禁止抵销的情形

1. 依据法律规定不得抵销的情形

《合同编通则司法解释》第五十七条规定因侵害自然人人身权益,或者故意、重大过失侵害他人财产权益产生的损害赔偿债务不得抵销。法律之所以设立强制性规定限制部分情形下抵销制度的适用,主要是为了更好地维护社会公平和交易秩序。除本次司法解释中第五十七条的规定外,目前我国现行法律中对于禁止抵销债务的规定大致有如下几种情形:破产法中规定了破产程序中对债权人抵销权的限制、债务人股东出资不足所负之债限制抵销及股东滥用股东权利造成的债务不得抵销;信托法中也规定了信托固有财产和基金财产运营所生债权不得抵销;农村土地承包经营中发包方不得就其所擅自扣留的土地承包经营收益向承包方主张抵销等。

2. 当事人约定不得抵销的情形

此项是在《民法典》立法中对《合同法司法解释(二)》内容的吸收。《合同法司法解释(二)》第二十三条规定,对于依照《合同法》第九十九条的规定可以抵销的到期债权,当事人约定不得抵销的,人民法院可以认定该约定有效。该条规定是体现了民法对当事人意思自治的尊重,但是在具体司法实践中对于禁止抵销协议的认定标准还有待进一步明确。

实践中,有法院认为禁止抵销的约定应为明示,例如江苏省南通市中级人民法院(2014)通中商终字第0595号定作合同纠纷一案,争源公司委托九鼎公司加工制作贮罐共计6台,费用为279200元,由于争源公司拖欠货款,故引起诉讼。争源公司主张其与九鼎公司素有业务往来,且其明确向九鼎公司表示过本次诉讼所涉及的款项应在往来款项中予以抵销,而九鼎公司则认为其对争源公司的债务与本案无关。对此法院认为《合同法司法解释(二)》第二十三条规定,对于依照《合同法》第九十九条的规定可以抵销的到期债权,当事人约定不得抵销的,人民法院可以认定该约定有效。其中所称"约定"应为明示行为,由于双方当事人并未明确达成不得抵销的合意,所以可以进行法定抵销。

再如，江苏省扬州市中级人民法院（2019）苏 10 民终 1386 号债权人代位权纠纷案中，屠有怀将黄梨木交付给其的一张 300 万元的银行本票背书转让给田明德用于铁粉生意。田明德承诺若生意无法开展则将原款额退回。后生意未顺利开展，屠有怀有权要求田明德返还 300 万元。由于屠有怀怠于行使到期债权，黄梨木为维护自身权益提起代位权诉讼，诉讼中田明德主张将 300 万元抵销其对屠有怀享有的到期债权。法院认为，案涉 300 万元款项在黄梨木、屠有怀及田明德三方之间形成债权债务关系，款项明确约定专款专用，是当事人的真实意思表示，符合当事人约定排除抵销互负到期债务的情形。故田明德所主张抵销不予支持。

3. 已过诉讼时效债务抵销的情形

首先，已过诉讼时效的债权可以作为被动债权抵销，此时可认为自然债权的债务人放弃了时效利益。应当指出的是，是否已过诉讼时效的判断时点，应以主动债权人主张抵销之时为准。

其次，本次司法解释第五十八条规定，主动债权已过诉讼时效期间的主张抵销的，不得对抗被动债权的时效抗辩。由于抵销是单方法律行为，主张抵销一方只要为抵销的意思表示，就发生抵销的法律效力，故对被抵销的一方而言，抵销具有强制性。若法律允许一方用自然债权抵销对方的债权，则将产生强制履行自然债务的结果，会损害被动债权人的时效利益，从而导致法律体系内部发生冲突。

需要强调的是，抵销溯及力、抵销期待保护以及抵销制度的功能等均无法正当化已过诉讼时效的债权可以作为主动债权抵销的结论。一方面"抵销溯及力违反法律行为不溯及既往的原则，损害交易安全，与实际清偿、诉讼时效以及不当得利规则不能融洽衔接，容易导致负面体系效应"[①]；另一方面在抵销适状时主动债权人虽存在抵销期待，但应当在能够主张抵销时及早行使权利，以及时消除法律关系之不确定性，而不是消极懈怠造成债权诉讼时效经过，最后期待借助抵销的方式来强制实现已经诉讼过时效之债权，使得被动债权人遭受不利。综上，已过诉讼时效债权作为主动债权时，不得对抗时效抗辩。

最后，若已过诉讼时效的主动债权人所享有的债权，是受让所得的自然债务时，该债权的抵销权不得对抗时效抗辩。这样的规定也是回归了诉讼时效制度的保障，以保护主动债权债务人的合理预期，即对超过时效的债权

---

① 张保华：《抵销溯及力质疑》，载《环球法律评论》2019 年第 2 期。

不具备强制清偿的效力。这是事实上也是诉讼时效目的的初衷,否则对于所有超过诉讼时效的自然债权都可能通过债权让与的方式获得足额清偿,在经济活动中,尤其在商事领域,会彻底动摇民法关于自然债权的相关理论。

4. 依债务性质不宜抵销的情形

《合同编通则司法解释》(征求意见稿)中的第六十条规定了根据债务性质不得抵销的情形,虽目前在正式稿中该条被删去,但在实践当中亦会存在相关问题,故本文也将此情形纳入讨论范围。

依债务性质不得抵销的债务在实务中通常包括:劳务之债(劳务有特定的人身属性,故不得抵销)、依法应付的抚恤金债务、支付保障债权人基本生活的债务(如基本养老保险金、失业保险金、最低生活保障金等)、故意或重大过失造成人身或财产损害而产生的损害赔偿债务(维护社会公序良俗)。而司法解释中所概述的"其他根据债务性质不得抵销的债务"中最为常见或说典型的就是不作为债务。不作为债务本身的给付内容就是要求债务人不为特定行为,一旦抵销就无法实现债权债务关系设立的目的。

三、参考案例

1. 抵销中互负债务金额应当明确,且当事人双方应当就抵销债务的性质达成一致意见,否则应当告知当事人另行起诉——四川省成都市金牛区人民法院(2021)川 0106 民初 7539 号杨某奎诉杨某、曹某芬民间借贷纠纷案

裁判要旨:适用抵销的前提是,互负债务金额应当明确确定,且当事人双方应当就抵销债务的性质达成一致意见,否则不宜在同一案件中就当事人互负的债务直接进行抵销,应当告知当事人另行起诉。

基本案情:2013 年 1 月 30 日,曹某芬、杨某(系夫妻)共同向原告出具《借条》,载明"今借到杨某奎现金 96000 元,此借条与房屋抵押借款合同是同一笔款项"。同日原告与二被告签订《房屋抵押借款合同》,载明原告出借 96000 元,被告以金牛区沙河源街三层房屋作为借款抵押,借款期限为 1 年但未办理抵押登记。二被告抗辩称原告实际只交付了 6 万元,3.6 万元未实际交付。

原告出示了时间分别为 2020 年 7 月 25 日、2021 年 2 月 23 日、2021 年 3 月 1 日的三份通话录音,认为以上通话录音表明双方口头约定了借款利息为每月 5% ,二被告不认可该利息。

2013 年至今原告一直租住在被告曹某芬的房屋内,每年房租为 16000

元,双方均认可原告支付了截至 2013 年 8 月的房租。原告称为了给二被告筹款,原告向案外人黎守超借款 6 万元,后来二被告与原告协商由原告将每年的房租支付给黎守超冲抵部分借款利息,从 2013 年 9 月起至今的房租原告已经支付给了案外人黎守超。二被告抗辩称 2013 年 9 月至今 8 年房租已冲抵全部借款本金。

争议焦点:当事人均主张债务抵销但对抵销债务的性质无法达成一致意见且互负的债务均不确定的情况下能否直接进行抵销。

抵销的本质在于双方互负债务时,各以其债权充当债务之清偿,而使其债务与对方的债务在对等额内相互消灭,分为法定抵销和合意抵销两种。《民法典》只要求主动债权(主张抵销一方的债权为主动债权,被抵销一方的债权为被动债权)已届清偿期即可。本案中,截至起诉之日,双方之间的房屋租赁合同关系仍然存续,且无法确定将要存续时间的具体时间,导致被告对原告享有的房屋租金债权无法确定,虽然原告对被告享有的借款债权已届清偿期,原告主动提出抵销诉请,被告亦提出抵销抗辩,但是由主动债权何时届满至清偿期无法确定,不能满足法定抵销的条件,无法直接进行抵销。

若适用约定抵销,需要互负债务的当事人对各种关键事实达成一致,如果当事人双方仅仅存在抵销的合意,但是对抵销的具体事实无法形成一致意见的,仍不能适用约定抵销规则。从本案中,原被告对是否存在借款利息存在争议,虽然均有以房屋租金冲抵借款的意思表示,但原、被告双方对于房租用于抵偿借款本金还是利息以及抵扣的具体金额等关键事实未能达成一致,不能认定房租就是抵扣了原告所称的月息 5% 以内的部分利息。

2. 在债务人对债务进行部分清偿时,当事人间就债务清偿抵充顺序未予约定且产生争议时,则依照法定顺序进行抵充——最高人民法院(2019)最高法民终 1733 号高银地产(天津)有限公司、天津海泰控股集团有限公司合同纠纷案

裁判要旨:双方对部分清偿的性质并未明确约定产生争议的,应适用《民法典》第五百六十一条规定:"债务人在履行主债务外还应当支付利息和实现债权的有关费用,其给付不足以清偿全部债务的,除当事人另有约定外,应当按照下列顺序履行:(一)实现债权的有关费用;(二)利息;(三)主债务。"

基本案情:天津高银公司作为债务人对债权人海泰集团公司负有 2.7 亿元的债务,高银控股公司及广东高银公司作为保证人对债务人所负之债本息范围承担连带保证责任。天津高银公司后债依约先行偿付 600 万元至海

泰集团公司,但就后续 2.64 亿元款项支付产生纠纷。海泰集团公司提起另案诉讼,诉讼期间债权人、债务人及保证人间达成和解协议,其中约定有由债务人天津高银公司向海泰集团公司支付 200 万元人民币诚意金及因本案产生的诉讼费等各项费用 1506675 元后,海泰集团公司撤诉。后天津高银公司如约支付该两笔款项,但协议中其他内容未予履行,故引起本案诉讼。

争议焦点:天津高银公司于 2017 年 5 月 26 日向海泰集团公司支付的 200 万元诚意金应抵充本金还是利息。

案涉《补充协议》《和解协议》系各方当事人真实意思表示,结合当事人间达成的《和解协议》内容看,双方对 200 万元诚意金的性质并未约定明确,故双方当事人对诚意金应抵充本金还是利息产生争议。《合同法司法解释(二)》第二十一条①规定:"债务人除主债务之外还应当支付利息和费用,当其给付不足以清偿全部债务时,并且当事人没有约定的,人民法院应当按照下列顺序抵充:(一)实现债权的有关费用;(二)利息;(三)主债务。"海泰集团公司主张将 200 万元诚意金先行抵充利息符合上述司法解释的规定,故予以支持。

3. 据以行使抵销权的债权不足以抵销其全部债务,应当按照实现债权的有关费用、利息、主债务的顺序进行抵销——最高人民法院发布《关于适用〈中华人民共和国民法典〉合同编通则若干问题的解释》相关典型案例之案例八

裁判要旨:据以行使抵销权的债权不足以抵销其全部债务,应当按照实现债权的有关费用、利息、主债务的顺序进行抵销。

基本案情:2012 年 6 月 7 日,某实业发展公司与某棉纺织品公司签订《委托协议》,约定某实业发展公司委托某棉纺织品公司通过某银行向案外人某商贸公司发放贷款 5000 万元。该笔委托贷款后展期至 2015 年 6 月 9 日。某商贸公司在贷款期间所支付的利息,均已通过某棉纺织品公司支付给某实业发展公司。2015 年 6 月 2 日,某商贸公司将 5000 万元本金归还某棉纺织品公司,但某棉纺织品公司未将该笔款项返还给某实业发展公司,形成本案诉讼。另,截至 2015 年 12 月 31 日,某实业发展公司欠某棉纺织品公司 8296517.52 元。某棉纺织品公司于 2017 年 7 月 20 日向某实业发展公司送达《债务抵销通知书》,提出以其对某实业发展公司享有的 8296517.52 元债权抵销案涉 5000 万元本金债务。某实业发展公司以某棉纺织品公司未及时归还所欠款项为由诉至法院,要求某棉纺织品公司归还本息。在本案一

---

① 现应适用《民法典》第五百六十一条。

审期间,某棉纺织品公司又以抗辩的形式就该笔债权向一审法院提出抵销,并提起反诉,后主动撤回反诉。

争议焦点:当主动债权一方当事人行使抵销权的债权不足以抵销被动债权的全部债务时,应当适用何种顺序进行抵销。

根据《合同编通则司法解释》第五十六条第二款之规定:行使抵销权的一方享有的债权不足以抵销其负担的包括主债务、利息、实现债权的有关费用在内的全部债务,当事人因抵销的顺序发生争议的,人民法院可以参照《民法典》第五百六十一条的规定处理。即除当事人另有约定以外,应当按照首先实现债权的相关费用—利息—主债务的顺序进行抵销清偿。

4. 抵销权的行使不得损害第三人的合法权益——最高人民法院(2019)最高法民终 218 号黄明与陈琪玲、陈泽峰、福建省丰泉环保集团有限公司民间借贷纠纷案(最高人民法院公报 2022 年第 06 期)

裁判要旨:抵销权的行使不得损害第三人的合法权益。当债权人同时为多个执行案件的被执行人且无实际财产可供清偿他人债务时,债务人以受让申请执行人对债权人享有的执行债权,主张抵销债权人债权的,人民法院应对主动债权的取得情况进行审查,防止主动债权变相获得优先受偿,进而损害其他债权人的利益。债务人受让的执行债权仍应当在债权人作为被执行人的执行案件中以参与分配的方式实现,以遏制恶意抵销和维护债权公平受偿的私法秩序。

基本案情:截至 2013 年 6 月 23 日陈琪玲累计结欠黄明借款 3500 万元,丰泉公司、陈泽峰作为担保人提供连带保证责任。后还款期限延至 2015 年 3 月 23 日,同日陈泽峰、丰泉公司确认为陈琪玲的上述借款"担保至还款结清本息为止"。2018 年 1 月 22 日,陈泽峰与黄明约定:至 2017 年 12 月 31 日,陈泽峰欠黄明本息按人民币 4000 万元结算并约定了付款方式、时间及违约金。但陈泽峰在约定还款日期的最后一日要求黄明提供收款账号却一直未履行还款义务。

黄明夫妇与案外人吴永忠的另案借贷纠纷中,法院判令黄明夫妇返还吴永忠 4100 万元本金及相应利息。但由于黄明夫妻涉及多起诉讼且无可供执行财产被列入失信被执行人名单。2018 年 5 月 22 日,吴永忠将其对黄明享有的 4100 万元债权本金及利息转让给陈琪玲,并于同日向黄明夫妇发送《债权转让通知书》,5 月 25 日通知书到达黄明夫妇。陈琪玲于 2018 年 8 月 21 日主张以其受让的债权抵销其对黄明的债务。

争议焦点:陈琪玲受让案外人吴永忠的债权能否抵销其对黄明的债务。

首先,人民法院应当审查当事人提出的抵销抗辩,确定抗辩是否成立。

不能以黄明与案外人吴永忠之间的债权债务关系与本案不属于同一法律关系、且黄明不同意抵销为由,对抵销抗辩不予审查。其次,抵销权的行使不应损害第三人的合法权益。虽我国目前未就自然人破产进行统一立法,但与企业破产法中为防止债务人资不抵债时,其债务人通过新取得债权来主张抵销而损害其他债权人利益有对主动债权的限制同理,当自然人不能清偿到期债务的情况时,应当防止损害其他债权人的合法权益。黄明是多起案件的被执行人,且均未得到清偿,若准予陈琪玲抵销债务,将导致黄明财产减损并损害其他债权人的合法利益。再次,诉讼中抵销权的行使不应与执行程序中公平分配原则相冲突。当诉讼中抵销权行使与执行中参与分配相关联时,抵销权应受到一定限制。若准予陈琪玲以受让的债权而为抵销,则受让自吴永忠的债权获得了事实上的优先受偿,与执行程序参与分配制度的公平分配原相冲突。最后,人民法院在判断是否支持抵销权行使时应依据诚实信用原则。法院应对抵销中主动债权的取得情况进行审查,以保护第三人的合法权益。本案中,在陈琪玲明知黄明因缺乏可供执行财产被列入失信名单,仍在本案一审后受让债权并主张抵销,违反诚实信用原则。但若陈琪玲能够举证证明黄明仍存在其他可供执行财产而不会损害其他案外债权人利益的,法院仍可支持其抵销抗辩。

5. 法定抵销权的形成须双方债务均已至履行期,且债务各自从履行期届至诉讼时效期间届满的时间段存在重合——最高人民法院(2018)最高法民再 51 号厦门源昌房地产开发有限公司与海南悦信集团有限公司委托合同纠纷案(最高人民法院公报 2019 年第 04 期)

裁判要旨:双方债务均已到期属于法定抵销权形成的积极条件之一。该条件不仅意味着双方债务均已届至履行期,同时还要求双方债务各自从履行期届至诉讼时效期间届满的时间段,应当存在重合的部分,双方债权均处于没有时效等抗辩的可履行状态。审查抵销权形成时,应关注主动债权的诉讼时效:即主动债权的诉讼时效届满之前,被动债权进入履行期。

基本案情:源昌公司通过侯昌财、源昌城建公司、明发公司等账户汇款合计 1905 万元给悦信公司,连同源昌公司支付悦信公司的其他款项,合计共支付 2000 万元,悦信公司后来补签《承诺函》确认:陆续收到了源昌公司关于"源昌山庄"项目的委托费用 2000 万元。且源昌公司与悦信公司在另一投资合作中,悦信公司合计向源昌公司账户汇入投资款 2000 万元。

2014 年源昌公司向悦信公司发函,要求其对悦信公司享有的 2000 万元债权与悦信公司对其享有的 2000 万元款项相互抵销,悦信公司否认收到该函。因悦信公司未偿还相关款项,源昌公司于 2015 年 4 月 22 日向厦门市中级人民法院提起本案诉讼,后由于悦信公司提出管辖权异议,本案移送至海口中院处理。

争议焦点:源昌公司能否主张与悦信公司债务抵销。虽然源昌公司对悦信公司享有的主动债权已超过诉讼时效,但对已经超过诉讼时效的主动债权是否能主张抵销,有赖于对以下问题的分析:一是源昌公司抵销权的形成,二是源昌公司抵销权的行使。

(一)关于源昌公司抵销权形成的问题。法定抵销权作为形成权,只要符合法律规定的条件即可产生。就权利形成的积极条件而言,法定抵销权要求双方互负债务之条件当作如下理解:首先,双方债务均已届至履行期即进入得为履行之状态。其次,双方债务各自从履行期届至,到诉讼时效期间届满的时间段,应当存在重合的部分,此时双方债权均处于没有时效抗辩的可履行状态。故在审查抵销权形成的积极条件时,当重点考察主动债权的诉讼时效,即主动债权的诉讼时效届满之前,被动债权进入履行期的,当认为满足双方债务均已到期之条件;反之则不得认定该条件已经成就。源昌公司对悦信公司 2000 万元债权于 2006 年 2 月 18 日履行期届至,到 2008 年 2 月 17 日诉讼时效期间届满的时间内,悦信公司对源昌公司的 2000 万元债权亦处于可履行之状态。故双方债务均已到期,综合其他条件认定,源昌公司抵销权成立。

(二)关于源昌公司抵销权行使的问题。当事人主张抵销的,应当通知对方。通知自到达对方时生效。抵销不得附条件或者附期限。故可认定,通知仅系法定抵销权的行使方式,抵销权成立后当事人是否及时行使抵销权通知对方,并不影响抵销权的成立。本案中,源昌公司行使抵销权之时虽已超出诉讼时效,但并不妨碍此前抵销权的成立。故而本案中双方互负的 2000 万元债务在(2012)闽民初字第 1 号案中源昌公司将债务抵销的举证证明目的告知悦信公司时即已抵销。本案中,悦信公司与源昌公司在 2005 年末几乎同时发生数额相同的金钱债务。2011 年悦信公司向福建高院提起(2012)闽民初字第 1 号公司盈余分配之诉后,源昌公司遂即在该案中提出债务抵销之主张,当属在合理期限内主张权利。此外,从实体公平的角度看若以源昌公司诉讼时效届满为由认定其不能行使抵销权,不仅违背抵销权的立法意旨,且有悖于民法之公平原则。综上,源昌公司在另案诉讼中行使抵销权并无不当,双方债权已经抵销。

第八章 违约责任

【违约方司法解除权、可得利益的赔偿、违约金及定金规则】

孙恒宇
李 琳

引言

本章主要涉及《合同编通则司法解释》第八章"违约责任"的相关规定。《民法典》合同编关于违约责任章节共有 18 条,分别涉及违约责任、预期违约责任、金钱债务继续履行、非金钱债务继续履行及违约责任、替代履行、瑕疵履行的补救、违约损害赔偿责任、损害赔偿范围、违约金、定金担保、定金罚则、违约金与定金竞合时的责任、拒绝受领和受领迟延、不可抗力、减损规则、双方违约和有过错、第三人原因造成违约时违约责任的承担、国际贸易合同诉讼时效和仲裁时效。《合同编通则司法解释》关于违约责任章节共有 10 条,分别涉及合同终止的时间、可得利益损失的计算、持续性定期合同中可得利益的赔偿、无法确定可得利益时的赔偿、违约损害赔偿数额的确定、请求调整违约金的方式和举证责任、违约金的司法酌减、违约金调整的释明与改判、定金规则、定金罚则的法律适用。

一、关联法规

《合同编通则司法解释》关于违约责任章节的关联法规主要涉及《民法典》合同编、《最高人民法院关于当前形势下审理民商事合同纠纷案件若干问题的指导意见》、《最高人民法院关于审理买卖合同纠纷案件适用法律问题的解释》(2020 年修正)、《最高人民法院关于印发〈全国法院民商事审判工作会议纪要〉的通知》等。

违约责任关联法规,具体如表 8 - 1。

表 8 - 1 违约责任关联法规

第八章 违约责任	
《合同编通则司法解释》	《民法典》及关联法规
第五十九条 当事人一方依据民法典第五百八十条第二款的规定请求终止合同权利义务关系的,人民法院一般应当以起诉状副本送达	《民法典》 第五百五十七条 有下列情形之一的,债权债务终止:

· 264 ·

第八章　违约责任	
《合同编通则司法解释》	《民法典》及关联法规
对方的时间作为合同权利义务关系终止的时间。根据案件的具体情况，以其他时间作为合同权利义务关系终止的时间更加符合公平原则和诚信原则的，人民法院可以以该时间作为合同权利义务关系终止的时间，但是应当在裁判文书中充分说明理由。	（一）债务已经履行； （二）债务相互抵销； （三）债务人依法将标的物提存； （四）债权人免除债务； （五）债权债务同归于一人； （六）法律规定或者当事人约定终止的其他情形。 合同解除的，该合同的权利义务关系终止。 **第五百六十三条**　有下列情形之一的，当事人可以解除合同： （一）因不可抗力致使不能实现合同目的； （二）在履行期限届满前，当事人一方明确表示或者以自己的行为表明不履行主要债务； （三）当事人一方迟延履行主要债务，经催告后在合理期限内仍未履行； （四）当事人一方迟延履行债务或者有其他违约行为致使不能实现合同目的； （五）法律规定的其他情形。 以持续履行的债务为内容的不定期合同，当事人可以随时解除合同，但是应当在合理期限之前通知对方。 **第五百八十条**　当事人一方不履行非金钱债务或者履行非金钱债务不符合约定的，对方可以请求履行，但是有下列情形之一的除外： （一）法律上或者事实上不能履行； （二）债务的标的不适于强制履行或者履行费用过高； （三）债权人在合理期限内未请求履行。 有前款规定的除外情形之一，致使不能实现合同目的的，人民法院或者仲裁机构可以根据当事人的请求终止合同权利义务关系，但是不影响违约责任的承担。 **《最高人民法院关于审理买卖合同纠纷案件适用法律问题的解释》** **第十九条**　出卖人没有履行或者不当履行从给付义务，使买受人不能实现合同目的，买受人主张解除合同的，人民法院应当根据民法典第五百六十三条第一款第四项的规定，予以支持。
第六十条　人民法院依据民法典第五百八十四条的规定确定合同履行后可以获得的利益时，可以在扣除非违约方订立、履行合同支出的费用等合理成本后，按照非违约方能够获得的生产利润、经营利润或者转售利润等计算。 　　非违约方依法行使合同解除权并实施了替	**《民法典》** 　　**第五百八十四条**　当事人一方不履行合同义务或者履行合同义务不符合约定，造成对方损失的，损失赔偿额应当相当于因违约所造成的损失，包括合同履行后可以获得的利益；但是，不得超过违约一方订立合同时预见到或者

第八章　违约责任	
《合同编通则司法解释》	《民法典》及关联法规
代交易,主张按照替代交易价格与合同价格的差额确定合同履行后可以获得的利益的,人民法院依法予以支持;替代交易价格明显偏离替代交易发生时当地的市场价格,违约方主张按照市场价格与合同价格的差额确定合同履行后可以获得的利益的,人民法院应予支持。 非违约方依法行使合同解除权但是未实施替代交易,主张按照违约行为发生后合理期间内合同履行地的市场价格与合同价格的差额确定合同履行后可以获得的利益的,人民法院应予支持。	应当预见到的因违约可能造成的损失。 **第五百九十一条**　当事人一方违约后,对方应当采取适当措施防止损失的扩大;没有采取适当措施致使损失扩大的,不得就扩大的损失请求赔偿。 当事人因防止损失扩大而支出的合理费用,由违约方负担。 **第五百九十二条**　当事人都违反合同的,应当各自承担相应的责任。 当事人一方违约造成对方损失,对方对损失的发生有过错的,可以减少相应的损失赔偿额。 **《最高人民法院关于审理买卖合同纠纷案件适用法律问题的解释》** **第二十二条**　买卖合同当事人一方违约造成对方损失,对方主张赔偿可得利益损失的,人民法院在确定违约责任范围时,应当根据当事人的主张,依据民法典第五百八十四条、第五百九十一条、第五百九十二条、本解释第二十三条等规定进行认定 **第二十三条**　买卖合同当事人一方因对方违约而获有利益,违约方主张从损失赔偿额中扣除该部分利益的,人民法院应予支持。 **《九民纪要》** 33. 合同不成立、无效或者被撤销后,在确定财产返还时,要充分考虑财产增值或者贬值的因素。双务合同不成立、无效或者被撤销后,双方因该合同取得财产的,应当相互返还。应予返还的股权、房屋等财产相对于合同约定价款出现增值或者贬值的,人民法院要综合考虑市场因素、受让人的经营或者添附等行为与财产增值或者贬值之间的关联性,在当事人之间合理分配或者分担,避免一方因合同不成立、无效或者被撤销而获益。在标的物已经灭失、转售他人或者其他无法返还的情况下,当事人主张返还原物的,人民法院不予支持,但其主张折价补偿的,人民法院依法予以支持。折价时,应当以当事人交易时约定的价款为基础,同时考虑当事人在标的物灭失或者转售时的获益情况综合确定补偿标准。标的物灭失时当事人获得的保险金或者其他赔偿金,转售时取得的对价,均属于当事人因标的物而获得的利益。对获益高于或者低于价款的部分,也应当在当事人之间合理分配或者分担。 34. 双务合同不成立、无效或者被撤销时,标的物返还与价款返还互为对待给付,双方应

续表

第八章　违约责任	
《合同编通则司法解释》	《民法典》及关联法规
	当同时返还。关于应否支付利息问题,只要一方对标的物有使用情形的,一般应当支付使用费,该费用可与占有价款一方应当支付的资金占用费相互抵销,故在一方返还原物前,另一方仅须支付本金,而无须支付利息。 35. 合同不成立、无效或者被撤销时,仅返还财产或者折价补偿不足以弥补损失,一方还可以向有过错的另一方请求损害赔偿。在确定损害赔偿范围时,既要根据当事人的过错程度合理确定责任,又要考虑在确定财产返还范围时已经考虑过的财产增值或者贬值因素,避免双重获利或者双重受损的现象发生。
第六十一条　在以持续履行的债务为内容的定期合同中,一方不履行支付价款、租金等金钱债务,对方请求解除合同,人民法院经审理认为合同应当依法解除的,可以根据当事人的主张,参考合同主体、交易类型、市场价格变化、剩余履行期限等因素确定非违约方寻找替代交易的合理期限,并按照该期限对应的价款、租金等扣除非违约方应当支付的相应履约成本确定合同履行后可以获得的利益。 　　非违约方主张按照合同解除后剩余履行期限相应的价款、租金等扣除履约成本确定合同履行后可以获得的利益的,人民法院不予支持。但是,剩余履行期限少于寻找替代交易的合理期限的除外。	**《关于当前形势下审理民商事合同纠纷案件若干问题的指导意见》** 　　第九条　在当前市场主体违约情形比较突出的情况下,违约行为通常导致可得利益损失。根据交易的性质、合同的目的等因素,可得利益损失主要分为生产利润损失、经营利润损失和转售利润损失等类型。生产设备和原材料等买卖合同违约中,因出卖人违约而造成买受人的可得利益损失通常属于生产利润损失。承包经营、租赁经营合同以及提供服务或劳务的合同中,因一方违约造成的可得利益损失通常属于经营利润损失。先后系列买卖合同中,因原合同出卖方违约而造成其后的转售合同出售方的可得利益损失通常属于转售利润损失。 　　第十条　人民法院在计算和认定可得利益损失时,应当综合运用可预见规则、减损规则、损益相抵规则以及过失相抵规则等,从非违约方主张的可得利益赔偿总额中扣除违约方不可预见的损失、非违约方不当扩大的损失、非违约方因违约获得的利益、非违约方亦有过失所造成的损失以及必要的交易成本。存在合同法第一百一十三条第二款规定的欺诈经营、合同法第一百一十四条第一款规定的当事人约定损害赔偿的计算方法以及因违约导致人身伤亡、精神损害等情形的,不宜适用可得利益损失赔偿规则。 　　第十一条　人民法院认定可得利益损失时应当合理分配举证责任。违约方一般应当承担非违约方没有采取合理减损措施而导致损失扩大、非违约方因违约而获得利益以及非违约方亦有过失的举证责任;非违约方应当承担其遭受的可得利益损失总额、必要的交易成本的举证责任。对于可以预见的损失,既可以由非违约方举证,也可以由人民法院根据具体情况予以裁量。

第八章　违约责任	
《合同编通则司法解释》	《民法典》及关联法规
第六十二条　非违约方在合同履行后可以获得的利益难以根据本解释第六十条、第六十一条的规定予以确定的，人民法院可以综合考虑违约方因违约获得的利益、违约方的过错程度、其他违约情节等因素，遵循公平原则和诚信原则确定。	**《民法典》** **第五百七十七条**　当事人一方不履行合同义务或者履行合同义务不符合约定的，应当承担继续履行、采取补救措施或者赔偿损失等违约责任。 **第五百八十四条**　当事人一方不履行合同义务或者履行合同义务不符合约定，造成对方损失的，损失赔偿额应当相当于因违约所造成的损失，包括合同履行后可以获得的利益；但是，不得超过违约一方订立合同时预见到或者应当预见到的因违约可能造成的损失。 **第五百八十五条**　当事人可以约定一方违约时应当根据违约情况向对方支付一定数额的违约金，也可以约定因违约产生的损失赔偿额的计算方法。 　　约定的违约金低于造成的损失的，人民法院或者仲裁机构可以根据当事人的请求予以增加；约定的违约金过分高于造成的损失的，人民法院或者仲裁机构可以根据当事人的请求予以适当减少。 　　当事人就迟延履行约定违约金的，违约方支付违约金后，还应当履行债务。
第六十三条　在认定民法典第五百八十四条规定的"违约一方订立合同时预见到或者应当预见到的因违约可能造成的损失"时，人民法院应当根据当事人订立合同的目的，综合考虑合同主体、合同内容、交易类型、交易习惯、磋商过程等因素，按照与违约方处于相同或者类似情况的民事主体在订立合同时预见到或者应当预见到的损失予以确定。 　　除合同履行后可以获得的利益外，非违约方主张还有其向第三人承担违约责任应当支出的额外费用等其他因违约所造成的损失，并请求违约方赔偿，经审理认为该损失系违约一方订立合同时预见到或者应当预见到的，人民法院应予支持。 　　在确定违约损害赔偿额时，违约方主张扣除非违约方未采取适当措施导致的扩大损失、非违约方也有过错造成的相应损失、非违约方因违约获得的额外利益或者减少的必要支出的，人民法院依法予以支持。	**《民法典》** **第五百八十四条**　当事人一方不履行合同义务或者履行合同义务不符合约定，造成对方损失的，损失赔偿额应当相当于因违约所造成的损失，包括合同履行后可以获得的利益；但是，不得超过违约一方订立合同时预见到或者应当预见到的因违约可能造成的损失。 **第五百八十九条**　债务人按照约定履行债务，债权人无正当理由拒绝受领的，债务人可以请求债权人赔偿增加的费用。 　　在债权人受领迟延期间，债务人无须支付利息。 **第五百九十条**　当事人一方因不可抗力不能履行合同的，根据不可抗力的影响，部分或者全部免除责任，但是法律另有规定的除外。因不可抗力不能履行合同的，应当及时通知对方，以减轻可能给对方造成的损失，并应当在合理期限内提供证明。 　　当事人迟延履行后发生不可抗力的，不免除其违约责任。 **第五百九十一条**　当事人一方违约后，对方应当采取适当措施防止损失的扩大；没有采取适当措施致使损失扩大的，不得就扩大的损失请求赔偿。

续表

第八章　违约责任	
《合同编通则司法解释》	《民法典》及关联法规
	当事人因防止损失扩大而支出的合理费用,由违约方负担。 **第五百九十二条**　当事人都违反合同的,应当各自承担相应的责任。 当事人一方违约造成对方损失,对方对损失的发生有过错的,可以减少相应的损失赔偿额。
第六十四条　当事人一方通过反诉或者抗辩的方式,请求调整违约金的,人民法院依法予以支持。 违约方主张约定的违约金分高于违约造成的损失,请求予以适当减少的,应当承担举证责任。非违约方主张约定的违约金合理的,也应当提供相应的证据。 当事人仅以合同约定不得对违约金进行调整为由主张不予调整违约金的,人民法院不予支持。 **第六十五条**　当事人主张约定的违约金过分高于违约造成的损失,请求予以适当减少的,人民法院应当以民法典第五百八十四条规定的损失为基础,兼顾合同主体、交易类型、合同的履行情况、当事人的过错程度、履约背景等因素,遵循公平原则和诚信原则进行衡量,并作出裁判。 约定的违约金超过造成损失的百分之三十的,人民法院一般可以认定为过分高于造成的损失。 恶意违约的当事人一方请求减少违约金的,人民法院一般不予支持。 **第六十六条**　当事人一方请求对方支付违约金,对方以合同不成立、无效、被撤销、确定不发生效力、不构成违约或者非违约方不存在损失等为由抗辩,未主张调整过高的违约金的,人民法院应当就若不支持该抗辩,当事人是否请求调整违约金进行释明。第一审人民法院认为抗辩成立且未予释明,第二审人民法院认为应当判决支付违约金的,可以直接释明,并根据当事人的请求,在当事人就是否应当调整违约金充分举证、质证、辩论后,依法判决适当减少违约金。 被告因客观原因在第一审程序中未到庭参加诉讼,但是在第二审程序中到庭参加诉讼并请求减少违约金的,第二审人民法院可以在当事人就是否应当调整违约金充分举证、质证、辩论后,依法判决适当减少违约金。	**《最高人民法院关于审理买卖合同纠纷案件适用法律问题的解释》** **第二十一条**　买卖合同当事人一方以对方违约为由主张支付违约金,对方以合同不成立、合同未生效、合同无效或者不构成违约等为由进行免责抗辩而未主张调整过高的违约金的,人民法院应当就法院若不支持免责抗辩,当事人是否需要主张调整违约金进行释明。 一审法院认为免责抗辩成立且未释明,二审法院认为应当判决支付违约金的,可以直接释明并改判。 **《民法典》** **第五百八十四条**　当事人一方不履行合同义务或者履行合同义务不符合约定,造成对方损失的,损失赔偿额应当相当于因违约所造成的损失,包括合同履行后可以获得的利益;但是,不得超过违约一方订立合同时预见到或者应当预见到的因违约可能造成的损失。 **第五百八十五条**　当事人可以约定一方违约时应当根据违约情况向对方支付一定数额的违约金,也可以约定因违约产生的损失赔偿额的计算方法。 约定的违约金低于造成的损失的,人民法院或者仲裁机构可以根据当事人的请求予以增加;约定的违约金过分高于造成的损失的,人民法院或者仲裁机构可以根据当事人的请求予以适当减少。 当事人就迟延履行约定违约金的,违约方支付违约金后,还应当履行债务。 **《最高人民法院关于审理商品房买卖合同纠纷案件适用法律若干问题的解释》** **第十二条**　当事人以约定的违约金过高为由请求减少的,应当以违约金超过造成的损失30%为标准适当减少;当事人以约定的违约金低于造成的损失为由请求增加的,应当以违约造成的损失确定违约金数额。

第八章　违约责任	
《合同编通则司法解释》	《民法典》及关联法规
	《全国法院民商事审判工作会议纪要》 50、认定约定违约金是否过高，一般应当以《合同法》第113条规定的损失为基础进行判断，这里的损失包括合同履行后可以获得的利益。除借款合同外的双务合同，作为对价的价款或者报酬给付之债，并非借款合同项下的还款义务，不能以受法律保护的民间借贷利率上限作为判断违约金是否过高的标准，而应当兼顾合同履行情况、当事人过错程度以及预期利益等因素综合确定。主张违约金过高的违约方应当对违约金是否过高承担举证责任。
第六十七条　当事人交付留置金、担保金、保证金、订约金、押金或者订金等，但是没有约定定金性质，一方主张适用民法典第五百八十七条规定的定金罚则的，人民法院不予支持。当事人约定了定金性质，但是未约定定金类型或者约定不明，一方主张为违约定金的，人民法院应予支持。 　　当事人约定以交付定金作为订立合同的担保，一方拒绝订立合同或者在磋商订立合同时违背诚信原则导致未能订立合同，对方主张适用民法典第五百八十七条规定的定金罚则的，人民法院应予支持。 　　当事人约定以交付定金作为合同成立或者生效条件，应当交付定金的一方未交付定金，但是合同主要义务已经履行完毕并为对方所接受的，人民法院应当认定合同在对方接受履行时已经成立或者生效。 　　当事人约定定金性质为解约定金，交付定金的一方主张以丧失定金为代价解除合同的，或者收受定金的一方主张以双倍返还定金为代价解除合同的，人民法院应予支持。 　　**第六十八条**　双方当事人均具有致使不能实现合同目的的违约行为，其中一方请求适用定金罚则的，人民法院不予支持。当事人一方仅有轻微违约，对方具有致使不能实现合同目的的违约行为，轻微违约方主张适用定金罚则，对方以轻微违约方也构成违约为由抗辩的，人民法院对该抗辩不予支持。 　　当事人一方已经部分履行合同，对方接受并主张按照未履行部分所占比例适用定金罚则的，人民法院应予支持。对方主张按照合同整体适用定金罚则的，人民法院不予支持，但是部分未履行致使不能实现合同目的的除外。	**《最高人民法院关于适用〈中华人民共和国民法典〉有关担保制度的解释》** 　　**第一百一十五条**　当事人约定以交付定金作为订立主合同担保的，给付定金的一方拒绝订立主合同的，无权要求返还定金；收受定金的一方拒绝订立主合同的，应当双倍返还定金。 　　**第一百一十六条**　当事人约定以交付定金作为主合同成立或者生效要件的，给付定金的一方未支付定金，但主合同已经履行或者已经履行主要部分的，不影响主合同的成立或者生效。 　　**第一百一十七条**　定金交付后，交付定金的一方可以按照合同的约定以丧失定金为代价而解除主合同，收受定金的一方可以双倍返还定金为代价而解除主合同。对解除主合同后责任的处理，适用《中华人民共和国合同法》的规定。 　　**第一百一十八条**　当事人交付留置金、担保金、保证金、订约金、押金或者订金等，但没有约定定金性质的，当事人主张定金权利的，人民法院不予支持。 　　**第一百一十九条**　实际交付的定金数额多于或者少于约定数额，视为变更定金合同；收受定金一方提出异议并拒绝接受定金的，定金合同不生效。 　　**第一百二十条**　因当事人一方迟延履行或者其他违约行为，致使合同目的不能实现，可以适用定金罚则。但法律另有规定或者当事人另有约定的除外。 　　当事人一方不完全履行合同的，应当按照未履行部分所占合同约定内容的比例，适用定金罚则。

续表

第八章 违约责任	
《合同编通则司法解释》	《民法典》及关联法规
因不可抗力致使合同不能履行,非违约方主张适用定金罚则的,人民法院不予支持。	**第一百二十一条**　当事人约定的定金数额超过主合同标的额百分之二十的,超过的部分,人民法院不予支持。 　　**第一百二十二条**　因不可抗力、意外事件致使主合同不能履行的,不适用定金罚则。因合同关系以外第三人的过错,致使主合同不能履行的,适用定金罚则。受定金处罚的一方当事人,可以依法向第三人追偿。
第六十九条　本解释自 2023 年 12 月 5 日起施行。 　　民法典施行后的法律事实引起的民事案件,本解释施行后尚未终审的,适用本解释;本解释施行前已经终审,当事人申请再审或者按照审判监督程序决定再审的,不适用本解释。	

二、核心问题

　　围绕合同解释规则与交易习惯认定,本部分主要讨论以下几个法律问题。

　　(一)违约方司法解除权

　　1. 概念

　　《民法典》第五百八十条第二款①规定的"履行不能情形下的合同终止条款"是合同编部分最为重要的修订。该法条源于最高人民法院所公布的判例"南京新宇公司诉冯玉梅商铺买卖合同纠纷案"②,原告新宇公司将其开发的商业用房时代广场分割销售给包括冯玉梅在内 150 余家业主,并将该商场租赁给嘉和公司。但该商场的经营并不景气,三年内两次停业,商户均无法正常经营。因此,新宇公司计划将商场经营方式变为统一经营,故希望与商户们解除合同。在 150 户商铺中,新宇公司与148 家达成解除协议并进行了充分的赔偿,仅剩冯玉梅与另一业主不同意解除合同,并坚持要求继续履

---

　　①　《中华人民共和国民法典》第五百八十条:当事人一方不履行非金钱债务或者履行非金钱债务不符合约定的,对方可以请求履行,但是有下列情形之一的除外:(一)法律上或者事实上不能履行;(二)债务的标的不适于强制履行或者履行费用过高;(三)债权人在合理期限内未请求履行。有前款规定的除外情形之一,致使不能实现合同目的的,人民法院或者仲裁机构可以根据当事人的请求终止合同权利义务关系,但是不影响违约责任的承担。

　　②　王利明:《论合同僵局中违约方申请解约》,载《法学评论》2020 年第 1 期,第 31 页。

行,导致新宇公司无法继续施工,商场6万平方米建筑闲置。一审法院从避免造成社会财富浪费、促进经济社会发展的角度考虑,判决解除原被告间的合同。冯玉梅上诉,二审法院依据合同法第一百一十条第二项①规定的"履行费用过高"赋予新宇公司抗辩权。但仅从合同法第一百一十条的规定,并不能推导出该抗辩权可以产生合同解除效果,故在司法实务中适用合同法第一百一十条解决"合同僵局"问题存在法律适用不足问题。

"合同僵局"并不是严格的法学定义,但它却在我们的日常生活中经常遇到。"合同僵局"具有以下特征:第一,合同难以继续履行,且不构成情势变更;第二,非违约方拒绝违约方解除合同的请求,在出现"合同僵局"的情形下,享有解除权的非违约方拒绝解除;第三,继续履行合同将导致当事人的利益关系明显失衡,违约方在合同履行出现困难时,往往会请求非违约方解除合同,此时,如果非违约方拒绝违约方的请求,而要求其继续履行合同②。在司法实践中往往表现为,债务人很可能已经构成根本违约,并请求以支付损害赔偿为代价来终止合同关系。但债权人拒绝解除合同,并要求维持在客观上无法继续履行的合同。在这种情况下,一方面会造成社会资源的浪费,另一方面债权人主观上大多数是为了拖延时间从而获得更多的违约责任上的利益,这在结果上是显然违背诚实信用原则。因此,《民法典》第五百八十条第二款的设计既是对《民法典》第五百八十条第一款的补足,也是为了解决司法实践中存在的"合同僵局"问题。

2. 权利性质

《民法典》第五百八十条规定形成了三层次审理顺序:首先,基于债务人不履行非金钱债务或履行非金钱债务不符合约定,债权人可请求其承担继续履行的违约责任(《民法典》第五百七十七条)。其次,债务人除可提出其他履行抗辩外,就非金钱债务还可提出《民法典》第五百八十条第一款中三种特殊的抗辩。最后,债务人还可请求《民法典》第二款规定的司法解除。③但存在的争议是,该条文赋予当事人的究竟是一项实体权利还是程序权利,也就是说违约方司法解除权是当事人可以"申请司法终止的权利",还是给予当事人解除权?不支持该条文赋予当事人解除权的主要依据是:法院仅是"可以"终止而非应当终止,在当事人提出请求后,其仍有权结合案件的实

---

① 《中华人民共和国合同法》第一百一十条:当事人一方不履行非金钱债务或者履行非金钱债务不符合约定的,对方可以要求履行,但有下列情形之一的除外:(一)法律上或者事实上不能履行;(二)债务的标的不适于强制履行或者履行费用过高;(三)债权人在合理期限内未要求履行。

② 王利明:《民法典合同编通则中的重大疑难问题研究》,载《云南社会科学》2020第1期。

③ 刘子赫:《〈民法典〉第580条第2款(违约方司法解除权)诉讼评注》,载《云南社会科学》2023第1期。

际情况,根据诚信和公平原则判断是否最终解除,因此并不是赋予违约方一项"形成权"。但本文认为即便将其认定为实体权利,也并不违背上述理由——形成诉权并不意味这一定会得到法院的支持,并且形成诉权中存在的裁量因素并不妨碍将其视为实体权利。因此,有学者评价违约方司法解除权,"实现了从抗辩权到解除权的转换,换言之,将用于防御的工具转换为进攻型的武器,从而解决合同僵局解除的法律依据问题"。[①]

违约方司法解除权的另一项重要功能还在于"增设履行不能的法律效果的规定,填补《合同法》的立法漏洞"。[②] 在比较法上,对于履行不能导致合同终止的效果,各国民法典大多作出了规定。《法国民法典》第 1218 条第 2 款规定:"如果履行障碍仅仅是暂时的,那么在迟延履行不足以导致合同解除的情形下,债务人可以中止其债务的履行。如果该障碍是永久性的,合同自动解除,双方当事人依照第 1351 条和第 1351—1 条的条件不再承担责任。"由此,法国民法典在履行不能时,合同自动解除。《德国民法典》规定的与《法国民法典》相似,也规定在履行不能时,合同关系自动消灭。综上所述,我国采用司法终止来解决履行不能的问题,相较于法国和德国而言更加稳妥。

3. 合同终止的时间

根据《民法典》第五百六十二条第一款的规定,协商解除的合同,其解除时间为当事人协商一致之时;根据《民法典》第五百六十二条第一款的规定,约定解除事由的合同,其解除时间为约定解除事由发生之时。根据《民法典》第五百六十五条第一款的规定,通知解除的合同,其解除时间为通知到达对方之时或载明解除期限届至之时(《民法典》第五百六十五条第一款第二句);根据《民法典》第五百六十五条第二款的规定,诉讼中行使通知解除权的合同解除时间为起诉状副本送达被告时。但司法解除的合同解除时点并无明确规定。

我们应当要区分"形成诉权"的两个时间概念:形成力产生的时间和形成效果发生的时间。形成力在形成判决生效之时产生,但形成力产生时并不一定要与形成效果发生时间一致。人民法院或者仲裁机构支持违约方司法解除权时,此时为形成力产生时间,但双方合同解除时间并不一定是判决生效时间,即形成力产生时。部分学者认为违约方司法解除权与比较法上履行不能时,合同关系自动消灭制度具有一定的相似性,主张条件成就时作

---

① 朱晓喆:《〈民法典〉合同法定解除权规则的体系重构》,载《财经法学》2020 年第 5 期,第 29 页。

② 石佳友:《履行不能与合同终止——以〈民法典〉第 580 条第 2 款为中心》,载《现代法学》2021 年第 4 期。

为解除时点,但也有学者主张参考法定解除权的行使规则以通知到达对方时解除。《合同编通则司法解释》第五十九条给出方案:以起诉状副本送达对方的时间为合同权利义务关系终止的时间,并辅以公平原则和诚信原则为兜底参考标准,在这种方案下法官拥有更大的裁量权。

(二)可得利益损失的判断标准及适用

什么是可得利益?学者们对其理解和表述则各有所异。概括起来,主要有以下各说:其一,可得利益是指如合同按约定履行后受害人应当得到的经济利益,又称"履行利益"或"期待利益"[1]。其二,可得利益即《法国民法典》第1149条规定的"所失的可获得的利益","有时被称为消极损失,是指如果债务人履行合同将会合理产生的但却没有实现的利润,通常表现为产品的转售利润"[2]。其三,可得利益即《德国民法典》第252条规定的"所失利益",是指依事物通常进行或依特殊情况,特别是依已采取的措施或准备,可取得的预期的利益[3]。其四,"所谓可得利益,是指合同在适当履行以后可以实现和取得的财产利益"[4]。其五,可得利益是指当事人通过合同"预期实现和取得的财产增值利益"[5]。其六,可得利益是指"由于违约方的违约而导致受损方丧失的应得收益"[6]。

在以上各说中,将可得利益等同于履行利益或期待利益,显然混淆了可得利益与相关概念的区别,是值得商榷的。除"其一"说外,其余各说在实质含义上基本相同。其中,"其二"说和"其五"说明确肯定了可得利益为财产的增值利益或利润损失,"其三"说则特别强调了确定可得利益赔偿范围的标准。《民法典》第五百八十四条[7]这一规定,从立法上对可得利益损失的赔偿有了一个明确。第一,可得利益体现为一种财产利益,非财产利益不属于可得利益范畴的;第二,可得利益是一种财产的增值利益,即它不是债务人依据合同所为的履行本身,而是通过债务人对合同标的的履行可以获得的超过合同标的本身价值的那部分财产利益;第三,可得利益不是非违约方既有财产的损失,而是体现为在合同得到履行的基础上非违约方通过对合同

---

[1] 李永军:《合同法原理》,中国人民公安大学出版社1999年版,第197页。
[2] 叶林:《违约责任及其比较研究》,中国人民大学出版社1997年版,第25页。
[3] 王利明:《违约责任论》,中国政法大学出版社1996年版,第148页。
[4] 中国高级法官培训中心等:《首届学术讨论会论文选》,人民法院出版社1990年版,第68页。
[5] 程德钧主编:《涉外仲裁与法律》(第一辑),中国人民大学出版社1992年版,第58页。
[6] 史尚宽:《债法总论》,中国政法大学出版社2000年版,第147页。
[7] 《民法典》第五百八十四条:当事人一方不履行合同义务或者履行合同义务不符合约定,造成对方损失的,损失赔偿额应当相当于因违约所造成的损失,包括合同履行后可以获得的利益;但是,不得超过违约一方订立合同时预见到或者应当预见到的因违约可能造成的损失。

标的的运用未来可以获得的财产利益;第四,可得利益是依事物通常进行或依特殊情况,特别是依已采取的措施或准备,可取得的预期的财产利益。也就是说,可得利益虽然不是已有财产的损失而是未来预期可获得的利益,但它不是臆想的,而是已具备了充分实现的条件和基础。

此前的征求意见稿第六十五条若是出台,将是我国损害赔偿法上的一次体系大震荡,其意义需要全面彻底地正确预估。该条所提供的方案以违约方违约所得作为守约方履行利益损失的替代,在宽泛的意义上被称之为"利润剥夺"。尽管目前还是"保底方案",要不了多久进化成"自由选项"也是意料之中。这种一般性的推广,其系统颠覆效应比侵权损害赔偿中作一般性推广还要剧烈得多。其原因在于,合同领域区分了债权合同与后面的权利变动,在后者发生之前,原则上是自由竞价的势力范围。而且这种自由竞价在很大程度上应被认为符合资源配置的效率追求。而在前一买受人那里,当还能实际履行时固然可以支持其请求实际履行,不能实际履行时填补损失即可。换句话说,其实不管是英美法系还是大陆法系,不管是否承认"效率违约",实际上都在不同程度上为资源配置的效率认可了违约。故两大法系实际上都在一方面维护合同约束、另一方面适当宽宥以迎合效率及当事人自由诉求之间勉力权衡,都遵循着事理层面的实质性"效率违约"理念,甚至从晚近趋势来看,宽宥面向的力度还在加大。此前的征求意见稿第六十五条设置的利润剥夺在很大程度上将使前述事理层面的实质性"效率违约"理念破功,放入当前法律实践的背景之下,应该是逆潮流而动之举,在法政策上似不可取,因此,在正式稿中将其予以删除修改。

1. 财产保护问题现状

在财产保护问题上,现阶段直接损失都能够予以充分保护,但对于可得利益则往往保护不够。当前有种偏差,认为可得利益是一种尚未发生的间接损失,称违约行为与受害人所提出的损害事实间无必然的因果联系,或认为当事人提出的赔偿额无事实依据,而不应支持。有的甚至认为,赔偿可得利益对违约方过于苛刻,受害人则可能会因此获得不当得利。因此,解决可得利益的赔偿问题,在理论上首先需要认识清楚可得利益损失的性质,正确认识可得利益是否属于权利人的实际利益,它的损失,对权利人来说,是否属于实际的财产损失。

2. 可得利益保护的必要性

就确认违约损害赔偿中可得利益的必要性问题,首先从理论上来讲,违约损害赔偿的原则是完全赔偿,虽然可得利益不是当事人已经获得的现实利益,但不能因此否认它是当事人因违约而遭受的损失之一部分。此外,它还有可确定性的特点,具备转化为现实利益的基础和条件。如果对受害人的可得利益损失不予赔偿,就不能完全弥补受害人所遭受的损害,也与损害的完全赔偿原则相悖,可得利益损失的赔偿可分为约定赔偿和法定赔偿两种。

3. 可得利益损失是预期的纯利润损失

一方违约,应向守约方承担违约责任或赔偿损失。这里的损失通常包括直接损失和可得利益损失。可得利益损失是指在生产、销售或提供服务的合同中,生产者、销售者或服务者因对方的违约行为而受到的预期纯利润损失。可得利益是合同履行后的纯利润,不包括主观推测的损失以及为取得利润所支付的费用。可得利益损失主要包括生产利润、经营性利润损失、转售利润损失三种。生产设备和原材料等买卖合同中,因出卖人违约而造成买受人的可得利益损失通常属于生产利润损失。承包经营、租赁经营以及提供服务或劳务的合同中,因一方违约造成的可得利益损失通常属于经营利润损失。先后系列买卖合同,因原合同出卖方违约而造成其后的转售合同出售方的可得利益损失通常属于转售利润损失。

4. 可得利益损失的计算方法

可得利益属于当事人通过合同的履行可获得的财产增值利益,在违约行为发生时或者合同解除时并未被守约方实际享有,具有预期性和不确定性。由于我国相关法律和司法解释对合同解除可得利益损失的计算方法缺乏明确具体的操作规范,导致可得利益损失的赔偿额如何计算,成为司法实践中的难点。

可得利益损失的计算方法主要有以下五种,即差额法、约定法、类比法、估算法和综合裁量法。

(1)差额法

差额法是将损害行为发生时,受害方的财产状况与合同得到适当履行后受害方所应处于的财产状况进行对比,其中的差额即为守约方所遭受的损失,包括可得利益的损失。差额法是以合同履行后的状况为参考,是一种假设的财产状况,在买卖等类型的合同中适用,计算起来较为方便。例如,在房屋买卖合同纠纷中,一方根本违约导致守约方解除合同,则签订房屋买卖合同之时的购买价格和诉讼时的升值部分价差,即为可得利益,可以作为赔偿的计算依据。但在其他可得利益损失类型中,此种计算方法还会受时间、地点等因素的影响,因此在适用此种计算方法时,往往还需要利用其他方法来对差额原则进行综合衡量。实际上,差额法是债法中损失赔偿额确定的一种基础方法,其不仅适用于合同法领域,也适用于侵权责任法等领域。然而,不同的请求权涉及的计算方法不同,比如,合同无效的缔约过失责任则需要恢复到缔约之前的状态,则不包括可得利益损失赔偿。

《合同编通则司法解释》第六十条至第六十三条在《民法典》第五百八十四条的基础上,对可得利益的计算进一步细化,将可得利益损失的计算、持续性定期合同中可得利益的赔偿和无法确定可得利益的赔偿进行逐一解释,对司法实践中关于利益损失计算不统一的难题重点破解,为当事人以及法官在审判过程中提供了重要依据。

（2）约定法

根据《民法典》第五百八十五条第一款、第二款①的规定,当事人可以事先在合同中约定损失计算方法,而法院或者仲裁机构应当根据当事人约定的计算方法对可得利益损失赔偿额进行确定。约定法是指当事人之间事先对可得利益赔偿额计算进行了约定,既为可得利益损失赔偿额的确定提供了便利,也是当事人意思自治的体现。

需要注意的是,根据《民法典》第五百八十五条规定计算合同解除后的损失赔偿数额时,原则上也应该以差额理论为基础,赔偿范围包括守约方的实际损失,即合同履行后可以获得的利益。在约定法与差额法计算的损失存在较大差距的情况下,也有基于实际损失进行调整的适用余地,即体现了以实际损失为原则的赔偿计算方法。

（3）类比法

类比法是指比照守约方相同或者相类似的其他单位在类似条件下所能获取的利益来确定可得利益的赔偿数额。基于类比法,既可以守约方在过去同时期所取得的利润为参考对象,又可以同类合同在同时期内履行所获得的利益为依据,还可以其他人同样的设备投入生产运营所获取的生产利润等为参照对象。

使用此种方法的前提是守约方通常能够获得比较稳定的财产收益。需要注意的是,参考对象的选择应当尽可能相同或相似,只有这样计算出的可得利益才能更加准确。类比法也是司法实践中较常用的一种计算方法,多适用于建设工程施工合同等纠纷;与公司、证券、保险、票据等有关的民事纠纷等。例如,最高人民法院(2014)民终字第112号"武汉建工第三建筑有限公司与武汉天恒置业有限责任公司建设工程施工合同纠纷上诉案"就采取了类比法。类比法可以分为以下两种方法:(1)横向类比可以比较同时期其

---

① 《民法典》第五百八十五条:当事人可以约定一方违约时应当根据违约情况向对方支付一定数额的违约金,也可以约定因违约产生的损失赔偿额的计算方法。约定的违约金低于造成的损失的,人民法院或者仲裁机构可以根据当事人的请求予以增加;约定的违约金过分高于造成的损失的,人民法院或者仲裁机构可以根据当事人的请求予以适当减少。

他同类合同的履行利益;(2)纵向类比可以比较同一民事主体之前所获得的合同履行利益。

(4)估算法

估算法是指当法院无法确定可得利益损失数额时,根据案件的实际情况,酌定一个赔偿数额的方法。可得利益因为其属于合同履行后方可获得的未来利益,所以在很多情况下难以计算出具体的数额,而法院又不能拒绝裁判,此时往往会综合案件的具体情形,如合同实际履行情况、过错大小、行业利润率等,对可得利益损失酌定一个数额进行赔偿。例如,最高人民法院(2013)民终字第37号"青海省三江水电开发股份有限公司等诉广东清能发电集团有限公司买卖合同纠纷案"中,法院认为:"确定可得利益损失数额依据估算法,可根据受损害方请求的数额为基础,根据违约方提出抗辩所依据的证据,依据公平原则确定具体数额。"

采用估算法要求法官在双方当事人陈述事实和提供证据的基础上,发挥主观能动性,运用自由心证和经验法则对可得利益损失数额予以评估,最大限度地保护当事人特别是守约方的合法权益,发挥赔偿损失鼓励诚信交易,维护正常交易经济秩序的功能。在基于估算法计算损失赔偿额时,可以在考虑守约方的诉请基础上,扣除违约方合理抗辩应减除的部分来进行计算。例如,当事人签订建设工程施工合同后,发包人违约另行将工程发包给第三人施工。承包人请求解除合同并赔偿可得利益损失,损失额按工程总额的10%行业利润计算。发包人则抗辩由于工程未履行,故应扣除其实际支出。考虑到建筑业微利的特点,即使工程施工完成,承包人还需要支出至少8%的成本,故应扣除该部分应支出的成本。就此而言,法院可以在双方诉辩基础上,结合行业的特点,在当事人未对违约计算方法进行约定的情况下,估算守约方可以获得的行业利润情况。需要注意的是,法官在估算时,需要大体上能够认识到一个概率性的可得利益数额。因此,这种估算更类似于对于可得利益的概算。

(5)综合裁量法

综合裁量法是司法实践中法院较多采用的一种计算方法,其往往综合获利情况、当事人各自的过错因素、当前经济形势情况等因素综合判断。

综合裁量法与估算法有类似之处,但是这两种方法仍有一些细微差别。除前文指出的计算原则区别外,估算法通常是由守约方提供了相应的证据来证明估算的损失数额,且此种证明已经使法官对据此进行估算可得利益计算数额形成确信时才予采用。比如,在特许经营合同因为违约方毁约而导致守约方不得不解除合同的情况下,守约方除证明其已经为特许经营而实际投入损失外,还根据其预期合理回报而计算出其经营可以获得的利益,即为估算法的运用。对于这种对经营利益的估算,法院在认可其合理性的基础上,即可以对估算法所计算的损失数额予以采信。此种情况下,估算并非完全由法院和法官行使自由裁量权来自行计算损失数额的方法,估算的数额有一定的事实基础和证据证明。综合裁量法通常是在守约方可以提供证据使法官形成具有可得利益损失的确信,但是无证据证明可得利益具体数额的情况下,法院计算可得利益时可以采用的方法。

对于综合裁量方法的运用,仍然需要法院结合上述四种计算方法,以差额法为基础,在考虑守约方因违约方违约遭受的实际损失或者可能遭受的实际损失为基础进行裁量。司法实践中存在的不考虑守约方履行合同后可以获得的利益,仅仅以返还本金加上同期同类银行贷款利率计算利息的裁量方法是不可取的,难免造成利益失衡,实质上侵害了守约方的利益,保护了不诚信的违约方的利益。

需要注意的是,综合裁量法应是一种补充性的计算方法,系无法根据差额法、类比法、约定法、估算法等方法以计算可得利益损失的情况下所采纳的方法。此种计算方法往往是守约方已经能够证明违约方构成根本违约,但无法根据上述几种方法证明其遭受的可得利益损失数额的情况下,法官基于内心确信所适用的计算方法。

综上所述,以上述规则为基础,可得利益损失的计算公式基本可以归结为:可得利益损失赔偿额 = 可得利益损失总额 – 不可预见的损失 – 扩大的损失 – 受害方因违约获得的利益 – 必要的成本。

5. 可得利益赔偿的限制

在根据上述方法判决赔偿可得利益时,还要注意对于可得利益赔偿范围的限制,有以下原则的适用。

(1)合理预见规则

可得利益赔偿仍然需要限制在违约人订立合同时能够合理预见到违约损失赔偿的范围之内。对于违约人在合同订立时所不能预见的损失,则不应予以赔偿。判断违约方能否预见的标准,应采用主、客观相结合的标准,即以同类型的"社会一般人"的预见能力为标准。就众多的商事交易类型而言,则应以普通商事主体的预见能力为判断标准。具体可参考:(1)当事人订立合同的目的;(2)综合考虑合同主体、合同内容、交易类型、交易习惯、磋商过程等因素;(3)按照与违约方处于相同情况的民事主体在订立合同时所能预见到的损失类型予以确定。

（2）过失相抵规则

对于守约人也有过错的,计算可得利益损失赔偿额时则应相应减轻违约方的责任。例如,最高人民法院在（2017）最高法民终722号"中国铝业股份有限公司重庆分公司、中国铝业股份有限公司招标投标买卖合同纠纷二审案"中,在认可赔偿经营利益损失的同时,考虑到非违约方具有过错,判决减除20%的责任。

需要注意的是,在目前审判实践中,法院往往基于利益衡量因素来确定守约方的过失,而不问守约人的过错对于合同无法履行的影响程度或者原因力,这难谓妥当。在实务审判中,应根据当事人各方的过错是否为合同解除的原因以及对于合同解除决定性程度大小,来确定是否适用过失相抵规则。比如,在最高人民法院（2019）最高法民终167号民事判决中,法院就鉴于违约方违反合同约定擅自将共同购买的国有土地使用权登记在子公司名下,排除守约方共同开发权益的事实,认定违约方构成根本违约。对于守约方为保障其利益而保全开发项目,客观上延缓了违约方子公司对项目的开发,进而加剧双方合作关系恶化的事实,则没有认定为守约方与有过失,系考虑到当事人之间对于合同解除的原因力因素而作出的裁量。

（3）减损规则

在合同关系中,减损规则是指合同违约方违约时,守约方应当采取必要的措施防止损失的扩大,但其没有采取必要措施致使损失扩大的,不能就扩大的损失部分要求违约方给予赔偿。《民法典》第五百九十一条针对违约责任规定了减损规则,即"当事人一方违约后,对方应当采取适当措施防止损失的扩大;没有采取适当措施致使损失扩大的,不得就扩大的损失请求赔偿。当事人因防止损失扩大而支出的合理费用,由违约方负担。"

（4）损益相抵规则

司法实践中,由于一方违约而导致守约人不再需要为合同履行投入精力、支出,也可能导致守约方额外获得利益,此时则应基于损益相抵规则对损失赔偿额予以扣除。适用损益相抵规则的条件包括以下三种:一是损害赔偿之债已经成立;二是违约方的违约行为既造成了损失,也产生了守约方的收益;三是违约行为与损害和收益具有因果关系。《最高人民法院关于审理买卖合同纠纷案件适用法律问题的解释》第二十三条规定:"买卖合同当事人一方因对方违约而获有利益,违约方主张从损失赔偿额中扣除该部分利益的,人民法院应予支持。"因此,在解除合同损失赔偿适用中,也应参照该规则进行处理。

综上所述,对于守约方的赔偿损失额总体上可以确定以下的计算模型:

损失赔偿额＝违约方合理预见到的守约方可以获得的利益－守约方具有过错应扣减的数额守约方应采取措施避免损失扩大而未避免的数额－守约方因违约而获利的数额。

(三)违约金相关规则与适用

违约金是指按照当事人的约定或者法律直接规定,一方当事人违约的,应向另一方支付的金钱。违约金的标的物是金钱,但当事人也可以约定违约金的标的物为金钱以外的其他财产。违约金由双方协商确定,没有数额的限制,一般是根据双方预测的因一方违约可能带来的损失大小来确定的。

根据《民法典》第五百八十五条的规定,违约金具有以下三种法律特征:第一,违约金的数额是预先确定的,违约金一般在订立合同时已确定;第二,违约金是一种违约后生效的补救方式;第三,违约金支付是独立于履行行为之外的给付。《合同编通则司法解释》在《民法典》第五百八十五条的基础上,对违约金规则进一步细化。首先,明确规定请求调整违约金的方式——既可以通过抗辩,也可以提起反诉。根据第六十四条第三款规定,对方以合同约定不得对违约金进行调整为由主张不予调整违约金的,人民法院不予支持。第六十五条第一款规定"当事人主张约定的违约金过分高于违约造成的损失,请求予以适当减少的,人民法院应当以民法典第五百八十四条规定的损失为基础,兼顾合同主体、交易类型、合同的履行情况、当事人的过错程度、履约背景等因素,遵循公平原则和诚信原则进行衡量,并作出裁判。"充分论证违约金的调整必须要遵守"诚实信用原则","诚实信用原则"应当作为《民法典》第五百八十五条的基础。其次,《合同编通则司法解释》第六十五条明确规定,违约金的数额应当以《民法典》第五百八十四条规定的损失为基础(因违约所造成的损失),进一步细化"违约金过分高于造成的损失"的认定——超过依据《民法典》第五百八十四条规定确定的损失的30%。最后,《合同编通则司法解释》第六十六条整合《最高人民法院关于审理买卖合同纠纷案件适用法律问题的解释》第二十一条①规定以及《最高人民法院

---

① 《最高人民法院关于审理买卖合同纠纷案件适用法律问题的解释》第二十一条:买卖合同当事人一方以对方违约为由主张支付违约金,对方以合同不成立、合同未生效、合同无效或者不构成违约等为由进行免责抗辩而未主张调整过高的违约金的,人民法院应当就法院若不支持免责抗辩,当事人是否需要主张调整违约金进行释明。一审法院认为免责抗辩成立且未予释明,二审法院认为应当判决支付违约金的,可以直接释明并改判。

关于当前形势下审理民商事合同纠纷案件若干问题的指导意见》第八条①规定进一步表明：（1）我国采用当事人申请调整违约金的立法模式，并没有赋予法院依职权调整违约金的权利，仅赋予了法院在当事人仅主张免责抗辩而未主张调整违约金时的释明权利，并不能依职权调整；（2）为节约国家司法资源，提高司法审判效率，二审法院审理认为应当判决支付违约金，且一审并没有释明或者一审法院认为免责抗辩成立故未予释明的，二审法院可以直接释明改判。

1. 违约损失的计算

根据《民法典》第五百七十九条②的规定，金钱债务是指根据法律规定或者当事人的约定一方应向对方支付一定数量的金钱而未支付形成的债务。根据法律规定或者当事人的约定，金钱债务履行方式应为以货币方式支付一定数量的价款、报酬、租金、利息等。金钱债务相对的概念是非金钱债务，二者最明显的区别在于，金钱债务须以支付货币的方式履行，而非金钱债务须以交付物、行为、智力成果等非货币方式履行。需要注意的是，"金钱债务的案件"不同于"争议标的为给付货币的案件"。在处理涉金钱债务的案件中，不应仅以"案件争议标的并非给付货币"进而否定适用《民法典》第五百七十九条规定。

根据《民事诉讼法司法解释》第十八条的规定，合同对履行地点没有约定或者约定不明确，争议标的为给付货币的，接收货币一方所在地为合同履行地。最高人民法院在（2021）最高法知民辖终 73 号案中认为，《民事诉讼法司法解释》第十八条规定中的"争议标的"是指当事人诉讼请求所指向的具体合同义务，尽管原告诉讼请求包含给付金钱内容，亦不应简单地认定案件争议标的即为给付货币，而应根据合同具体内容明确其所指向的合同义务。最高人民法院在（2019）最高法民辖终 54 号案中认为，在股权转让合同纠纷中，一方转让股权，另一方给付价款，双方均有履行合同的义务的情况下，应以反映合同本质特征的合同义务为特征义务，并以作为确定合同履行地的依据，股权转让合同的特征义务是转让股权，故转让股权的行为地就是

---

① 《最高人民法院关于当前形势下审理民商事合同纠纷案件若干问题的指导意见》第八条：为减轻当事人诉累，妥当解决违约金纠纷，违约方以合同不成立、合同未生效、合同无效或者不构成违约进行免责抗辩而未提出违约金调整请求的，人民法院可以就当事人是否需要主张违约金过高问题进行释明。人民法院要正确确定举证责任，违约方对于违约金约定过高的主张承担举证责任，非违约方主张违约金约定合理的，亦应提供相应的证据。合同解除后，当事人主张违约金条款继续有效的，人民法院可以根据合同法第九十八条的规定进行处理。

② 《中华人民共和国民法典》第五百七十九条：当事人一方未支付价款、报酬、租金、利息，或者不履行其他金钱债务的，对方可以请求其支付。

合同履行地。

上述规定和观点是有关"争议标的为给付货币的案件"的判断标准,而非涉金钱债务案件的判断标准,根据《民法典》第五百七十九条规定,无论案件的争议标的是否为给付货币,只要当事人一方未按法律规定或者合同约定支付价款、报酬、租金、利息,或者不履行其他金钱债务,对方请求其支付的,均可适用该条规定。

2. 关于 LPR

贷款市场报价利率的英文全称为 Loan Prime Rate,简称 LPR。2013 年10 月,我国正式推出 LPR 作为商业银行贷款定价参考,LPR 最初叫作贷款基础利率,是商业银行对其最优质客户执行的贷款利率,央行指定报价行,各家报价行报出本行贷款基础利率,央行指定发布人对各家银行报价进行加权平均后发布,作为金融机构贷款定价参考,其他银行贷款利率可在此基础上加减点生成。

2019 年 8 月 17 日,中国人民银行发布(2019)第 15 号公告,在报价频率、报价方式、期限品种、报价行数量、新 LPR 在贷款定价中的应用,以及新LPR 应用情况纳入宏观审慎评估体系(MPA)考核等方面对 LPR 进行了改革,并且直接授权全国银行间同业拆借中心于每月 20 日(遇节假日顺延)9时 30 分公布贷款市场报价利率(LPR)。这意味着 LPR 正式取代中国人民银行贷款基准利率。目前,LPR 包括一年期和五年期以上两个期限种类。《全国法院民商事审判工作会议纪要》中认定,自 2019 年 8 月 20 日起,中国人民银行已经授权全国银行间同业拆借中心于每月 20 日(遇节假日顺延)9时 30 分公布贷款市场报价利率(LPR),中国人民银行贷款基准利率这一标准已经取消,自此之后人民法院裁判贷款利息的基本标准由中国人民银行贷款基准利率改为全国银行间同业拆借中心公布的贷款市场报价利率(LPR)。

根据《最高人民法院关于审理民间借贷案件适用法律若干问题的规定》第二十六条第二款的规定,"一年期贷款市场报价利率"是指中国人民银行授权全国银行间同业拆借中心自 2019 年 8 月 20 日起每月发布的一年期贷款市场报价利率。

3. 买卖合同纠纷案件,可以 LPR 标准为基础加计 30%—50% 计算逾期付款损失

买卖合同纠纷案件中,如果违约行为发生在 2019 年 8 月 20 日之后的,人民法院可以违约行为发生时的一年期贷款市场报价利率(LPR)标准为基础加计 30%—50% 计算逾期付款损失。

《最高人民法院关于审理买卖合同纠纷案件适用法律问题的解释》第十八条第四款规定,买卖合同没有约定逾期付款违约金或者该违约金的计算方法,出卖人以买受人违约为由主张赔偿逾期付款损失。违约行为发生在2019年8月19日之前的,人民法院可以中国人民银行同期同类人民币贷款基准利率为基础,参照逾期罚息利率标准计算;违约行为发生在2019年8月20日之后的,人民法院可以违约行为发生时中国人民银行授权全国银行间同业拆借中心公布的一年期贷款市场报价利率(LPR)标准为基础,加计30%—50%计算逾期付款损失。

(四)定金规则的判断标准及适用

协议双方当事人可以依照《民法典》第五百八十七条①规定,约定一方向对方给付定金作为债权的担保。债务人履行债务后,定金应当抵作价款或者收回。给付定金的一方不履行约定的债务的,无权要求返还定金;收受定金的一方不履行约定的债务的,应当双倍返还定金。定金具有以下特征:(1)双向惩罚性。与保证、抵押、质押、留置等确保债权人一方利益的担保不同,定金对双方当事人均提供了履行保障。定金惩罚性的法律效果,可能发生在给付定金的一方,也可能发生在收受定金的一方。定金的双向惩罚性,将其与其他几种担保区别开来,是定金最本质的特征。(2)实践性。与诺成合同经双方意思表示一致即可成立不同,《民法典》第五百八十六条第一款规定,定金具有实践性,即未实际支付则不形成定金合同法律关系,从而避免当事人规避定金交付义务。(3)定额性。《民法典》第五百八十六条第二款规定,定金存在最高额限制,当事人约定的定金数额不得超过主合同标的额的20%,从而避免双方承担过度惩罚的风险。对于超出部分如何处理也进行了明确规定,即"超出部分不产生定金效力"。司法实践中,超出标的额20%的部分往往视为预付款。

1. 定金的分类及对应定金罚则适用的法律规定

(1)订约定金,即为订立主合同提供担保而交付的定金

《合同编通则司法解释》第六十七条第二款规定继承《最高人民法院关于适用〈中华人民共和国担保法〉若干问题的解释》(已失效,以下简称《担

---

① 《中华人民共和国民法典》第五百八十七条:债务人履行债务的,定金应当抵作价款或者收回。给付定金的一方不履行债务或者履行债务不符合约定,致使不能实现合同目的的,无权请求返还定金;收受定金的一方不履行债务或者履行债务不符合约定,致使不能实现合同目的的,应当双倍返还定金。

保法司法解释》)第一百一十五条①规定,继续规定以交付定金作为订立合同的担保,一方不履行订立合同的义务的,人民法院应当依据《民法典》第五百八十七条的规定适用定金罚则。

（2）成约定金,即为主合同成立或者生效提供担保而交付的定金

《合同编通则司法解释》第六十七条第三款延续《担保法司法解释》第一百一十六条②规定,当事人约定以交付定金作为合同成立或者生效条件(约定成约定金),应当给付定金的一方未支付定金,但是合同主要义务已经履行完毕,并为对方所接受的,人民法院应当认定合同已经成立或者生效。

（3）解约定金,即当事人在合同中约定的以承受定金罚则作为行使合同解除权的代价的定金

《合同编通则司法解释》第六十七条第四款延续《担保法司法解释》第一百一十七条③的规定,当事人约定定金性质为解约定金,交付定金的一方主张以丧失定金为代价解除合同,或者收受定金的一方主张以双倍返还定金为代价解除合同的,人民法院依法予以支持。

（4）违约定金,即以担保合同的履行而支付的定金

《合同编通则司法解释》第六十七条第一款确立"违约定金"的认定具有兜底性,当事人约定了定金性质,未约定定金类型或者约定不明的,应当推定为违约定金。同时,《合同编通则司法解释》第六十八条在《担保法司法解释》第一百二十条第一款④的基础上,进一步细化:(1)双方均构成根本违约,均不可主张适用定金罚则;(2)一方存在根本违约,相对方无违约方或者仅有轻微违约,相对方可主张适用定金罚则。并且,根本违约方不得以对方也存在违约行为进行抗辩。

---

① 《最高人民法院关于适用〈中华人民共和国担保法〉若干问题的解释》第一百一十五条:当事人约定以交付定金作为订立主合同担保的,给付定金的一方拒绝订立主合同的,无权要求返还定金;收受定金的一方拒绝订立合同的,应当双倍返还定金。

② 《最高人民法院关于适用〈中华人民共和国担保法〉若干问题的解释》第一百一十六条:当事人约定以交付定金作为主合同成立或者生效要件的,给付定金的一方未支付定金,但主合同已经履行或者已经履行主要部分的,不影响主合同的成立或者生效。

③ 《最高人民法院关于适用〈中华人民共和国担保法〉若干问题的解释》第一百一十七条:定金交付后,交付定金的一方可以按照合同的约定以丧失定金为代价而解除主合同,收受定金的一方可以双倍返还定金为代价而解除主合同。对解除主合同后责任的处理,适用《中华人民共和国合同法》的规定。

④ 《最高人民法院关于适用〈中华人民共和国担保法〉若干问题的解释》第一百二十条:因当事人一方迟延履行或者其他违约行为,致使合同目的不能实现,可以适用定金罚则。但法律另有规定或者当事人另有约定的除外。当事人一方不完全履行合同的,应当按照未履行部分所占合同约定内容的比例,适用定金罚则。

司法解释第六十八条第二款是对《担保法司法解释》第一百二十条第二款的延续,遵循比例原则。一方已部分履行,对方同意接受的,相对方仅可以主张按照未履行部分所占比例适用定金罚则,不得主张按照合同整体适用定金罚则,但是部分未履行致使不能实现全部合同目的除外。

2. 定金罚则的适用要件

在把握了定金的概念和特征后,我们来看《民法典》第五百八十七条规定的定金罚则。从该法条可以看出,适用定金罚则的法律效果是严苛的:给付定金的一方无权请求返还定金或者收受定金的一方双倍返还定金。那么,定金罚则的适用要件是什么呢? 定金罚则的适用,需要满足以下三个要件:(1)主合同有效且定金实际支付,这是由定金合同的从属性和实践性决定的。(2)合同目的落空,只有违约行为致使合同目的无法实现时,才能适用定金罚则。这是《民法典》第五百八十七条关于定金罚则适用的一大亮点。以往合同法及担保法中关于定金罚则的适用条件并无此要求,而《民法典》吸收了《担保法司法解释》第一百二十条的规定,限缩了定金罚则的适用范围,对适用提出了更严格的要求,从而防止定金罚则被滥用。(3)《合同编通则司法解释》第六十八条第三款延续《担保法司法解释》第一百二十二条①的规定,进一步明确因不可抗力、意外事件致使主合同不能履行的,不适用定金罚则。

3. 定金与违约金、损失赔偿的适用关系

定金是违约责任的一种特殊表现形式,也是合同一方违约所造成损失的一种弥补。那么,定金与违约金、损失赔偿可以同时适用吗?

合同法及担保法并无明确规定,《民法典》第五百八十八条②则清晰地界定了定金与违约金、损失赔偿的关系——定金与违约金应择一适用。当事人既约定了定金,又约定了违约金,如果一方违约,则对方享有选择权,可以选择适用定金或者违约金条款,但二者不能并用。因为定金具有金钱惩罚性,而违约金也具有惩罚性,如果同时并用,可能导致守约方获得不应获得的收入,有违公平原则。

定金与损失赔偿,则可以同时适用。定金的数额不得超过主合同标的额的20%,但定金的适用没有像违约金那样可以酌情调整高低的空间。《最

---

① 《最高人民法院关于适用〈中华人民共和国担保法〉若干问题的解释》第一百二十二条:因不可抗力、意外事件致使主合同不能履行的,不适用定金罚则。因合同关系以外第三人的过错,致使主合同不能履行的,适用定金罚则。受定金处罚的一方当事人,可以依法向第三人追偿。

② 《中华人民共和国民法典》第五百八十八条:当事人既约定违约金,又约定定金的,一方违约时,对方可以选择适用违约金或者定金条款。定金不足以弥补一方违约造成的损失的,对方可以请求赔偿超过定金数额的损失。

高人民法院关于审理买卖合同纠纷案件适用法律问题的解释》第二十八条①明确规定了定金与赔偿损失可以并处的态度,但仅限于买卖合同。《民法典》则将其扩大至所有合同类型,以法律的形式明确规定:定金不足以弥补一方违约造成的损失的,对方可以请求赔偿超过定金数额的损失。这既解决了定金罚额不足以保障守约方权益的困境,又避免了守约方获得超过其损失的利益。定金作为一项普遍适用的担保制度,具有典型的法律规制的属性。《民法典》关于定金罚则的规制,也体现了法律在提升交易效率与保护当事人权益之间的谨慎平衡。

三、参考案例

1. 判断违约方能否或应否预见损害时,应当结合具体协议约定、双方主体性质、交易习惯等因素综合判断——最高人民法院(2021)最高法民再275号唐山市丰南区桑升宝利贸易有限公司、唐山国丰钢铁有限公司买卖合同纠纷民事再审判决书

裁判要旨:对于可得利益的损失,应是违约方在订立合同时应当预见到的损失,一方委托作出的审计意见,另一方未举示足以反驳其内容和结论的证据,且不对损失提出鉴定申请,亦未能提交证据证明审计意见存在鉴定机构或者鉴定人员不具备相关的鉴定资格、鉴定程序严重违法、鉴定结论明显依据不足等情形,法院可依据该审计意见确定可得利益的损失。

基本案情:宝利公司与国丰公司签订采购合同,约定国丰公司向宝利公司提供 4500 万元扶持资金,宝利公司保证加工的铁水全部供应给国丰公司。合同履行过程中,国丰公司存在未按照合同约定支付宝利公司货款,构成违约,造成宝利公司停产 10 天。宝利公司提交了其委托会计师事务所出具的《审计报告》,并以此为依据请求国丰公司赔偿宝利公司停产期间的损失。

争议焦点:国丰公司应否赔偿宝利公司停产期间的损失,即宝利公司停产期间的损失,是否为国丰公司在订立合同时应当预见到的损失?

最高人民法院认为,宝利公司停产期间的损失,是国丰公司在订立合同时应当预见到的损失。

首先,根据《采购合同》第四条约定,宝利公司应保证加工的铁水全部供应给国丰公司,第十条约定的结算方式"买受人每两天向出卖人支付一次货

---

① 《最高人民法院关于审理买卖合同纠纷案件适用法律问题的解释》第二十八条:买卖合同约定的定金不足以弥补一方违约造成的损失,对方请求赔偿超过定金部分的损失的,人民法院可以并处,但定金和损失赔偿的数额总和不应高于因违约造成的损失。

款"。其次，由铁水生产需要大量资金购买原材料的行业特点以及双方此前存在的所谓"扶持"关系可知，国丰公司对宝利公司以国丰公司的回款维持生产是知悉的，如果国丰公司不支付货款超过一定的时间，势必引起宝利公司的停产。最后，国丰公司作为从事钢铁生产的专业公司，国丰公司在订立合同时应当能够预见到这一结果。

2. **违约金的认定不仅应以实际损失为基础，还应结合守约方可获得利润确定损失赔偿金额——最高人民法院（2021）最高法民再341号中新春谊智业（吉林）综合能源有限公司与吉林省乐府大酒店、长春三利空调制冷设备有限公司合同纠纷案**

裁判要旨： 最高人民法院认为，案涉能源服务合同的约定明确直接经济损失与可得利润损失均为乐府大酒店违约损失赔偿的内容，系双方对自己可能承担的违约后果的预先安排。原一审兼顾本案合同解除双方过错程度、合同约定服务期限与实际履行时间，参照双方关于可得利润损失的明确约定，酌情支持由乐府大酒店承担可得利润损失2028000元，符合公平原则。原二审法院认为违约金的认定仅应以实际损失为基础，而作出否定守约方中新能源公司应获可得利润损失赔偿的违约金调整，属适用法律错误。

基本案情： 中新能源公司、乐府大酒店签订《吉林省乐府大酒店污水源热泵合作投资协议》，约定中新能源公司投资乐府大酒店污水源热泵工程360万元，为乐府大酒店提供综合能源服务，向乐府大酒店收取采暖费、制冷费和生活热水费。在协议中约定乐府大酒店不得擅自解除或者终止合同，否则除应赔偿中新能源公司直接经济损失外，还应根据合同约定的收费年限每年（约定服务期限为15年）按合同约定的能源费用年包干总费用169万元的20%计算赔偿中新能源公司的可得利润损失。在合同履行的过程中，乐府大酒店存在迟延付款的违约行为导致合同解除。

争议焦点： 一审法院对违约金的计算在尊重当事人意思自治的基础上，结合合同的履行情况、当事人的过错程度以及预期利益等综合因素，支持由乐府大酒店承担违约金2028000元（1690000元×20%×6年）。二审法院以违约金的认定应以实际损失为基础，对该部分违约金不予支持。

最高人民法院认为，案涉能源服务合同第七条第一款第1.8项约定："乐府大酒店不得擅自解除或者终止合同，否则，除应赔偿直接经济损失外，还应根据合同约定的收费年限每年按合同约定的能源费用年包干总费用的20%计算赔偿中新能源公司可得利润损失。"该条款明确直接经济损失与可得利润损失均为乐府大酒店违约损失赔偿的内容，系双方对自己可能承担的违约后果的预先安排。从尊重当事人意思自治和维护诚实信用的合同原则考虑,当乐府大酒店违约时,其应按上述合同约定向中新能源公司支付违约金。

2017 年 12 月 25 日双方签订案涉能源服务合同并约定服务收费期限为 15 年,2018 年 10 月乐府大酒店出现迟延付款、将中新能源公司驱离能源站等违约行为导致案涉能源服务合同解除。原一审兼顾本案合同解除双方过错程度、合同约定服务期限与实际履行时间,参照双方关于可得利润损失的明确约定,酌情支持由乐府大酒店承担可得利润损失 2028000 元(1690000 元 ×20% ×6 年),符合公平原则。

3. 为担保将来订立本约而交付的定金,因可归责于交付定金一方的原因导致本约未能订立,定金不再退还——巩义市嘉成能源有限公司与河南大有能源股份有限公司定金合同纠纷案(最高人民法院发布 2022 年全国法院十大商事案件)

裁判要旨:判断案涉协议是否为预约合同,要根据协议的名称、约定的内容尤其是约束力条款,后续的履行情况、是否交付定金等情况,运用文义解释、目的解释、体系解释等合同解释方法,综合审查分析,以探究协议当事人的真实意思。当事人在案涉转让协议中为担保将来订立正式合同设置了定金条款,则该定金具有立约定金的性质(立约定金在性质上其实就是预约合同的违约定金)。本约合同未能订立是可归责于交付定金一方的原因,故约定的定金不再退还。

基本案情:巩义市人民政府与义煤集团签订《转让协议》,双方约定由嘉成能源公司收购河南大有能源公司下属铁生沟煤矿有效资产和铁路专用线资产。嘉成能源公司支付 4000 万元人民币作为定金,如果未能收购成功,则上述定金不再退还。嘉成能源公司分期交纳了 4000 万元,而后在是否对铁生沟煤业的债务提供担保及担保方式问题上,出现意见反复,最终影响了其进场交易的意愿,导致未能正式签约,收购未能成功。

争议焦点:嘉成能源公司是否有权因本约未能订立,而要求河南大有能源公司退还定金。河南省郑州市中级人民法院判决驳回嘉成能源公司的诉讼请求,嘉成能源公司不服,向河南省高级人民法院提起上诉。河南省高级人民法院判决认为,《转让协议》是具有预约性质的合同,案涉定金为订约定金,只要本约未能订立不是由于出让方的原因,则该定金就不再退回。

判断案涉协议是否为预约合同,要根据协议的名称、约定的内容尤其是约束力条款,后续的履行情况、是否交付定金等情况,运用文义解释、目的解释、体系解释等合同解释方法,综合审查分析,以探究协议当事人的真实意思。当事人在案涉转让协议中为担保将来订立正式合同设置了定金条款,则该定金具有立约定金的性质。这对于预约合同的认定具有较为重要的指导意义。

从本案也可以看出，立约定金在性质上其实就是预约合同的违约定金。因此，是否适用定金罚则，就要取决于当事人是否违反预约合同。一般认为，在预约合同生效后，如果当事人一方无正当理由拒绝订立本约合同或者在磋商订立本约合同时违背诚信原则导致未能订立本约合同的，就应认定该当事人违反预约合同。在本案中，预约合同生效后，受让方在明确知晓本约合同担保条款内容的情况下，又在提供担保的主体及担保方式问题上出现意见反复，以致未能进场交易并与出让人订立正式的资产转让协议，从而构成违约。据此，终审判决认为，因本约合同未能订立是可归责于交付定金一方的原因，故约定的定金不再退还。这对于违反预约合同的认定以及违反预约合同的违约责任等疑难问题的处理，同样具有一定的指导意义。

4. 在具体案件计算和认定可得利益损失时，应当运用可预见规则、减损规则、损益相抵规则以及过失相抵规则等，综合考量不可预见的损失、不当扩大的损失、因违约获得的利益、双方的过失及必要的交易成本——最高人民法院(2019)最高法民终240号魏文与陈丽安、山西煤炭运销集团和顺鸿润煤业有限公司矿山开采合作合同纠纷案

裁判要旨：在具体案件计算和认定可得利益损失时，应当运用可预见规则、减损规则、损益相抵规则以及过失相抵规则等，综合考量不可预见的损失、不当扩大的损失、因违约获得的利益、双方的过失及必要的交易成本。本案中，双方当事人对于《合作协议书》的解除均负有责任，且陈丽安撤场时煤炭市场处于不景气状态，当事人约定的可得利益客观上存在不能完全实现的可能，故酌定由魏文按《合作协议书》约定利润的60%即9600万元，对陈丽安承担赔偿责任，其余损失由陈丽安自行承担。

基本案情：魏文与陈丽安签订一份《合作协议书》，魏文向陈丽安承诺保底利润1:1，双方合作施工开采直至陈丽安收回投资款与利润共计3.2亿元。后由于魏文的违约行为，导致《合作协议书》无法继续履行，陈丽安主张可得利益损失1.6亿元。

争议焦点：一审法院判决魏文赔偿陈丽安可得利益损失1.6亿元是否适当？

最高人民法院认为，根据《合作协议书》第五条第一款约定，魏文向陈丽安承诺保底利润1:1，双方合作施工开采直至陈丽安收回投资款与利润共计3.2亿元。陈丽安主张魏文应赔偿其预期可得利益损失1.6亿元。在具体案件计算和认定可得利益损失时，应当运用可预见规则、减损规则、损益

相抵规则以及过失相抵规则等,综合考量不可预见的损失、不当扩大的损失、因违约获得的利益、双方的过失及必要的交易成本。本案中,双方当事人对于《合作协议书》的解除均负有责任,且陈丽安撤场时煤炭市场处于不景气状态,当事人约定的可得利益客观上存在不能完全实现的可能,故最高人民法院酌定由魏文按《合作协议书》约定利润的 60% 即 9600 万元,对陈丽安承担赔偿责任,其余损失由陈丽安自行承担。

5. 一审法院判决调减违约金,应当是根据当事人的请求进行,否则在当事人不请求调减违约金的情况下,即便违约金过分高于违约造成的损失,人民法院也不应当主动调减——山东省高级人民法院(2020)鲁民终 248 号青岛公路建设集团有限公司、青岛弘福硕企业管理咨询有限公司民间借贷纠纷案

裁判要旨:公路建设集团未依约还款构成违约,应当承担违约责任,公路建设集团与汇泉民资公司签订的《借款合同》中约定的违约金条款不是年利率的计收方法,不适用《最高人民法院关于审理民间借贷案件适用法律若干问题的规定》第二十六条的规定而认定约定过高部分无效,即便违约金约定过高也仅应依据《合同法》第一百一十四条第二款规定予以调减,公路建设集团认为违约金约定过高则违约金条款无效的理由没有法律依据,对其违约金条款无效的主张不予支持。一审法院判决调减违约金,应当是根据公路建设集团的请求进行,否则在当事人不请求调减违约金的情况下,即便违约金过分高于违约造成的损失,人民法院也不应当主动调减,故调减违约金是公路建设集团在违约金条款有效前提下的意思表示,公路建设集团上诉要求认定违约金条款无效与其一审意思表示不一致,且会增加其民事责任,故对其上诉请求不予支持。

基本案情:汇泉民资公司与公路建设集团公司签订《投资合同》和 2018 年民资借字第 129 号《借款合同》,借款已经到期,公路建设集团公司未履行还款义务,构成违约。公路建设集团公司一审未请求调减违约金,二审公路建设集团上诉要求认定违约金条款无效与其一审意思表示不一致,故而成诉。

争议焦点:一审法院判决公路建设集团公司偿还弘福硕公司借款本金 2700 万元及利息和违约金(以本金 2700 万元为基数,利息自 2018 年 11 月 9 日起至 2019 年 2 月 6 日止、按日利率 0.5% 计算,违约金自 2019 年 2 月 7 日起至实际清偿之日止、按年利率 24% 计算)是否适当?

山东省高级人民法院认为,公路建设集团公司等与汇泉民资公司签订的《投资合同》《借款合同》《抵押合同》《保证合同》;弘福硕公司与汇泉民资

公司签订的《债权转让合同》均为当事人的真实意思表示,不违反法律法规的效力性强制规定,合法有效。汇泉民资公司依约向公路建设集团公司发放了贷款,公路建设集团公司有义务按合同约定履行还款责任,本案借款已经到期,公路建设集团公司未履行还款义务,构成违约。汇泉民资公司有权要求公路建设集团公司履行还款责任。借款合同约定了违约金条款,因违约金的约定数额过高,一审法院予以调整按照年利率24%计算。

一审法院判决调减违约金,应当是根据公路建设集团的请求进行,否则在当事人不请求调减违约金的情况下,即便违约金过分高于违约造成的损失,人民法院也不应当主动调减,故调减违约金是公路建设集团在违约金条款有效前提下的意思表示,公路建设集团上诉要求认定违约金条款无效与其一审表示意思不一致,且会增加其民事责任,故对其上诉请求不予支持。

6. 从尊重当事人意思自治和维护诚实信用的合同原则考虑,当发生违约时,违约方应当按照合同的约定支付违约金。只有当约定的违约金过分高于违约造成的损失时,人民法院才需要根据当事人的申请予以适当调整。对于违约金是否过高的判断,应综合考量守约方的实际损失、合同的履行情况、当事人的过错程度等因素作出认定——最高人民法院(2015)民二终字第383号北京世纪沃德生物科技有限公司、南充市商业银行股份有限公司贵阳分行金融借款合同纠纷案

裁判要旨:《借款合同》系当事人真实意思表示,且不违反法律、行政法规的强制性规定,应当认定合法有效。中意电讯公司作为借款人,未按照合同约定归还借款,理应承担还款责任。根据已查明的事实,双方均认可中意电讯公司已还本金24970.95元,应当从3850万元借款中予以扣除,该院对此予以确认,即中意电讯公司应当归还的借款本金是38475029.05元,中意电讯公司并应当支付相应利息。其中,自2014年12月22日至本判决确定的履行期限届满时止以25988573.36元为基数,自2015年1月20日起至本判决确定的履行期限届满时止以12486455.69元为基数,均按照年利率9.3%计算利息。

债务人中意电讯公司虽然提供了股权质押担保,但由于当事人在保证合同中约定保证优先,故各保证人应当首先承担保证责任。各担保人在承担担保责任后,有权在自己承担的担保范围内向中意电讯公司追偿。

合同中的违约金条款是双方协商一致的结果,是双方对自己可能承担的违约后果的预先安排。因此,从尊重当事人意思自治和维护诚实信用的合同原则考虑,当发生违约时,违约方应当按照合同的约定支付违约金。只有当约定的违约金过分高于违约造成的损失时,人民法院才需要根据当事

人的申请予以适当调整。对于违约金是否过高的判断,应综合考量守约方的实际损失、合同的履行情况、当事人的过错程度等因素作出认定。本案中,中意电讯公司作为借款人,使用资金应当支付利息,利息与违约金可以同时存在,当事人可以一并主张,并不重复。双方当事人约定的违约金为贷款总额的5%,南充银行贵阳分行主张为1923751.46元。鉴于中意电讯公司违约时间较长,且本金从未归还,给南充银行贵阳分行造成较大损失。因此,双方约定的违约金并不过高,故不予调整。

基本案情:2012年11月14日,南充银行贵阳分行与中意电讯公司签订《借款合同》,借款到期后,被告中意电讯公司仅向南充银行贵阳分行偿还借款24970.95元,其余欠款未能按约偿还。双方当事人约定的违约金为贷款总额的5%,南充银行贵阳分行主张为1923751.46元,现中意电讯公司认为违约金过高,请求予以调整,故而成诉。

争议焦点:违约金过高是否需要调整?

最高人民法院认为,从尊重当事人意思自治和维护诚实信用的合同原则考虑,当发生违约时,违约方应当按照合同的约定支付违约金。只有当约定的违约金过分高于违约造成的损失时,人民法院才需要根据当事人的申请予以适当调整。对于违约金是否过高的判断,应综合考量守约方的实际损失、合同的履行情况、当事人的过错程度等因素作出认定。

7. 第一审人民法院认为抗辩成立且未予释明,第二审人民法院认为应当判决支付违约金的,可以直接释明,并根据当事人的请求,在当事人就是否应当调整违约金充分举证、质证、辩论后,依法判决适当减少违约金——最高人民法院(2019)最高法知民终394号北京朗坤生物科技有限公司与北京汇朗生物科技有限公司专利权转让合同纠纷案

裁判要旨:汇朗公司在原审中认为涉案专利系刘俊霞擅自转让,与汇朗公司无关,未提出违约金过高予以调整的请求,二审中根据上述审理买卖合同纠纷的解释的相关规定,本院向汇朗公司释明后,汇朗公司提出朗坤公司并未因违约行为受到损失,涉案合同约定的违约金过高请求法院予以调整。由于朗坤公司亦未提交充分证据证明其除专利权本身价值外实际受到损失的具体情况,本院认为涉案合同约定的违约金明显过高应予调整。考虑汇朗公司擅自转让专利的主观过错,酌情确定朗坤公司应当就其擅自转让涉案专利承担违约金15万元。

基本案情:朗坤公司与汇朗公司签订《专利转让协议》,约定汇朗公司不得将涉案专利转让给任何第三方,否则应当向朗坤公司支付违约金100万元。2017年,汇朗公司董事长刘俊霞在未经其他股东同意及其他股东不知

情的情况下,私自控制了汇朗公司的公章,将涉案专利转让给案外人蔡丽民。汇朗公司的擅自转让行为违反了协议的约定,朗坤公司要求汇朗公司承担 100 万元违约金。

争议焦点:汇朗公司是否应当向朗坤公司支付违约金。具体涉及如下几个问题:(1)汇朗公司是否存在擅自转让涉案专利的违约行为。(2)如果汇朗公司构成违约,涉案专利被宣告无效后,朗坤公司能否依据《专利转让协议》主张汇朗公司承担违约金。(3)如果汇朗公司应当承担违约金,其应当承担的违约金的具体数额。

最高人民法院认为,根据《专利转让协议》第二条的约定,汇朗公司不得将专利转让任何第三方。本案中,涉案专利的专利权人于 2016 年 12 月 21 日由汇朗公司变更为案外人蔡丽民,转让合同上盖有汇朗公司的公章,应当认定系汇朗公司实施了转让涉案专利的行为,违反了《专利转让协议》的约定。

本案中:一方面,《专利转让协议》第二条约定:"乙方不得将专利转让任何第三方"。第六条约定:"任何一方违反上述协议必须向对方支付违约金人民币 100 万元。"上述约定系双方当事人在签订专利转让合同时对各自权利义务作出的明确约定,不仅是对损害赔偿的事先约定,还具有担保涉案合同正常签订以及履行的功能。对于双方当事人自愿协商作出的上述权利义务安排,应当予以尊重和保护,不应基于涉案专利被宣告无效而导致上述约定也随之无效。另一方面,涉案合同关于擅自转让专利应当承担违约金的约定具有独立于专利权价值的其他值得保护的利益。这种利益不仅包括专利权人对合同正常履行而产生的信赖利益、履行利益,也包括对汇朗公司擅自违约而进行的惩戒。该违约金约定与专利权本身的价值并不具有直接对应性,而是为了约束当事人的行为,确保当事人严格按照合同约定履行各自的义务。事实上,汇朗公司实施擅自向第三方转让涉案专利时,涉案专利是有效的,汇朗公司明知其不得向第三方转让仍然实施违约行为,理应承担相应的不利后果。否则,如果仅仅因为专利权事后被宣告无效而免除汇朗公司本应承担的违约责任,将导致朗坤公司对于合同正常履行的利益无法受到保护,也是对违约方的不当纵容。

因此,在涉案专利被宣告无效后,汇朗公司与朗坤公司签订的《专利转让协议》仍然有效,汇朗公司仍应就其于涉案专利无效前擅自向第三方转让涉案专利的违约行为承担相应的违约责任。

汇朗公司在原审中认为涉案专利系刘俊霞擅自转让,与汇朗公司无关,未提出违约金过高予以调整的请求,二审中根据上述审理买卖合同纠纷的解释的相关规定,本院向汇朗公司释明后,汇朗公司提出朗坤公司并未因违约行为受到损失,涉案合同约定的违约金过高请求法院予以调整。由于朗坤公司亦未提交充分证据证明其除专利权本身价值外实际受到损失的具体情况,本院认为涉案合同约定的违约金明显过高应予调整。考虑汇朗公司擅自转让专利的主观过错,酌情确定朗坤公司应当就其擅自转让涉案专利承担违约金 15 万元。

8. 当事人交付留置金、担保金、保证金、订约金、押金或者订金等,但没有约定定金性质的,当事人主张定金权利的,人民法院不予支持——最高人民法院(2018)最高法民终 622 号中粮置地管理有限公司与成都中铁锦华置业有限公司合同纠纷案

裁判要旨:《最高人民法院关于适用〈中华人民共和国担保法〉若干问题的解释》第一百一十八条规定:"当事人交付留置金、担保金、保证金、订约金、押金或者订金等,但没有约定定金性质的,当事人主张定金权利的,人民法院不予支持",中粮置地公司与中铁锦华公司在预约合同中已明确约定前述 1 亿元资金为保证金,且其设立目的和作用不符合定金性质,因此,中粮置地公司关于案涉 1 亿元资金性质上为定金的诉讼请求不能成立,继而其主张中铁锦华公司应当承担 1 亿元定金责任的请求权基础亦不存在,其诉讼请求应予驳回。综上所述,中粮置地公司关于中铁锦华公司应支付定金加倍部分 1 亿元的上诉请求不能成立。

基本案情:2017 年 4 月 1 日,中粮置地公司与中铁锦华公司签署《框架协议书》。2017 年 5 月 3 日,中铁二局工程有限公司(以下简称中铁二局公司)、中铁锦华公司、中粮置地公司签署《增资扩股框架协议》,约定中粮置地公司支付诚意保证金人民币 10000 万元存入双方共管的监管账户内,作为交易的保证。在此后《框架协议书》的继续履行过程中,因中铁锦华公司无正当理由拒绝与中粮置地公司签约,而是引入案外人为中鼎置业公司的投资人,导致《框架协议书》的合同目的无法实现,故而成诉。

争议焦点:案涉《框架协议书》与《增资扩股框架协议》的合同性质及关系;案涉《框架协议书》中约定的 1 亿元监管资金性质。

最高人民法院认为,首先,根据各方在《框架协议》《增资扩股框架协议》的约定内容,结合交易背景、磋商经过和往来文件资料,可以认定案涉《框架协议书》及《增资扩股框架协议》均为预约合同,目的都是约定在未来一定期限内订立正式的交易文件。在交易实践中,预约合同通常表现为意向书、框架书、议定书、认购书、备忘录等一系列文件。当事人订立预约合同,唯一目的是订立本约合同,除此之外,不能形成其他具体的权利义务关系。预约合

同作为独立的合同,在当事人之间产生缔约请求权,违反预约合同应当承担违约责任。从上述合同约定分析,此时当事人签订正式交易文件的条件依然未成就,该《增资扩股框架协议》实为自《框架协议书》订立以来,各方对进一步磋商成果的文本固化,性质上仍为预约合同,目的是继续锁定交易机会,于将来缔结正式的增资扩股协议。该《增资扩股框架协议》虽增加了中铁二局公司为签约主体,但中铁二局公司系中铁锦华公司的上级主管单位,且中铁锦华公司、中粮置地公司均签字同意,应对本案双方当事人具有效力。

其次,从合同内容及当事人履约情况分析,案涉《增资扩股框架协议》应为双方当事人在《框架协议书》基础上进一步协商的成果体现。从合同内容看,双方当事人于《框架协议书》中约定了协议终止的条件,并约定乙方支付诚意保证金人民币 10000 万元存入乙方名义开立的甲、乙方共管的监管账户内,作为乙方进行本交易的保证。根据后续履约行为分析,2017 年 4 月 30 日《框架协议书》约定的签约期届满后,当事人双方仍就案涉交易项目进行多次协商和文函往来,作为中粮置地公司进行案涉交易保证的 1 亿元监管资金,双方当事人在此后的系列协商文件和沟通记录中,均未对该 1 亿元监管资金作出新的约定和处置安排。据此可知,《框架协议书》约定的签约期满后,双方当事人同意进一步磋商,继续将该 1 亿元监管资金作为中粮置地公司案涉交易的保证,双方仍共同致力于相关交易条件的成就。结合《增资扩股框架协议》对签约期新的约定,当事人真实意思应是同意将《框架协议书》原定的签约期延展至 2017 年 5 月 12 日。案涉《增资扩股协议》应为双方当事人履行《框架协议书》的阶段性成果,因《增资扩股框架协议》的订立,《框架协议书》设定的权利义务延展至 2017 年 5 月 12 日终止,在此期限内,当事人负有依据诚信原则继续磋商、订立本约合同的义务。

《最高人民法院关于适用〈中华人民共和国担保法〉若干问题的解释》第一百一十八条规定:"当事人交付留置金、担保金、保证金、订约金、押金或者订金等,但没有约定定金性质的,当事人主张定金权利的,人民法院不予支持",中粮置地公司与中铁锦华公司在预约合同中已明确约定前述 1 亿元资金为保证金,且其设立目的和作用不符合定金性质,因此,中粮置地公司关于案涉 1 亿元资金性质上为定金的诉讼请求不能成立,继而其主张中铁锦华公司应当承担 1 亿元定金责任的请求权基础亦不存在,其诉讼请求应予驳回。一审法院对该 1 亿元资金的法律性质认定错误,本院依法予以纠正,但其驳回中粮置地公司诉讼请求的判决结果并无不当。

附件一

《最高人民法院
关于适用〈中华人民共和国民法典〉
合同编通则若干问题的解释》及思维导图

(2023 年 5 月 23 日最高人民法院审判委员会第 1889 次会议通过,自 2023 年 12 月 5 日起施行)

法释〔2023〕13 号

为正确审理合同纠纷案件以及非因合同产生的债权债务关系纠纷案件,依法保护当事人的合法权益,根据《中华人民共和国民法典》、《中华人民共和国民事诉讼法》等相关法律规定,结合审判实践,制定本解释。

一、一般规定

第一条 人民法院依据民法典第一百四十二条第一款、第四百六十六条第一款的规定解释合同条款时,应当以词句的通常含义为基础,结合相关条款、合同的性质和目的、习惯以及诚信原则,参考缔约背景、磋商过程、履行行为等因素确定争议条款的含义。

有证据证明当事人之间对合同条款有不同于词句的通常含义的其他共同理解,一方主张按照词句的通常含义理解合同条款的,人民法院不予支持。

对合同条款有两种以上解释,可能影响该条款效力的,人民法院应当选择有利于该条款有效的解释;属于无偿合同的,应当选择对债务人负担较轻的解释。

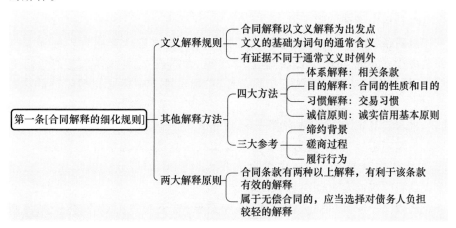

第二条 下列情形,不违反法律、行政法规的强制性规定且不违背公序良俗的,人民法院可以认定为民法典所称的"交易习惯":

(一)当事人之间在交易活动中的惯常做法;

(二)在交易行为当地或者某一领域、某一行业通常采用并为交易对方订立合同时所知道或者应当知道的做法。

对于交易习惯,由提出主张的当事人一方承担举证责任。

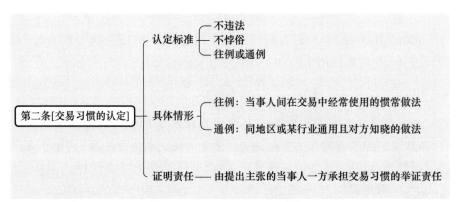

二、合同的订立

第三条 当事人对合同是否成立存在争议,人民法院能够确定当事人姓名或者名称、标的和数量的,一般应当认定合同成立。但是,法律另有规定或者当事人另有约定的除外。

根据前款规定能够认定合同已经成立的,对合同欠缺的内容,人民法院应当依据民法典第五百一十条、第五百一十一条等规定予以确定。

当事人主张合同无效或者请求撤销、解除合同等,人民法院认为合同不成立的,应当依据《最高人民法院关于民事诉讼证据的若干规定》第五十三条的规定将合同是否成立作为焦点问题进行审理,并可以根据案件的具体情况重新指定举证期限。

第四条 采取招标方式订立合同,当事人请求确认合同自中标通知书到达中标人时成立的,人民法院应予支持。合同成立后,当事人拒绝签订书面合同的,人民法院应当依据招标文件、投标文件和中标通知书等确定合同内容。

采取现场拍卖、网络拍卖等公开竞价方式订立合同,当事人请求确认合同自拍卖师落槌、电子交易系统确认成交时成立的,人民法院应予支持。合同成立后,当事人拒绝签订成交确认书的,人民法院应当依据拍卖公告、竞买人的报价等确定合同内容。

产权交易所等机构主持拍卖、挂牌交易,其公布的拍卖公告、交易规则

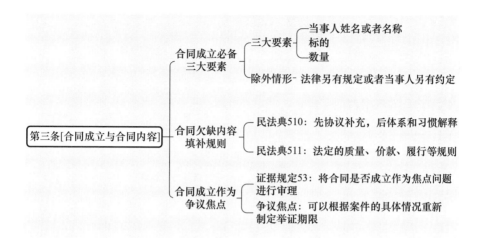

等文件公开确定了合同成立需要具备的条件,当事人请求确认合同自该条件具备时成立的,人民法院应予支持。

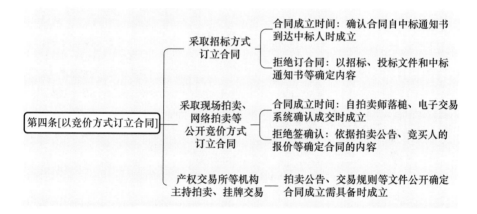

第五条　第三人实施欺诈、胁迫行为,使当事人在违背真实意思的情况下订立合同,受到损失的当事人请求第三人承担赔偿责任的,人民法院依法予以支持;当事人亦有违背诚信原则的行为的,人民法院应当根据各自的过错确定相应的责任。但是,法律、司法解释对当事人与第三人的民事责任另有规定的,依照其规定。

第六条　当事人以认购书、订购书、预订书等形式约定在将来一定期限内订立合同,或者为担保在将来一定期限内订立合同交付了定金,能够确定将来所要订立合同的主体、标的等内容的,人民法院应当认定预约合同成立。

当事人通过签订意向书或者备忘录等方式,仅表达交易的意向,未约

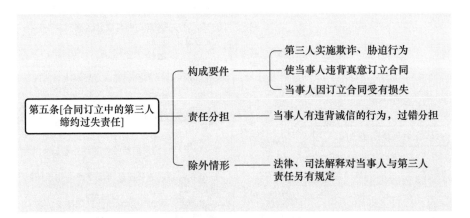

定在将来一定期限内订立合同，或者虽然有约定但是难以确定将来所要订立合同的主体、标的等内容，一方主张预约合同成立的，人民法院不予支持。

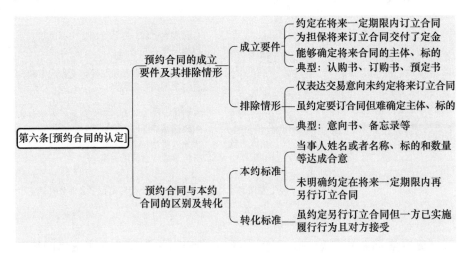

当事人订立的认购书、订购书、预订书等已就合同标的、数量、价款或者报酬等主要内容达成合意，符合本解释第三条第一款规定的合同成立条件，未明确约定在将来一定期限内另行订立合同，或者虽然有约定但是当事人一方已实施履行行为且对方接受的，人民法院应当认定本约合同成立。

第七条 预约合同生效后，当事人一方拒绝订立本约合同或者在磋商订立本约合同时违背诚信原则导致未能订立本约合同的，人民法院应当认定该当事人不履行预约合同约定的义务。

人民法院认定当事人一方在磋商订立本约合同时是否违背诚信原则，

应当综合考虑该当事人在磋商时提出的条件是否明显背离预约合同约定的内容以及是否已尽合理努力进行协商等因素。

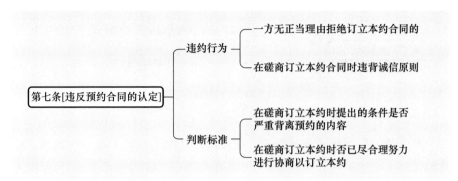

第八条 预约合同生效后,当事人一方不履行订立本约合同的义务,对方请求其赔偿因此造成的损失的,人民法院依法予以支持。

前款规定的损失赔偿,当事人有约定的,按照约定;没有约定的,人民法院应当综合考虑预约合同在内容上的完备程度以及订立本约合同的条件的成就程度等因素酌定。

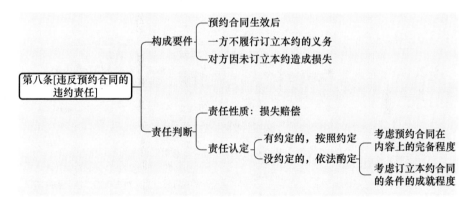

第九条 合同条款符合民法典第四百九十六条第一款规定的情形,当事人仅以合同系依据合同示范文本制作或者双方已经明确约定合同条款不属于格式条款为由主张该条款不是格式条款的,人民法院不予支持。

从事经营活动的当事人一方仅以未实际重复使用为由主张其预先拟定且未与对方协商的合同条款不是格式条款的,人民法院不予支持。但是,有证据证明该条款不是为了重复使用而预先拟定的除外。

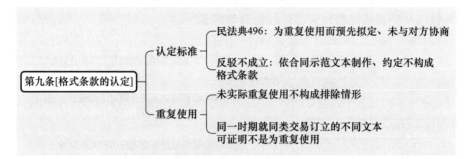

第十条 提供格式条款的一方在合同订立时采用通常足以引起对方注意的文字、符号、字体等明显标识,提示对方注意免除或者减轻其责任、排除或者限制对方权利等与对方有重大利害关系的异常条款的,人民法院可以认定其已经履行民法典第四百九十六条第二款规定的提示义务。

提供格式条款的一方按照对方的要求,就与对方有重大利害关系的异常条款的概念、内容及其法律后果以书面或者口头形式向对方作出通常能够理解的解释说明的,人民法院可以认定其已经履行民法典第四百九十六条第二款规定的说明义务。

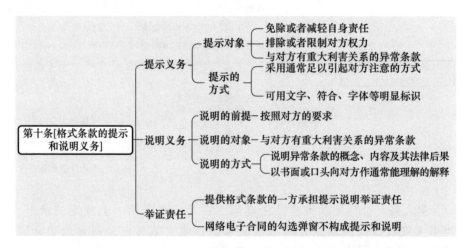

提供格式条款的一方对其已经尽到提示义务或者说明义务承担举证责任。对于通过互联网等信息网络订立的电子合同,提供格式条款的一方仅以采取了设置勾选、弹窗等方式为由主张其已经履行提示义务或者说明义务的,人民法院不予支持,但是其举证符合前两款规定的除外。

三、合同的效力

第十一条　当事人一方是自然人,根据该当事人的年龄、智力、知识、经验并结合交易的复杂程度,能够认定其对合同的性质、合同订立的法律后果或者交易中存在的特定风险缺乏应有的认知能力的,人民法院可以认定该情形构成民法典第一百五十一条规定的"缺乏判断能力"。

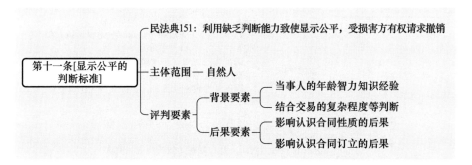

第十二条　合同依法成立后,负有报批义务的当事人不履行报批义务或者履行报批义务不符合合同的约定或者法律、行政法规的规定,对方请求其继续履行报批义务的,人民法院应予支持;对方主张解除合同并请求其承担违反报批义务的赔偿责任的,人民法院应予支持。

人民法院判决当事人一方履行报批义务后,其仍不履行,对方主张解除合同并参照违反合同的违约责任请求其承担赔偿责任的,人民法院应予支持。

合同获得批准前,当事人一方起诉请求对方履行合同约定的主要义务,经释明后拒绝变更诉讼请求的,人民法院应当判决驳回其诉讼请求,但是不影响其另行提起诉讼。

负有报批义务的当事人已经办理申请批准等手续或者已经履行生效判决确定的报批义务,批准机关决定不予批准,对方请求其承担赔偿责任的,人民法院不予支持。但是,因迟延履行报批义务等可归责于当事人的原因导致合同未获批准,对方请求赔偿因此受到的损失的,人民法院应当依据民法典第一百五十七条的规定处理。

第十三条　合同存在无效或者可撤销的情形,当事人以该合同已在有关行政管理部门办理备案、已经批准机关批准或者已依据该合同办理财产权利的变更登记、移转登记等为由主张合同有效的,人民法院不予支持。

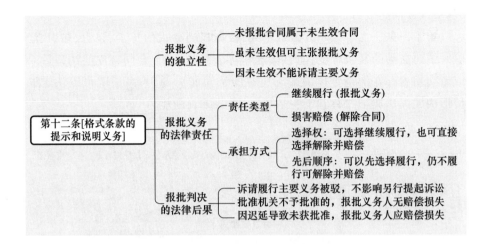

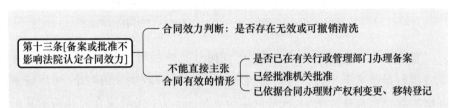

第十四条 当事人之间就同一交易订立多份合同,人民法院应当认定其中以虚假意思表示订立的合同无效。当事人为规避法律、行政法规的强制性规定,以虚假意思表示隐藏真实意思表示的,人民法院应当依据民法典第一百五十三条第一款的规定认定被隐藏合同的效力;当事人为规避法律、行政法规关于合同应当办理批准等手续的规定,以虚假意思表示隐藏真实意思表示的,人民法院应当依据民法典第五百零二条第二款的规定认定被隐藏合同的效力。

依据前款规定认定被隐藏合同无效或者确定不发生效力的,人民法院应当以被隐藏合同为事实基础,依据民法典第一百五十七条的规定确定当事人的民事责任。但是,法律另有规定的除外。

当事人就同一交易订立的多份合同均系真实意思表示,且不存在其他影响合同效力情形的,人民法院应当在查明各合同成立先后顺序和实际履行情况的基础上,认定合同内容是否发生变更。法律、行政法规禁止变更合同内容的,人民法院应当认定合同的相应变更无效。

第十五条 人民法院认定当事人之间的权利义务关系,不应当拘泥于合同使用的名称,而应当根据合同约定的内容。当事人主张的权利义务关系与根据合同内容认定的权利义务关系不一致的,人民法院应当结合缔约

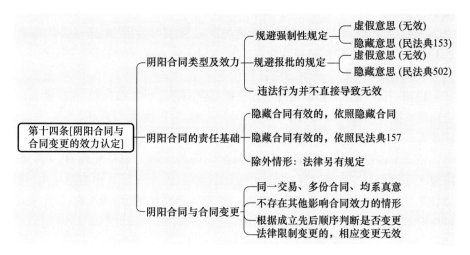

背景、交易目的、交易结构、履行行为以及当事人是否存在虚构交易标的等事实认定当事人之间的实际民事法律关系。

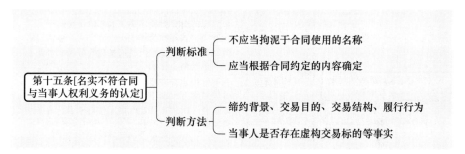

第十六条 合同违反法律、行政法规的强制性规定,有下列情形之一,由行为人承担行政责任或者刑事责任能够实现强制性规定的立法目的的,人民法院可以依据民法典第一百五十三条第一款关于"该强制性规定不导致该民事法律行为无效的除外"的规定认定该合同不因违反强制性规定无效:

(一)强制性规定虽然旨在维护社会公共秩序,但是合同的实际履行对社会公共秩序造成的影响显著轻微,认定合同无效将导致案件处理结果有失公平公正;

(二)强制性规定旨在维护政府的税收、土地出让金等国家利益或者其他民事主体的合法利益而非合同当事人的民事权益,认定合同有效不会影响该规范目的的实现;

(三)强制性规定旨在要求当事人一方加强风险控制、内部管理等,对方无能力或者无义务审查合同是否违反强制性规定,认定合同无效将使其承

担不利后果;

(四)当事人一方虽然在订立合同时违反强制性规定,但是在合同订立后其已经具备补正违反强制性规定的条件却违背诚信原则不予补正;

(五)法律、司法解释规定的其他情形。

法律、行政法规的强制性规定旨在规制合同订立后的履行行为,当事人以合同违反强制性规定为由请求认定合同无效的,人民法院不予支持。但是,合同履行必然导致违反强制性规定或者法律、司法解释另有规定的除外。

依据前两款认定合同有效,但是当事人的违法行为未经处理的,人民法院应当向有关行政管理部门提出司法建议。当事人的行为涉嫌犯罪的,应当将案件线索移送刑事侦查机关;属于刑事自诉案件的,应当告知当事人可以向有管辖权的人民法院另行提起诉讼。

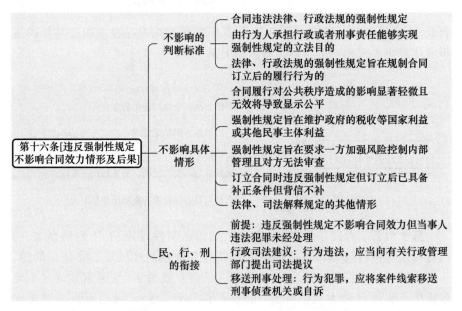

第十七条 合同虽然不违反法律、行政法规的强制性规定,但是有下列情形之一,人民法院应当依据民法典第一百五十三条第二款的规定认定合同无效:

(一)合同影响政治安全、经济安全、军事安全等国家安全的;

(二)合同影响社会稳定、公平竞争秩序或者损害社会公共利益等违背社会公共秩序的;

(三)合同背离社会公德、家庭伦理或者有损人格尊严等违背善良风俗的。

人民法院在认定合同是否违背公序良俗时,应当以社会主义核心价值观为导向,综合考虑当事人的主观动机和交易目的、政府部门的监管强度、一定期限内当事人从事类似交易的频次、行为的社会后果等因素,并在裁判文书中充分说理。当事人确因生活需要进行交易,未给社会公共秩序造成重大影响,且不影响国家安全,也不违背善良风俗的,人民法院不应当认定合同无效。

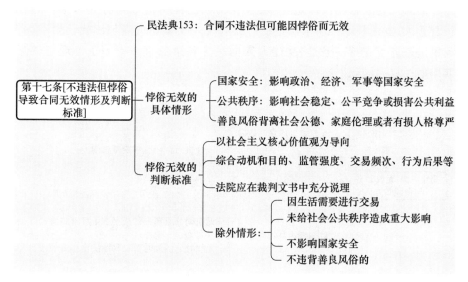

第十八条 法律、行政法规的规定虽然有"应当""必须"或者"不得"等表述,但是该规定旨在限制或者赋予民事权利,行为人违反该规定将构成无权处分、无权代理、越权代表等,或者导致合同相对人、第三人因此获得撤销权、解除权等民事权利的,人民法院应当依据法律、行政法规规定的关于违反该规定的民事法律后果认定合同效力。

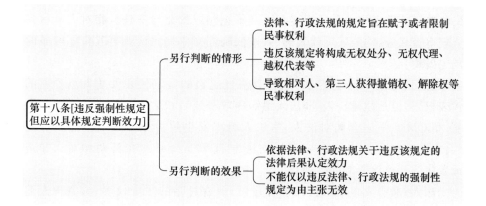

第十九条 以转让或者设定财产权利为目的订立的合同,当事人或者真正权利人仅以让与人在订立合同时对标的物没有所有权或者处分权为由主张合同无效的,人民法院不予支持;因未取得真正权利人事后同意或者让与人事后未取得处分权导致合同不能履行,受让人主张解除合同并请求让与人承担违反合同的赔偿责任的,人民法院依法予以支持。

前款规定的合同被认定有效,且让与人已经将财产交付或者移转登记至受让人,真正权利人请求认定财产权利未发生变动或者请求返还财产的,人民法院应予支持。但是,受让人依据民法典第三百一十一条等规定善意取得财产权利的除外。

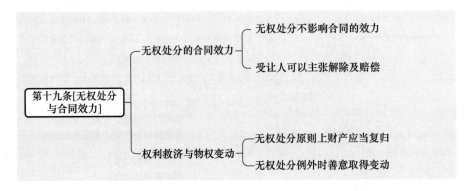

第二十条 法律、行政法规为限制法人的法定代表人或者非法人组织的负责人的代表权,规定合同所涉事项应当由法人、非法人组织的权力机构或者决策机构决议,或者应当由法人、非法人组织的执行机构决定,法定代表人、负责人未取得授权而以法人、非法人组织的名义订立合同,未尽到合理审查义务的相对人主张该合同对法人、非法人组织发生效力并由其承担违约责任的,人民法院不予支持,但是法人、非法人组织有过错的,可以参照民法典第一百五十七条的规定判决其承担相应的赔偿责任。相对人已尽到合理审查义务,构成表见代表的,人民法院应当依据民法典第五百零四条的规定处理。

合同所涉事项未超越法律、行政法规规定的法定代表人或者负责人的代表权限,但是超越法人、非法人组织的章程或者权力机构等对代表权的限制,相对人主张该合同对法人、非法人组织发生效力并由其承担违约责任的,人民法院依法予以支持。但是,法人、非法人组织举证证明相对人知道或者应当知道该限制的除外。

法人、非法人组织承担民事责任后,向有过错的法定代表人、负责人追偿因越权代表行为造成的损失的,人民法院依法予以支持。法律、司法解释对法定代表人、负责人的民事责任另有规定的,依照其规定。

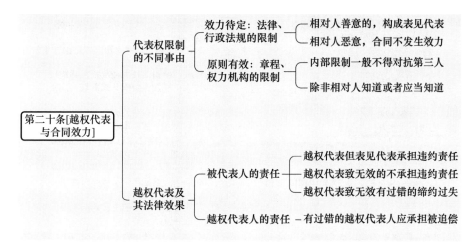

第二十一条　法人、非法人组织的工作人员就超越其职权范围的事项以法人、非法人组织的名义订立合同,相对人主张该合同对法人、非法人组织发生效力并由其承担违约责任的,人民法院不予支持。但是,法人、非法人组织有过错的,人民法院可以参照民法典第一百五十七条的规定判决其承担相应的赔偿责任。前述情形,构成表见代理的,人民法院应当依据民法典第一百七十二条的规定处理。

合同所涉事项有下列情形之一的,人民法院应当认定法人、非法人组织的工作人员在订立合同时超越其职权范围:

(一)依法应当由法人、非法人组织的权力机构或者决策机构决议的事项;

(二)依法应当由法人、非法人组织的执行机构决定的事项;

(三)依法应当由法定代表人、负责人代表法人、非法人组织实施的事项;

(四)不属于通常情形下依其职权可以处理的事项。

合同所涉事项未超越依据前款确定的职权范围,但是超越法人、非法人组织对工作人员职权范围的限制,相对人主张该合同对法人、非法人组织发生效力并由其承担违约责任的,人民法院应予支持。但是,法人、非法人组织举证证明相对人知道或者应当知道该限制的除外。

法人、非法人组织承担民事责任后,向故意或者有重大过失的工作人员追偿的,人民法院依法予以支持。

第二十二条　法定代表人、负责人或者工作人员以法人、非法人组织的名义订立合同且未超越权限,法人、非法人组织仅以合同加盖的印章不是备

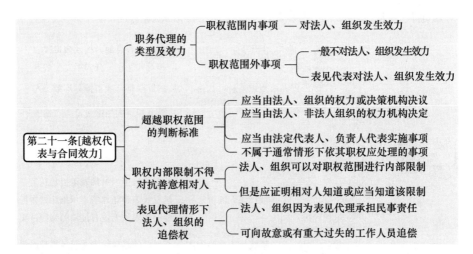

案印章或者系伪造的印章为由主张该合同对其不发生效力的,人民法院不予支持。

合同系以法人、非法人组织的名义订立,但是仅有法定代表人、负责人或者工作人员签名或者按指印而未加盖法人、非法人组织的印章,相对人能够证明法定代表人、负责人或者工作人员在订立合同时未超越权限的,人民法院应当认定合同对法人、非法人组织发生效力。但是,当事人约定以加盖印章作为合同成立条件的除外。

合同仅加盖法人、非法人组织的印章而无人员签名或者按指印,相对人能够证明合同系法定代表人、负责人或者工作人员在其权限范围内订立的,人民法院应当认定该合同对法人、非法人组织发生效力。

在前三款规定的情形下,法定代表人、负责人或者工作人员在订立合同时虽然超越代表或者代理权限,但是依据民法典第五百零四条的规定构成表见代表,或者依据民法典第一百七十二条的规定构成表见代理的,人民法院应当认定合同对法人、非法人组织发生效力。

第二十三条 法定代表人、负责人或者代理人与相对人恶意串通,以法人、非法人组织的名义订立合同,损害法人、非法人组织的合法权益,法人、非法人组织主张不承担民事责任的,人民法院应予支持。

法人、非法人组织请求法定代表人、负责人或者代理人与相对人对因此受到的损失承担连带赔偿责任的,人民法院应予支持。

根据法人、非法人组织的举证,综合考虑当事人之间的交易习惯、合同在订立时是否显失公平、相关人员是否获取了不正当利益、合同的履行情况等因素,人民法院能够认定法定代表人、负责人或者代理人与相对人存在恶意串通的高度可能性的,可以要求前述人员就合同订立、履行的过程等相关

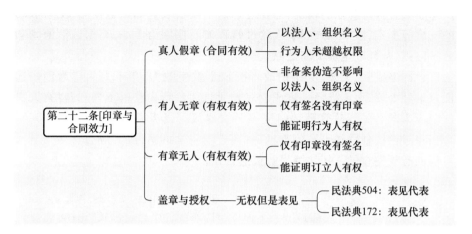

事实作出陈述或者提供相应的证据。其无正当理由拒绝作出陈述,或者所作陈述不具合理性又不能提供相应证据的,人民法院可以认定恶意串通的事实成立。

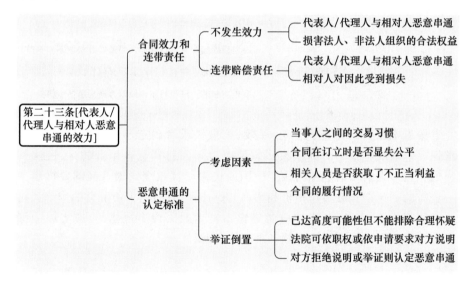

第二十四条 合同不成立、无效、被撤销或者确定不发生效力,当事人请求返还财产,经审查财产能够返还的,人民法院应当根据案件具体情况,单独或者合并适用返还占有的标的物、更正登记簿册记载等方式;经审查财产不能返还或者没有必要返还的,人民法院应当以认定合同不成立、无效、被撤销或者确定不发生效力之日该财产的市场价值或者以其他合理方式计算的价值为基准判决折价补偿。

除前款规定的情形外,当事人还请求赔偿损失的,人民法院应当结合财产返还或者折价补偿的情况,综合考虑财产增值收益和贬值损失、交易成本的支出等事实,按照双方当事人的过错程度及原因力大小,根据诚信原则和公平原则,合理确定损失赔偿额。

合同不成立、无效、被撤销或者确定不发生效力,当事人的行为涉嫌违法且未经处理,可能导致一方或者双方通过违法行为获得不当利益的,人民法院应当向有关行政管理部门提出司法建议。当事人的行为涉嫌犯罪的,应当将案件线索移送刑事侦查机关;属于刑事自诉案件的,应当告知当事人可以向有管辖权的人民法院另行提起诉讼。

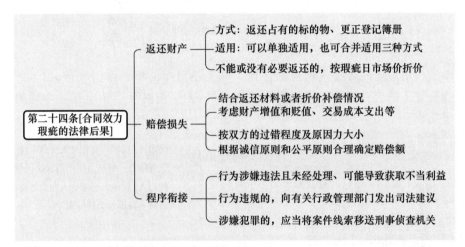

第二十五条 合同不成立、无效、被撤销或者确定不发生效力,有权请求返还价款或者报酬的当事人一方请求对方支付资金占用费的,人民法院应当在当事人请求的范围内按照中国人民银行授权全国银行间同业拆借中心公布的一年期贷款市场报价利率(LPR)计算。但是,占用资金的当事人对于合同不成立、无效、被撤销或者确定不发生效力没有过错的,应当以中国人民银行公布的同期同类存款基准利率计算。

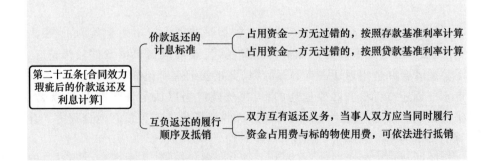

双方互负返还义务,当事人主张同时履行的,人民法院应予支持;占有标的物的一方对标的物存在使用或者依法可以使用的情形,对方请求将其应支付的资金占用费与应收取的标的物使用费相互抵销的,人民法院应予支持,但是法律另有规定的除外。

四、合同的履行

第二十六条 当事人一方未根据法律规定或者合同约定履行开具发票、提供证明文件等非主要债务,对方请求继续履行该债务并赔偿因怠于履行该债务造成的损失的,人民法院依法予以支持;对方请求解除合同的,人民法院不予支持,但是不履行该债务致使不能实现合同目的或者当事人另有约定的除外。

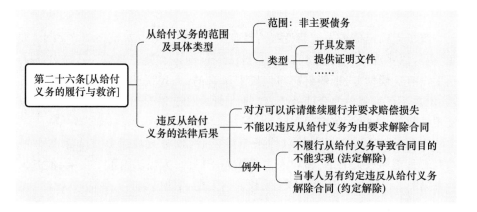

第二十七条 债务人或者第三人与债权人在债务履行期限届满后达成以物抵债协议,不存在影响合同效力情形的,人民法院应当认定该协议自当事人意思表示一致时生效。

债务人或者第三人履行以物抵债协议后,人民法院应当认定相应的原债务同时消灭;债务人或者第三人未按照约定履行以物抵债协议,经催告后在合理期限内仍不履行,债权人选择请求履行原债务或者以物抵债协议的,人民法院应予支持,但是法律另有规定或者当事人另有约定的除外。

前款规定的以物抵债协议经人民法院确认或者人民法院根据当事人达成的以物抵债协议制作成调解书,债权人主张财产权利自确认书、调解书生效时发生变动或者具有对抗善意第三人效力的,人民法院不予支持。

债务人或者第三人以自己不享有所有权或者处分权的财产权利订立以物抵债协议的,依据本解释第十九条的规定处理。

第二十八条 债务人或者第三人与债权人在债务履行期限届满前达成以物抵债协议的,人民法院应当在审理债权债务关系的基础上认定该协议的效力。

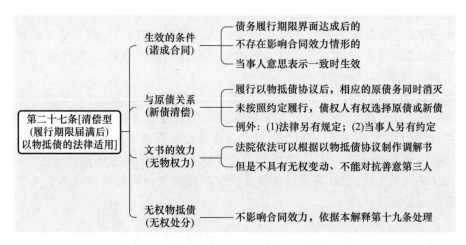

当事人约定债务人到期没有清偿债务,债权人可以对抵债财产拍卖、变卖、折价以实现债权的,人民法院应当认定该约定有效。当事人约定债务人到期没有清偿债务,抵债财产归债权人所有的,人民法院应当认定该约定无效,但是不影响其他部分的效力;债权人请求对抵债财产拍卖、变卖、折价以实现债权的,人民法院应予支持。

当事人订立前款规定的以物抵债协议后,债务人或者第三人未将财产权利转移至债权人名下,债权人主张优先受偿的,人民法院不予支持;债务人或者第三人已将财产权利转移至债权人名下的,依据《最高人民法院关于适用〈中华人民共和国民法典〉有关担保制度的解释》第六十八条的规定处理。

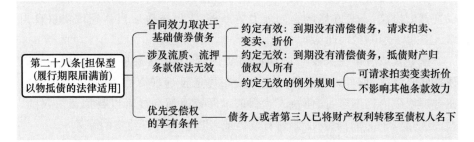

第二十九条 民法典第五百二十二条第二款规定的第三人请求债务人向自己履行债务的,人民法院应予支持;请求行使撤销权、解除权等民事权利的,人民法院不予支持,但是法律另有规定的除外。

合同依法被撤销或者被解除,债务人请求债权人返还财产的,人民法院应予支持。

债务人按照约定向第三人履行债务,第三人拒绝受领,债权人请求债务人向自己履行债务的,人民法院应予支持,但是债务人已经采取提存等方式消灭债务的除外。第三人拒绝受领或者受领迟延,债务人请求债权人赔偿因此造成的损失的,人民法院依法予以支持。

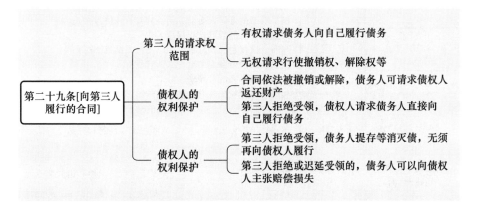

第三十条　下列民事主体,人民法院可以认定为民法典第五百二十四条第一款规定的对履行债务具有合法利益的第三人:

(一)保证人或者提供物的担保的第三人;

(二)担保财产的受让人、用益物权人、合法占有人;

(三)担保财产上的后顺位担保权人;

(四)对债务人的财产享有合法权益且该权益将因财产被强制执行而丧失的第三人;

(五)债务人为法人或者非法人组织的,其出资人或者设立人;

(六)债务人为自然人的,其近亲属;

(七)其他对履行债务具有合法利益的第三人。

第三人在其已经代为履行的范围内取得对债务人的债权,但是不得损害债权人的利益。

担保人代为履行债务取得债权后,向其他担保人主张担保权利的,依据《最高人民法院关于适用〈中华人民共和国民法典〉有关担保制度的解释》第十三条、第十四条、第十八条第二款等规定处理。

第三十一条　当事人互负债务,一方以对方没有履行非主要债务为由拒绝履行自己的主要债务的,人民法院不予支持。但是,对方不履行非主要债务致使不能实现合同目的或者当事人另有约定的除外。

当事人一方起诉请求对方履行债务,被告依据民法典第五百二十五条的规定主张双方同时履行的抗辩且抗辩成立,被告未提起反诉的,人民法院应当判决被告在原告履行债务的同时履行自己的债务,并在判项中明确原

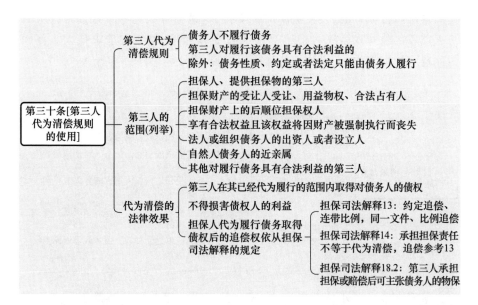

告申请强制执行的,人民法院应当在原告履行自己的债务后对被告采取执行行为;被告提起反诉的,人民法院应当判决双方同时履行自己的债务,并在判项中明确任何一方申请强制执行的,人民法院应当在该当事人履行自己的债务后对对方采取执行行为。

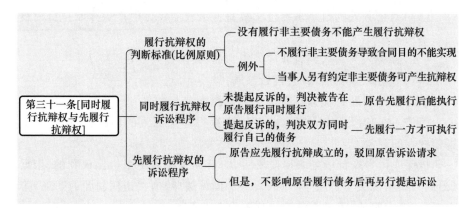

当事人一方起诉请求对方履行债务,被告依据民法典第五百二十六条的规定主张原告应先履行的抗辩且抗辩成立的,人民法院应当驳回原告的诉讼请求,但是不影响原告履行债务后另行提起诉讼。

第三十二条 合同成立后,因政策调整或者市场供求关系异常变动等原因导致价格发生当事人在订立合同时无法预见的、不属于商业风险的涨跌,继续履行合同对于当事人一方明显不公平的,人民法院应当认定合同的基础条件发生了民法典第五百三十三条第一款规定的"重大变化"。但是，合同涉及市场属性活跃、长期以来价格波动较大的大宗商品以及股票、期货等风险投资型金融产品的除外。

合同的基础条件发生了民法典第五百三十三条第一款规定的重大变化，当事人请求变更合同的，人民法院不得解除合同；当事人一方请求变更合同，对方请求解除合同的，或者当事人一方请求解除合同，对方请求变更合同的，人民法院应当结合案件的实际情况，根据公平原则判决变更或者解除合同。

人民法院依据民法典第五百三十三条的规定判决变更或者解除合同的，应当综合考虑合同基础条件发生重大变化的时间、当事人重新协商的情况以及因合同变更或者解除给当事人造成的损失等因素，在判项中明确合同变更或者解除的时间。

当事人事先约定排除民法典第五百三十三条适用的，人民法院应当认定该约定无效。

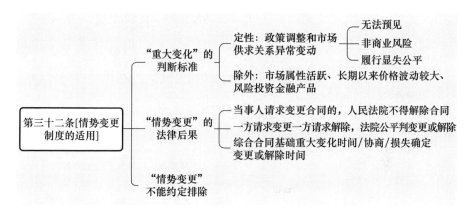

五、合同的保全

第三十三条 债务人不履行其对债权人的到期债务，又不以诉讼或者仲裁方式向相对人主张其享有的债权或者与该债权有关的从权利，致使债权人的到期债权未能实现的，人民法院可以认定为民法典第五百三十五条规定的"债务人怠于行使其债权或者与该债权有关的从权利，影响债权人的到期债权实现"。

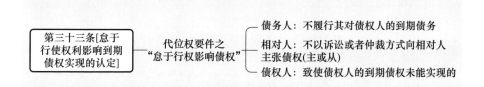

第三十四条 下列权利,人民法院可以认定为民法典第五百三十五条第一款规定的专属于债务人自身的权利:

（一）抚养费、赡养费或者扶养费请求权;

（二）人身损害赔偿请求权;

（三）劳动报酬请求权,但是超过债务人及其所扶养家属的生活必需费用的部分除外;

（四）请求支付基本养老保险金、失业保险金、最低生活保障金等保障当事人基本生活的权利;

（五）其他专属于债务人自身的权利。

第三十五条 债权人依据民法典第五百三十五条的规定对债务人的相对人提起代位权诉讼的,由被告住所地人民法院管辖,但是依法应当适用专属管辖规定的除外。

债务人或者相对人以双方之间的债权债务关系订有管辖协议为由提出异议的,人民法院不予支持。

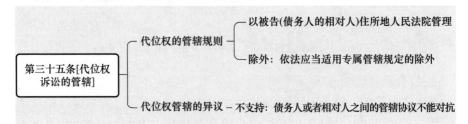

第三十六条 债权人提起代位权诉讼后,债务人或者相对人以双方之间的债权债务关系订有仲裁协议为由对法院主管提出异议的,人民法院不予支持。但是,债务人或者相对人在首次开庭前就债务人与相对人之间的债权债务关系申请仲裁的,人民法院可以依法中止代位权诉讼。

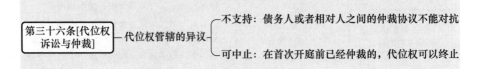

第三十七条 债权人以债务人的相对人为被告向人民法院提起代位权诉讼,未将债务人列为第三人的,人民法院应当追加债务人为第三人。

两个以上债权人以债务人的同一相对人为被告提起代位权诉讼的,人民法院可以合并审理。债务人对相对人享有的债权不足以清偿其对两个以上债权人负担的债务的,人民法院应当按照债权人享有的债权比例确定相对人的履行份额,但是法律另有规定的除外。

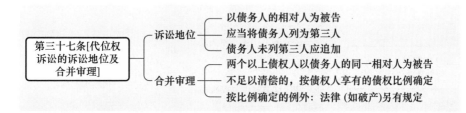

第三十八条 债权人向人民法院起诉债务人后,又向同一人民法院对债务人的相对人提起代位权诉讼,属于该人民法院管辖的,可以合并审理。不属于该人民法院管辖的,应当告知其向有管辖权的人民法院另行起诉;在起诉债务人的诉讼终结前,代位权诉讼应当中止。

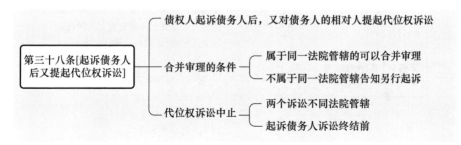

第三十九条 在代位权诉讼中,债务人对超过债权人代位请求数额的债权部分起诉相对人,属于同一人民法院管辖的,可以合并审理。不属于同一人民法院管辖的,应当告知其向有管辖权的人民法院另行起诉;在代位权诉讼终结前,债务人对相对人的诉讼应当中止。

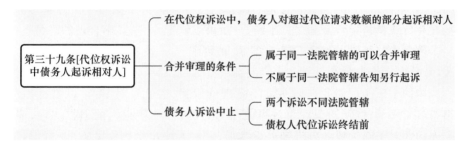

第四十条 代位权诉讼中,人民法院经审理认为债权人的主张不符合代位权行使条件的,应当驳回诉讼请求,但是不影响债权人根据新的事实再次起诉。

债务人的相对人仅以债权人提起代位权诉讼时债权人与债务人之间的债权债务关系未经生效法律文书确认为由,主张债权人提起的诉讼不符合代位权行使条件的,人民法院不予支持。

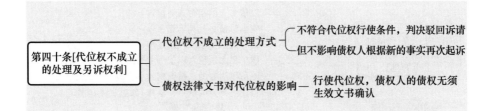

第四十一条 债权人提起代位权诉讼后,债务人无正当理由减免相对人的债务或者延长相对人的履行期限,相对人以此向债权人抗辩的,人民法院不予支持。

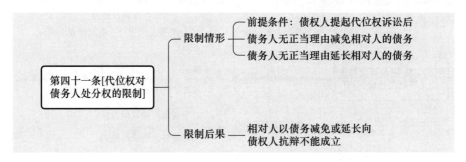

第四十二条 对于民法典第五百三十九条规定的"明显不合理"的低价或者高价,人民法院应当按照交易当地一般经营者的判断,并参考交易时交易地的市场交易价或者物价部门指导价予以认定。

转让价格未达到交易时交易地的市场交易价或者指导价百分之七十的,一般可以认定为"明显不合理的低价";受让价格高于交易时交易地的市场交易价或者指导价百分之三十的,一般可以认定为"明显不合理的高价"。

债务人与相对人存在亲属关系、关联关系的,不受前款规定的百分之七十、百分之三十的限制。

第四十三条 债务人以明显不合理的价格,实施互易财产、以物抵债、出租或者承租财产、知识产权许可使用等行为,影响债权人的债权实现,债务人的相对人知道或者应当知道该情形,债权人请求撤销债务人的行为的,人民法院应当依据民法典第五百三十九条的规定予以支持。

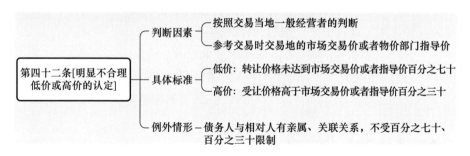

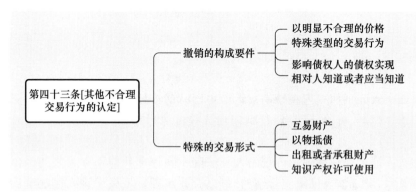

第四十四条 债权人依据民法典第五百三十八条、第五百三十九条的规定提起撤销权诉讼的,应当以债务人和债务人的相对人为共同被告,由债务人或者相对人的住所地人民法院管辖,但是依法应当适用专属管辖规定的除外。

两个以上债权人就债务人的同一行为提起撤销权诉讼的,人民法院可以合并审理。

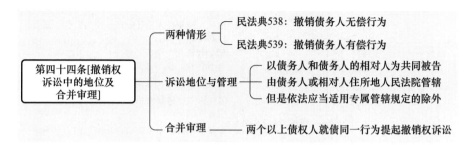

第四十五条 在债权人撤销权诉讼中,被撤销行为的标的可分,当事人主张在受影响的债权范围内撤销债务人的行为的,人民法院应予支持;被撤销行为的标的不可分,债权人主张将债务人的行为全部撤销的,人民法院应

予支持。

债权人行使撤销权所支付的合理的律师代理费、差旅费等费用,可以认定为民法典第五百四十条规定的"必要费用"。

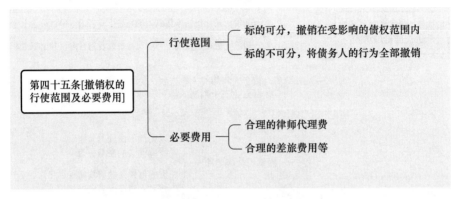

第四十六条　债权人在撤销权诉讼中同时请求债务人的相对人向债务人承担返还财产、折价补偿、履行到期债务等法律后果的,人民法院依法予以支持。

债权人请求受理撤销权诉讼的人民法院一并审理其与债务人之间的债权债务关系,属于该人民法院管辖的,可以合并审理。不属于该人民法院管辖的,应当告知其向有管辖权的人民法院另行起诉。

债权人依据其与债务人的诉讼、撤销权诉讼产生的生效法律文书申请强制执行的,人民法院可以就债务人对相对人享有的权利采取强制执行措施以实现债权人的债权。债权人在撤销权诉讼中,申请对相对人的财产采取保全措施的,人民法院依法予以准许。

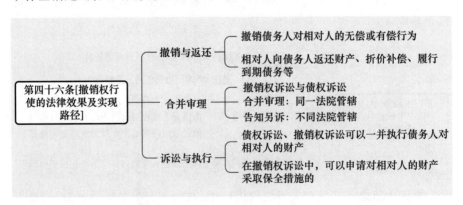

六、合同的变更和转让

第四十七条　债权转让后,债务人向受让人主张其对让与人的抗辩的,人民法院可以追加让与人为第三人。

债务转移后,新债务人主张原债务人对债权人的抗辩的,人民法院可以追加原债务人为第三人。

当事人一方将合同权利义务一并转让后,对方就合同权利义务向受让人主张抗辩或者受让人就合同权利义务向对方主张抗辩的,人民法院可以追加让与人为第三人。

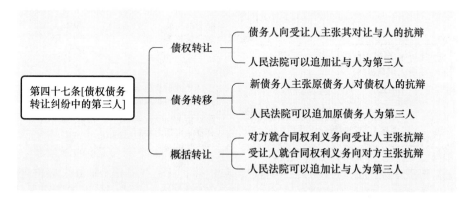

第四十八条 债务人在接到债权转让通知前已经向让与人履行,受让人请求债务人履行的,人民法院不予支持;债务人接到债权转让通知后仍然向让与人履行,受让人请求债务人履行的,人民法院应予支持。

让与人未通知债务人,受让人直接起诉债务人请求履行债务,人民法院经审理确认债权转让事实的,应当认定债权转让自起诉状副本送达时对债务人发生效力。债务人主张因未通知而给其增加的费用或者造成的损失从认定的债权数额中扣除的,人民法院依法予以支持。

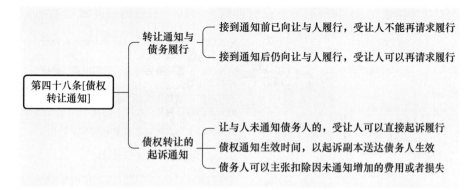

第四十九条 债务人接到债权转让通知后,让与人以债权转让合同不成立、无效、被撤销或者确定不发生效力为由请求债务人向其履行的,人民

法院不予支持。但是,该债权转让通知被依法撤销的除外。

受让人基于债务人对债权真实存在的确认受让债权后,债务人又以该债权不存在为由拒绝向受让人履行的,人民法院不予支持。但是,受让人知道或者应当知道该债权不存在的除外。

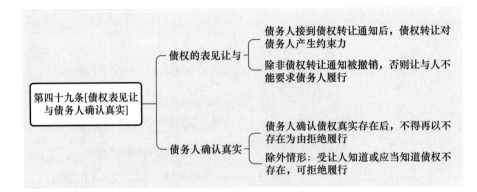

第五十条 让与人将同一债权转让给两个以上受让人,债务人以已经向最先通知的受让人履行为由主张其不再履行债务的,人民法院应予支持。债务人明知接受履行的受让人不是最先通知的受让人,最先通知的受让人请求债务人继续履行债务或者依据债权转让协议请求让与人承担违约责任的,人民法院应予支持;最先通知的受让人请求接受履行的受让人返还其接受的财产的,人民法院不予支持,但是接受履行的受让人明知该债权在其受让前已经转让给其他受让人的除外。

前款所称最先通知的受让人,是指最先到达债务人的转让通知中载明的受让人。当事人之间对通知到达时间有争议的,人民法院应当结合通知的方式等因素综合判断,而不能仅根据债务人认可的通知时间或者通知记

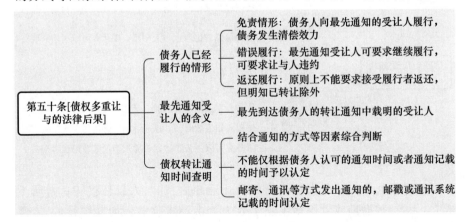

载的时间予以认定。当事人采用邮寄、通讯电子系统等方式发出通知的,人民法院应当以邮戳时间或者通讯电子系统记载的时间等作为认定通知到达时间的依据。

　　第五十一条　第三人加入债务并与债务人约定了追偿权,其履行债务后主张向债务人追偿的,人民法院应予支持;没有约定追偿权,第三人依照民法典关于不当得利等的规定,在其已经向债权人履行债务的范围内请求债务人向其履行的,人民法院应予支持,但是第三人知道或者应当知道加入债务会损害债务人利益的除外。

　　债务人就其对债权人享有的抗辩向加入债务的第三人主张的,人民法院应予支持。

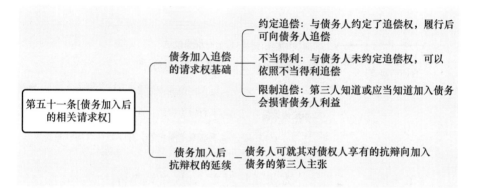

七、合同的权利义务终止

　　第五十二条　当事人就解除合同协商一致时未对合同解除后的违约责任、结算和清理等问题作出处理,一方主张合同已经解除的,人民法院应予支持。但是,当事人另有约定的除外。

　　有下列情形之一的,除当事人一方另有意思表示外,人民法院可以认定合同解除:

　　(一)当事人一方主张行使法律规定或者合同约定的解除权,经审理认为不符合解除权行使条件但是对方同意解除;

　　(二)双方当事人均不符合解除权行使的条件但是均主张解除合同。

　　前两款情形下的违约责任、结算和清理等问题,人民法院应当依据民法典第五百六十六条、第五百六十七条和有关违约责任的规定处理。

　　第五十三条　当事人一方以通知方式解除合同,并以对方未在约定的异议期限或者其他合理期限内提出异议为由主张合同已经解除的,人民法院应当对其是否享有法律规定或者合同约定的解除权进行审查。经审查,享有解除权的,合同自通知到达对方时解除;不享有解除权的,不发生合同解除的效力。

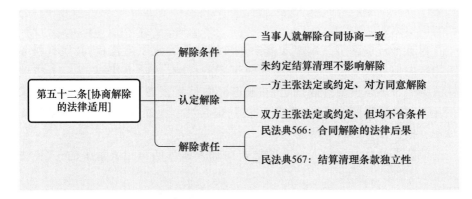

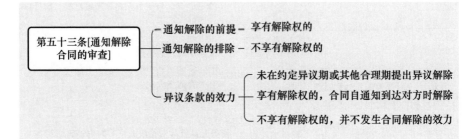

第五十四条 当事人一方未通知对方,直接以提起诉讼的方式主张解除合同,撤诉后再次起诉主张解除合同,人民法院经审理支持该主张的,合同自再次起诉的起诉状副本送达对方时解除。但是,当事人一方撤诉后又通知对方解除合同且该通知已经到达对方的除外。

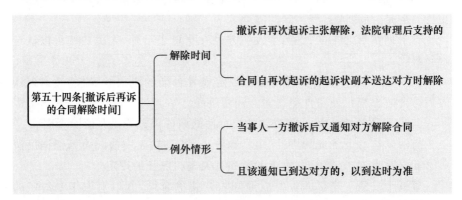

第五十五条 当事人一方依据民法典第五百六十八条的规定主张抵销,人民法院经审理认为抵销权成立的,应当认定通知到达对方时双方互负

的主债务、利息、违约金或者损害赔偿金等债务在同等数额内消灭。

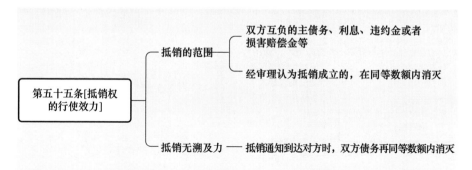

第五十六条 行使抵销权的一方负担的数项债务种类相同,但是享有的债权不足以抵销全部债务,当事人因抵销的顺序发生争议的,人民法院可以参照民法典第五百六十条的规定处理。

行使抵销权的一方享有的债权不足以抵销其负担的包括主债务、利息、实现债权的有关费用在内的全部债务,当事人因抵销的顺序发生争议的,人民法院可以参照民法典第五百六十一条的规定处理。

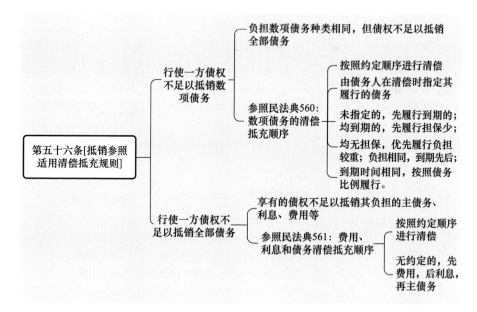

第五十七条 因侵害自然人人身权益,或者故意、重大过失侵害他人财产权益产生的损害赔偿债务,侵权人主张抵销的,人民法院不予支持。

第五十八条 当事人互负债务,一方以其诉讼时效期间已经届满的债权通知对方主张抵销,对方提出诉讼时效抗辩的,人民法院对该抗辩应予支持。一方的债权诉讼时效期间已经届满,对方主张抵销的,人民法院应予支持。

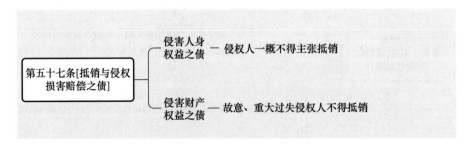

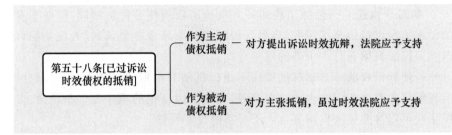

八、违约责任

第五十九条　当事人一方依据民法典第五百八十条第二款的规定请求终止合同权利义务关系的,人民法院一般应当以起诉状副本送达对方的时间作为合同权利义务关系终止的时间。根据案件的具体情况,以其他时间作为合同权利义务关系终止的时间更加符合公平原则和诚信原则的,人民法院可以以该时间作为合同权利义务关系终止的时间,但是应当在裁判文书中充分说明理由。

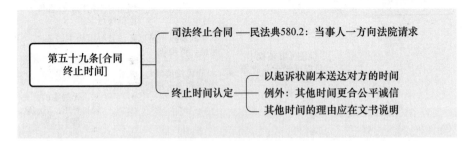

第六十条　人民法院依据民法典第五百八十四条的规定确定合同履行后可以获得的利益时,可以在扣除非违约方为订立、履行合同支出的费用等合理成本后,按照非违约方能够获得的生产利润、经营利润或者转售利润等计算。

非违约方依法行使合同解除权并实施了替代交易,主张按照替代交易价格与合同价格的差额确定合同履行后可以获得的利益的,人民法院依法予以支持;替代交易价格明显偏离替代交易发生时当地的市场价格,违约方主张按照市场价格与合同价格的差额确定合同履行后可以获得的利益的,人民法院应予支持。

非违约方依法行使合同解除权但是未实施替代交易,主张按照违约行为发生后合理期间内合同履行地的市场价格与合同价格的差额确定合同履行后可以获得的利益的,人民法院应予支持。

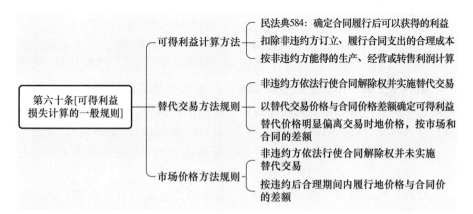

第六十一条 在以持续履行的债务为内容的定期合同中,一方不履行支付价款、租金等金钱债务,对方请求解除合同,人民法院经审理认为合同应当依法解除的,可以根据当事人的主张,参考合同主体、交易类型、市场价格变化、剩余履行期限等因素确定非违约方寻找替代交易的合理期限,并按照该期限对应的价款、租金等扣除非违约方应当支付的相应履约成本确定合同履行后可以获得的利益。

非违约方主张按照合同解除后剩余履行期限相应的价款、租金等扣除履约成本确定合同履行后可以获得的利益的,人民法院不予支持。但是,剩余履行期限少于寻找替代交易的合理期限的除外。

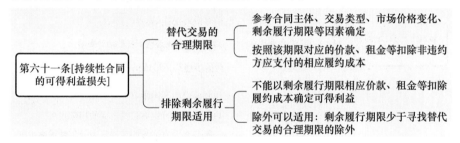

第六十二条　非违约方在合同履行后可以获得的利益难以根据本解释第六十条、第六十一条的规定予以确定的,人民法院可以综合考虑违约方因违约获得的利益、违约方的过错程度、其他违约情节等因素,遵循公平原则和诚信原则确定。

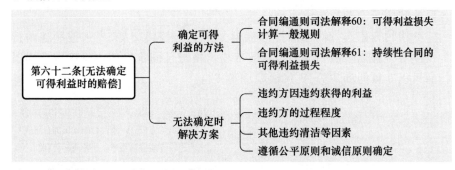

第六十三条　在认定民法典第五百八十四条规定的"违约一方订立合同时预见到或者应当预见到的因违约可能造成的损失"时,人民法院应当根据当事人订立合同的目的,综合考虑合同主体、合同内容、交易类型、交易习惯、磋商过程等因素,按照与违约方处于相同或者类似情况的民事主体在订立合同时预见到或者应当预见到的损失予以确定。

除合同履行后可以获得的利益外,非违约方主张还有其向第三人承担违约责任应当支出的额外费用等其他因违约所造成的损失,并请求违约方赔偿,经审理认为该损失系违约一方订立合同时预见到或者应当预见到的,人民法院应予支持。

在确定违约损失赔偿额时,违约方主张扣除非违约方未采取适当措施导致的扩大损失、非违约方也有过错造成的相应损失、非违约方因违约获得的额外利益或者减少的必要支出的,人民法院依法予以支持。

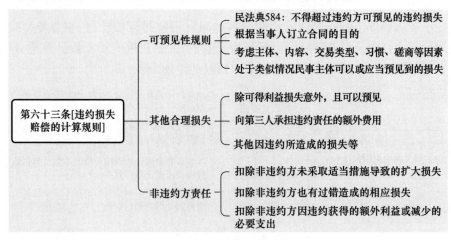

第六十四条 当事人一方通过反诉或者抗辩的方式,请求调整违约金的,人民法院依法予以支持。

违约方主张约定的违约金过分高于违约造成的损失,请求予以适当减少的,应当承担举证责任。非违约方主张约定的违约金合理的,也应当提供相应的证据。

当事人仅以合同约定不得对违约金进行调整为由主张不予调整违约金的,人民法院不予支持。

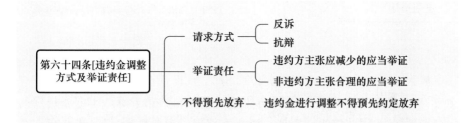

第六十五条 当事人主张约定的违约金过分高于违约造成的损失,请求予以适当减少的,人民法院应当以民法典第五百八十四条规定的损失为基础,兼顾合同主体、交易类型、合同的履行情况、当事人的过错程度、履约背景等因素,遵循公平原则和诚信原则进行衡量,并作出裁判。

约定的违约金超过造成损失的百分之三十的,人民法院一般可以认定为过分高于造成的损失。

恶意违约的当事人一方请求减少违约金的,人民法院一般不予支持。

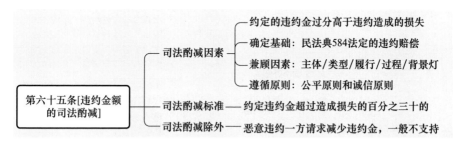

第六十六条 当事人一方请求对方支付违约金,对方以合同不成立、无效、被撤销、确定不发生效力、不构成违约或者非违约方不存在损失等为由抗辩,未主张调整过高的违约金的,人民法院应当就若不支持该抗辩,当事人是否请求调整违约金进行释明。第一审人民法院认为抗辩成立且未予释明,第二审人民法院认为应当判决支付违约金的,可以直接释明,并根据当事人的请求,在当事人就是否应当调整违约金充分举证、质证、辩论后,依法判决适当减少违约金。

被告因客观原因在第一审程序中未到庭参加诉讼，但是在第二审程序中到庭参加诉讼并请求减少违约金的，第二审人民法院可以在当事人就是否应当调整违约金充分举证、质证、辩论后，依法判决适当减少违约金。

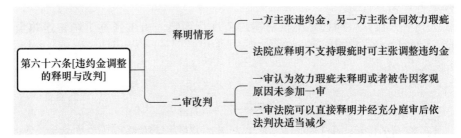

第六十七条　当事人交付留置金、担保金、保证金、订约金、押金或者订金等，但是没有约定定金性质，一方主张适用民法典第五百八十七条规定的定金罚则的，人民法院不予支持。当事人约定了定金性质，但是未约定定金类型或者约定不明，一方主张为违约定金的，人民法院应予支持。

当事人约定以交付定金作为订立合同的担保，一方拒绝订立合同或者在磋商订立合同时违背诚信原则导致未能订立合同，对方主张适用民法典第五百八十七条规定的定金罚则的，人民法院应予支持。

当事人约定以交付定金作为合同成立或者生效条件，应当交付定金的一方未交付定金，但是合同主要义务已经履行完毕并为对方所接受的，人民法院应当认定合同在对方接受履行时已经成立或者生效。

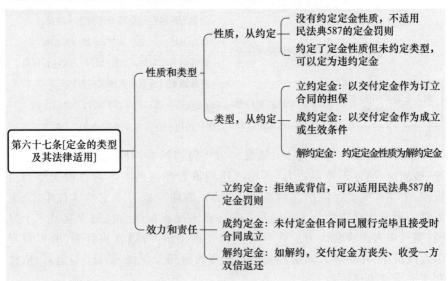

当事人约定定金性质为解约定金,交付定金的一方主张以丧失定金为代价解除合同的,或者收受定金的一方主张以双倍返还定金为代价解除合同的,人民法院应予支持。

第六十八条 双方当事人均具有致使不能实现合同目的的违约行为,其中一方请求适用定金罚则的,人民法院不予支持。当事人一方仅有轻微违约,对方具有致使不能实现合同目的的违约行为,轻微违约方主张适用定金罚则,对方以轻微违约方也构成违约为由抗辩的,人民法院对该抗辩不予支持。

当事人一方已经部分履行合同,对方接受并主张按照未履行部分所占比例适用定金罚则的,人民法院应予支持。对方主张按照合同整体适用定金罚则的,人民法院不予支持,但是部分未履行致使不能实现合同目的的除外。

因不可抗力致使合同不能履行,非违约方主张适用定金罚则的,人民法院不予支持。

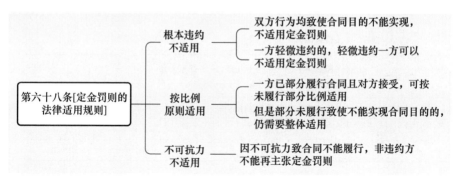

九、附则

第六十九条 本解释自 2023 年 12 月 5 日起施行。

民法典施行后的法律事实引起的民事案件,本解释施行后尚未终审的,适用本解释;本解释施行前已经终审,当事人申请再审或者按照审判监督程序决定再审的,不适用本解释。

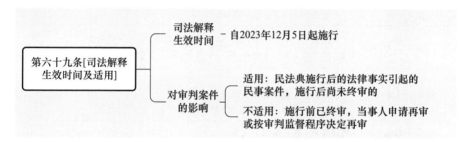

附件二

《合同编通则司法解释》关联法规表(简)

《合同编通则司法解释》关联法规表

《合同编通则 司法解释》	《民法典》及关联法规
第一条	《民法典》第一百四十二条、第四百六十六条
第二条	《民法典》第十条、第一百四十条 《总则编司法解释》第二条
第三条	《民法典》第四百六十九条、第四百七十条、第四百七十一条、第四百七十二条、第五百一十条、第五百一十一条 《全国法院贯彻实施民法典工作会议纪要》第六条 《最高人民法院关于民事诉讼证据的若干规定》第五十三条
第四条	《招标投标法》第四十六条第一款 《拍卖法》第五十一条 《拍卖法》第五十二条
第五条	《民法典》第一百四十九条、第一百五十条 《总则编司法解释》第二十一条
第六条	《民法典》第四百九十五条
第七条	
第八条	
第九条	《民法典》第四百九十六条第二款 《消费者权益保护法》第二十六条 《保险法》第十七条 《最高人民法院关于审理使用人脸识别技术处理个人信息相关民事案件适用法律若干问题的规定》第十一条 《全国法院贯彻实施民法典工作会议纪要》第七条
第十条	《民法典》第四百九十六条第一款
第十一条	《民法典》第一百五十一条
第十二条	《民法典》第一百三十六条、第一百五十七条、第五百零二条 《九民纪要》第三十七条、第三十八条、第三十九条、第四十条
第十三条	《民法典》第一百五十五条 《房地产法》第四十五条第二款 《城市商品房预售管理办法》第十条第一款
第十四条	《民法典》第一百四十六条

续表

《合同编通则 司法解释》	《民法典》及关联法规
第十五条	《民间借贷司法解释》第十四条、第二十三条
第十六条	《民法典》第一百五十三条、第一千零七条
第十七条	《审理民商事合同纠纷指导意见》第十五条、第十六条
第十八条	《九民纪要》第三十条、第三十一条、第一百零一条
第十九条	《民法典》第二百一十五条、第三百一十一条、第五百九十七条 《民法典物权编解释(一)》第十四条、第十五条、第十六条 《担保制度司法解释》第三十七条 《买卖合同解释》第三条 《公司法解释(三)》第二十五条
第二十条	《民法典》第六十一条、第五百零四条 《九民纪要》第十七条、第十八条、第十九条、第二十二条 《担保制度司法解释》第七条、第八条、第九条、第十七条、第二十条
第二十一条	《民法典》第一百七十条、第一百七十一条、第一百七十二条、第五百零三条 《审理民商事合同纠纷指导意见》第十二条、第十三条、第十四条
第二十二条	《民法典》第六十一条、第一百七十条 《九民纪要》第四十一条
第二十三条	《民法典》第一百五十四条 《民事证据若干规定》第四条、第八十六条
第二十四条	《民法典》第一百五十五条、第一百五十六条、第一百五十七条 《总则编司法解释》第二十三条
第二十五条	《九民纪要》第三十二条、第三十三条、第三十四条、第三十五条
第二十六条	《民法典》第五百零九条、第五百七十七条、五百九十九条 《买卖合同解释》第四条、第十九条
第二十七条	《民法典》第五百一十五条 《九民纪要》第四十四条
第二十八条	《民法典》第四百一十条、第四百二十八条 《担保制度司法解释》第六十八条 《九民纪要》第四十五条
第二十九条	《民法典》第五百二十二条
第三十条	《民法典》第五百二十三条、五百二十四条 《担保制度司法解释》第十三条、第十四条、第十八条

续表

《合同编通则 司法解释》	《民法典》及关联法规
第三十一条	《民法典》第五百二十五条、第五百二十六条
第三十二条	《民法典》第五百三十三条、第五百六十三条
第三十三条 第三十四条	《民法典》第五百三十五条、第五百三十六条
第三十五条	《民事诉讼法》第二十四条、第三十四条、第三十五条、第二百七十二条 《民事诉讼法解释》第二十八条
第三十六条	《民事诉讼法》第一百五十三条
第三十七条 第三十八条	《民事诉讼法》第一百四十三条
第三十九条	
第四十条	
第四十一条	《民法典》第五百三十七条
第四十二条 第四十三条 第四十四条 第四十五条 第四十六条	《民法典》第五百三十八条、第五百三十九条、第五百四十条、第五百四十一条、第五百四十二条、第一百五十七条、第三百一十一条、第一百五十四条 《九民纪要》第三十二条
第四十七条	《民法典》第五百四十五条、第五百四十八条、第五百五十三条
第四十八条 第四十九条	《民法典》第五百四十六条、第六百九十六条
第五十条	《民法典》第五百四十六条、第七百六十八条 《诉讼时效规定》第十七条第一款
第五十一条	《民法典》第五百五十二条、第五百五十三条、第五百一十九条
第五十二条	《民法典》第五百六十二条、第五百六十六条、第五百六十七条 《买卖合同解释》第二十条 《九民纪要》第四十九条
第五十三条	《民法典》第五百六十五条 《民法典时间效力规定》第十条
第五十四条	《民法典》第五百六十五条 《民事诉讼法》第一百四十八条

续表

《合同编通则司法解释》	《民法典》及关联法规
第五十五条	《民法典》第一百三十七条、第五百六十五条、第五百六十八条 《九民纪要》第四十三条
第五十六条	《民法典》第五百六十条、第五百六十一条 《九民纪要》第四十三条
第五十七条	《企业破产法》第四十条 《证券投资基金法》第六条 《信托法》第十八条 《执行异议和复议案件规定》第十九条 《农村土地承包纠纷案件解释》第十七条 《国务院关于印发基本养老保险基金投资管理办法的通知》第九条
第五十八条	《诉讼时效规定》第十一条
第五十九条	《民法典》第五百五十七条、第五百六十三条、第五百八十条 《买卖合同解释》第十九条
第六十条	《民法典》第五百八十四条、第五百九十一条、第五百九十二条 《买卖合同解释》第二十二条、第二十三条 《九民纪要》第三十三条、第三十四条、第三十五条
第六十一条	《审理民商事合同纠纷指导意见》第九条、第十条、第十一条
第六十二条	《民法典》第五百七十七条、第五百八十四条、第五百八十五条
第六十三条	《民法典》第五百八十四条、第五百八十九条、第五百九十条、第五百九十一条、第五百九十二条
第六十四条	《民法典》第五百八十四条、第五百八十五条
第六十五条	《九民纪要》第五十条
第六十六条	《买卖合同解释》第十二、二十一条
第六十七条	《民法典》第五百八十六条、第五百八十七条、第五百八十八条
第六十八条	
第六十九条	

【文档二维码】
【《合同编通则司法解释》及其关联法规详细条文版】

附件三

《民法典》及《合同编通则司法解释》
与域外相关法律条文对比表（简）

《民法典》及《合同编通则司法解释》域外相关法律条文对比表

《合同编通则司法解释》及《民法典》	德国《民法典》	美国《统一商法典》	日本《民法典》
《合同编通则司法解释》第一条	第一百三十三条	—	第一条之二
《民法典》第一百四十二条 《民法典》第四百六十六条			
《合同编通则司法解释》第二条	第一百五十七条	第一篇二百零五条	第九十二条 第五百二十六条 第二百一十七条
《民法典》第十条 《民法典》第一百四十条			
《合同编通则司法解释》第三条	第一百四十五条	第二篇二百零四条	第五百二十六条 第五百二十七条
《民法典》第四百六十九条 《民法典》第四百七十条 《民法典》第四百七十一条 《民法典》第四百七十二条 《民法典》第五百一十条 《民法典》第五百一十一条			
《合同编通则司法解释》第四条	—	第二篇三百二十八条	第一百九十四条
《合同编通则司法解释》第五条	第一百二十三条	—	第九十六条
《民法典》第一百四十九条 《民法典》第一百五十条			
《合同编通则司法解释》第六条	—	—	第五百五十六条
《民法典》第四百九十五条			
《合同编通则司法解释》第七条	—	—	第五百五十六条
《合同编通则司法解释》第八条	—	第二篇六百一十条	第五百五十六条
《合同编通则司法解释》第九条	—	—	第五百四十八条之二 第五百四十八条之三 第五百四十八条之四
《民法典》第四百九十六条第二款			

续表

《合同编通则司法解释》 及《民法典》	德国《民法典》	美国《统一商法典》	日本《民法典》
《合同编通则司法解释》第十条	第三百零五条	第二篇三百零二条	第五百四十八条之二
《民法典》第四百九十六条第一款			第五百四十八条之三
《合同编通则司法解释》第十一条	—	—	—
《民法典》第一百五十一条			
《合同编通则司法解释》第十二条	第一百二十条	—	第三十六条
《民法典》第一百三十六条			
《民法典》第一百五十七条			
《民法典》第五百零二条			
《合同编通则司法解释》第十三条	第一百四十二条	—	—
《民法典》第一百五十五条			
《合同编通则司法解释》第十四条	第一百一十七条	—	第九十三条
	第一百三十四条		第九十四条
《民法典》第一百四十六条	第一百三十八条		
《合同编通则司法解释》第十五条	第一百一十七条	—	第九十一条
			第九十三条
《合同编通则司法解释》第十六条	第一百三十四条	—	第九十一条
《合同编通则司法解释》第十七条	第一百三十八条	—	
《合同编通则司法解释》第十八条		—	
《民法典》第一百五十三条			
《民法典》第一千零七条			
《合同编通则司法解释》第十九条	第二百四十一条	—	第一百一十三条
《民法典》第二百一十五条	第二百七十五条		第五条
《民法典》第三百一十一条	第三百二十六条		
《民法典》第五百九十七条			
《合同编通则司法解释》第二十条	—	—	第一百一十条
《民法典》第六十一条			第一百一十三条
《民法典》第五百零四条			第一百一十七条
《合同编通则司法解释》第二十一条	—	—	第五条
《民法典》第一百七十条			第四十四条
《民法典》第一百七十一条			第五十五条
《民法典》第一百七十二条			第五十七条
《民法典》第五百零三条			

续表

《合同编通则司法解释》 及《民法典》	德国《民法典》	美国《统一商法典》	日本《民法典》
《合同编通则司法解释》 第二十二条	—	—	—
《民法典》第六十一条 《民法典》第一百七十条			
《合同编通则司法解释》 第二十三条	—	—	第一百一十三条
《民法典》第一百五十四条			
《合同编通则司法解释》 第二十四条	—	—	第一百一十九条 第一白二十条 第一百二十一条
《民法典》第一百五十五条 《民法典》第一百五十六条 《民法典》第一百五十七条			
《合同编通则司法解释》 第二十五条	第三百八十七条	—	第七百零四条
《民法典》第一百五十五条 《民法典》第一百五十六条 《民法典》第一百五十七条			
《合同编通则司法解释》 第二十六条	第二百八十条	—	—
《民法典》第五百零九条 《民法典》第五百七十七条 《民法典》第五百九十九条			
《合同编通则司法解释》 第二十七条	第二百六十二条 第二百六十四条	—	第四百八十八条 第四百八十九条 第四百九十条 第四百九十一条 第四百九十二条 第四百九十三条
《民法典》第五百一十五条			
《合同编通则司法解释》 第二十八条	第一千二百二十九	第二篇三百二十八条	第三百四十二条 第三百七十五条
《民法典》第四百一十条 《民法典》第四百二十八条			

《合同编通则司法解释》及《民法典》	德国《民法典》	美国《统一商法典》	日本《民法典》
《合同编通则司法解释》第二十九条	第三百二十八条 第三百三十三条 第三百三十四条	—	—
《民法典》第五百二十二条			
《合同编通则司法解释》第三十条	第二百七十八条 第三百二十九条	—	第四百一十四条
《民法典》第五百二十三条 《民法典》第五百二十四条			
《合同编通则司法解释》第三十一条	第三百二十条	—	第五百三十三条
《民法典》第五百二十五条 《民法典》第五百二十六条			
《合同编通则司法解释》第三十二条	第三百一十三条 第三百一十四条 第三百二十三条 第三百二十四条	—	—
《民法典》第五百三十三条 《民法典》第五百六十三条			
《合同编通则司法解释》第三十三条 《合同编通则司法解释》第三十四条	—	—	第四百二十三条
《民法典》第五百三十五条 《民法典》第五百三十六条			
《合同编通则司法解释》第三十五条	—	—	第四百二十三条
《合同编通则司法解释》第三十六条	—	—	第四百二十三条
《合同编通则司法解释》第三十七条	—	—	—
《合同编通则司法解释》第三十八条	—	—	第四百二十三条
《合同编通则司法解释》第三十九条	—	—	—
《合同编通则司法解释》第四十条	—	—	—

续表

《合同编通则司法解释》及《民法典》	德国《民法典》	美国《统一商法典》	日本《民法典》
《合同编通则司法解释》第四十一条	—	—	—
《民法典》第五百三十七条			
《合同编通则司法解释》第四十二条	第一百二十条 第一百二十二条 第九百三十二条	—	—
《合同编通则司法解释》第四十三条		—	第五百八十六条
《民法典》第五百三十九条			
《合同编通则司法解释》第四十四条		—	—
《民法典》第五百三十八条 《民法典》第五百三十九条			
《合同编通则司法解释》第四十五条		—	—
《民法典》第五百四十条			
《合同编通则司法解释》第四十六条		—	—
《合同编通则司法解释》第四十七条	第三百九十八条 第三百九十九条 第四百条	—	—
《民法典》第五百四十五条 《民法典》第五百四十八条 《民法典》第五百五十三条			
《合同编通则司法解释》第四十八条	第四百零七条 第四百零九条	—	—
《民法典》第五百四十六条 《民法典》第六百九十六条			
《合同编通则司法解释》第四十九条	—	—	—
《民法典》第五百四十六条 《民法典》第六百九十六条			

《合同编通则司法解释》 及《民法典》	德国《民法典》	美国《统一商法典》	日本《民法典》
《合同编通则司法解释》 第五十条	—	—	—
《民法典》第五百四十六条 《民法典》第七百六十八条			
《合同编通则司法解释》 第五十一条	第四百一十七条 第四百二十六条	—	—
《民法典》第五百五十二条 《民法典》第五百五十三条 《民法典》第五百一十九条			
《合同编通则司法解释》 第五十二条	第三百五十四条 第三百四十六条	—	—
《民法典》第五百六十二条 《民法典》第五百六十六条 《民法典》第五百六十七条			
《合同编通则司法解释》 第五十三条	第三百四十九条 第三百五十条 第三百五十三条	—	第五百四十条 第五百四十一条 第五百四十二条 第五百四十七条
《民法典》第五百六十五条			
《合同编通则司法解释》 第五十四条	—	—	—
《民法典》第五百六十五条			
《合同编通则司法解释》 第五十五条	第三百八十七条 第三百八十八条 第三百八十九条	—	第四百八十八条 第四百八十九条 第四百九十条 第四百九十一条
《民法典》第一百三十七条 《民法典》第五百六十五条 《民法典》第五百六十八条			
《合同编通则司法解释》 第五十六条	第三百六十六条	—	第四百八十八条 第四百八十九条 第四百九十条 第四百九十一条
《民法典》第五百六十条 《民法典》第五百六十一条			
《合同编通则司法解释》 第五十七条	第三百九十三条 第三百九十四条 第三百九十五条	—	—

续表

《合同编通则司法解释》及《民法典》	德国《民法典》	美国《统一商法典》	日本《民法典》
《合同编通则司法解释》第五十八条	第二百一十四条 第二百一十五条	—	第五百零八条
《合同编通则司法解释》第五十九条 《民法典》第五百五十七条 《民法典》第五百六十三条 《民法典》第五百八十条	第二百七十五条 第三百二十六条	—	—
《合同编通则司法解释》第六十条 《民法典》第五百八十四条 《民法典》第五百九十一条 《民法典》第五百九十二条	第二百四十九条 第二百五十二条 第二百五十四条	第一篇一百零六条 第二篇七百一十条 第二篇七百一十五条	—
《合同编通则司法解释》第六十一条	—	—	—
《合同编通则司法解释》第六十二条 《民法典》第五百七十七条 《民法典》第五百八十四条 《民法典》第五百八十五条	—	—	—
《合同编通则司法解释》第六十三条 《民法典》第五百八十四条 《民法典》第五百八十九条 《民法典》第五百九十条 《民法典》第五百九十一条 《民法典》第五百九十二条	第二百四十九条 第二百五十二条	—	—
《合同编通则司法解释》第六十四条 《合同编通则司法解释》第六十五条 《民法典》第五百八十四条 《民法典》第五百八十五条	第二百四十九条 第二百五十二条	—	—

续表

《合同编通则司法解释》 及《民法典》	德国《民法典》	美国《统一商法典》	日本《民法典》
《合同编通则司法解释》 第六十六条	—	—	—
《民法典》第五百八十四条 《民法典》第五百八十五条			
《合同编通则司法解释》 第六十七条 《合同编通则司法解释》 第六十八条	第三百三十七条 第三百三十八条	—	第五百五十七条
《民法典》第五百八十六条 《民法典》第五百八十七条 《民法典》第五百八十八条			
《合同编通则司法解释》 第六十九条			
文献来源	1. 台湾大学法律学院编译:《德国民法典》,北京大学出版社2017 年版。 2. 陈卫佐译注:《德国民法典(第 5 版)》,法律出版社 2020年版。 3. [美]范斯活思:《美国合同法》,葛云松、丁春艳译,中国政法大学出版社 2004 年版。 4. 潘琪译:《美国统一商法典》,法律出版社 2018 年版。 5. 刘士国、牟宪魁、杨瑞贺等著:《日本民法典》,中国法制出版社 2018 年版。		

【文档二维码】
【《合同编通则司法解释》及其关联法规详细条文版】

《合同编通则司法解释》
及其对应的参考案例汇总表（简）

《合同编通则司法解释》及其对应的参考案例汇总简表

《合同编通则司法解释》	参考案例
第一条	1. 最高人民法院(2012)民提字第 153 号广州珠江铜厂有限公司与佛山市南海区中兴五金冶炼厂、李烈芬加工合同纠纷案(《最高人民法院公报》2014 年第 10 期) 2. 最高人民法院(2013)民提字第 90 号成都讯捷通讯连锁有限公司与四川蜀都实业有限责任公司、四川友利投资控股股份有限公司房屋买卖合同纠纷案(《最高人民法院公报》2015 年 01 期) 3. 最高人民法院(2007)民二终字第 99 号淄博万杰医院与中国银行股份有限公司淄博博山支行、淄博博易纤维有限公司、万杰集团有限责任公司借款担保合同纠纷管辖权异议案(《最高人民法院公报》2007 年第 12 期) 4. 最高人民法院(2008)民二终字第 91 号成都鹏伟实业有限公司与江西省永修县人民政府、永修县鄱阳湖采砂管理工作领导小组办公室采矿权纠纷案(《最高人民法院公报》2010 年第 04 期)
第二条	1. 最高人民法院(2015)民一终字第 78 号洪秀凤与昆明安钡佳房地产开发有限公司房屋买卖合同纠纷案(《最高人民法院公报》2016 年第 01 期) 2. 陆永芳与中国人寿保险股份有限公司太仓支公司保险合同纠纷案(《最高人民法院公报》2013 年第 11 期) 3. 周益民诉上海联合产权交易所、华融国际信托有限责任公司股权转让纠纷案(《最高人民法院公报》2013 年第 11 期)
第三条	最高人民法院(2015)民二终字第 351 好青海红鼎房地产有限公司与青海省国有资产投资管理有限公司、青海省产权交易市场确认合同有效纠纷案(《最高人民法院公报》2017 年第 3 期)
第四条	某物业管理有限公司与某研究所房屋租赁合同纠纷案(最高人民法院发布《关于适用〈中华人民共和国民法典〉合同编通则若干问题的解释》相关典型案例一)
第五条	最高人民法院(2020)最高法民再 194 号文斌、云南广电房地产开发有限公司缔约过失责任纠纷再审民事判决书
第六条	成都讯捷通讯连锁有限公司与四川蜀都实业有限责任公司、四川友利投资控股股份有限公司房屋买卖合同纠纷案(《最高人民法院公报》2015 年第 1 期、最高人民法院发布《关于适用〈中华人民共和国民法典〉合同编通则若干问题的解释》相关典型案例二)

续表

《合同编通则 司法解释》	参考案例
第七条	张励与徐州市同力创展房地产有限公司商品房预售合同纠纷案(《最高人民法院公报》2012 年第 11 期)
第八条	上海二中院(2007)沪二中民二(民)终字第 1125 号仲崇清诉上海市金轩大邸房地产项目开发有限公司合同纠纷案(《最高人民法院公报》2008 年第 4 期)
第九条	1. 徐州市泉山区人民法院(2011)泉商初字第 240 号刘超捷诉中国移动通信集团江苏有限公司徐州分公司电信服务合同纠纷案(最高人民法院指导案例 64 号) 2. 宁波市中级人民法院(2014)浙甬民二终字第 470 号周显治、俞美芳与余姚众安房地产开发有限公司商品房销售合同纠纷案(《最高人民法院公报》2016 年第 11 期)
第十条	1. 段天国诉中国人民财产保险股份有限公司南京市分公司保险合同纠纷案(《最高人民法院公报》2011 年第 3 期) 2. 杨树岭诉中国平安财产保险股份有限公司天津市宝坻支公司保险合同纠纷案(《最高人民法院公报》2007 年第 11 期)
第十一条	1. 最高人民法院(2018)最高法民申 1774 号吉林鑫城房地产综合开发有限责任公司与汤东鹏房屋买卖合同纠纷案(《最高人民法院公报》2020 年第 3 期) 2. 最高人民法院(2020)最高法民申 1231 号李基平、李艳辉股权转让纠纷再审查与审判监督民事裁定书
第十二条	1. 最高人民法院(2002)民四终字第 6 号中银香港公司诉宏业公司等担保合同纠纷案(最高人民法院公报 2005 年第 7 期) 2. 最高人民法院(2016)最高法民终 802 号深圳市标榜投资发展有限公司与鞍山市财政局股权转让纠纷案(《最高人民法院公报》2017 年第 12 期)
第十三条	最高人民法院(2017)最高法民终 175 号江苏省第一建筑安装集团股份有限公司与唐山市昌隆房地产开发有限公司建设工程施工合同纠纷案(《最高人民法院公报》2018 年第 6 期)
第十四条	最高人民法院(2017)最高法民终 175 号江苏省第一建筑安装集团股份有限公司与唐山市昌隆房地产开发有限公司建设工程施工合同纠纷案(《最高人民法院公报》2018 年第 6 期)
第十五条	1. 最高人民法院(2020)最高法民申 1914 号陈小环、安徽宿州华昊置业有限公司合同纠纷再审查与审判监督民事裁定书 2. 某甲银行和某乙银行合同纠纷案(最高人民法院发布《关于适用〈中华人民共和国民法典〉合同编通则若干问题的解释》相关典型案例三)

续表

《合同编通则司法解释》	参考案例
第十六条	最高人民法院(2015)民申字第 956 号上海闽路润贸易有限公司与上海钢翼贸易有限公司买卖合同纠纷案(《最高人民法院公报》2016 年第 1 期)
第十七条	最高人民法院(2019)最高法民再 97 号饶国礼诉某物资供应站等房屋租赁合同纠纷案(最高人民法院指导案例 170 号)
第十八条	北京市高级人民法院(2009)高民终字第 1730 号中建材集团进出口公司诉北京大地恒通经贸有限公司、北京天元盛唐投资有限公司、天宝盛世科技发展(北京)有限公司、江苏银大科技有限公司、四川宜宾俄欧工程发展有限公司进出口代理合同纠纷案(《最高人民法院公报》2011 年第 2 期)
第十九条	1. 万学全、万兵诉狄平等人房屋买卖合同纠纷案(《最高人民法院公报》2018 年第 2 期) 2. 浙江省绍兴市中级人民法院刘志兵诉卢志成财产权属纠纷案(最高人民法院公报 2008 年第 2 期) 3. 上海市第一中级人民法院(2014)沪一中民二(民)终字第 433 号连成贤诉臧树林排除妨害纠纷案(《最高人民法院公报》2015 年第 10 期)
第二十条	最高人民法院(2021)最高法民申 4688 号福州恒源诚顺投资合伙企业、欧浦智网股份有限公司等保证合同纠纷民事申请再审审查民事裁定书
第二十一条	1. 最高人民法院(2020)最高法民申 6360 号张文芳、河南辉县农村商业银行股份有限公司民间借贷纠纷 2. 最高人民法院(2008)民二终字第 124 号兴业银行广州分行与深圳市机场股份有限公司借款合同纠纷案(《最高人民法院公报》2009 年第 11 期)
第二十二条	刘雷诉汪维剑、朱开荣、天安保险盐城中心支公司交通事故人身损害赔偿纠纷案(《最高人民法院公报》2012 年第 3 期)
第二十三条	最高人民法院(2012)民四终字第 1 号瑞士嘉吉国际公司诉福建金石制油有限公司等确认合同无效纠纷案(最高人民法院指导案例 33 号)
第二十四条	最高人民法院(2019)最高法民再 97 号饶国礼诉某物资供应站等房屋租赁合同纠纷案(最高人民法院指导案例 170 号)
第二十五条	最高人民法院(2011)民提字第 235 号莫志华、深圳市东深工程有限公司与东莞市长富广场房地产开发有限公司建设工程合同纠纷案(《最高人民法院公报》2013 年第 11 期)
第二十六条	1. 最高人民法院(2019)最高法民终 185 号东方电气集团东方汽轮机有限公司与大庆高新技术产业开发区大丰建筑安装有限公司、大庆大丰能源技术服务有限公司买卖合同纠纷案(《最高人民法院公报》2020 年 11 期) 2. 玉溪市中级人民法院(2019)云 04 民终 67 号云南省建设投资控股集团有限公司、重庆兴达实业(集团)有限公司建设工程施工合同纠纷案(中国 2019"年度影响力税务司法审判案例"之八)

《合同编通则司法解释》	参考案例
第二十七条	最高人民法院(2016)最高法民终字第 484 号通州建总集团有限公司与内蒙古兴华房地产有限责任公司建设工程施工合同纠纷案(《最高人民法院公报》2017 年 09 期)
第二十八条	最高人民法院(2020)最高法民申 6153 号南京澳林地产有限公司、宿迁澳林置业有限公司建设工程施工合同纠纷案
第二十九条	1. 最高人民法院(2021)最高法民终 445 号海南香江实业有限公司、海南赤龙令置业有限公司等建设用地使用权转让合同纠纷案 2. 最高人民法院(2017)最高法民申 2086 号重庆天纬渝盛建设(集团)有限公司、曹吉龙建设工程施工合同纠纷案 3. 最高人民法院(2011)民提字第 12 号中国太平洋财产保险股份有限公司与中远航运股份有限公司、第三人海南分公司海南一汽海马汽车销售有限公司水路货物运输合同货损赔偿纠纷案(《最高人民法院公报》2012 年第 8 期)
第三十条	—
第三十一条	最高人民法院(2017)最高法民终 50 号江西华唐投资有限公司与保亭黎族苗族自治县城乡投资有限责任公司、海南保亭华唐风情街投资管理有限公司项目转让合同纠纷案
第三十二条	1. 最高人民法院(2015)民二终字第 236 号大宗集团有限公司、宗锡晋与淮北圣火矿业有限公司、淮北圣火房地产开发有限责任公司、涡阳圣火房地产开发有限公司股权转让纠纷案(《最高人民法院公报》2016 年 06 期) 2. 某旅游管理公司与某村村民委员会等合同纠纷案(最高人民法院发布《关于适用〈中华人民共和国民法典〉合同编通则若干问题的解释》相关典型案例四)
第三十三条 第三十四条	最高人民法院(2018)最高法民终 917 号芜湖金隆置地有限公司、交通银行股份有限公司宁波分行债权人代位权纠纷二审民事判决书
第三十五条	最高人民法院(2016)最高法民辖终 62 号兴业银行股份有限公司广州中环支行与泉州船舶工业有限公司债权人代位权纠纷
第三十六条	福建省高级人民法院(2019)闽民终 1823 号雅斯科控股株式会社、吴瑞彪债权人代位权纠纷二审民事裁定书(最高人民法院发布《关于适用〈中华人民共和国民法典〉合同编通则若干问题的解释》相关典型案例五)
第三十七条 第三十八条	最高人民法院(2011)民提字第 210 号成都市国土资源局武侯分局与招商(蛇口)成都房地产开发有限责任公司、成都港招实业开发有限责任公司、海南民丰科技实业开发总公司债权人代位权纠纷案(《最高人民法院公报》2012 年第 6 期)
第三十九条	最高人民法院(2019)最高法民终 6 号北京大唐燃料有限公司诉山东百富物流有限公司买卖合同纠纷案(最高人民法院指导案例 167 号)

《合同编通则 司法解释》	参考案例
第四十条	最高人民法院(2016)最高法民辖终 62 号兴业银行股份有限公司广州中环支行与泉州船舶工业有限公司债权人代位权纠纷二审民事裁定书
第四十一条	——
第四十二条	1. 最高人民法院(2020)最高法民终 1244 号长安国际信托股份有限公司、李凤晓债权人撤销权纠纷二审民事判决书 2. 最高人民法院(2017)最高法民再 93 号国富发展有限公司、广州市隧道开发公司债权人撤销权纠纷再审民事判决书
第四十三条	最高人民法院(2020)最高法民申 6493 号路俊周、河南恒升房地产开发有限公司债权人撤销权纠纷再审审查与审判监督民事裁定书
第四十四条	江苏省高级人民法院(2018)苏民监 687 号、(2018)苏 02 民申 110 号闵丽与王建云撤销权纠纷民事裁定书
第四十五条	福建省高级人民法院(2016)闽民终 972 号黄如震、林萍债权人撤销权纠纷民事判决书
第四十六条	1. 最高人民法院(2017)最高法执复 27 号东北电气发展股份有限公司与国家开发银行股份有限公司、沈阳高压开关有限责任公司等执行复议案（最高人民法院指导案例 118 号） 2. 周某与丁某、薛某债权人撤销权纠纷案（最高人民法院发布《关于适用〈中华人民共和国民法典〉合同编通则若干问题的解释》相关典型案例六）
第四十七条	最高人民法院(2019)最高法民终 435 号吉林省利安石油化工有限公司、天津辰晔煤业有限公司合同纠纷二审民事判决书
第四十八条	1. 最高人民法院(2021)最高法民申 1580 号郑州华晶金刚石股份有限公司、郑州元化企业管理咨询有限公司民间借贷纠纷案 2. 最高人民法院(2020)最高法执监 244 号陕西九州生物科技股份有限公司、陕西神州生物技术有限公司等借款合同纠纷案
第四十九条	3. 最高人民法院(2020)最高法民再 13 号中国农业发展银行南昌县支行、江西省万事发粮油有限公司金融借款合同纠纷案
第五十条	4. 最高人民法院(2021)最高法民申 7876 号中财资产管理有限公司、平安银行股份有限公司等案外人执行异议之诉纠纷案
第五十一条	最高人民法院(2021)最高法民申 1642 号成都银行股份有限公司西安分行、杨君恒等追偿权纠纷
第五十二条	1. 最高人民法院(2020)最高法民申 4917 号四川确良种业有限责任公司、李德全合同纠纷。 2. 上海二中院(2015)沪二中民三(民)终字第 962 号张传杰诉上海敬豪劳务服务有限公司等劳动合同纠纷案（上海二中院发布 2013 - 2016 年劳动争议典型案例） 3. 最高人民法院(2022)最高法民终 220 号重庆化医控股(集团)公司、重庆长寿捷圆化工有限公司等合同纠纷

《合同编通则司法解释》	参考案例
第五十三条	1. 最高人民法院(2020)最高法民终 199 号南通市华晋置业有限公司、山西军威科技有限公司合同纠纷 2. 孙某与某房地产公司合资、合作开发房地产合同纠纷案(最高人民法院发布《关于适用〈中华人民共和国民法典〉合同编通则若干问题的解释》相关典型案例七)
第五十四条	最高人民法院(2017)最高法民终 338 号长春大富豪餐饮娱乐有限公司与吉林大学第一医院房屋租赁合同纠纷案
第五十五条	1. 最高人民法院(2019)最高法民终 1733 号高银地产(天津)有限公司、天津海泰控股集团有限公司合同纠纷案
第五十六条	2. 某实业发展公司与某棉纺织品公司委托合同纠纷案(最高人民法院发布《关于适用〈中华人民共和国民法典〉合同编通则若干问题的解释》相关典型案例八)
第五十七条	最高人民法院(2019)最高法民终 218 号黄明与陈琪玲、陈泽峰、福建省丰泉环保集团有限公司民间借贷纠纷案(《最高人民法院公报》2022 年第 06 期)
第五十八条	最高人民法院(2018)最高法民再 51 号厦门源昌房地产开发有限公司与海南悦信集团有限公司委托合同纠纷案(《最高人民法院公报》2019 年第 04 期)
第五十九条	1. 最高人民法院(2022)最高法知民终 2308 号眉山东坡区木子教育咨询有限公司、成都随客科技有限公司计算机软件开发合同纠纷民事二审民事判决书 2. 最高人民法院(2020)最高法知民终 1911 号北京因联科技有限公司、广东豪特曼智能机器有限公司计算机软件开发合同纠纷民事二审民事判决书
第六十条	1. 最高人民法院(2021)最高法民再 341 号中新春谊智业(吉林)综合能源有限公司与吉林省乐府大酒店、长春三利空调制冷设备有限公司合同纠纷案 2. 某石材公司与某采石公司买卖合同纠纷案(最高人民法院发布《关于适用〈中华人民共和国民法典〉合同编通则若干问题的解释》相关典型案例九)
第六十一条	柴某与某管理公司房屋租赁合同纠纷案(最高人民法院发布《关于适用〈中华人民共和国民法典〉合同编通则若干问题的解释》相关典型案例十)
第六十二条	最高人民法院(2019)最高法民终 240 号魏文与陈丽安、山西煤炭运销集团和顺鸿润煤业有限公司矿山开采合作合同纠纷案
第六十三条	最高人民法院(2021)最高法民再 275 号唐山市丰南区桑升宝利贸易有限公司、唐山国丰钢铁有限公司买卖合同纠纷民事再审判决书
第六十四条	山东省高级人民法院(2020)鲁民终 248 号青岛公路建设集团有限公司、青岛弘福硕企业管理咨询有限公司民间借贷纠纷二审判决书

续表

《合同编通则 司法解释》	参考案例
第六十五条	最高人民法院(2015)民二终字第 383 号北京世纪沃德生物科技有限公司、南充市商业银行股份有限公司贵阳分行金融借款合同纠纷二审判决书
第六十六条	最高人民法院(2019)最高法知民终 394 号北京朗坤生物科技有限公司与北京汇朗生物科技有限公司专利权转让合同纠纷案民事判决书
第六十七条	最高人民法院(2018)最高法民终 622 号中粮置地管理有限公司、成都中铁锦华置业有限公司合同纠纷二审民事判决书民事判决书
第六十八条	1. 最高人民法院(2004)民一终字第 46 号桂馨源公司诉全威公司等土地使用权转让合同纠纷案(《最高人民法院公报》2005 年第 7 期) 2. 最高人民法院(2020)最高法民申 3376 号通力电梯有限公司、广西有色金属集团有限公司买卖合同纠纷再审审查与审判监督民事裁定书
第六十九条	—

【文档二维码】
【《合同编通则司法解释》及其参考案例详细条文版】

《合同编通则司法解释》
相关研究报告及文章

一、《〈民法典合同编通则司法解释〉十大亮点规则的历史沿革、要点解释、参考案例》

本文摘要：本文主要通过梳理司法解释关于合同解释、合同效力、代位权、撤销权等新规则，并以可视化图文的形式展现法条变迁的历史沿革，通过要点解析深入浅出、言简意赅，并配套有最高人民法院公布的案例及典型案例，突出核心亮点规则的分析与论证，力争实现法条变迁、学界理论与审判实务的有机结合。

【文章二维码】

二、《〈民法典合同编通则司法解释〉对金融业务的八大影响及风险提示》

本文摘要：本文主要从金融合规（格式条款、预约与本约、印章与授权）、金融诉讼（越权担保与越权代表、通谋虚伪与阴阳合同、名实不符合同）和金融不良债权处置（司法拍卖、代位权与撤销权）等三大方面和八个问题，具体阐述《合同编通则司法解释》对金融业务的影响并就相关风险进行要点提示。

【文章二维码】

三、《〈民法典合同编通则司法解释〉对企业合规重要影响及管理启示》

本文摘要：本文聚焦于企业的合同审查管理中合同解释规则、合同订立、合同效力的运用，企业工作人员行权管理中公司印章、职务代理与表见代表、越权担保等核心问题，和企业处理合同困局及纠纷解决中对合同解除权、抗辩权及违约金调整规则的使用，从三个合同管理的不同周期、不同层面，分析《合同编通则司法解释》对企业合规管理运营中的重要影响，并逐条列举管理启示。

【文章二维码】

四、《〈民法典合同编通则司法解释〉对建设工程纠纷的影响及风险提示》

本文摘要：本文围绕合同效力、合同履行、纠纷处理三大方面，针对建设工程领域诸如招投标订立合同效力认定、格式条款、情势变更、开票义务、代位诉讼等高频争议问题，采用法律、司法解释条文对比的形式，在介绍立法沿革及法条关联的同时引出《合同编通则司法解释》对建设工程纠纷防范、争议处理的影响，加之以典型案例以案释"法"，总结出风险提示要点。

【文章二维码】